曾巩文化丛书

纪念曾巩诞辰1000周年

曾巩家族

罗伽禄 著
Luo JiaLu

曾巩家族

罗伽禄 著
Luo JiaLu

曾巩文化丛书

江西人民出版社
Jiangxi People's Publishing House
全国百佳出版社

图书在版编目（CIP）数据

曾巩家族 / 罗伽禄著. — 南昌：江西人民出版社，2019.6

（曾巩文化丛书）

ISBN 978-7-210-11339-3

Ⅰ. ①曾… Ⅱ. ①罗… Ⅲ. ①曾巩（1019-1083）—家族—研究 Ⅳ. ①K820.9

中国版本图书馆CIP数据核字（2019）第095430号

曾巩家族

ZENGGONG JIAZU

罗伽禄　著

策划编辑：王一木

责任编辑：魏如祥

出版发行：江西人民出版社

经　　销：各地新华书店

地　　址：江西省南昌市三经路47号附1号

编辑部电话：0791-88612505

发行部电话：0791-86898815

邮　　编：330006

网　　址：www.jxpph.com

E-mail：942867919@qq.com　web@jxpph.com

2019年6月第1版　2019年6月第1次印刷

开　　本：787毫米×1092毫米　1/16

印　　张：20.75

字　　数：320千字

ISBN 978-7-210-11339-3

定　　价：72.00元

赣版权登字—01—2019—192

承 印 厂：南昌市红星印刷有限公司

赣人版图书凡属印刷、装订错误，请随时向承印厂调换。

总序：向来一瓣香，敬为曾南丰

王水照

宋代的江西是文化辉煌、群星璀璨的地区，所谓“两宋文人半江西”。其时人文鼎盛，堪与汉唐比肩，给后世留下丰厚的精神遗产，江西的才俊们做出很大的贡献。唐宋八大家，宋占其六，而江西又占宋之半壁。在这些熠熠群星间，曾巩是炫人眼目的存在，用朱熹的评价就是：“公之文高矣，自孟、韩以来，作者之盛未有至于斯。”

曾巩早年求学期间，家庭频遭变故，以致他以单弱之身“经营食众口，四方走遑遑”，但“艰难困苦，玉汝于成”，终于进士及第，走上仕途。在馆阁九年，校勘、编定了多种史书。馆阁之后自求外放，转徙七州，政务处理精敏清廉，政声流芳千古。在曾巩的著述生涯中，于文学、理学、史学、金石学等文化领域均有重大的建树，王安石对他的成就推崇备至：“曾子文章众无有，水之江汉星之斗。”这是曾巩的生前之名。

从南宋朱熹的崇奉开始，历元、历明、历清，数百年间，他的声望一日高于一日。明初的朱右创《八先生文集》，嗣后就形成了绵延不绝的“八大家”选本系统。到清初被誉为“天下清官第一”的张伯行编《唐宋八大家文钞》，此书共选曾巩文章 128 篇，几等于同书其余宋五大家选文的总和。曾巩的声誉到达顶点，几乎无人可以颉颃。也就是说，在八九百年的时间内，曾巩在文学上的声望是不亚于欧、苏、王的，甚至某些方面、某个时期还受到过特别的褒扬。作为中国文学史两宋期间承上启下的代表性人物，曾巩被誉为“上续孟子，下启濂洛”，也因此，他被视为“千古醇儒”。

后世对曾巩这样的尊奉，可用陈师道的诗来形容："向来一瓣香，敬为曾南丰。"这是曾巩的身后之名。

五四狂飙突起，曾巩的历史命运遭遇重大转折。提倡科学、民主，高呼"打倒孔家店"口号的新文化运动，对于素以"醇儒"面世的曾巩，自然处在横扫之列；他的"古文"以说理为主，提供了我国古典散文审美体系中别具一格的类型，但与其时新文学运动提倡文学革命、张扬以抒情性、形象性为核心的西方"纯文学"观念，发生严重冲突，曾巩和其他文学先贤一起，跌落到被冷落、被贬抑的低谷。虽有不同的声音，但甚为微弱。这不仅是对历史人物的不公，更是不利于深刻认识曾巩遗产对于当下社会的精神价值，不利于文化选择的多样性，不利于民族性的坚守。我们不能自弃取径，自毁宝藏。

1983 年，江西省在曾巩故里南丰县举办了曾巩逝世 900 周年的纪念活动。学界重新审视曾巩，对曾巩的文学、史学的存在致以相当隆重的敬意。从此曾巩重新进入现代人的视野，他的文本被重新阅读，重新评价。曾巩自然是经得起重新阅读和重新评价的。

2019 年是曾巩诞辰 1000 周年，江西各地举行隆重的纪念活动。这是一次盛会，也是一股东风，我们要借此更深入地研究曾巩，拿出更多的成果来，以慰藉这位曾一度备受冷落的大家。曾巩诞辰千年之际，江西省及曾巩故里南丰及早谋划，推出这套《曾巩文化丛书》，一共 8 册，从曾巩的诗、文、传记、家族、年谱、生平事迹、仕历等方面着手研究，力图全方位展示曾巩整体的完满形象。丛书作者既有省内外曾巩资深研究学者、专家，也有本地新的研究人员，《曾巩文化丛书》墨香浓郁，琳琅满目，深耕细作，推广了曾巩文化，又培养了后继人才，可谓一举数得。

传承中华优秀的传统文化，探寻两宋江右文化繁荣兴盛的原因，必须以深刻分析研究人物个案为切入点。这套《曾巩文化丛书》便是一次很好的践行，值得细读精研。

是为序。

（王水照，复旦大学首席教授，博士生导师，中国宋代文学学会原会长）

序

王琦珍

罗伽禄先生将他的新著《曾巩家族》寄来，嘱我为之序。我觉得这个选题非常有意义。

文学的发展，除文学本身的规律之外，往往还存在着许多其他因素，如地域文化的影响、家族的影响等等。但从近代以来，除梁启超、陈寅恪等先生之外，我们绝大多数文学史家，却很少从这些方面去进行考察与观照。

实际上，对传统文学世家的研究，既有其独特的社会史的价值，同时又有很鲜明的文学史的价值。我们在学术研究中，都注意到这样一个现象，即历代有较大影响的政治家、史学家、文学家，绝大多数都出身于有着极其深厚的文化底蕴和家学渊源的士大夫家族中，他们对中国文学所做出的贡献也特别引人注目。这种状况的形成和这些文学世家自身的特点有很大的关系。这首先是对教育的高度重视。由于他们家族的地位和影响，以及士大夫家族较为宽裕的经济条件，他们便更具备了社会和家庭联合教育的优势。历史总是反复地证明，在人才的成长中起关键性作用的，往往是良好的教育环境和具有一定生活水准的家庭。成功者的社会出身，历来高度集中在那些具有丰厚的文化底蕴，又能为其子女提供良好教育机会的家族中。严格的、科学的教育，无疑地会为高质量人才的培养创造优越的条件，会为他们以后的成功奠定基础。在一个家族中，从学者既多，成功者的基数也就越高。对先辈的崇敬与仿效，会促使他们不停地去奋斗与探索，他们中间一些出类拔萃者也就比较容易地成为政界或文坛上的名人。其次是这些文学世家往往占有文化资源上的优势。这种优势既表现在图书资料的积累上，更表现在和文坛、政坛精英的交往上。丰富的图书资料，使他们可以直接地受到社会文化精华的熏陶；和文坛、政坛精英的交往，则使他们能够接近当时社会的高层，因而也就最有条件直面社会政治的走向，感受到文坛的主流风尚。加上这些士大夫家族之间，又往往有着错综复杂的姻亲关系或师友关系，来往密切的家族之间、师友之间，互相影响，互相提携，这都为他们的子弟在各个领域崭露头角，提供了条件和机遇。再次是对科举的重视。自唐宋至明清，科举一直是选拔人才最主要的手段，而对广大士子来说，又是他们进入仕途的唯一途径。在唐宋以来一千多年的历史发展中，未曾在科场上取得功名而最终也成为了史学家或文学家的人不是没有，但就社会的主流来看，由科举入仕最后在政界和文坛取得成功的，还是占绝大多数。这是因为在那个社会中，只有科举入仕，才能取得进一步发展所必需的政治基础、经济条件和社会关系。而传统的文学世家在这方面则具有远高出一般平民士子的优势。也正因为传统的文学世家和社会政治、文学的发展有着如此密切的关系，所以，在我们的文学史研究中，如果能对相关的文学世家作一些考察，这无疑会为我们增加一个新的视角，拓展我们研究的空间。我们对一些作家作品的讨论，乃至对一些文学现象、文学流派的研究，也就会更深入一些，透彻一些。

两宋江西是传统士大夫家族聚居最为密集的地区之一。据近年来相关的研究表明，两宋江西的文学家族多达 150 余家，这些家族中涌现了作家近 570 人。更为值得注意的是，这些作家中，许多都是出类拔萃并在当时政界和文坛上产生过相当影响的人物，如二晏、欧阳修、王安石、曾巩、黄庭坚、杨万里等，无一不是出现在这些文学家族中。有人说，两宋江西文学占整个宋代文学的“半壁江山”。这说法可能有些溢美，但两宋江西作家对宋代文学的发展作出过极其重大的、令人瞩目的贡献，却是一个不争的事实。而令人觉得遗憾的是，长期以来，我们学术界的研究，对江西这些文学家族关注得却很不够。虽然在一些专著、论文中有所论列，但真正对这些家族进行了全面、系统研究的著作，却很罕见。在家族个案研究方面，只有汤江浩先生的《北宋临川王氏家族及文学考论——以王安石为中心》；而对整个宋代江西文学家族高度聚集这一独特现象进行总体研究的，则有新近出版的黎清先生《宋代江西文学家族研究》。这和两宋江西文学的成就相比，显然是很不相称的。

正是在这样一个背景上，罗伽禄先生选择了南丰曾氏家族作为个案研究对象，这是很有价值的。据统计，在两宋江西的文学家族中，延续八代的家族只有三家，南丰曾氏即是其一，共出现了作家 31 人。而且曾巩、曾布、曾肇都是当时文坛和政界很有影响的人物，曾巩名列“唐宋八大家”之中，曾布则是王安石熙宁变法最坚定的支持者。曾氏家族又和临川王氏、金溪吴氏、山东巨野晁氏、四川眉山苏氏等家族都有着姻亲关系，而这些家族都是北宋的名门大族或文学巨族。解剖南丰曾氏这样一个个案，探讨他的子弟所以取得如此重大成就的原因，无论是对宋代政治研究来说，还是对宋代文学乃至家族教育研究来说，都有着不容忽视的意义。罗伽禄先生长期在抚州地区工作，对曾氏家族的研究得地利之便，他不但从前人文集、笔记中汇集了相关的材料，更从方志、族谱中发掘了许多新鲜的材料，对南丰曾氏家族进行了较全面的研究，所以这部《曾巩家族》既是一部较系统的南丰曾氏家族史，也是继汤江浩临川王氏家族研究之后，一部新的宋代江西文学家族的个案研究著作。它的出版，当有助于我们对宋代江西文学家族的观照，有助于对宋代社会政治和文学的研究，是一件值得高兴的事。

是为序。

目录

第三章
曾布与魏玩

第四章
曾巩的兄弟姐妹

第五章
曾巩子侄与孙裔

|第六章|

家传与家族的交谊

第一章

南丰世家

曾氏为黄帝后裔，出自今山东，尊曲烈世子巫为曾氏一世祖。各地曾姓均以曾参作为自己的开派祖先，并把他作为本姓的著名人物。由曾参而下至曾丞，曾丞生曾略。曾略在唐朝官至光禄大夫、节度使，由庐陵之吉阳迁居南城县甘山，子孙散居南城、南丰、临川等地开基业。略生子炀，而炀又生咏，咏又生筠，筠又生洪立。洪立任南丰令，始迁于南丰，生三子：延福、延构、延铎。延福居南城县水口，延构迁崇仁县藤山，延铎仍居南丰县。曾肇在《子固先生行状》中就写道："今家南丰者，自高祖讳延铎始也。"

第一节　南丰开基

中国人本无姓，但随着社会发展，一些贵族开始有姓。到战国时期，社会剧烈变动，平民也开始由无姓到有姓。后世之姓，来源大至有以下几种：以氏为姓，如姬、姜、姒等；以国为姓，如程、郑、吴等；以邑为姓，如苏等；以居住地为姓，如东郭等；以先人的名或字为姓，如林等；以官职为姓，如司马等；以谥号为姓，如康等；以技艺为姓，如陶、屠等；还有因赐姓或因避讳改姓，如唐代就有很多人被赐姓李，等等。

姓曾的人都会自豪地说，天下一曾无二曾，天下曾姓出山东。是的，姓曾的中国人，都是一脉传自鄫国太子巫，系出自姒姓，在后来的演进中成了“曾”姓。《曾氏家谱》[1]中的《曾氏世系歌》中记载：

曾氏源流之出处，传自夏王姒姓禹。
传至五世孙少康，分封世子烈于鄫。
鄫君曲烈是其名，累世居鄫遂为氏。
历及春秋继霸时，列国强弱相吞噬。
至鲁僖公十九年，诸侯会好在城南。
是时鄫君不及与，后被外孙莒灭祀。
世子名巫逸之鲁，鲁复立以为桑梓。
鄫巫因叹国既亡，遂自去邑为曾氏。

“世系歌”对于曾氏之源作了一个大致的介绍。曾氏是黄帝的后代，黄帝二十五子昌意为曾姓之祖，昌意生颛顼，颛顼生鲧，鲧生禹（禹姓姒氏）。尧命禹父亲鲧治理水患，无效。舜继承尧位后仍命鲧治水，仍无效，便杀鲧于羽山，并命鲧子禹继续治水。禹受命后，治水历时 13 年，三过家门而不入，终于消除了水患。因其功高，舜让禹继位成为部落联盟首领。后世尊称为大禹。禹生启，启生仲康，仲康生相，相生少康，少康封世子曲烈为甑子爵，在甑（今山东临沂市境内）建立鄫国，为鄫国之始。少康的这一房子孙所建的鄫国历经夏、商、周三代，一直到鲁襄公六年（前 567）才被莒国所灭，怀着亡国之痛的太子巫出奔到邻近的

《续修曾文定公族谱》里的曾参画像

① 《曾氏家谱》现存南丰县洽湾镇渣坑曾水平处，后文所引《曾氏家谱》若为此谱，不再注明。渣坑即古之查溪。

曾氏祠堂里的祖宗牌位

鲁国，并在鲁国做了官。其后代用原国名“鄫”为姓，后去“邑”字旁，表示离开故城，并以此作为自己的姓氏“曾”，这就是“曾”姓的开始。曾姓后人尊曲烈世子巫为曾氏一世祖。

又经历数代，到了春秋末期，在曾氏之中出了一位著名的人物。他就是曾参，人们尊称他为曾子。曾参，字子舆，16 岁拜孔子为师，得孔子之传。曾参的父亲曾点也曾从学于孔子。曾点，字皙，在《论语》有一篇文章《子路、曾皙、冉有、公西华侍坐》即记叙其事。他们几人在一起谈论着各自的理想，曾点的理想则是“莫（暮）春者，春服既成，冠者五六人，童子六七人，浴乎沂，风乎舞雩，咏而归”。他的理想得到了孔子的赞同，孔子“喟然叹曰：‘吾与点也。’”曾参小时候也参加过劳动生产，在《说苑·立本》里就记载有“曾子衣弊衣以耕”。同样《孔子家语》里也说：“曾子耘瓜，误斩其根。”可见曾子小时候家里并不宽裕，去地里劳动也是穿着破旧的衣服，也不是生来的天才，劳动时也会出现斩断了菜根的小错误。即便是在他成家立业之后，也不是过着锦衣玉食的生活，而是过着贫困甚至寒碜的生活。《庄子》一书对曾参的寒碜生活有一个描述：“缊袍无表，颜色肿哙，手足胼胝，三日不举火，十年不制衣。正冠而缨绝，捉衿而肘见，纳履而踵决。”意思是说，曾子住在卫国的时候，衣服破烂，面部浮肿，手和脚都磨出了很厚的老茧。曾经三天不能生火做饭，连续十年不曾添制新衣，戴上帽子便拉断了帽带，拉过衣襟就露出了手臂，穿起鞋子就露出了脚跟。由此可见，曾参的生活是极为困苦，以至于身体有病态。尽管曾子的生活困顿，但他的精神生活丰富，终成一代圣人。他提出了“人为贵”的思想，《曾子·大孝》说：“天之所生，地之所养，人为大矣。”又提出“吾日三省吾身”(《论语·学而》)的修身方法，强调为人当“孝”，提出：“慎终追远，民德归厚矣。”其意是说，如果对于去世者的丧礼能郑重地举行，又能定期举行祭礼不断追思先人，那社会风俗道德也一定能忠实厚道起来。主张“犯而不校”，即受到别人的触犯或无礼也不计较。相传《四书》之首的《大学》为他所著。他的思想在中国古代产生了重要影响，至今仍具有极其重要的社会意义和实用价值。后世尊他为“宗圣”。将他与孔子、孟子、颜子（颜回）、子思一起称为中国古代五大圣人。

各地曾姓均以曾参作为自己的开派祖先。把他列为本姓的著名人物，并以此为荣。

曾氏先在山东繁衍发展，随后向全国各地迁徙。欧阳修在《尚书户部郎中赠右谏议大夫曾公神道碑铭并序》中对于曾氏特别是曾巩这一支的迁徙及其兴衰变化情况有一个概述。这是为曾巩之祖父曾致尧所撰写的一个神道碑。他说：

曾氏始出于鄫，鄫为姒姓之国，微不知其始封。春秋之际，莒灭鄫，而子孙散亡，其在鲁者，自别为曾氏。盖自鄫远出禹，历商、周千有余岁，常微不显。及为曾氏，而蒧、参、元、西始有闻于后世，而其后又晦，复千有余岁而至于公。①

在欧阳修看来，曾氏从姓曾之后的千年间并没有出现什么重要的人物，直至春秋后期，才有了蒧、参、元、西等闻人，而这些人物之后，曾氏又走

① 李震：《曾巩资料汇编》，中华书局2009年版，第10页。

向了低潮，又历时千年，没有出现重要人物，直到宋代，曾致尧算是一个重要的人物了。杨时在为曾巩弟弟曾肇所作的《曾文昭公行状》中表达了同样的意思，他说："曾氏系出于鄫，少康之子曲烈之始封也。更夏、商，周千有余岁，微不见于经传。春秋之际为莒所灭，其世子巫仕鲁，乃去'邑'为曾氏。巫生夭，夭生阜，阜生皙，皙生参，参生元、西，父子皆为孔门高弟，曾氏遂有闻于世。自是复晦而不显。"① 王安石在为曾致尧所写的墓志铭中也有类似的表述，《户部郎中赠谏议大夫曾公墓志铭》中说："先封鄫，鄫亡，去'邑'为氏，王莽乱，都乡侯据弃侯之豫章家之，盖豫章之南昌，后分为南丰，故今为南丰人。"②

对于南丰曾氏的繁衍情况，在《续修曾文定公族谱》③ 载有一个简要的源流图《附载东南两宗推原先代源流世次》，由此可以看出曾氏迁居南丰的大致脉络。自曲烈而下至曾参，由曾参而下至曾丞，曾丞生曾略。又据有关资料载，曾略是曾丞的第三子，在唐朝官至光禄大夫、节度使。他由庐陵（今江西吉安市）吉阳迁居抚州南城县甘山。曾略娶范氏，又继娶危氏，生子曾炀，而炀又生咏，咏又生�，筠又生洪立。洪立始迁于南丰。曾巩的二十六世孙曾琟玢撰《本支单吊并略祖迁徙考》一文，对南丰曾氏的迁徙进行了考辨，他说："余曾氏按《氏族笺释》，其源流彰彰可考。……蒇生参，为圣门高弟，其后居武城（武城在今山东嘉祥县南四十五里——引者注）。至十九代孙曰据，为汉关内侯，一载袭都乡侯，见新莽得政，已有篡机，乃弃侯爵携家渡江，避地豫章，居庐陵之吉阳乡，乃永丰县属。至三十七代名丞，生三子，曰硅、旧、略。……幼略迁抚州之南城，盖南城时为抚州属邑。略后三祖长可徙居南城甘山，幼宏立生子延寿，其后居南丰五十四都京源。次洪立为南丰令，后居南丰县治，丰之曾氏所由来也。是以今南丰曾氏之作谱者，咸以洪立祖为一代祖。洪立生三子，长延福居南城水口，次延构迁崇仁藤山，幼延铎祖仍居南丰。"④

① 曾俨编：《曲阜集》卷四，钦定四库全书本。
② 李震：《曾巩资料汇编》，中华书局2009年版，第26页。
③ 民国辛巳版，现为查溪曾氏所藏，下同。
④ 文师华、包忠荣：《曾巩家族的〈二源曾氏家谱〉》，《文学遗产》2007年第5期。

由此可知，曾氏的源头在山东，经过漫长的迁徙，从中原迁到江南，晚唐居庐陵。其后又从今天的江西吉安迁到今天的江西南城县，再迁到邻县南丰，从此在南丰县定居繁衍。

南丰县地处江西的东部，盱江的上游。盱江发源于广昌县的血木岭，流经南丰县，再入南城县，自南城县境而北流，此后称抚河，再入赣江。清代同治《南丰县志》里说："南丰，盱水之上游。初隶抚。宋割抚之南城县置建昌军，遂隶建昌。壮哉，县也。称为江右最。人物有曾子固，文章名天下，而南丰以重。"南丰县在春秋、战国时期先后为吴、越、楚之属地，汉为南城县属地，隶属豫章郡。三国吴太平二年（257）划出南城南部设置丰县，当时因徐州有丰县，于是改称南丰县，又称嘉禾，属临川郡。隋朝时将南丰县并入南城县，到了唐代景云二年（711），又从南城县析出南丰县，可是两年之后（开元元年）又将南丰县并入南城县，次年又从南城县析出南丰县。南唐时，升南城县为建武军，军治设在南城县，南丰隶属之。北宋太平兴国四年（979）改建武军为建昌军，治所不变，南丰隶属于建昌军。

南丰曾氏的开基之祖当是曾洪立。曾洪立，字子展，南城县人。洪立为略公之后，洪立在唐朝为官，被任命为南丰县令。他得到了唐昭宗的封赐，加授检校司空、金紫光禄大夫及南门兵马节度使。清同治《南丰县志》对曾洪立有一个简要的介绍："曾洪（弘）立，抚州南城人，仕唐为南丰令。间有盗起，邑人危全讽团结少年保闾，洪立赞全讽举义兵讨诸贼，平之。由是见信任，典牙兵。其后，全讽以抚州听命天子为刺史，谋多出洪立。昭宗嘉之，授洪立检校司空、金紫光禄大夫，典南门兵，号南门司空。洪立复使人间道上书，言淮南荆湖可复状，不报。由是罢归，卒于南丰。是为南丰曾氏祖。"由是可以看出，洪立是一位颇有正义感的人，且能力突出。危全讽与洪立是同乡，他支持全讽的义举，使危全讽保全了家乡。后全讽为抚州刺史，筑抚州城，建设抚州、发展抚州，应该说这其中洪立是有大功劳的。

在金溪钱塘曾立"司空洪立曾先生祠"（今江西金溪县东源南两公里处，时属临川县，已圮），镇南安抚使王大信撰《司空洪立曾先生祠记》，其文曰：

余奉命南抚，过盱江山谷中，适十老遮道……从其请，至则恢恢乎一祠，上祀唐金紫光禄大夫、检校司空曾公洪立神位。询所以，十老顿首曰："经境内罹锋镝，赖公擘划，境内幸免涂炭。今日尚请大人表树勋庸，以光祠宇。"余闻肃然敛容，怅然动色。抚景四顾，左拥云雾，右拱九紫，巨灵渚绿，团圆光秀，山节玲珑，丹青炳蔚，司空祀焉，神人协吉。……时杨行密僭乱江淮，祸连境上，而司空饬家兵协民壮，扎寨上钱塘之南，直探寇穴，斩渠魁三十级，草党遁灭。司空发资赈贷，明保甲之法，守望百里之内，山无豺狼，道通舟济，工商贸市，六种以时，岁累大熟，皆司空之赐也。士民永思，构祠崇祀，不亦宜乎！于是呼吏买石，录乡人口碑，以竖司空祠旁。①

文中记录了曾洪立驻兵钱塘与杨行密（字化源，唐末受封吴王）作战，英勇善战，保护了一方平安，乡人感其恩而立祠以祀。这也正是史料里所言"临川人感洪立保障功，立庙祀之"。北宋开国名将曹彬过钱塘拜谒了该祠并写有《谒金紫光禄大夫司空洪立曾公庙》诗，诗云："路入钱塘客兴多，停骖偃盖意如何。问山曲曲春风到，观水溶溶晓日过。送目有情鱼戏乐，投怀好语鸟赓歌。阳和万古无穷思，只似司空永不磨。"② 诗中描写了前往曾洪立祠拜谒时途中所见，同时也表达了对于洪立历史功绩的肯定。

但官并不是那么好做，后洪立因直言而被免职。他回到南丰养老，并逝于南丰，安葬在南丰的三十二都的二圣山。

据《曾氏家谱》所载，洪立娶妻黄氏，生有三个儿子，长子延福，次子延构，三子延铎。而这三个儿子也并不都居住于南丰，而是散居于周边地区，长子延福定居南城水口（今属南城县沙洲镇），次子延构定居崇仁县藤山，只有小儿子定居在南丰，于是南丰县的曾氏是延铎之后。从某种意义上说，延铎才真正是南丰人，才真正是南丰曾氏的始祖。因为洪立是南城县人，始迁于南丰县，这一点得到了人们的认同。曾肇在《子固先生行状》中就写道："今家南丰者，自高祖讳延铎始也。"同样林希在为曾巩所作的《朝散郎试中书

① 民国辛巳年版《续修曾文定公族谱》。
② 见金溪县琉璃乡东源村曾氏藏《东源曾氏宗谱》。

舍人轻车都尉紫金鱼袋曾公墓志铭并序》也里说：“公之四世祖延铎，始为建昌军南丰人。”

延铎，字振之，曾在唐代担任检校右散骑常侍之职，这一官职为五品下，职责主要为规谏过失，侍从顾问，并无实权，主要是为尊贵之官称。据道光己亥版《续修曾文定公族谱》载，延铎“文章之誉擅江南”，陈师道在为曾易占所写的《光禄曾公神道碑》中也说：“公祖延铎，散骑常侍。”延铎娶妻罗氏，生育五个孩子：仁敷、仁昭、仁暠、仁旺、仁光。

仁旺，字伯兴。赠尚书水部员外郎，累赠太师沂国公。道光己亥版《续修曾文定公族谱》收录有何元龄为致尧所撰写的《赠中丞鲁国公墓志铭》。何元龄是致尧的好友，依致尧的《春日至云庄记》所载，何元龄曾随他一起到过麻姑山的云庄别墅游玩。据何元龄的介绍，仁旺从小天资聪颖，胸怀大志，记忆力惊人，能过目成诵。写文章，下笔如有神，一挥即就。为人孝顺，孝敬父母如父母呵护婴儿般，却又十分恭敬，不违背礼制。当他母亲不幸去世时，仁旺伤心至极，以致哀毁骨立。仁旺对待兄弟情深意笃，十分友爱。由于他的孝顺、仁让、友爱，他一家近两百口人共灶吃饭，同居一屋檐下，和和睦睦，家业兴旺。这样，十里八乡的人们十分羡慕他们，也都以他们为学习的榜样，人人尽说：“吾人修身齐家须若曾氏”，一时成为美谈。当时在南丰县没有多少人读书习儒，而仁旺家不仅读孝义书籍，还习文学，他儿子致尧成为了文学家，有诗文传世。曾家在南丰成了一个响当当的家族，“在南丰称名家必曰曾氏也”。仁旺虽胸怀宏才，可是因生不逢时，时值唐末社会动荡不安，南唐偏安一隅，仁旺胸中之才不得一展，英年早逝，享年仅 42 岁。

《续修曾文定公族谱》

曾仁旺的妻子周氏。她是临川人，曾祖父周裕，祖父周羽，父周确，她为周确的四女儿。她从小就孝顺父母，她的母亲经常犯病，她每每亲自为母亲熬药，服侍于左右，不离不弃。时常担心母亲的病情，以至于不思茶饭而伤形。嫁入曾家后，尽心侍奉公公婆婆，不敢稍有怠慢。许许多多的家务事，她都亲力亲为，虽是一个有着两百口的家庭也还是和和美美的。家中有谁生病了，她都早晚去探望，问病情，调药治病。其“母仪妇道为乡里师法”。仁旺不幸早逝，她含辛茹苦地把四个儿子三个女儿拉扯大，四个孩子即致尧、从尧、咨尧和佐尧。长子致尧考中进士，累官户部员外郎，次子佐尧也考中了进士，三子、四子也都聪颖好学，虽不曾中得进士，但人人都学而有得，成为有用之才。女儿三人，同样得周氏调教，在婆家皆能孝敬公婆，知书识礼，得到人们的赞许。大女儿嫁给了汝阳的毛学诗，二女儿嫁给了济阳的江朝宗，小女儿嫁江夏的黄伯度。吴绛曾作《赠沂国公曾仁旺夫人周氏墓志》[①]：

南丰出土的曾仁旺夫人周氏墓碑

赠沂国公仁旺夫人周氏，幼事父母以孝闻。母有疾，不食者累日。及嫁仁旺。同居二百余口，仁爱之如一。有富戚欲分财异居，使其妻阴间夫人以人多为言。夫人曰：“人多则有福者多，所庇必广且义，固利之归也。”戚闻言而止。闾里皆尊师以为法。夫人有子四人，长曰致尧，乡中无可师者，遂躬自授《经》。致尧卒以文名天下。致尧官梁州假归，置酒东廊为夫人寿。致尧衣朴素，仆马羸劣。或诮之。夫人曰：“儿官而贫，是吾荣也。若抱货而归，鲜衣怒马，岂吾所以为教哉！”里人因名之曰荣亲园。初封襄城郡太君，迭封博兴、宜兴，以曾孙布相，追赠鲁国夫人。

① 清同治《南丰县志》卷三十三，国家图书馆藏。

吴绛除了对她日常一些细致行为的描述外，更加赞扬了她的高尚人品。周氏在宋真宗咸平六年（1003）七月去世，享年82岁。

这里需要指出的是，在王安石为致尧所作的墓志铭《户部郎中赠谏议大夫曾公墓志铭》中有“会南郊恩，复官知泰州，丁母夫人陈氏忧，服除，授吏部员外郎知泉州”句，杨时在为曾肇所作的《曾文昭公行述》一文中亦有“曾祖讳仁旺，累赠太师、沂国公，曾祖妣陈氏，楚国太夫人”句。二人都言致尧之母姓陈，但从一些史料来看，这是一个误载。王安石在为致尧妻黄氏所作的《曾公夫人万年太君黄氏墓志铭》里有“以事永安之孝事姑陈留（今河南开封县南）县君”，欧阳修所作的《尚书户部郎中赠右谏议大夫曾公神道碑铭并序》中则没有明说，只是说“祖妣某氏，某县君”，而在明代正德《建昌府志·丘墓》引用欧阳修这篇文章时改成“考讳仁旺，赠尚书水部员外郎，妣周氏，陈留县太君”。在南丰县的《曾氏宗谱》里亦将王安石的《户部郎中赠谏议大夫曾公墓志铭》“会南郊恩，复官知泰州，丁母夫人陈氏忧，服除，授吏部员外郎知泉州”句中的“陈氏”改成了“周氏”，在宗谱中仁旺名下只有周氏一人，并注明生卒之年，而无其他妻妾之名。如在仁旺名下有：“娶周氏封夫人，赠陈留县太君，梁隆德壬午年生，宋咸平癸卯年七月廿六终。”在致尧《春日至云庄记》中说：“宜兴县太君周氏夫人，致尧母，士尧世母也，亦年将八十，士尧事之如母焉。”李清臣在《曾博士易占神道碑》里也说：“祖讳仁旺，赠尚书水部员外郎，今累赠太保。祖妣周氏，初封陈留县太君，今封国太夫人。”由上观之，可以断定仁旺夫人只有周氏一人，不过因周氏被封为陈留县太君，而被人误为陈氏。

关于延铎的另外四子，根据南丰现存的家谱资料如《曾氏宗谱》《续修曾文定公族谱》可知，仁敷居吉安，“仁敷惟一子，曰建，徙吉郡泰和之梅溪，今散居同县之清沧、院背及庐陵之富田、马塘。吉水之泥田、泷江者，皆分自梅溪”。仁昭居南丰瑶浦，仁鬲居金溪上富钱塘，仁光居抚州。而南城曾坊与金溪东源的曾氏谱则相对记录较详细些。

南城县《曾坊曾氏支谱》（民国八年修）[①] 载，仁昭生子三：鲜、赞尧、戴尧。鲜生子三：熙古、熙旦、易良。熙古生子三：昂、幸、升。熙旦生子一：丰且，天台县令。易良生子三：自然、玮、玕。赞尧生子三：易祥、易禄、易明。戴尧生子二：易继、易衡。仁嵩居金溪上富钱塘，仁嵩生子三：志尧、庆尧、士尧。志尧生子四：咸熙、易则、易道、易用。庆尧生子一：易言。士尧生子二：易朋、易识。而又据金溪县东源（今属琉璃乡）的《曾氏家谱》[②] 所载，仁嵩支迁居金溪的情况就更具体了。仁嵩生士尧，士尧生易朋，易朋生卓，卓迁居钱塘。士尧与致尧即为从兄弟，这一点与致尧笔下所记是一致的。仁光居抚州，仁光生子三：义、宗尧、辅尧。义生子一：易和。易和生子二：仲文、仲雅。宗尧生子四：易政、易巽、易庄、易宣。易政生子二：淑、清。易巽生子二：谨、陟。易庄生子二：泌、澄。易宣生子五：琦、珉、瑜、瑄、瑗。辅尧生子：易你（又名易仁）、易成、易高、易戡。易你生子二：睿、源。易成生子三：邵、郁、先。易高生子一：璋。易戡生子一：荣。

尽管对于延铎之子嗣情况、仁旺妻情况，文献记录略有出入，但主体情况还是一致且清晰的。可知，自洪立南丰开基以来，曾氏出现了欣欣向荣的局面。再经过数代曾氏子孙的不懈努力，南丰曾氏成为望族，与赣州之曾氏并称于世。南宋著名学者曾敏行在《独醒杂志》里说："南丰之曾，曰巩、曰牟、曰宰、曰布、曰肇。章贡之曾，曰弼、曰懋、曰班、曰开、曰几，皆以伯仲取科第，致位通显。南丰之最著子固、子开，而子宣遂登相位。章贡之最著者叔夏、天猷，若吉甫虽晚遇，亦终次对。此二族盖甲于江西也。"

第二节 曾巩的祖父母

曾仁旺长子致尧，是曾巩的祖父，也即曾氏南丰开基后的第四代，又是

① 2018年，曾水平主修南丰曾氏谱时，在修纂处所见，据曾水平说，该谱为南城县天井源乡曾坊曾氏所藏。

② 即东源曾氏在2003年重修曾氏家谱，名《武城曾氏重修族谱》，下同。

南丰曾氏至此最为显贵的一代。致尧是南丰曾氏入国史的第一人，宋代南丰县历史上第一个进士。在元代脱脱所修的《宋史》四五四卷人物传中，曾致尧名列《文苑》，虽然只有五百字不到的小传，但也足可见其影响与贡献之大。

曾致尧，生于南唐李璟保大五年（947），太平兴国八年（983）进士，大中祥符五年（1012）去世，享年六十六。《宋史》本传过于简略，且多贬抑之言，如“所言刻薄”“辞多激讦”“词旨狂躁”等等，但也可看出曾致尧性格耿直，为了民生福祉而不惜开罪于统治者。关于曾致尧的重要文献，还有欧阳修的《尚书户部郎中赠右谏议大夫曾公神道碑铭并序》、王安石的《户部郎中赠谏议大夫曾公墓志铭》、曾巩的《先大夫集后序》以及一些零星资料，如曾巩父母兄弟等人的史传等。根据这些资料，我们可知致尧在南唐时已中得进士，可是没有因之而出任官职。不久，南唐亡于宋，他在宋初再次参加科举考试，中进士后，选主符离（今属安徽宿县）簿。一年多后，他被授予官职，任兴元府（今陕西汉中市）司录，后来不断地提升。在即将出任淮阳知军（治所在邳州）时，太宗皇帝赵炅又舍不得他外任，将他留了下来，并任命他为直史馆，并赐绯鱼袋。绯鱼袋是指绯衣与鱼符袋，在唐代，五品以上的官员才能佩带鱼符袋，宋代沿袭这一做法，皇帝所赐佩鱼符袋和绯色的官服，说明受到了皇帝的器重。之后，他出使自汴至建安军行漕，“凡三司州郡事有不中理者，即验之”，查得匿货多达五百多万。因表现突出，他升任秘书丞，后又出任两浙转运副使，再后又转为正使。

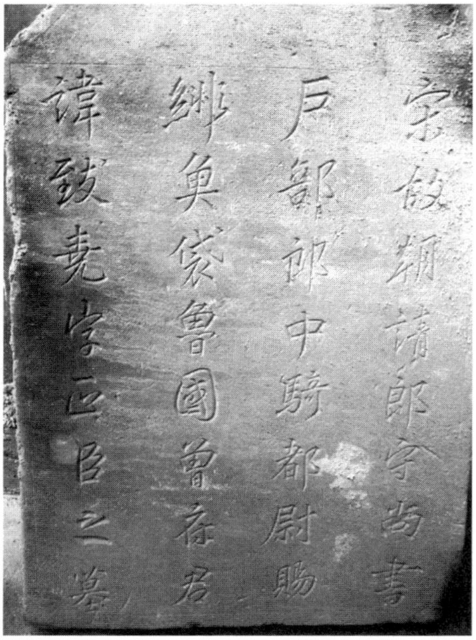

南丰出土的曾致尧墓碑

曾致尧任官多年，履职尽责。他敢于碰硬，谏议大夫、苏州知州魏庠多行不法，人不敢言。独曾致尧上疏弹劾，使魏庠罢了官。这一做法让皇帝都感到了惊讶，“曾某乃敢治魏庠，克畏也”。致尧以天下为念，这一点也是颇得皇帝的赞许，清《南丰县志》载：“初，致尧尝宴见，太宗从容语及内币充牣，甚自喜。时方忧旱，致尧即奏对曰：‘未及江南一夜秋雨之为富也’，帝为之动容。”

曾致尧能够坚持正确的观点，也敢于直言。在两浙转运使的位置上还与江浙发运使杨允恭因公事发生争论。从有关材料看，他们两人并无私人恩怨。杨允恭因为能进言而得到了太宗的喜爱，但是很多所奏之事可行性不大，下属也常为办理这些事而苦恼。致尧到任后，也对杨允恭的一些要求搁置不理，于是杨允恭向太宗皇帝弹劾曾致尧，太宗派人询问致尧，致尧对来人据实陈述。太宗也因之而疏远了杨允恭。后来，曾致尧又移知寿州（今属安徽）。富豪巨商与权贵相勾结，使寿州之地素来有难治之称，致尧对此大力打击，百姓得以安居乐业。一年后，致尧要离开寿州赴他任，当地百姓都舍不得他走，他最后只带着一两个随从悄悄离开。此后他再升为主客员外郎。他判盐铁勾院时，羌人侵犯宋朝边境，朝中大臣很多人主张放弃银、夏等地以求媾和。但是曾致尧认为羌人对于大宋并没有善意，割地求和并非长远之计，重要的是应派兵驻守边境以应其变。他的建议并没有得到朝廷的采纳。党项首领李继捧因得银、夏五州而归顺朝廷，他弟弟继迁却拒不归顺。后真宗继位又想以仁德而安抚天下，于是欲将银、夏五州给李继迁使其归降，致尧同样反对这么做。致尧认为，继迁此人反复无常，不可以还地于他。果然，李继迁得到了银、夏五州两年后，再次出兵围攻灵武（今属宁夏）。此时朝中一些大臣又想以土地换取暂时的和平，但致尧再次加以反对。致尧的意见虽然不合真宗之意，但也让真宗见其才。于是真宗想下诏任命他为知制诰。真宗这一意见被一些大臣所阻，于是将致尧改任西京转运使。后来，他奉诏安抚西川（今属四川省）时，误将皇帝的诏书留在家中，副手潘惟岳给致尧出点子，让他给皇上上奏时就说，在渡吉柏江（今嘉陵江）时，船漏而丢失了。致尧则认为这是欺君，不能这么做。于是自己又向皇上写出检讨书，弹劾自己，真宗接到了检讨书后也感叹不已。宋朝廷对李继迁用兵，久攻不克。丞相张齐贤欲以致尧为判官，但致尧认为十万大军全部掌握在王超的手中，他兵多势重，难于插手其军务，而推辞此任。真宗只好任命他为陕西经略判官，致尧考虑到与他们无法协作，于是辞职而去。此时皇帝却要赏他以金鱼袋及紫衣，他推辞不接受而被贬为黄州团练副使。由于曾致尧敢于直言，勇于担当，因此仕途并不顺利。再后来，曾致尧复官，改任吏部员外郎。之后又在泰州、泉州、苏州、扬州和鄂州等地任职。

其孙曾巩在《先大夫集后序》中对于曾致尧一生有一个较为恰当的评价，他说：

宋既平天下，公始出仕。当此之时，太祖、太宗已纲纪大法矣，公于是勇言当世之得失。其在朝廷，疾当事者不忠，故凡言天下之要，必本天子忧怜百姓、劳心万事之意。而推大臣从官执事之人，观望怀奸，不称天子属任之心，故治久未洽，至其难言，则人有所不敢者。虽屡不合而出，其所言益切，不以利害祸福动其意也。[①]

曾致尧一生从政，政绩显著，其著述亦丰富。据曾巩《先大夫集后序》所载，曾致尧所著颇多，共达一百七十八卷，当时都刊行于世。《宋史》也说："致尧颇好纂录，所著有《仙凫羽翼》三十卷、《广中台志》八十卷、《清边前要》三十卷、《西陲要纪》十卷、《为臣要纪》一十五篇。"可惜流传下来的作品并不多。由于今天能见到的作品太少，故无法对他的文学成就作深入细致的研究，仅能就当前所见的少量作品看他的文学创作及成就之大概。曾致尧的诗用浅近通俗的语言，勾勒明丽清新的图画，既朴实无华，又清新隽永，情趣横生，且多表达乐观豁达的情绪。

如诗作《东林寺》。诗云：

江南杨柳春，日暖地无尘。渡口惊新雨，夜来生白苹。
晴沙鸣乳雁，芳草醉游人。向晚前山路，谁家赛水神？

① 陈杏珍、晁继周编：《曾巩集》卷十二，中华书局1984年版。以下所引曾巩诗文均见此版本，不再一一列出。

据清代《江西通志》[1]记载："东林寺，南丰县有二。一在县南七十里，唐开元建，久废。一在太平冈，去县五里。唐开元十五年建，为谢禅师道场。"曾致尧笔下的东林寺是哪一个寺，有待考证。诗写的是东林寺的春天怡人景色，诗体现了通俗易懂、清新明快的特点。

再如《崇觉寺》：

水深花影地莓苔，春色烘人若不开。
走报鸰原无别事，速将歌管酒壶来。

这首诗又题为《春游禅祖院走笔示佐尧、赞尧、士尧诸弟》，清新简洁，是一幅新春欢乐图。崇觉寺是他家乡的古寺院，到此时已有百余年的历史。据《江西通志》记载："崇觉寺在南丰县东南源头，旧名禅祖寺。唐会昌二年建，宋绍圣元年，曾布奏请为功德院，以祠其先，因赐额崇觉报慈禅院。崇宁四年，改寿宁。大观四年，复旧额后，乃改禅为律。"

题刘居士江楼

刘八江楼雅，诗家不易言。春风花对岸，夜月水当轩。
帘卷青山入，窗开白浪翻。画来须妙手，梦去亦清魂。
吟称云初满，登宜雪正繁。鱼龙惯灯火，鸥鹭识琴樽。
波动檐摇影，潮回砌露痕。势雄邻碧落，景好怕黄昏。
未许凡迹到，宁教俗态存。主人凭槛处，寥廓共谁论？

这首诗用朴实的语言去描写景物，即景生情，于朴素言语、生动的意境中涵蕴丰富的情感。据《江西通志》记载："江楼。《名胜志》宋刘元载，为南唐节度刘仁赡之曾孙，多才嗜学，手抄古文千百卷，与曾密公为文章友，

① 谢旻：《江西通志》，钦定四库全书本。后文所举《江西通志》均为此版本。

于安禅寺南筑长堤架层构,榜曰‘江楼’,自号江楼居士。”又据《江西通志》载:“县志:后百年属曾氏,为寇毁。绍兴间,曾式占重建。嘉定十五年,水冲楼仆。县令谢逵复为公馆。扁曰:‘与造物游’。绍定寇毁。咸淳中,令杨休扩基构亭。榜曰 :‘花岸水轩’。盖取曾致尧句也。”①

题军山徐秀才

买断军峰不计钱,屋前屋后水潺潺。
青春花发帘帷外,白日云浮栋宇间。
金鼎欲成红气溢,玉芝初种紫苗悭。
未知桃熟先生醉,鹤驭何人得往还?

军山即军峰山,在南丰县西境。这是首赠友诗,诗所写友人居军峰山中,山水相依,白云苍狗,绿树红花,景色宜人,过着神仙般的生活。读之,让人顿生羡慕之情。

题义门胡氏华林书院

华林书院集群英,讲诵兴来里巷荣。
宾友尽为文苑客,子孙多是帝门生。
九重下诏亲旌义,四相留诗自著名。
致使举家在霄汉,更将忠孝答皇朝。②

华林书院最早是胡氏家族私塾,宋初国子监主簿、教育家胡仲尧将其扩建为华林书院。书院位于江西奉新县华林山东麓的元秀峰下。这是一所家族

① 《江西通志·古迹》卷四十,钦定四库全书本。

② 诗见李震《曾巩资料汇编》。“朝”字在此处不押韵,后文还有类似情况,如曾惇《栖霞偶作》“风扬孤舟急”句中的“扬”,曾渊子《九日登翰苑台》“宦情有暇无风雨”句中的“暇”,梅尧臣《和楚屯田同曾子固陆子履观予堂前石榴花》“堂下一匹郑虔马”句中的“下”,曾渊子《初春过崇真观拜靖节先生祠》“四筵治佳所”句中的“所”。这些字在诗中不押韵,只好存疑待考。

书院，培养了大批人才。仅宋代华林胡氏一门就走出进士55名，官至太守、尚书、宰相者不乏其人，其中大多是华林书院培养的。华林书院取得显著成果，当时为书院题诗赞颂的名公巨卿有70余人，宰相晏殊、向敏中，文学家苏轼、徐铉等均在其列。这首诗中，致尧肯定了华林书院在培养人才方面的历史贡献与声望。

李震所编的《曾巩资料汇编》又录有曾致尧一首《望京楼》诗，亦录于下："望京楼上望，望久思踟蹰。境土边江彻，人家匝海隅。隔山川隐映，近郭水萦纡。雨过风腥槛，潮来岸浸芦。"楼为曾致尧在泰州任职时所建，据《江南通志》载："望京楼在泰州，宋咸平中曾致尧建。"这首诗写的是作者登楼望远，所见所思，其中还有淡淡的思乡之情蕴于其间。李震所录诗出自王象之《舆地纪胜》卷四十中的《淮南东路·泰州》，李震疑所录诗为残诗。该诗又见《锦绣万花谷续集》卷九，也见《泰州志》。果然有残，诗后还有两句，据此补录："云昏迷候馆，树缺辨江湖。"而在《泰州志》中还收录有曾致尧其他诗三首，即《芙蓉阁》《积翠亭》《清风楼》。这四首诗《全宋诗》[①]亦不见收入。除《望京楼》外，其余三首也录于下：

芙蓉阁

夏日芙蓉阁，阁前何最殊？参差红菡萏，迤逦绿菰蒲。
浮藻青黏柱，澄澜碧照庐。木阴栖独鹤，波影浴双凫。
烟动烹茶灶，香微养药炉。静疑江寺小，幽笑石屏孤。
沙鹭窥吟榻，风蝉入座隅。重帘常碍斗，叠砌每生芦。
炎暑微凉有，尘埃断定无。傍轩黄蛱蝶。棨隟白踟蛛。
岂必居三峡，全胜泛五湖。立亭忧岸峻，宿不怕郁纡。
自爱资诗景，谁怜敚画图。窗闲云缕细，枕底浪声麄。
戍客必如火，行人污似珠。此中凉冷兴，那得暂如吾。

① 傅璇琮等：《全宋诗》，北京大学出版社1991年版。曾巩家族成员除曾巩外，所引诗凡未注明出处者，皆引自该版本《全宋诗》。以下不再注明出处。

清风楼

楼号清风颇觉清，冰壶冰室漫传名。
并无尘土当轩起，只有松萝绕槛生。
秋似玉霜凝户牖，夜宜素月照帘楹。
我来涤虑搜吟坐，惟恐咚咚暮鼓声。

积翠亭

高高积翠亭，积翠不虚名。路小莓苔合，墙低薜荔生。
当轩攒竹柏，绕槛列杉柽。公退时来此，吟情转觉清。

曾致尧历知泰、泉、苏、扬、鄂五州。这三首诗是他在任上分别写泰州的阁、楼和亭。《芙蓉阁》重点咏荷，《清风楼》《积翠亭》重点颂风，皆以景喻人，颂人之高洁清廉，也以自况。

曾致尧的文现能见到的有《春日至云庄记》和《齐云院碑》两文。且此二文均是见之于《江西通志》《南丰县志》等地方志和族谱中，其余已不见。今人曾枣庄等已将此两文收入《全宋文》[①] 中。但据曾巩《先大夫集后序》来看，曾致尧的文章也算得上是当时的雄文，有较大影响。曾巩说："方五代之际，儒学既摈焉，后生小子，治术业于闾巷，文多浅近。是时公虽少，所学已皆知治乱得失兴坏之理，其为文闳深隽美，而长于讽谕，今类次乐府已下是也。"王安石在《户部郎中赠谏议大夫曾公墓志铭》中也称："所著书若干卷，传于世，文长于歌诗云。"他们认为致尧的文章特点是"闳深隽美""长于讽谕"，且文章写得比诗歌好。

我们不妨来看他的两篇文章：

春日至云庄记

吾仲弟士尧，淳化中擢进士第，释褐番禺户掾，历滁州清流令。母老，

① 曾枣庄等：《全宋文》，上海辞书出版社、安徽教育出版社，2006年版。曾巩家族成员除曾巩外，所引文凡未注明出处者，皆引自该版本《全宋文》。以下不再注明出处。

上章乞解官就养，优诏从之。宜兴县太君周氏夫人，致尧母，士尧世母也，亦年将八十，士尧事之如母焉。癸卯年，予自尚书版曹员外郎，解海陵郡事，归乡里。

明年春，士尧告予曰："兄往年漕运吴越时，数示家法，俾诸儿侄带经而耕，因授垦田种树之法[①]，儿侄辈不获师焉，而乡里师之。盱江南北，地方千里，田如绮绣。树如烟云。原隰高下，稍涉腴美，则鲜有旷土，皆兄教人谋生之术也。今土膏脉起，农人始耕，欲俟兄命驾观焉。"时巴江进士黄琮，麻仙山进士贲辅之、何玄龄，金嶂山王浆源进士瞿仲康，皆词场之秀，因不远而至。弟宗尧、载尧，子易从、易知、易占，洎士尧皆从行。厨人驱羊，仆夫载酒。花坡柳村，时复驻马；长郊远野，亦或命酌。境土田亩，人家园林，罔不周览焉。夫前引宾客，后拥儿侄，中载酒肴，而吾与群弟缓辔从容其间，亦太平时幸事耳。

自仲春二月十有二日发军山，季春三月四日至云庄。庄亦吾家之别墅，在麻姑山南，盱江之北，翌日置酒其间，酒阑客醉，因即席志之。时大宋景德元年，太岁甲辰，三月五日。曾致尧记。

这篇文章写的是作者偕同兄弟子侄及友人前往自家在南城县麻姑山南的别墅云庄一路上情形。文中交待了出行的缘由：从弟的建议，子侄们在家带经而耕颇有收获，自己归家不久，家乡盱江两岸美丽如画，加之有朋自远方来等。于是在春天里，浩浩荡荡的一支人马自南丰出发，一路行走，经20余日才到达达云庄。他们一路且行且驻，且观且饮，尽览"花坡柳村""长郊远野""人家园林"，从从容容，尽赏人间美景与享拥太平祥和。致尧此行颇有其远祖曾皙所向往的"风乎舞雩，咏而归"之妙。全文不到450字，行文简约，字字珠玑，文笔清新明快，语言明白晓畅，叙事清晰，写景有情致。

① 该文见之于雍正《江西通志》、同治《南丰县志》和《曾氏族谱》，但省、县志所载与族谱所载略有区别。本引转引于曾枣庄等《全宋文》，该本采用《江西通志》和《南丰县志》本。族谱文中"因授垦田种树之法"句后有："迩后兄弟子多束发从宦，易从擢进士第，袁州军事推官，易知得乡里荐书，易直擢进士，麻城簿，易占太庙斋郎，弟赞尧、辅尧，侄易则皆蒙乡荐，并在词场中，于是垦田种树之法。"

读之回味无穷，是一篇优美的游记散文。再如：

齐云院碑

浩浩妙界，茫茫众生。以妄为真，以真为妄。一心颠倒，五欲纵横。溺在爱河，罹于世网。不思解脱，自作烦恼。不知见佛，归来道场。五蕴皆空，六尘俱净。无有恐怖，常获安乐。

临川郡管南丰县。县西有山，高万余仞，翠压五岳，根盘万里，奇峰怪石，灵草异药，罔不在焉。若岁大旱，请祷必雨。山前有古精舍曰“齐云院”，以其院在山前，犹与云齐，故以“齐云”为名。乾德中，筑室掘地，得白石观音像，高尺余，莹洁殊绝，与冰雪等。复得铜钟一，题云：“此钟三百斤，大唐永泰二年太岁丙午二月铸。”今院主僧智圆，剑潭人。淳化二年，山下善信称智圆有道行，疏请挂锡于此。是时，山椒寂寥，屋室败坏，智圆召众缘造法堂，以备说法。明年，有县城信士苏吴朱氏令珍与兄令珙，皆纯厚端谨，不杂流俗，乐于善，宗于佛，由是建僧堂海众，至无阙事。复造大殿，一塑金姿宝相，左右诸天弟子，藻绘庄严，从西方教也。幡花沉水，香灯不绝。四壁月晃，重门洞开，珠网浮空，画栏霞驳，亦一时佛事之盛也。又以佛堂既就，而香积廊庑，其可乏乎？于是造厨库房廊数十屋，皆雕栱相鲜，朱轩交映。堂深则晓蓄风云，檐峻则夜碍星斗。

朱氏性安于道，孝于家。母何氏年八十四，有闺门之范，其视听不衰，乃朱氏色养之所致。至于结善缘，作善事者，其故无它，上则以资母氏之遐算，下则以荐已往之眷爱。福存荐往，外无所祷，皆朱氏棣萼之心焉。吁！经云：“若有信心，人舍一金，施一食尚获福；无量佛事，其获因果，岂有穷乎！”

仆与朱氏，乃乡里之亲。朱氏善士，毕托予为碑。碑成，铭曰：

军山巍巍，在县之西。山有禅院，院与云齐。齐云嶔岑，构此禅林。岁月滋久，屋不成荫。爰有朱氏，孝弟甚深。成此宝坊，壮古丽今。福存荐往，佛日照临。广殿大厦，日碍星侵。禅室邃宇，云宿风吟。香灯幂幂，幡花沉沉。

川堂答响，鼓磬之音。资延母寿，不惜千金。稽首诸佛，棣萼一心。[①]

这篇文章是应人之邀为齐云院而作。齐云院在南丰县城西的军峰山，是一座古院，文中介绍了院之历史和名字的由来。由于历史的原因，院在淳化年间已破败，此间有信士“乐于善，宗于佛”而复加修缮，扩其旧制，由此古寺增辉，成佛事之盛。文中字里行间，致尧大赞其成，大颂信士之德。

曾致尧是当时一名重要而有影响的作家，他的曾孙曾纡在《江楼记》里说：“吾太傅公以儒学入事太宗，文章高天下，而议论坚正，皆惊人语，而出处之际，又挺然不少屈。百余年间，学士大夫想望其丰采，凛然如生，故片言遗墨，得者皆秘藏之，以为传世之宝。”从中也可看出他在当时及百余年后的影响。

致尧的妻子黄氏。据《曾氏宗谱》，致尧名下有载：“娶黄氏，周广顺癸丑年（953）生，庆历甲申年（1044）十月廿七日终。”这一记载与王安石《曾公夫人万年太君黄氏墓志铭》中“以庆历四年某月日卒于抚州，寿九十有二”的记载是一致的。致尧长于她六岁，在她六十岁时即离她而逝。我们从王安石所作的《曾公夫人万年太君黄氏墓志铭》中可知，黄氏十四岁时即母亲去世，于是由她来孝敬父亲，治理家事，这些她都做得井井有条。二十三岁时嫁给了曾致尧。嫁到曾家后，她懂礼守德，能像孝敬父亲一样孝敬她的婆婆，也像治理父家一样治理丈夫的家，在家庭内外、邻里之间都得到了好评。故王安石说：“内外亲无老幼疏近，无智不能，尊者皆爱，辈者皆附，卑者皆慕之。”她也得到很多的朝廷封赠，“凡受县君封者四：萧山、江夏、遂昌、洛阳。受县太君封者二：会稽、万年。”

曾致尧到底生下了几个孩子，有不同的说法。欧阳修在《尚书户部郎中赠右谏议大夫曾公神道碑铭并序》中说：“子男七人，曰某，女若干人。”王安石在《曾公夫人万年太君黄氏墓志铭》中说：“男子四，女子三。”王安石在《户部郎中赠谏议大夫曾公墓志铭》中则说：“始公娶黄氏，生子男七人，仕者三人。”而在“四部丛刊”版的《户部郎中赠谏议大夫曾公墓志铭》却说：“始

① 李震：《曾巩资料汇编》，中华书局2009年版。下同版本。

公娶黄氏，生子男三人。”在明代正德《建昌府志》所载的欧阳修《尚书户部郎中赠右谏议大夫曾公神道碑铭并序》中却是:“子男七人:易从、易知、易直、易简、易占、易丰、易持，皆进士。而易从为舒州团练推官，易直黄州麻城簿，易占太常博士,女四人。”在南丰县现存的多种版本的曾氏宗谱里都记载是“子男七人”。且顺序是易从、易知、易直、易简、易占、易丰、易持。

南城县的《曾坊曾氏支谱》里同样记载致尧生有七子，他们是：易从、易知、易直、易简、易占、易丰、易持。这与南丰宗谱同。综合上述资料，我们基本可以确定致尧子有七人。如果王安石所作的两篇文章里所言都正确的话，那只能说黄氏生有三子或四子，其余的则不是黄氏所生。黄氏寿长于致尧，则不存在续弦，只有可能是纳妾，但史籍族谱皆不见致尧纳妾的记载。

曾致尧还有三个弟弟，即从尧、咨尧和佐尧。也还有一些从兄弟，如赞尧、士尧、戴尧等，他们的生平事迹留传下来的不多，但有诗作传世。在《续修曾文定公族谱》中收录有他们的诗。如他们游禅祖院时，作诗助兴，曾致尧作《春游禅祖院走笔示佐尧、赞尧、士尧诸弟》,诗又名《崇觉寺》,见前引。曾佐尧次其韵：“满院松荫授碧苔，山花照水向人开。阿连无奈春光好，酒盏歌喉断送来。”曾赞尧次其韵：“滴滴山花冉冉苔，青樽恰好对山开。最怜春草池塘碧，兄弟应教次第来。”这些诗把春天景色写得生动惹人喜爱，用语也朴实。

曾戴尧（仁敷之子）《荣亲园上世母周氏太夫人寿诗》:“荣亲园内风光好，却为官贫见子贤。不羡高牙归锦里，争夸敝服侍琼筵。慈颜笑口贻谋远，佳客欢声美事传。我举一觞称上寿，应知善积庆无边。”这是一首祝寿诗,诗中颂世母之德,也表达对她的良好祝愿。据清乾隆版《南丰县志》载：“荣亲园，在一都方家洲上。曾密公致尧释褐授符离簿，迁光禄寺丞，监越州酒税，告归宁。母周氏置酒园中，族戚咸集。或诮密公衣冠敝垢，仆马羸瘦者。母曰：‘贫而见我，是我荣也，若黩货而归，贻吾忧矣。’因命其园为‘荣亲园’。”前文有引吴绛《赠沂国公曾仁旺夫人周氏墓志》所载其事，此不赘述。

第三节　曾巩的父母

南丰县查溪所存《曾氏宗谱》载:“易占，致尧公五子，字不疑，行廿六。登天圣二年（1024）宋祁榜进士，官至太常博士赠光禄大夫，以子布贵，加赠太师,封鲁国公。端拱己丑年（989）生,庆历丁亥年（1047）九月廿四日终。葬源头大塘水部（水部，官署名称，掌航政与水利——引者注）仁旺公坟之东北。娶周氏，赠京兆郡太君，累赠周国夫人，葬源头。继娶吴氏，淳化壬辰年（992）生，天圣丙寅年（1026）十月十五日终。赠文城郡太君，累赠吴国夫人，葬通草坑。三娶朱氏，大中祥符辛亥年（1011）生，元丰壬戌年（1082）九月廿八日终。封仁寿郡,赠鲁国夫人,葬龙池乡龙池洞。生子晔、巩、牟、宰、布、肇。”这是家谱一般的记录，只有生卒、葬所和妻子的基本信息，不足以见其人概况。

曾易占少时勤奋好学，以文章名于天下。易占以荫补太庙斋郎，先后担任过宜黄和临川两县的县尉。两县同为抚州所辖，宜黄为南丰之邻县，临川也与南丰相距不远，南丰经南城县可达临川，距离不足两百里。三十五岁时中得进士，授镇东节度推官，又改任武胜军节度掌书记、崇州军事判官，但是他都没有赴任。后来出任真州，选太子中允、太常丞、博士，又先后出任了泰州如皋县和信州玉山县的知县。他治理地方事务自有一套办法，也取得了明显的效果。如在临川，他“不威而令恶人之豪帅其党数百人，皆不复为恶”。“在越州，其守之合者倚公以治，其不合者有所不可，公辄正之。”他在如皋任上，时值大饥荒，他坚定地向知州请求“越海以籴”，向邻近地区购进粮食以救灾民，这样让如皋数万人得救。第二年，当稻子刚开始成熟时，知州本想像正常年份一样收取租赋。如果这样做，很多百姓在新的一年又将缺食少粮。于是曾易占不听从知州的安排，拒绝收取租赋。如是如皋的百姓得以安全度过饥荒，而泰州辖下另一些县的百姓则不得不再次因饥饿而逃亡，只有如皋县没有出现百姓逃亡的现象。在玉山任上，他既铲除当地的恶霸坏人，加强社会治理;也对于当地的桥梁、道路、驿站、马廨等都进行修葺整理，

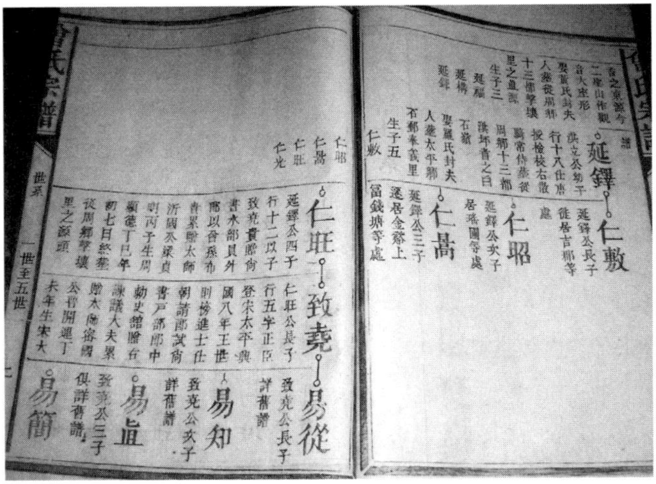

曾氏宗谱关于曾致尧的记载

完善当地基础设施建设。他还重视教化百姓，兴建孔庙，祭祀孔子，同时劝导百姓要重视学习文化，从而开重文之风尚。

曾易占在仕途上并不是很顺意，他终其一生也只是做到了七品一级的官职。关于他的为官，这里有一则故事。据王安石的《太常博士曾公墓志铭》所载，“知信州钱仙芝者，有所丐于玉山，公不与，即诬公，吏治之，得所以诬公者，仙芝则请出御史。当是时，仙芝盖有所挟，故虽坐诬公抵罪，而公亦卒失博士，归不仕者十二年”。曾易占的顶头上司、信州知州钱仙芝向他索要财物，他不给，于是钱仙芝对他进行诬陷，钱仙芝因所举非实而被治罪，但易占因之也丢了官，并且一丢就是十二年，其实此后就没有为官。这里记录的是曾易占在景祐三年（1036）因遭遇诬陷而失官之事。王明清在《挥麈录·后录》卷六里也对此事有记录，较之于王安石的记录详细一点。他说：“（曾易占）既以豪侠自任信州玉山令，有过客杨南仲，文采可喜，气概颇相投，公厚赆其行，会与郡将钱仙芝不叶，捃摭公以客所受为贿。公引伏受垢，不复自辩，竟除名徙英州。”从这两则记录看，曾易占受诬而弃官，只好归隐乡里，这样一待就是十二年，但是在此期间，他还是胸怀百姓，心系天下，且这种心志不能随身而殁。他曾说：“吾身弗用，吾岂戚戚于是哉！唯志之所存，不可偕吾身以殁也。”于是他寄情著述，托文言志。在此后的日子里，他写有十余万字的文章，汇成《时议》十卷刊行于天下，他的《时议》是“惩已事，忧来者，不以一身之穷而遗天下之忧。以为其志不见于事，则欲发之于文，其文不施于世，则欲以传于后，后世有行吾言者，而吾岂穷也哉？”[①]《时议》概括起来，主要内容有几点，一是“治天下先名教”，二是“省事”，三是“择人”，四是“立制度，信赏罚，重号令，敦本以帅之，节用以持之，夷狄可以理服也，盗贼可以术消也”。[②]

李继迁的孙子元昊称帝建立西夏国，对大宋用兵，辽国也派军队向宋朝边境进发，宋朝皇帝对此事忧心忡忡，向天下诏告，号召天下人建言献策，一时天下人都认为应动用军队讨伐西夏和辽国。而曾易占则认为，天下安危与自己国家安定与否息息相关，如果自己国家治理得好，安定了，敌国的威胁就没有什么可怕的，如果自己国家没有治理好且不安定，忧患就在当下，敌国的威胁就更不用说了。所以他多次上书陈事，他所写的十余万字文章说的都是国家大事，阐述的都是古今国家存亡治乱的道理，对于自己所受的冤屈和贫困却不以为然，“公之遭诬，人以为冤，退而贫，人为之忧也”。后来朝廷重新启用他，他在前往京城汴京的途中，病逝于南京（今河南商丘南），享年仅五十有九。对于他的去世也有一则小故事。故事是这么说的，朝廷传来命令要易占前往京师，当他路过洪州（今南昌）的樵舍，见有一僧寺，于是入内休息，并题诗于寺庙之壁上，诗云：“今朝才是雪泥干，日薄云移又作寒。家山千里何时到，溪上梅花正好看。”那一天正是庆历七年（1047）六月二十日，何来雪、何来梅花？读过题诗的人都觉得这首诗怪怪的，写景状物与当下时令不相称。题诗之后，他又继续前行，当他走到了南京时，就不幸发病，逝于此。他的儿子曾巩护送着他的灵柩还乡。再次经过樵舍时，正值腊月，雪中梅花争艳正如易占诗中所言。其实这首诗不为易占所作，这是蔡君谟的一首诗。蔡君谟即蔡襄（1012—1067），福建人，天圣八年（1030）进士，官至端明殿学士，卒赠礼部侍郎，谥“忠惠”。蔡襄为人忠厚、正直，讲究信义，

① 王安石：《太常博士曾公墓志铭》，见李震《曾巩资料汇编》。
② 李清臣：《曾博士易占神道碑》，见李震《曾巩资料汇编》。

学识渊博，是一位大书法家，论及宋代书法，素有“苏、黄、米、蔡”四大书家的说法，同时又是一位诗人，他晚生于易占 23 年。曾易占偶然将蔡诗书之于壁，可见曾易占对蔡襄的推崇，亦可见他对该诗的喜爱。没想到的是该诗竟然成了他自己的谶语。

对于易占的生卒年有不同记载。在王安石所作《太常博士曾公墓志铭》里明确地写道：“公以端拱己丑生，卒时庆历丁亥也。”而比王安石小 11 岁的李清臣（1032—1102）在《曾博士易占神道碑》里也写道：“公生端拱己丑，终庆历丁亥。”李的说法与王的说法是一致的。李在文中有“公已葬后三十六年，临川王丞相论公平生出处学行之所至，书之于碑阴”句，可见李很有可能是从王而说。他们的说法与南丰县现存的曾氏家谱、族谱记载也是一致的。易占为曾致尧第五子，致尧生他时已有 43 岁。而陈师道（1053—1102）在《光禄曾公神道碑》里说：“庆历七年，公年六十九，道病，卒于南京。”依陈师道所说推之，则可知，曾易占生于太平兴国四年（979），此说比王、李的记录寿长 10 岁。陈师道比王安石小 32 岁，比李清臣小 21 岁。陈师道 16 岁从曾巩学，是曾巩的学生，也比曾巩小 34 岁。王安石是曾巩的挚友，在为曾易占作文的几位作者中，对曾易占应最为了解，知道的情况应是最多，最真实，因而王安石的记载较可信，陈师道也正是在曾巩去世那年受师命而作，他在文中说：“公子舍人谓其门人陈师道：‘公之葬，既以铭载于墓中，今幸蒙恩追荣三品，复立碑于墓道，以显扬其芳烈，明示来今，是以命汝为之铭。’师道幸以服役奉明命。”尽管如此，也许在资料提交、陈师道写作过程某个环节出现差错，但这种可能性不大。很可能是后世在其文章出版刊刻过程出现的错误，将“五”刻写成了“六”。新修《武城曾氏重修族谱》[①] 采信老谱生卒时间，载：“生于宋端拱二年九八九年己丑，殁于庆历七年一零四七年丁亥岁。”我们可以认定，易占生于端拱二年（989），卒于庆历七年（1047），享年 59 岁。

曾易占敢于言事。庄太后听信道士的话而建造乾明观，数百名匠人建了

① 2017年，南丰曾水旺主修，现藏南丰县曾巩文化研究会。

几年仍没有把乾明观建起来。此时，曾易占对道士说：我来替你完成吧。易占给他们减去了一半多费用，而工程却没有过多久就完成了。据王安石所撰墓志铭载，就在易占去世后，家人还发现他没来得及向皇帝上呈的奏疏，他在这份奏疏里说："刘向有言：谗邪之所以并进者，由上多疑心，用贤人而行善政，如或谮之，则贤人舍而善政还。此可谓明白之论切于今者。夫夷狄动于外，百姓穷于下，臣以谓尚未足忧也，臣之所谓可忧者，特在分诸臣之忠邪而已。"[①]他所进言直且忠矣，非一般臣子所能为。

仕途不顺对曾易占来说，是一种沉重的打击，使他壮志难酬。对其家庭来说也是一种不幸，他家也从此衰落，让人感到惋惜。王安石在《祭曾博士文》中直呼："呜呼！公以罪废，实以不幸。卒困以夭，亦惟其命。命与才违，人实知之。名之不幸，知者为谁？公之闾里，宗亲党友。知公之名，于实无有。"

曾易占一生先后娶过三任妻子。李清臣在《曾博士易占神道碑》里说："公初娶周氏，今追封国夫人；再娶吴氏，封国夫人；后娶朱氏，封国夫人。"对于第一夫人周氏的资料很稀缺，她与易占结婚后生有一子，名晔。周氏被封为仙源县太君，又追封为周国夫人。曾巩后来写有《先妣仙源县太君周氏焚黄文》，在文中巩说："赖先君、先夫人余泽，有列位于朝。……先君、先夫人咸被命书，赠官封邑。"

易占第二任妻子是吴氏。她是临川人，二十四岁时嫁给了易占，易占长她三岁。她在曾家也有孝行，如她在侍候婆婆时就能顺其意，根据天气的冷暖及时地给婆婆增减衣服，做出可口的饭菜，孝敬老人家，得其欢心，让婆婆视之如己出。对于其他家庭成员也是慈善爱怜有加，也得到了众人的称赞。"于大人得辅佐之宜，于族人上下适其分。"可惜的是她35岁时，离开了人世，她为易占生下三男一女，三男即巩、牟和宰。她去世后，其子曾巩亦作《先妣昌福县太君吴氏焚告文》，其文曰："维先君、先夫人积德累善，巩获蒙余泽，备位于朝。今天子始郊，加恩群臣，皆许追荣其先。故先君、先夫人咸被赞书，命官封邑。而巩方羁于职事，不得躬至墓下，谨遣弟布、肇奉告第以告。"《告文》

① 王安石：《太常博士曾公墓志铭》，见李震《曾巩资料汇编》。

深情地表达对母亲的思念，也表达了不能亲身到母亲墓前祭祀而深感遗憾。

曾易占在吴氏去世之后又娶了朱氏，易占长她 22 岁。朱氏出身于名门，她家本在彭城，但五代之乱后迁居于淮南，后又移居于扬州。她的父亲名斋卿，官秘书省校书郎，母亲耿氏，被封为德安郡太君夫人。朱氏从小文静好学，深得父母的喜爱。天圣五年（1027），母亲做主将她嫁给了易占。到了曾家，她孝敬婆婆热情周到，颇得婆婆的欢心。婆婆常说，希望以后曾家的孙媳妇也能像她孝敬长辈一样孝敬这位未来的婆婆。其他媳妇也争相效仿她去孝敬婆婆。她不仅能孝敬婆婆，也能相夫，易占此人性格刚直，与他相合的人不多，于是朱氏劝诫他“高明柔克”。从此之后，易占也就能注意与人相处，引朱氏为贤内助，很少再因耿直伤人。当易占被罢官归家后，曾家更显贫寒，为了支撑这个家，她操持家务，纺纱织布，让易占没有贫寒之忧。庆历四年（1044）的十月，她的婆婆去世，丧事都是由她按照礼仪亲自操办。三年后，也即庆历七年，丈夫易占去世，此时她只有 37 岁，算是中年丧夫，十分的悲痛。她与易占生生有二子，即布与肇。易占先与前两任夫人生有四子，加上自己两个儿子就六人了。她在艰难困苦的生活中还不忘教育子女，有时亲自教授课业，也常常鼓励他们好好学习，积极上进。令人高兴的是，儿子勤勉好学，先后都中得进士。巩、牟、布同登嘉祐二年（1057）第，宰中嘉祐六年（1061）进士。肇生也晚，中治平四年（1067）进士。他们或从政声绩显著，或文章名于天下，或兼而有之。女儿也都出嫁于名门，择得俊才为佳婿。这些都与朱氏的教导与支持是分不开的。曾家又迎来了门楣光大之时。朱氏虽然只是曾巩的继母，且年龄只比曾巩大八岁，但对曾巩也是有教益的。曾巩也十分尊敬这位继母。嘉祐二年（1057），曾巩兄弟中进士后，朱氏随曾巩居住在京师。元丰五年（1082）九月，朱氏在京城的曾巩官邸去世，享年 72 岁。时任尚书右丞的王安礼为她撰写了《太常博士曾公夫人朱氏墓志铭》，大颂其德，并铭曰：“猗欤夫人，音徽德孅，采采足征，女中君子，吉士之妻，多贤之母，福寿允臧，伊谁与比……”[①]

---

① 清道光版《续修曾文定公族谱》。

年轻时，曾易占就以文章名天下，落职归南丰之后，著《时议》十余万字，但流传下来的著作甚少。今能见到的有保存于《建昌府志》中的《南丰县兴学记》一文，今人所编纂的《全宋文》也仅收此文。这篇文章写于庆历四年（1044）三月。文章开篇阐述了兴学的重要性，学校"本之导民成化"，"故其士之入朝，在乡居家，皆就法度而莫为非"。正缘于此，而南丰无学校，新任南丰县令的周行钧（燮）则兴办学校。接下来，文章介绍了学校兴建的过程，在乡绅们的大力支持下，学校很快就建成了，南丰名士刘德纯等人请他为学校作记，以铭之后世。"申古之意告之，使学者知有归也"。于是，他写下了这篇文章。

易占兄弟多人，有兄易从、易知、易直、易简，有弟易丰、易持。易从、易直为咸平三年（1000）进士，易从曾任舒州推官，易从生子二，平、庠；易直曾任麻城主簿，生子二，畀、叔卿。易知，咸平元年（998）解试进士（解试及第者）、虔州（今江西赣州市）太守，生子四，罕、章、冲、准。易简，诗人，才智出众，十三岁就被国子监举荐到礼部。礼部以《清明日赐新火诗》为题对他进行测试。他提起笔来，一气呵成，其诗云："令节传龙蜡，君恩赐近臣。乍燃烟尚短，初出焰犹新。照耀王侯第，欢呼里巷民。谁知蓬

金溪县东源村曾氏后裔门额"隆平旧家"

荜下，还有聚萤人。”这在当时传为美谈。后来，他又进献自己所写的《唐臣事绩》二十卷、《两汉谏论》五十卷，被召进舍人院考试。后逝世于京师。

易丰，庆历五年（1045）解试进士，以子阜贵赠朝奉大夫，生子三，皋、阜、惠先。易持，庆历六年（1046）解试进士，官至秘书著作郎，娶妻章氏，生子名覃。覃字子泽，娶妻吴氏，生子二，绍和绩。绩字公懋，中博学宏词科，官至著作郎，生于熙宁元年（1068），娶妻邓氏，生子三，宪、愻、应。宪字式古，淳熙二年（1175）进士，官至通直郎。

致尧兄弟有佐尧、从尧、咨尧。佐尧生子易遵、易阶、易升。易遵生子二，中、率；易阶生子二，车、卞；易升生子二，芊、午。从尧生子一，易如。咨尧，不传。《曾坊曾氏支谱》没有记载易简子嗣情况，而在金溪县东源存的《武城曾氏重修族谱》（2003 年重修）中有记载易简说：“配吴氏，生子五，衍河南；继娶李氏，生子六，衍邵阳；又娶徐氏，生三子，均衍四川。”由此可见他的子孙已可能不在南丰县及周边地区，迁徙得较远。

第二章

文学名家曾巩

曾巩是南丰曾氏家族的突出代表。由于家庭的影响，曾巩自幼好学，十六七时，窥六经之言与古今文章，名闻四方。年近而立，父亲去世，家道中落，而耕读于乡间达十年。嘉祐二年（1057），举进士，步入仕途，初任太平州司法参军，嘉祐六年（1061）奉诏充馆职，熙宁二年（1069）始，历任越州通判和齐州、襄州、洪州、福州、明州、亳州、沧州知州等职。元丰四年（1081），任史官修撰，次年升中书舍人。元丰六年（1083），逝于江宁府（今江苏南京），后追谥为“文定”。曾巩从政有政声，为文功彪炳史册，名列唐宋八大家中。

第一节　南丰少年

曾巩出生于宋真宗天禧三年（1019）。这一年宋真宗立太子，并更其名为祯，即日后的宋仁宗皇帝。同年的六月王钦若被免去了宰相之职，寇准接其相位。范仲淹此年已有 32 岁，梅尧臣 18 岁，富弼 16 岁，欧阳修 13 岁。这些人算是曾巩的前辈人物了。日后，他们都对曾巩产生了不小的影响。

据南丰《续修曾文定公家谱》记载，曾巩出生于“天禧己未（1019）八月廿五，终于元丰癸亥四月十一丙辰日，享年六十有五。”这里没有说曾巩出生于何地，在当时人为他写的墓志铭、神道碑等也没有涉及这个问题。也许“曾巩是南丰县人”，这是一个人皆尽知的事实，没有什么异议的，因而没有必要提那么一笔“哪里人”。

然而在曾巩去世六百五十余年后，临川籍学者李绂写下了《曾文定公居临川考》，提出了曾巩生于临川，长于临川，是一位地道的临川人，南丰只是占籍。他在文章中说："文定之祖虽占南丰籍，而家则恒在临川也。至于文定兄弟则生于临川，长于临川，终身居临川……实则临川人耳。"

王焕镳（1900—1982）先生在《曾南丰先生年谱》里对于李绂的说法给予了否定。随着对曾巩研究的深入，对于曾巩籍贯的考辨也有争论。但倾向于“南丰说”的居绝大多数，如《曾巩评传》的作者王琦珍、《曾巩传》的作者宋友贤等都认为曾巩当为南丰人，《曾巩年谱》《曾巩研究资料汇编》的作者李震、《曾巩研究》的作者李俊标等也没有对“曾巩是南丰人”提出异议。海南学者龚重谟2003年在《抚州师专学报》（2003年第1期）发表了《曾巩籍贯考辨》一文，赞同李绂的观点，认为“曾巩籍贯的归属不是南丰而是临川”。他们都各抒己见,各陈各的理由。李绂《曾文定公居临川考》一文不长，兹录于下：

按曾氏族谱，自文定以上九世祖略为抚州节度使，即居抚州。子孙居处临川、南城皆抚属地，而抚城南隅之后湖田及南原二地尤多。南原后属金溪，文定置义田二庄，一在后湖，一在南原，以族姓众多也。文定高祖弘立为南丰令，始占籍南丰，然高祖考并从仕四方，未尝置立田宅，故文定上齐工部请入籍临川书，谓家无屋庐田园于南丰，诸姑之归人者，多在临川，故祖母乐居临川，居临川久矣云云。是文定之祖，虽尝占南丰籍。而家居则恒在临川也。至于文定兄弟，则生于临川，长于临川，终身居临川，兄弟及群从之子姓，皆世居临川也。其在南丰者，惟文定第六叔易持一人。至南渡以后，文定第七世孙始遣一人居南丰守祖墓，今所谓查溪曾氏者也。文定父封鲁国公太常博士易占，初以荫补太庙斋郎，为抚州宜黄尉，寻改尉临川，举三司法，中进士。在天圣二年甲子。文定生于天禧二年戊午，至甲子始七岁，则生于临川审矣。鲁公既成进士，迁太子中允，又迁太常博士。宋法，迁官不改职掌，是长于临川也。后迁如皋、玉山二县，甫三年即罢官。在景祐二年乙亥，文定年始十八，即奉亲归临川入籍，补临川弟子员。并见鲁公墓志及文定《上齐工部书》。是年文定生平，未尝一居南丰。其称南丰，犹韩文公称昌黎，朱文公称新安，皆本其旧籍言之，而实则临川人耳。文定序晏元献公《类要》云：'余与公仕不并时，然皆临川人。'是公固已称临川人矣。郡县旧志皆列公乡贤中，而世人惑于南丰之称，故为考其始末，附传后焉。[①]

李绂的这篇考辨文章，难以让人信服。他认为曾巩出生于临川，其所据则是曾巩父亲易占任临川尉。虽任官临川但家眷不一定及时随任定居临川，如果是随任而居，离任一般也随之而离开。况且临川距南丰不过百余里地，水路、陆路都很方便。他们在南丰没有屋舍田地也不足以说明就不是南丰人，曾家先前在南丰是有屋舍地产的，如致尧就在南丰造有大房子，后人称密公宅，曾巩小时候就在旧宅旁边的学舍里读书。致尧无疑是定居南丰的，且家产丰厚，以至于在郡城南城的麻姑山脚下有云庄别墅。他写有《春日至云庄记》，详记从南丰往南城云庄的经过。但也没有资料显示易占或者曾巩在临川有田舍。只是到了易占落职后，他家境较为困难，在南丰没有屋舍田地等也属于正常现象。但其后曾巩受到知军刘沆的接济，在南丰也置办了田地，建了简易的房子，对这些曾巩还是比较满意的。这在曾巩的多首诗里有过描写，如他在《读书》说："渐有田数亩，春秋可耕桑。"在《舍弟南源刈稻》里又说："买田南山下，禾黍忽已秋。"等等。不知李绂怎么会说曾巩"未尝一居南丰"？在南丰有曾巩生活的遗迹，如读书的地点读书岩，居住的南轩，生活地南源庄。曾氏自在南丰开基之后，不仅先人如一世祖洪立、二世延铎、三世仁旺，祖父致尧、父亲易占等等都安葬在南丰县境内，曾巩同样也把妻、女都安葬在南丰。曾巩曾在南丰有过较长的守制时间。如果说曾巩长居临川，临川有其田产、屋舍，那又何必要人接济，又何必要到南丰去置产、造房子呢？很显然临川不是他的长居地。如果生在临川，居于临川，完全可以在临

---

① 李绂：《穆堂别稿》，清道光版。

川置家族坟山，安葬家人。为什么要在南丰呢？那就是因为自己是南丰人，又家在南丰，祖坟山也在南丰。其实，他在《上齐工部书》里明明白白地说，“而巩也与诸弟循侨居之”，仅是“侨居”而已。由此看来，曾巩为南丰人是事实，临川只是他常住的地方。他的弟弟曾肇在为曾巩所写的《子固先生行状》中也说得明明白白，他说：“今家南丰者，自高祖讳延铎始也。”我想李绂是读过这一行状的。

曾氏族谱里的曾巩画像

至于曾巩为什么要居住在临川，他在《上齐工部书》中说得也明白。他说：“巩世家南丰，及大人谪官以还，无屋庐田园于南丰也。祖母年九十余，诸姑之归人者多在临川，故祖母乐居临川也，居临川者久矣。进学之制，凡入学者，不三百日则不得举于有司。而巩也与诸弟循侨居之，又欲学于临川，……公世家南丰，因奉祖母居临川。”恰恰是因为不是临川人，父亲等人宦游于外，祖母喜欢住在临川女儿家，曾巩及弟妹等只好随祖母等人借住于亲戚家，想在临川上学、参加考试方便些，按规定，“凡入学者，不三百日则不得举于有司”，这才写信给齐，请求帮忙解决问题。如果是临川人就不用多此一举了。至于他在为晏殊编辑的《类要》写序，言“余与公仕不并时，然皆临川人”，在《送抚州钱郎中》诗中自称“邦人”，或者说其他人称曾巩为临川人，这些也不足为怪，一是曾巩时常在临川居住，二是南丰县曾为抚州所辖，抚州治所在临川县，南丰只是在淳化二年（991）才划归建昌军所辖。他的爷爷致尧在《齐云院碑》里就说：“临川郡管南丰县。”称号习惯了也有一个慢慢改变的过程，正如今天抚州市所辖的南丰县里的人在外地称自己为抚州人也正确，或者外地人称今天的南丰人为抚州人也没有错。曾巩在给友人的书信中，也常在自己名字前加上“南丰”二字，如《上蔡学士书》：“南丰曾巩谨再拜上书谏院学士执事。”《上杜相公书》：“南丰曾巩再拜上书致政相公阁下。”无疑，曾巩是南丰人，他时时告诉别人：他是南丰人。人们也因之尊称他为“曾南丰”或“南丰先生”。

曾巩出生于宋真宗天禧三年（1019），其母吴氏时年已28岁，嫁给易占已有5年，此时他的父亲也有31岁。曾巩还有一个同父异母的哥哥，名叫晔，此时也有11岁。晔的母亲为周氏，不幸早亡。曾巩出生之时，其父易占正任临川县尉。曾巩从小就机警聪慧，与一般的孩子不同，他还有一个过人之处就是记性好，读书往往能过目不忘。他五六岁即开始读书，这在曾巩的一些传记中都有提及，如他的弟弟曾肇《子固先生行状》中说：“公生而警敏，不类童子，读书数百千言，一览辄诵。”韩维在《朝散郎试中书舍人轻车都尉赐紫金鱼袋曾公神道碑》里也说：“公生而警敏，自幼读书为文，卓然有大过人者。”8岁时母亲吴氏去世，此年他的母亲也只有37岁。幼年丧母自然是曾巩人生中的不幸，况且此时他的父亲也在绍兴为官，担任了越州节度推官，他的母亲抛下了他与弟弟牟、宰和一个不及一岁的妹妹。但是他的父亲又在第二年给他们娶进了一个后妈，这就是易占的第三任妻子朱氏。

曾巩热爱读书，不仅读诗词歌赋，也读古文，这样为他日后的发展打下了坚实的基础，也使他闻名远近。曾肇《子固先生行状》里说：“未冠，名闻四方。”他在十五岁时已能写书信，据刘壎在《南丰先生学问》一文中的记载，曾巩在十五岁时就写有《上李连州书》，可惜的是该信已佚。到了十六七岁时，他的文化水平已达到相当的高度。曾巩在至和初年（1054—1056）写下的《学舍记》中就明确地说：“十六七时，窥六经之言与古今文章，有过人者，知好之，则于是锐意欲与之并。”

由于父亲任官多地，曾巩一般都随同前行，并且多是读书或游玩，如《游信州玉山小岩记》一文里就说：“景祐二年，家尊受诏为是邑宰，仆侍偕来，至未周岁，居甚无事，思有以远览，为尘外之乐者，得是小岩焉。”但是在第二年，曾易占因别人诬陷而丢官。这对于易占及其家庭都是一个不小的打击，家道也从此跌入低谷。曾肇在《子固先生行状》中说：“初，光禄仕不遂而归，无田以食，无屋以居，公时尚少，皇皇四方，营饘粥之养。”是时，曾巩虽有文名，但也只不过是一个二十不到的小青年，也很难担当家庭重任，只好大家过紧日子。

第二节 就学李觏

曾巩自幼“从先生受书”，但对于师承，从他本人的著作中，仅知有欧阳修、范仲淹等人。对于师承李觏，现存的曾巩著作不曾言及，而据其他文献可知他曾师承李觏。由于曾巩、李觏都未见明言，曾巩是不是李觏的弟子，古今有争议。从众多的史料来看，曾巩从学于李觏是一个无须争辩的事实。李觏（1009—1059），字泰伯，建昌军南城县人，曾创盱江书院于县城，一生主要的精力都是从事教育工作。《直讲李先生门人录》录有南宋初年状元张渊微的一篇考辨文章，文章中说：

尝读盱江旧志云：曾舍人巩、邓左丞温伯，皆先生之高弟，窃有疑焉。盖温伯他日为中丞，进先生所为文，奏乞官其一子。温伯游先生门明矣。然不能排新法之非，识者惜之。今盱志以南丰并称，不知何据？按：李直讲生于祥符之己酉，曾南丰生于天禧之己未，以年数考之，则直讲多南丰十岁也。若以直讲南丰之师友，恐不其然。谓其在乡学师之欤？则直讲以庆历三年主郡学，而南丰以是年自洪州归临川，上齐工部书云：“祖母乐居临川。”其后为文多道临川之事。谓其在太学师之欤？则直讲以嘉祐二年为太学说书，而南丰以是年登进士第，明年调太平州法曹，乌在其为师友哉？旧志所载，若不加订正，袭讹承舛，惟恐后人误后人也。[1]

认为曾巩不是李觏的弟子，大概从此开始吧。张渊微的理由是：其一，李与曾从年龄上看仅差10岁，似乎不可能为师友；其二，李觏庆历三年（1043）

① 王国轩：《李觏集》，中华书局2011年版。

主郡学，而此年曾巩自洪州归临川；其三，李觏嘉祐二年（1057）为太学说书，而曾巩此年及第，次年曾任太平州（今属安徽省）法曹。

张状元的理由是不充分的。仅从上面三点，不足以说明曾巩非李觏之弟子。李觏落第回家后，在郡城南城的盱江书院开展讲学活动。李觏在《寄祖秘丞》诗中把此事诉说给了朋友祖无择听，他说："郡守方仁贤，学宫盛修理。踵门致勤恪，命我论经艺。"而他在书院也是勤勤恳恳，忠于职守，热爱学生，视乡人的子女如己出，不仅教他们章句，还教他们讲礼、讲义，"麻衣何纷纷，乡人子若弟。不唯务章句，所欲兴礼义。施为有本末，动静有纲纪。早与鸡同觉，夜与月相值。孜孜忘饮食，忻忻在文史"。从李觏的《寄祖秘丞》中还可以看出，李觏离开盱江书院后，特别是李觏被任命为将仕郎试太学助教后，由于没有实质性的工作可做，也为生活所迫，在皇祐二年（1050）前后，他在家乡再次从事讲学授徒的事务。由于讲学效果很好，从者如云，他的声望越来越高，以至于太学都知道了他"素负才学，博通经史""聚徒教授"，于是请他去太学任职，并向朝廷举荐他担任太学说书一职。荐章里说："（觏）尝应制科举，虽因名臣荐论，命以试官，不沾政禄。而养道丘壑，聚徒教授。南方士流，皆宗师之。"嘉祐二年（1057），李觏放下了南城的教鞭而赴太学任职。惜乎，历史上对于李觏生平事迹记载过于简略，难见其与曾巩等人交往的记载。

庆历元年（1041）至嘉祐二年（1057），曾巩在哪里？曾巩在庆历元年（1041）入京，认识了欧阳修，在京城里待了几个月后，因考试不中而回家。次年他来到了临川。庆历四年（1044），曾巩的祖母去世。第二年，归葬于南丰。庆历七年（1047），父亲曾易占去世，此后在南丰丁父忧，在丁忧期满后，他也居住在南丰。庆历九年（1049），李觏应邀赴杭州见范仲淹，同时，"曾南丰携欧公书，往余杭见范文正。文正云：欧九得书，令将钱与公。今已椿得甚处钱留公矣。亦欲少款，适闻李先生来，欲出郊迓之"。[①] 从朱子的话中，可知在杭州曾巩与李觏见面了。嘉祐二年（1057），他与弟牟、布，从弟阜，

① 见《朱子类语》卷一二九，钦定四库全书本。

抚州市名人园内的曾巩老师李觏雕像

妹夫王无咎、王彦深六人及第。这一年，李觏以太学助教召，入京就职于太学。一天，官居起居舍人的刘敞（1019—1068）同时请李觏与曾巩做客饮酒，刘敞还赋诗一首《李觏以太学助教召，曾巩以进士及第归，俱会郡下，素闻两人之贤，留饮涵虚阁》以记其盛。诗云：

孤鸾方北游，威凤复南翔。邂逅中道遇，其音何锵锵。
太平向百年，此固多美祥。扰扰都人士，争先显辉光。
虽无醴泉流，江水清且长。虽无朝阳桐，翠树茂且芳。
念将万里逝，愿得少徬徨。为君赋卷阿，因以谢楚狂。

诗见刘敞的《公是集》卷十三，亦被《两宋名贤小集》和《宋百家诗存》所收录。诗中对他们俩人极尽赞美，由此也可见李觏与曾巩的关系不一般，不然刘敞虽知其贤也不会把他们两人同时邀请到一起宴饮。及第之后，曾巩出任太平州司法参军。李觏也曾游历太平州，并写下了《太平州十咏亭》诗，

南城县麻姑山上的仙都观

诗云："客游无日暂开颜，姑孰溪边偶得闲。风景直疑图画出，古今都似梦魂间。桓温罪逆休重问，谢傅英灵已不还。深美谪仙遗世务，酒船椎鼓浪如山。"由于李觏是一介布衣，生活拮据，于公于私都没有出游的条件，而他在太平州之前也没有什么朋友，因此，游太平州极有可能是曾巩到任后，邀请他去的。

曾巩在临川、南丰居住的时间里，很可能来到南城从学于李觏。临川、南城、南丰无论从陆路还是水路都是在一条道上，从临川入南丰必经南城。水路盱江发源于广昌，流经南丰，过南城，入临川，再入赣江，进长江。临川虽属抚州所辖但与南城县相邻，离南城县城不过百余里，南丰县与南城县一样同属于建昌军辖下的县，建昌军治所设在南城县。南丰县城离郡城南城仅有百余里路程，不算远。南城在三地的一个中心点上，到其他两地既近也方便。更便利的是曾巩祖辈在麻姑山之南还建有云庄别墅，可供住宿。曾巩来此住宿并求学于李觏是完全可能的事。在清人黄家驹所编辑的《麻姑山志》中记载，麻姑山上有李觏读书林，相传曾巩等人曾就学于此。检索曾巩的著作，可以发现他有很多叙写麻姑山的诗文，如《冬望》《游麻姑山九首》《仙都观三门记》《麻姑山送南城尉罗君》等等，这些诗文不是同一个时间里写成的。《仙都观三门记》写于庆历六年（1046），而其他均无确切的写作时间。从内容上看，《游麻姑山九首》写的是麻姑山上的桃花源、丹霞洞、半山亭、颜碑、碧莲池、流杯池、七星杉、瀑布泉等八处秋天的景色，此八首前有一首总写游麻姑山，诗中有“秋光已逼花草歇，寒气况乘岩谷深”句，可以看出曾巩是秋天到的麻姑山。而下一首《冬望》写的是冬天的麻姑山。从两诗的写作时间看，即便是写于同一年，也有一定的时间跨度，即从秋天到冬天。《麻姑山送南城尉罗君》表达了自己科场失意后不甘就此放弃，而是希望再通过科举之途，积极入仕而为国效劳的心情。曾巩自景祐三年（1036）始多次参加科举考试，由此看，此诗当写于景祐二年至嘉祐三年之间。表达愿为国效劳的主题还如《丹霞洞》诗中写道：“羌夷干戈今未解，天地疮痏谁能痊？大厦栋梁置沙莽，肯复顾眄桷与椽。吾徒于时直何用，欲住未得心茫然。”《冬望》里也表达了同样的思想感情，诗中句：“嗟予计真不自料，欲挽白日之西颓。”从诗文所描述的内容看，曾巩在山上待的时间较长，对麻姑山颇为熟悉。这样看来，曾巩在南城待的时间较长，作为一名学子，也只有求学，才可能在一地待这么长时间。

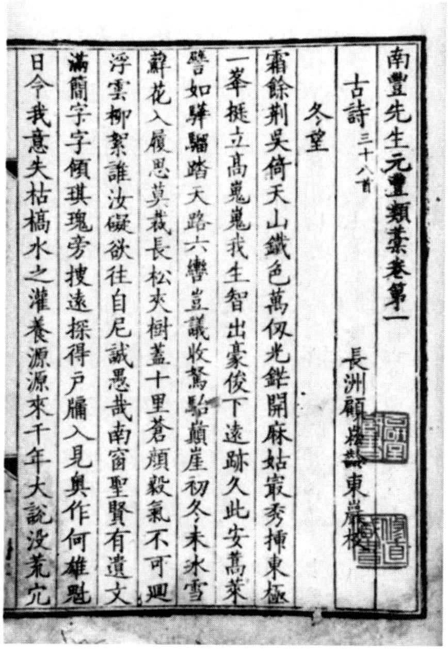
南豐先生元豐類藁卷第一
古詩 三十八首　長洲顧崧齡東巖校
冬望
霜餘荆吴倚天山鐵色萬仞光鎈開麻姑㝡秀揷東極一峯挺立高嵬嵬我生智出豪俊下遠跡久此安蒿萊譬如驊騮踏天路六轡豈議收駑駘巔崖初冬未冰雪蘚花入履思莫裁長松夾樹蓋十里蒼顏毅氣不可迴浮雲柳絮誰汝礙欲往自尼誠愚哉南窗聖賢有遺文滿簡字字傾琪瑰旁搜遠探得戶牖入見奥作何雄魁日令我意失枯槁水之灌養源源來千年大說没荒穴

曾巩著作书影

从张渊微文与《盱江志》看，《盱江志》应更接近真实。张文写于景定三年（1262），而《盱江志》的修撰在《文献通考》里有记载：“郡守胡舜举绍兴戊寅（1158）俾郡人童宗说、黄敷忠为之。《续志》，庆元五年（1199）三山陈岐修，亦郡守也。”可见，《盱江志》的首度修纂时间离曾巩去世的元丰六年（1083）仅有75年，距离时间短，发生错误的可能性小。如果记载有误，曾巩的子孙及门人弟子是不会同意的，也会及时指出其舛谬；况且修志是一件十分严肃的事，里面的内容有其权威性，应是真实可信的。而张文的写作离曾巩去世已有 179 年之久，比《盱江志》的修纂晚了 104 年。随着时间的流逝，失真的可能性就更大，以致张渊微进行演绎推断曾巩非李觏学生。只可惜《盱江志》今已失传，无法再进行比照考证了。

虽然在曾巩现存的著作中没有言及与李觏的师承关系的文字，但也提及过李觏。曾巩在《奏乞与潘兴嗣子推恩状》中以李觏作比，向皇帝请官潘兴嗣之子。潘兴嗣字延之，新建县（今属南昌市）人，与王安石、曾巩、王回、袁陟等为好友。曾巩说："李觏以国子直讲退，归死十年亦得录其后。……圣时用王回、徐复、李觏为比，加恩其子，使斯人不卒穷于闾巷，足以明示天下。"

曾巩的作品在宋朝南渡后，散佚不传的占了一半。这些作品有没有关于李觏的记录，现在也无从得知。明清两代，学界更多的是肯定曾巩是李觏的弟子。明代状元、大学者罗伦在《建昌府重修李泰伯先生墓记》中说："南丰曾子固，其高弟也。"在《宋元学案·高平学案》中记录李觏弟子三人，其一为"文定曾南丰先生巩"，学案之《孙立节传》中也说："立节，字介夫，宁都人，师事盱江，而与南丰友。"

张文认为李觏与曾巩从年龄上看仅差十岁，似乎不可能为师友。这一点明显站不住脚。古时候，贤者为师，学高为师，年龄的大小并不重要，关键是在于谁的才学高，况且李觏大曾巩有十岁，就年龄、才学足可为曾巩师。李觏的另一位弟子傅野比曾巩长两岁，在《直讲李先生门人录》里明确记载傅野为李觏学生，学者吕南公在《傅野墓志铭》中对傅野求学于李觏的过程做了详细记载。曾巩十分尊敬的老师欧阳修（1007—1072）也只比曾巩大 12 岁。为何不从年龄方面质疑傅野，而偏偏要质疑曾巩呢？显然从年龄来质疑曾巩是有失偏颇的。

李觏与曾巩的师生关系，还可以从曾巩与李觏其他学生的交往得到印证。强至是李觏学生李山甫的好朋友，强至（字几圣）曾作有《送李山甫赴熙州》一诗称颂他的边境战功。诗云："懒忆盱江钓绿波，春风跃马望洮河。平生富贵来虽缓，一日功名得便多。城上陇云飘汉角，楼头关月惨羌歌。剩禅儒帅开边策，大有燕然石可磨。”[1] 而曾巩亦曾为强至的文集作序《强几圣文集序》，对强至的文章大为推崇："几圣为属稿草，必声比字属，曲当绳墨，然气质浑浑，不见刻画，远近多称诵之。”强至又是曾巩弟弟曾肇的岳父，故曾巩与强至是亲戚关系。他们还有书信往来与诗词唱和，如强至有《寄齐州曾子固学士》，曾巩有和诗《酬强几圣》。书信如强至写有三封《回越州通判曾学士书》。周燮在庆历二年（1042）担任了南丰县宰，曾经邀请李觏的学生余畴若去南丰主持办学。临行之际，李觏以《余畴若序》送畴若，序里说："今天下号多士，而南丰大邑也。读儒书者盖百数，荐于乡，第于廷，往往有之。”[2] 同时又写《寄周寺丞诗》赠与周燮。曾巩《与王向书》:"比得吕南公，爱其文。南公数称吾子，然恨未相见。及至南丰，又得黄曦，复爱其文。而吾子亦来，以文见贶，实可叹爱。吾子与吕南公、黄曦皆秀出吾乡，一时之俊，私心喜慰，何可胜言？惟强于自立，使可爱者，非特文词而已。”根据《直讲李先生门人录》记载，黄曦从学于李觏。王向（1046—1077），字梦锡，曾任太学主讲，南城县人。曾巩与邓润甫也有交往，曾巩、邓润甫和林希曾一同游历杭州，并在杭州的著名景点排牙石上留有题刻，至今仍能见“子中、子固、温伯”六字的摩崖题名。子中即林希，与曾巩为同年。温伯即邓润甫。元丰年间，林希“谪监杭州楼店务”，邓润甫为蔡确所陷，落职知抚州，不久转任杭州，而曾巩在此期间也任职明州（今宁波），明州与杭州两地很近。三人好友，往来密切。

在张渊微之前，刘汉弼（1188—1245）就撰写了《故中书舍人南丰先生曾公谥议》一文，其中指出请谥之事是由盱江学舍（即盱江书院）诸生共同提出的："公殁于元丰之六年，于今百六十余载矣，南丰先生之名与文俱传，若揭日月，固不待谥而后显。然国家迩来褒表儒先，类重易名，不以品秩拘，不以久近闻，而独于公阙焉。此盱江学舍诸生所以合词而有请也。”[3] 从中可

① 强至：《祠部集》卷十，钦定四库全书本。

② 李觏：《盱江集》卷二十五，钦定四库全书本。

③ 转自张燕婴：《稿本〈故中书舍人南丰先生曾公谥议〉述略》，《文学遗产》2008年第3期。

以看出，盱江学舍以有曾巩这样的学子而自豪，认为是值得请谥的。如果曾巩与盱江学舍无关，学舍是不可能为他请谥，更不可能以他为傲。

在南城、南丰等地一直流传着一些关于李觏与曾巩的故事，《曾巩巧对》就是其中较为人们所熟知的一个。故事这么说：

有一次，李觏应友人的邀请赴南昌游玩，随行有学生十余人，曾巩就是其中的一位。他们从南城城里的东门出发，经盱江、抚河至赣江。时值阳春三月，两岸草长莺飞，河风阵阵，景色美丽极了。他们一边欣赏美景，一边随船逆风顺水而下。和风中船家扯下帆篷，装上桨橹，摇橹前进。舱内李觏居中而坐，弟子们分坐在他的左右两侧，曾巩坐右侧，离老师李觏最远。李觏对众生说："我们此行的路途还远着呢，路边的景我们也赏过了，我们换过一种消遣的办法。我们行船寂寞，何不以行船为题，对一对联，用来消遣。"大家都说："请先生拟上联，我等对下联。"李觏点头沉思，舱中顿时沉静下来，唯有吱哑吱哑的橹声。李觏手指船橹，高声吟道："两橹并摇，好似双刀分绿水。"

学生从左至右，依次对下联。李觏抚髯静听，有时轻轻点头，有时又评论修改一番。看他的神色，似乎对所有下联，均不太满意。最后，只剩下曾巩一人，大家的目光都集中在他身上。只见曾巩不慌不忙，站起来躬身向先生施了一礼，高声对道："孤桅独立，犹如一笔扫青天！"

李觏听罢，不禁连声叫好："此联气魄雄伟，思路开阔，对仗准确，实为难得之妙联。"诸生齐拱手向曾巩祝贺。正在摇橹的船家，也搭腔说："真是名师门下有高徒啊！"

可见，张渊微对于《盱江志》所记的"曾舍人巩、邓左丞温伯，皆先生之高弟"的质疑之理由不充分。虽然，难于确定曾巩就学于李觏的时间、地点，但从上述材料看来，认定曾巩为李觏的弟子的理由充分，曾巩曾从学于李觏应是一个不争的事实。

第三节 耕读乡间

景祐三年（1036），曾易占被诬落官，只好回家。曾易占深感怀才不遇，壮志未酬，假出游以排解愤懑，景祐四年（1037），曾易占去了筠州（今江西高安市）拜访余靖，筠州离南丰不算远。而余靖也属于遭贬的官员，他在《洪州新置州学记》里说："某以上书忤旨，贬筠州。"曾易占与余靖都是天圣二年（1024）进士，有同年之谊，此时他们两人一个是被贬降了职，一个是被贬而没了职，也算是同病相怜了。曾易占送上自己的诗作，余靖则为他写下了《曾太博临川十二诗序》，余靖在序中说：

今兹得罪去朝，守土滨江，同年不疑曾兄惠然挐舟见顾，间日共言临川山水之美，因出十二诗以露其奇。其诗皆讽咏前贤遗懿、当代绝境，未尝一言及于身世，陶然有飞遁之想。通哉！不疑不以时之用舍累其心，真吾所尚哉！[①]

余靖对他的诗歌作了肯定，对于他超然于名利的心态、他的人品也作了肯定，对于他落官不落志表示钦佩，也隐约表达了同病相怜的意思。

两年后，曾易占又进京上书，大谈国家安危治乱之事。次年又去了江西的南康（今江西庐山一带），并在朋友那里住了一段时间。几年之后，曾易占又上书请建东宫，居家期间还写下《时议》十万字。可以看出曾易占身在乡野却心有家国，然而做这些都是需要大量时间、金钱与精力，自然就会减少他对家庭的关照。曾易占此前为官清廉，并没有为自己积攒财富，因此落官后整个家庭也陷入了拮据。

在这样的背景之下，曾巩首先要帮助解决一家人的生计问题，况且此时家有八九十岁的祖母，还有兄弟、妹妹等十余口。哥哥晔长他10岁，是一个酷爱读书的人，但体弱多病，曾巩相当于承担起了长子的责任。在曾巩面前，第一是必须想办法解决吃饭问题，其次才是读书求上进的事。他在《上

① 李震：《曾巩资料汇编》，中华书局2009年版。

欧阳舍人书》中说："祖母日愈老，细弟妹多，无以资衣食，恐不能就其学，况欲行其他耶？"

虽是生存的压力大，但毕竟他家祖上是官宦之家，也是远近闻名的望族，在家人的共同努力下，生活还是能维系下去，也能抽时间外出短暂游学或参加考试。庆历元年（1041），曾巩游学京城太学，拜谒大文豪欧阳修，欧阳修十分欣赏和爱惜这位青年才俊，以至于欧阳修说："过吾门者百千人，独于得生为喜。"但这次考试，曾巩还是没有考中。曾巩虽然落第，但已是文名满天下。

曾巩南归，他住在临川，因而上书齐工部，请求入临川籍。他在临川虽然生活艰辛，"皇皇四方，营馆粥之养"，但对学习还是一刻也没放松。他在给欧阳修的《上欧阳学士第二书》里说："此巩既賁缘幸知少之所学，有分寸合于圣贤之道，既而又敢不自力于进修哉？日夜克苦，不敢有愧于古人之道，是亦为报之心也。"

庆历四年（1044），曾巩祖母黄氏又以高龄逝于临川。次年，曾巩归葬祖母于南丰，并请王安石撰写墓志铭。此时他自己身患重病，只好在家养病，无法离家外出。对于当时的情形，曾巩在他给欧阳修的《上欧阳龙图》一信里说：

拜别后，其心焦然如渴饥不见饮食，于今三年矣。得前年秋所赐教，后寻闻外补，欲寓一书以布惓惓之意，而其罪衅招祸。其冬祖母弃馆舍，哀摧之余，仅存微息。至去秋复奉祖母、亡母葬。南丰贫贱也。乞丐以供事，故常奔走于道路，无须臾之暇能果其所欲。即又欲葬祖母后一至执事之侧，少慰其心。而自去夏属疾，至冬益甚，抵今未尽平复，未堪远役，又未能成其意。

庆历七年（1047）六月，曾巩的父亲易占奉诏入京，曾巩抱病同行。经过两个多月的跋涉，他们到了金陵。到金陵之后，曾巩从宣化渡江去了滁州见欧阳修，并在滁州住了20余天。滁州属安徽所辖，离金陵也不是很远。曾巩在给王安石的一封信里说："巩至金陵后，自宣化渡江来滁上，见欧阳先生，住且二十日。今从泗上出，及舟船侍从以西。”离开滁州时，欧阳修写了一封信给离任的前宰相杜衍，信中对曾巩的情况作了大致介绍，希望杜老先生招之于门下。杜衍字世昌，越州山阴（今浙江绍兴）人，当时正住在南京（今河南省商丘南）。欧阳修在信中说：“进士曾巩者，好古，为文知道理，不类乡闾少年举子所为。近年文稍与雍，后进中如此人者不过一二。阁下志乐天下英材，如巩者进于门下，宜不遗之。恐未知其实，故敢以告，伏惟矜察。”[①]九月，曾巩给杜衍写了一封信，并且随信寄上自己的文章，希望能与老先生见一面。

曾巩此行的目的就是要陪父亲去京城，但到了离京城不远的南京，父亲就病倒了，不久逝于南京。此时，曾巩的最小妹妹德操还不到四岁，最小弟弟肇还没满周岁。这对曾巩来说是一个沉重的打击。在南京，他身边没有亲人，钱财所剩无几，家在千里之外，如何安措父亲，无计可施，真是欲哭无泪。在《读书》一首诗中回忆这事，他写道：“最自忆往岁，病躯久羸尪。呻吟千里外，苍黄值亲丧。母弟各在远，计归恐惊惶。凶祸甘独任，危形载孤艎。崎岖护旅榇，缅邈投故乡。至今惊未定，生还乃非常。”此时，穷困的曾巩连为其父办理丧葬的费用都拿不出来。而正在困苦之时，杜衍向他伸出了援助之手，承担了曾易占在南京的救治费用和丧葬费用，而负灵柩回乡的船只则是由袁太监无偿提供的。正是在他们的帮助之下，曾巩才得以将父亲的灵柩运回了南丰安葬。对于他们的帮助，曾巩非常感激。他后来在《祭袁太监文》里写道：“眷然抚我，孰如公尤。先人不幸，托载公舟。”三年守制结束后，曾巩在《谢杜相公书》里回顾当年父亲亡故时孤苦无依又穷困贫寒的情形，对杜衍表达了深深的谢意，他在信里说：

方巩之得祸罚于河滨，去其家四千里之远。南向而望，迅河大淮，埭堰湖江，天下之险，为其阻阨。而以孤独之身，抱不测之疾，茕茕路隅，无攀缘之亲、一见之旧，以为之托，又无至行，上之可以感人利势，下之可以动俗。

① 欧阳修：《文忠集》卷一百四十五，钦定四库全书本。

惟先人之医药，与凡丧之所急，不知所以为赖，而旅榇之重大，惧无以归者，明公独于此时，闵闵勤勤，营救护视，亲屈车骑，临于河上，使其方先人之病，得一意于左右，而医药之有与谋，至其既孤，无外事之夺其哀，而毫发之私，无有不如其欲，莫大之丧，得以卒致而南。其为存全之恩，过越之义如此。

父亲去世后，家庭的重担基本上都压在他的身上，上有老人需要赡养，下有四个弟弟、九个妹妹还要抚育成人。他最小的弟弟曾肇在《子固先生行状》中说："光禄不幸早逝，太夫人在堂，阖门待哺者数十口，太夫人以勤俭经理其内，而教养四弟，相继得禄仕，嫁九妹皆以时，且得所归，自委废单弱之中，振起而亢大之，实公是赖。"好在此时洪州（今南昌）的知事刘沆周济了他，给他在南丰买了田地，让他有了生存之本。后来，曾巩在《与刘沆龙图启》一信中说：

伏念巩方抱忧哀，且多疾病。贫不得已，则俗事皆当自谋，旅无所容，则世人谁肯见恤？今者伏遇知府龙图给事，恺悌成德，劝勉为怀。忘后进之至微，假温颜而与接。知其孤立，念其数奇。谓其有诗书之勤，则曲加于奖待；谓其有衣食之累，则特甚于矜怜。且使受田之获安，实由为地之至大。

曾巩耕读乡间前后有 10 年之久。在别人的帮助下不仅买了地，还建了房子。尽管是茅草屋，很简陋，但他还是很满足，还为其取了一个很雅致的名字——南轩，并专门写下了《南轩记》记之。文中记叙了南轩"建造"经过。邻居给了他一块荒地，在那里，他盖起了茅草屋，在四周种起了竹子、灌木，还有蔬菜。住进去后感觉很舒服，颇为怡然自得。他十分珍惜这茅草屋，对他来说珍贵无比，即使有"万乘之富"也不愿意换。他把这篇文章抄录在南轩的墙上。他还为南轩门前的竹子写了一首诗《南轩竹》："密竹娟娟数十茎，旱天萧洒有高情。风吹已送烦心醒，雨洗还供远眼清。新笋巧穿苔石去，碎阴微破粉墙生。应须万物冰霜后，来看琅玕色转明。"他爱这"房子"，爱这里的一草一木，爱这里"心远地自偏"的环境。

曾巩及兄弟们在家乡也是农夫，他需要解决一家人的温饱问题。在乡村，那是一日不出力，一日可能就不得食。他是一位青壮年，在家里自然是一个强劳力，他需要耕种与收获。他在《舍弟南源刈稻》这首诗里对当时这种生活有一个真实的记录，诗云：

买田南山下，禾黍忽已秋。糟床待此注，岂止衣食谋。
穷阴迫霜霰，不可迟揫收。吾党二三子，晨行已寒裘。
久苦城中嚣，至山谅优游。况已除险秽，新堂置岩幽。
窗轩众峰出，阶墀水淙流。良材未成种，草树亦已稠。
寒花开照耀，谷鸟乐啾啁。心与珍境接，佳兴固已遒。
而况馈朝夕，甘美日可搜。黄鸡肥落俎，清酤湛盈瓯。
时鲜鲙冰鲫，余滋折丹榴。此味何以侑，文辞颇赓酬。
昼务诚遗滞，夜工督舂揄。因观透穑劳，始觉奉养优。
此乐讵非幸，人生复何求。送子固自起，往意不可留。

已是秋收时节，弟弟早晨到南山下稻田里收割庄稼，那优美的环境使得他早已忘记了劳作的艰辛，而更多的是快乐。有此快乐人生也无复何求。

乡间的忧乐生活，身有体察，他在其他诗作中也每每提及。如《种园》诗里说：“于陵为人灌园蔬，我今园地不自种。惰慵苟恃乡井助，缓急孰与朋友共。支离有疾上虽恕，陈平不事家焉用。著书傥得一言利，长者或许酬内讼。”《田中作》诗又说：“傍人应总笑为生，病体朝朝踏雨行。红饭白菹妻具饷，青秧绿水自催耕。止知索寞箪瓢计，岂论喧哗内素名。胜事山风吹木石，暂如韶夏管弦声。”乡野田间耕作，是要靠天照应的，盼望的是风调雨顺。久雨就盼晴。喜得晴天，他高高兴兴地去田间劳作，归来后写了《喜晴赴田中》，诗云：“自愁雨破西岭出，只看水缘南涧生。青天忽从树杪见，白日渐向谷中明。豳公涤场不可失，陶令负禾须自行。归时小榼拶亦满，固有阿连相伴倾。”描写在乡间耕读生活的诗还有一些，如《秋日》《青云亭闲坐》《青青间青青》《八月二十九日小饮》《山槛小饮》等等。

曾巩在乡村耕作，还常有朋友来造访，这是他生活中的一件乐事。他曾作《留山中诸君子见访》诗，诗云："茅舍开扉胜事稠，况携佳客此中游。妖红落后坚松在，南涧清时野潦收。林带寒烟如水合，山含晴日似尘浮。不嫌淡薄幽人趣，欲进藜羹更少留。"他与村民关系融洽，生活在他们中间，对于农村百姓的生活，他有着亲身的体验，感受到他们的酸甜苦辣。为此，他写下了《追租》一诗。诗云：

耕耨筋力苦，收刈田野乐。乡邻约来往，樽酒追酬酢。
生涯给俯仰，公敛忘厚薄。胡为此岁暮，老少颜色恶？
国用有缓急，时议废量度。内外奔气势，上下穷割剥。
今岁九夏旱，赤日万里灼。陂湖璺埃壒，禾黍死硗确。
众期必见省，理在非可略。谓须倒廪赈，讵止追租阁。
吾人已迫切，此望亦迂邈。奈何呻吟诉，卒受鞭捶却。
宁论救憔悴，反与争合龠。问胡应驱迫，久已罹匮涸。
计须卖强壮，势不存尫弱。去岁已如此，愁呼遍郊郭。
饥羸乞分寸，斯须死笞缚。法令尚修明，此理可惊愕。
公卿饱天禄，耳目知民瘼。忍令疮痍内，每肆诛求虐。
但忧值空虚，宁无挺犁镢。暴吏理宜除，浮费义可削。
吾卧避嚣喧，兹言偶斟酌。试起望遗村，霾风振墟落。

诗中揭露了民生疾苦的真相。时天下大旱，百姓闹着饥荒，而政府对于饥民却不救恤，以前该征的照征，以前该收的照收。但面对现实，曾巩又感到自己人微言轻，面对民间疾苦无能为力。

在耕作之余，曾巩总是认真苦读。他在《读书》诗里对这段生活有一个回顾，他说："南山对尘案，相摩露青苍。百鸟听徘徊，忽如来凤凰。乃知千载后，坐可见虞唐。"在艰辛的劳动之余，他读了大量的书籍，"考先王之遗文，六艺之微旨，以求其旨意所存"。这十年的苦读为他日后的发展打下了坚实的基础，也终使他成为一代之文学大家名垂青史。耕读乡间的日子，为他积累丰富的创作题材与内容；在这段时间里，他也写下了大量的诗文。部分诗如上文所举，文如《墨池记》《学舍记》《南轩记》《宜黄县学记》《抚州颜鲁公祠记》《拟岘台记》《筠州学记》等等。

这期间，曾巩娶妻晁氏，成家立业。喜事之外，悲痛的事则接二连三，除了祖母谢世外，哥哥晔于皇祐五年（1053）去世，年仅四十五岁。

第四节　仕宦生涯

自父亲去世后，曾巩一直在乡间生活了10年，直到嘉祐二年（1057），已是39岁的他才中得进士。曾巩已不是第一次参加考试了。23岁时，曾巩入京城参加考试，先在京城游太学，得到欧阳修的赏识，但这次考试曾巩名落孙山。临返程归家之际，欧阳修著文相送，并勉励他"广其学而坚其守"。他的落榜也受到一些人的嘲讽，有人作打油诗说："三年一度举场开，落杀曾家两秀才，有似帘间双燕子，一双飞去一双来。"[①]"曾家两秀才"指的是曾巩与他的弟弟曾牟，他们一同进京参加考试都以不中而归，故遭人嘲笑。由于家道中落，为了生计，他只好耕读于乡间，其间也曾患病、守制，没有再参加考试了。嘉祐二年（1057），曾巩与弟弟牟、布，从弟阜，还有妹夫王无咎、王彦深一同参加考试。临行前，曾巩的继母朱氏把曾巩兄弟众人叫到跟前，对他们说：我们家穷，参加这样的考试不容易，何况你们兄弟多人都要参加考试就更困难了，我也年纪大了，没有太多的指望，只要你们中有一人能中，我就心满意足了。但这次大出母亲所愿，他们全都考中。这种情况在科举史上也是少有的，这在他的家乡南丰传为佳话，人们不得不对他们另眼相看了。

"学而优则仕"，考中进士后，朝廷任以曾巩官职，他出任太平州（今安徽当涂）司法参军。司法参军的设置，始于唐代，在府叫法曹参军，在州叫司法参军，宋沿袭其制，其职责是议法断案。曾巩在太平州任职并不是顺风顺水，工作有了一些阻力，虽然名气大，但太平州的一些人并不把他放在眼

① 王明清：《挥麈后录》卷六，钦定四库全书本。

里。特别是当时的知州张伯玉对曾巩并不看好，甚至有些小瞧。因为张伯玉也非等闲之辈，他长曾巩 16 岁，21 岁时就中进士，而曾巩在 39 岁时才中得进士，且张伯玉出任太平州知州也是因言遭贬，自然心中窝火。心不顺，看人也常不顺。庆历四年（1044），张伯玉敢言清节，因之范仲淹向朝廷推荐，他参加了贤良方正直言极谏科的考试；皇祐元年（1049）官侍御史。这时陈执中为相，张伯玉直言："天下未治，未得真宰相故也。"因而得罪了陈执中，被贬出知太平州。仁宗皇帝惋惜他，密使宦官表示慰劳说："闻卿病，无虑，朕当为卿治病。"翌日，下旨三司赏赐银钱五万。陈执中认为没有先例，坚持不能给予赏赐，但仁宗最后还是赐给了张伯玉银两。张伯玉擅长文学，且名气不小。他在太平州营造一座"六经阁"，快要竣工时，他对曾巩说，人称你是曾夫子，现在就请你写一篇《六经阁记》吧。他是曾巩的上级，曾巩领命，曾巩写了六七稿，张伯玉还是不满意。于是张伯玉对曾巩说：还是让我自己动手吧。张伯玉展纸提笔蘸墨，写道："六经阁者，诸子百家皆在焉。不书，尊经也。"曾巩见之，心悦诚服。[①] 李白墓离太平州很近，曾巩多次到李白墓前去凭吊。并写下了《谒李白墓》诗。诗云："世间遗草三千首，林下荒坟二百年。信矣辉光争日月，依然精爽动山川。曾无近属持门护，空有乡人拂几筵。顾我自惭才力薄，欲将何物吊前贤。"曾巩对这位诗坛先贤是敬重有加，钦佩得很。

曾巩在太平州任职时间不长，在嘉祐五年（1060）的十一月欧阳修为枢密副使，他荐举曾巩充馆职，但曾巩并没有离开太平州而赴京任职。次年，欧阳修任参知政事后，曾巩才奉诏入充馆职。曾巩在馆阁做了大量的古籍整理工作，前人所著的《梁书》和《陈书》，史馆所藏因年代久远而多有脱漏，于是他从民间征集此二书，将征集所得进行校勘整理，得出较为完备的《梁书》与《陈书》。接着，他校勘了《李白诗集》和《鲍溶诗集》。宫中所藏《李白诗集》仅存诗 770 余首，但经曾巩搜集整理得李白诗过千首。史馆所藏《鲍溶诗集》只有五卷，但他发现欧阳修所藏其集比馆藏更全，于是他增收了 30

① 朱熹：《宋名臣言行录后集》卷九，钦定四库全书本。

南丰县曾巩纪念馆内的曾文定公祠

余首诗于新集中，另为一卷。除此外，曾巩还校勘了《战国策》《说苑》《新序》《列女传》《礼阁新仪》《唐令》《徐干中论》《南齐书》等重要典藏。曾巩在馆阁做了大量的工作，也取得了重大成绩。但这些成绩取得的背后是古籍整理的劳累且清苦的生活。到了京城的第二年，妻子晁氏染病，次年去世，他不得不忍受中年丧妻的痛苦。不久，妹妹德耀去世，又两个月不到，三岁的女儿庆老夭折。一连失去了三位至亲，"哭妹、哭女又哭妻"，打击可谓极大。不仅精神痛苦，经济上也困顿，治病治丧的花费也非一般，他的生活也由此又陷入了困境。他曾在《合酱作》诗中言及自己窘迫的生活，诗云："孺人舍我亡，稚子未堪役。家居拙经营，生理见侵迫。海盐从私求，厨面自官得。拣豆连数晨，汲泉候将夕。"不幸接踵而至，弟弟曾宰在熙宁元年（1068）去世。

熙宁三年（1070），曾巩的弟弟曾布被重用，调任开封府。不久得神宗召见，授太子中允崇政殿说书加集贤校理判司农寺，与吕惠卿共制新法。此时，曾巩请求外任，他被任命为越州（今浙江绍兴）通判。临行之时，同僚们与他饯行，在酒宴上，大家都很欢愉，不时还分韵赋诗。苏东坡分得燕字韵，他作《送曾子固倅越得燕字》，诗云："醉翁门下士，杂沓难为贤。曾子独超轶，孤芳陋群妍。昔从南方来，与翁两联翩。翁今自憔悴，子去亦宜然。"苏东坡与曾巩同为欧阳修门下，苏东坡在此表现出对曾巩怀才不遇的惋惜。诗中对曾巩大力褒扬，认为曾巩是欧阳修最为优秀、最为特出的门人。

曾巩到任的第二年，越州发生了饥荒，他大力开展赈灾活动，让百姓安全度过饥荒，使百姓不至于离乡背井，乞讨度日，又借给百姓粮种，使他们不荒废农事。曾肇在《子固先生行状》里对此事做了记载。他在《行状》中说："岁饥，度常平不足仰以赈给，而田居野处之人，不能皆至城郭，至者群聚，有疾疠之虞。前期喻属县召富人，使自实粟数，总得十五万石，视常平价稍增以予民，民得从便受粟，不出田里而食有余，粟价为平。又出钱粟五万，贷民为种粮，使随岁赋入官，农事赖以不乏。"曾巩在越州还大兴水利，比如治理鉴湖。鉴湖在越州之南，鉴湖周长 350 余里，承接 36 溪之水，灌田 9000 余顷，后来有人在湖中筑一堤，将湖一分为二,一东湖，一南湖，到了宋代祥符年间，又合二为一，但鉴湖已被严重破坏。到任后，曾巩实地考察了鉴湖，并查阅相关资料，从而对鉴湖的现状、历史等情况有了一个初步的了解，由此他也有了一个治理鉴湖的想法。他将这些写成了一篇文章，即《越州鉴湖图序》。在这篇文章里，曾巩回顾了鉴湖历史及其地形地貌、灌溉范围等方面情况，继而他就"盗湖"现象作了分析，并列举各家建议制止鉴湖淤湮、侵湖为田的措施。他清楚地看到了"田之者所以日多,湖之所以日废"的症结在于地方执政者因循苟且，故"说虽博而未尝行，法虽密而未尝举"。他主张还田为湖，并剖析反对废田还湖者之短见，尖锐地指出这些人只知道"湖田之入既饶"，而不知道废湖为田的危害。"湖未尽废，则湖下之田旱，此方今之害，而众人之所睹也；使湖尽废，则湖之为田亦旱矣，此将来之害，而众人之所未睹也。"最后，他强烈要求收采众说，择善而从，做到言必行，法必举，必可还田为湖，恢复旧利。他说："诚能收众说而考其可否，用其可者，而以在我者润泽之，令言必行，法必举，则何功之不可成，何利之不可复哉？"

曾巩对于治理鉴湖十分重视，他在作《越州鉴湖图序》的当年，还写了《广德湖记》一文，他对浙江鄞县侯张峋等人浚修广德湖大加赞赏，称颂他们为民造福的功德，希望越州能引以为鉴，加强鉴湖的治理。他在文中说："越之南湖，久废不治，盖出于吏之因循，而至于不知所以为力，予方患之。观广德之兴，以数百年，危于废者数矣，繇屡有人，故益以治。”

曾巩在越州任上不到两年，即在熙宁四年（1071），又改知齐州（今山东济南）军州事。齐州历来被人们认为是一个多盗的地方。曾巩上任之后，他就在齐州除盗肃霸。州下一县有一周姓恶霸，特别是他的儿子周高，自恃财势横行乡里，欺压百姓，无恶不作，历来齐州官吏对他们都没有办法。曾巩不能容忍他们为害乡里，“为人害者不去，则吾人不宁”。他依法将周高缉捕惩处。周高是齐州恶霸之首，对于他的惩处起到了威慑作用，由此也让曾巩在齐州百姓中赢得了威信。要长治久安，还得要有长效机制。接着曾巩在那建立起一套长效机制，如“察居人行旅出入经宿皆籍记，有盗则鸣鼓相援”。又明确悬赏，一旦发现偷盗者则及时抓捕，并进行示众。“有葛友者，屡剽民家，以名捕，不获，一日自出，告其党。”这样很多盗贼只好出来自首。通过一段时间的整治，齐州这个地方平静了下来，出现了“奸寇屏迹，民外户不闭，道至不拾遗，狱以屡空”的良好社会局面。齐州是一座泉城，水多，但是没有好好地利用，由是而成水患。于是曾巩又着手治水。后来，他将治水的情况记录了下来，写成《齐州北水门记》。在这篇文章中，他先分析水成患之因，然后客观地记录治水的经过。他说：“济南多甘泉，名闻者以十数。其酾而为渠，布道路民庐官寺，无所不至，潏潏分流，如深山长谷之间；其汇而为渠，……若岁水溢，城之外流潦暴集，则常取荆苇为蔽，纳土于门，以防外水之入，既弗坚完，又劳且费。”正是这样，曾巩才“以库钱买石，僦民为工，因其故门，垒石为两涯，其深八十尺，广三十尺，中置石楗，析为二门，扃皆用木，视水之高下而闭纵之。于是内外之水禁障宣通，皆得其节，人无后虞，劳费以熄。”一个多点月时间就完成了这一工程，同时他又在阅武堂前开拓了一条新渠，引水灌田。这样更好地既解决了城内的水患，又充分利用了城内的水，浇灌田地，一劳双益。他觉得很欣慰，于是还写了一首《阅武堂下新渠》诗，对新渠夸赞了一番。“方渠新凿北林开，流水遥经画阁来。”新渠已成一幅漂亮的图画。

熙宁六年（1073），曾巩被调离齐州，奉命赴襄州（今湖北襄阳）任知州。当地的百姓得知他要离开齐州，十分舍不得。百姓再三地挽留，关闭城

济南市为纪念曾巩而建的“南丰祠”

门，拉起了吊桥，不让他出城。但朝廷的命令不可违抗，曾巩只得在夜里悄悄地出城离开齐州。他对齐州也是充满感情，后来多次在诗文中表达了怀念之情。如他的《离齐州后五首》，其中有云：“画船终日扒沙行，已去齐州一月程。千里相随是明月，水西亭上一般明。”“将家须向习池游，难放西湖十顷秋。从此七桥风与月，梦魂长到木兰舟。”在《寄齐州同官》诗中又云：“西湖一曲舞霓裳，劝客花前白玉觞。谁对七桥今夜月，有情千里不相忘。”表达对齐州深深的眷恋与不舍。

曾巩经京城再赴襄州，在京城他见到了开封府知府孙永。孙永曾在襄州下辖的宜城县当过县令，并在那儿开拓过长渠。他虽早已离任，但还是记挂襄州长渠的情况，于是托曾巩到任后做些了解。曾巩先前也在多地任地方长官，对水利工作一向重视，自然应诺。曾巩到任后，他对长渠作了实地考察。曾巩得知，长渠的历史很悠久，但是到了宋朝已坏废，后来孙永对长渠进行了修缮，并制定了管理办法，使长渠产生了效益。曾巩将这些写成了《襄州宜城县长渠记》一文。在这篇文章中，曾巩记述了孙永修复长渠的情况：“长渠至宋至和二年，久隳不治，而田数苦旱，川饮者无所取。令孙永曼叔率民田渠下者，理渠之坏塞，而去其浅隘，遂完故堨，使水还渠中。自二月丙午始作，至三月癸未而毕，田之受渠水者，皆复其旧。曼叔又与民为约束，时其蓄泄，而止其侵争，民皆以为宜也。”几十年后，当地的百姓还在遵守那时的制度，水渠也继续发挥作用，孙永自然也是人们心目中的贤县令。曾巩还将这一情况上报到了朝廷主管农业的部门。曾巩说：“予至而问焉，民皆以谓贤君之约束，相与守之，传数十年如其初也。予为之定著令，上司农。”

曾巩到了襄州后，除了治水外，还重新审理了一些积案。他调阅了很多旧卷宗，对于前任办理的案子进行了查看。他发现，他们逮捕了很多人，也惩处了很多人，有些人还被处于死刑，有的还关押在大牢里。但是被关押的罪犯中有些是犯罪证据不足，有些是量刑过重。曾巩对于这些罪犯的犯罪情况逐一复查，纠正量刑定罪的偏差，了解改造情况，酌情减免处罚，并对于一些可以释放的免罪释放，释放的人数竟然达到 100 多。

熙宁八年（1075）九月，襄州任职期满。朝廷派出太常少卿孙颀来到襄州接替曾巩工作。于是曾巩向朝廷上表，要求到宣州（今属安徽）或洪州（今江西南昌）工作。他在《襄州乞宣洪二郡状》里说:“臣今任至今年九月成资，已蒙差太常少卿孙颀替臣成资阙，今臣去替只有数月。窃念臣为有私便，欲乞就移洪州或宣州一任，情愿守待远阙。”离开襄阳前，他们全家还登了岘山。他写有《初发襄阳携家夜登岘山置酒》诗记录了当时登山情况，诗云：“维舟沔南岸，置酒岘山堂。入坐松雨湿，吹衣水风凉。烟岭火明灭，秋湍声激扬。乍释尘垢累，况余灯烛光。羊公昔宴客，为乐未遽央。而我独今夕，携家对壶觞。颇适麋鹿性，顿惊清兴长。归去任酩酊，讵期夸阿强。”

熙宁九年（1076），曾巩移知洪州军州事。他在《移守江西先寄潘延之节推》诗中说：“忆昔江西别子时，我初折腰五斗粟。南北相望十八年，俯仰飞光如转烛。子遗万事遂恬旷，我系一官尚局促。”曾巩是在嘉祐三年（1058）任太平州司法参军，只是一小吏，因此他说“我初折腰五斗粟”，到这时出任洪州过去了 18 年，正好应是熙宁九年（1076）。同时充江南西路兵马都钤辖。这样，曾巩不仅要管理洪州的政事，还要管理江西的军事。他到洪州之时正碰上那里发生了瘟疫，这是一件人命关天的紧要事情。他采取紧急措施控制瘟疫的蔓延。他命令辖区内州、县、驿亭和客栈备好药物，同时组织好医生给患者治疗。如有重病无自理能力的不论是百姓还是军人都要让他们住进官舍，派给日用品和食物，并请专门的医生给他们治疗。由于高度重视和措施及时得力，这场瘟疫很快被扑灭了，挽救了众多军民的生命，由此曾巩获得了百姓的赞誉。曾巩在洪州遇事多从百姓的角度考虑。有一次军队要途经洪州，朝廷要求洪州准备一万军人的食宿，有的地方官员借机向百姓多收钱粮，中饱私囊，曾巩却没有这样做。他先将洪州划分成几个区域，然后准备好住房、饮水、锅灶和粮草，军队一来就能食宿。他们没有惊扰当地百姓，以至于军队开拔之后，有些百姓还不知道这里曾有军队借道而行。

曾巩在洪州任上崇尚先贤，祭祀先贤，“以示邦人以尚德”。他在洪州修建了孺子祠堂。这是为徐孺子而建的纪念祠。徐孺子即徐稚（97—168），南昌人。是我国东汉时期著名的高士贤人，经学家，世人称“南州高士”。祠堂建在南昌东湖南侧的一个小洲上，祠建成之后，又画孺子像悬于堂中，并率州县官吏和宾客膜拜，颂《祭汉徐孺子文》，又作《徐孺子祠堂记》以记徐孺子及其祠堂之事。

而就在同一年，吕升卿授江西转运副使，吕升卿是吕惠卿的弟弟。而吕惠卿与曾巩兄弟之间早就有积怨，特别是与曾布积怨较深。曾巩在齐州任上，吕升卿也曾找过曾巩的茬儿，只是曾巩为人谨慎，处事公正，并没有落下把柄。而吕升卿来到江西，曾巩担心两人难于共事，于是提前向朝廷上表，实事求是地陈述理由，要求调任到别的地方去。他在《奏乞回避吕升卿状》里说：

今睹吕升卿授江西转运副使，伏缘臣先任齐州，得替后，吕升卿为京东路察访，于齐州多端非理，求臣过失，赖臣无可捃拾。兼臣弟布与吕惠卿又有嫌隙，二事皆中外共知。今升卿任江西监司，洪州在其统属，须至陈乞回避，伏乞指挥检会。臣先奏乞移洪州，或宣州，或东南一般州郡。

熙宁十年（1077）春，曾巩授直龙图阁，移知福州军州事兼福建路兵马钤辖。此时的曾巩年已五十有九，且上有老母。于是他以母亲年事已高为因，坚决推辞不赴任，但是朝廷就是不批准。他没有办法，只好做好赴任的准备。赴任前，他回到了南丰安葬妻子晁氏、弟弟宰、妹妹德耀和两个女儿庆老、兴老于源头村，并且给他们每人写了墓志铭。

八月，他到达福州上任。他在福州发现那儿的寺庙很多，占尽好山好水，僧人又多好逸恶劳，甚至横行霸道，奸淫妇女。曾巩知道后，废止了两座寺庙，并禁止妇女入寺庙。同时加强对寺庙的管理，由他们自己选出住持，官府只登记造册，并允许他们由选举出来的住持管理寺院。曾巩通过调查又发现，由于福州百姓的负担过重，无路可走的百姓只好铤而走险，或贩卖私盐，或铸造私钱等，而官府又派官兵对他们进行残酷的镇压。但不仅镇压不下去，反而加剧了百姓对官府的对抗，百姓由分散而集中，愈演愈烈，势力蔓延到了几个州，与官兵继续抗衡。曾巩对于他们的情况谨慎地梳理分析，发现他们中大多数是因为饥荒所造成的。因此不能对他们赶尽杀绝，而更应该招纳安抚。于是曾巩恩威并施，招抚与打击并举，由此来投案者二百余人，同时抓获了一批老奸惯盗。另一方面大力发展生产，增加百姓收入，繁荣市场，降低物价，于是福州安定下来了。他在《福州上执政书》里将这一情况向上作了汇报。他说：

属闽有盗贼之事，因不敢继请。及去秋到职，闽之余盗，或数十百为曹伍者，往往蚁聚于山谷。桀黠能动众为魁首者，又以十数，相望于州县。闽之室闾莫能宁，而远近闻者，亦莫不疑且骇也。州之属邑，又有出于饥旱之后。巩于此时，又不敢以私计自陈。其于寇孽，属前日之屡败，士气既夺，而吏亦无可属者。其于经营，既不敢以轻动迫之，又不敢以少纵玩之。一则谕以招纳，一则戒以剪除。既而其悔悟者自相执拘以归，其不变者亦为士吏之所系获。其魁首则或縻而致之，或歼而去之。自冬至春，远近皆定。亭无枹鼓之警，里有室家之乐。士气始奋，而人和始洽。至于风雨时若，田出自倍。今野行海涉，不待朋俦。市粟四来，价减什七。

曾巩到了福州的第二年，他向朝廷要求调到离京城较近的地方去任职，因为母亲住在京城且年迈，需要照顾，而弟弟曾布又远在广州。他在《福州奏乞在京主判闲慢曹局或近京一便郡状》里说：

臣母老多病，见居京师。臣任福州，臣弟布任广州，相去皆数千里。臣犬马之志，实不遑宁。臣昨移福州之日，曾乞哀怜，改授近地。寻奉圣旨不允，不敢再请。……况臣母子各已白头，兄弟二人皆任远地，今臣于官守，又无可以驱驰之事。伏望圣慈悯恻，以臣老母见在京师，与臣一在京主判闲慢曹局差遣，或就移近京一便郡，庶便亲养。

于中也可见曾巩的拳拳孝敬之心。这一次的报告获得批准。调入京城，判太常寺。他可高兴了，以“北归”为题一连写了三首诗，其中说：“终日思归今日归，着鞭鞭马尚嫌迟。”归家的心情急切而兴奋。可是当从福建回南丰途中，他得到了进奏院报，知道自己又改任明州（今浙江宁波）。他于是上《移明州乞至京迎侍赴任状》，再次要求留任京城，但没有得到批准。

元丰二年（1079）五月，61岁的曾巩到明州上任。此时的明州正准备修筑新城墙，计划修二千五百余丈长，门楼十座，拆旧城砖回收十分之三。曾巩到了之后又重新丈量旧城，反复研究，他把城墙缩短了七十余丈，减少门楼，收回的旧砖在数量上也翻番。在用工上，他大量地使用兵勇和雇工。这样既节省了费用与工时，又维护了老百姓的利益。可就在这时，曾巩接到了改任亳州（今属安徽）的命令。

七月，曾巩到达了亳州上任。亳州这个地方也多奸盗，曾巩到任后即推行保甲法，对奸盗进行了强力的打击。曾巩在《早明保甲巡警盗贼札子》中说：“臣昨守亳州，亳为多盗重法之地，臣推行保甲法，以禁盗贼，幸不至谬戾。”曾肇在《子固先生行状》中也说：“亳亦号多盗，治之如齐，盗为引去。”

在亳州任上也仅一年多一点的时间，次年九月，曾巩又移知沧州（今属河北）。沧州离京城就近了许多。离开亳州赴京师途中，他上了《授沧州乞朝见状》，请求觐见皇帝。到了京城，被神宗皇帝召见于延和殿。他们在殿上论古代帝王之治，相谈甚欢。以至于神宗说：“以卿才学，宜为众所忌也。”

神宗对曾巩有了更深入的了解，也廓清了一些人强加在他身上的不实之词。这期间，曾巩上了《移沧州过阙上殿札子》《再议经费札子》等，“所言皆大体，务开广上意，上未尝不从容领纳”。他拓展财路的建议得到了皇帝的肯定，皇帝下诏将曾巩留在京城判三班院，不用再去沧州上任了。

元丰四年（1081），曾巩的弟弟曾布从桂林移知陈州（今河南淮阳），其母欲与布同往陈州，但其母已高龄。于是曾巩想调到离陈州近便些的颍州去工作，较方便地照顾年迈的母亲，他向朝廷上《乞出知颍州状》，但神宗皇帝没有批准曾巩的这一请求。同年七月，神宗下诏，“曾巩以史学称于士类，宜典五朝史事”。曾巩担任史馆修撰，专门从事史书的修编工作。这也是对曾巩高度信任的一个任命，曾巩在史馆里主要修的就是《五朝国史》。曾巩为编修《五朝国史》努力工作，他上《史馆申请三道札子》，提出编修计划，荐举史官，要求起用邢恕和陈师道。但陈师道因是一介布衣而未被起用。十一月，曾巩写就《太祖总叙》并呈进神宗。其文主要歌颂宋太祖功德，并与汉之高祖刘邦等相比。神宗读后不高兴，并说：“为史但当实录以示后也，亦何必区区与先代帝王较优劣乎？且一篇之赞已如许之多，成书将复几何？”由此，曾巩也上《拟辞免修五朝国史状》，辞去史馆修撰之职，希望改任他职。他说：“伏望出自圣慈，察臣悃愊，罢臣史事，别与臣一差遣。”又就若能另差职表态说：“如蒙终赐收怜，别加驱策，顾臣之鄙，奉令承诏，可幸无罪。则碎首捐躯，固臣之所。”可见他想离开史馆之决心。元丰五年（1082）四月，皇上批准了曾巩的辞呈，停修了五朝国史。曾巩将已编好的部分上交了朝廷。在北宋末年，人们把这些稿件作为曾巩个人的著作而刊行于世，并名为《隆平集》。《隆平集》“所记撰者，典而赅，博而文。其词约者其义明，其文繁者其旨永。上下百余年之事，英君贤相、典章制度、赏罚兴革、人物风俗、忠良邪慝、内外舆图、营缮赋役、攻伐营屯诸事，莫不一目了然。善恶美刺无所隐护”①，因而它是后之李焘撰《续资治通鉴长编》、脱脱编《宋史》的重要参考书。四月，曾巩拜中书舍人，这是一个主管中书六房，承办各项文书，

① 《清彭期校刻隆平集序》，见王瑞来校证《隆平集校证》，中华书局2012年版，第652—653页。

起草诏令的官职。这对曾巩来说是重用和职务的提升。同年九月，其母朱氏去世，他赴母丧。

元丰六年(1083),曾巩病倒在江宁(今南京),其间王安石多次探望。四月，曾巩在江宁去世，享年65岁。

曾巩去世，很多人都为之惋惜，在哀悼他的同时高度评价他的一生。其弟曾肇作《行状》，林希作《墓志铭》，韩维作《神道碑》。秦观、苏辙、陈师道等写哀词。陈师道《挽词》云:“早弃人间世,真从地下游。丘原无起日，江汉有东流。身世从违里，功名取次休。不应须礼乐，始作后程仇。”苏辙的哀词云：“少年漂泊马光禄，末路骞腾朱会稽。儒术远追齐稷下，文词近比汉京西。平生碑版无容继，此日铭诗谁为题？试数庐陵门下士，十年零落晓星低。”参寥子云:“命世高标见实难，狂澜既倒赖公还。学穷游夏渊源际，文列班扬伯仲间。落落声尘随逝水，滔滔论著在名山。凄凉四海门人泪，想对秋风为一潸。”

第五节　文学成就

曾巩一生写了大量的散文、诗歌，主要收辑在《元丰类稿》中。据比曾巩长两岁的韩维为曾巩所撰写的《朝散郎试中书舍人轻车都尉赐紫金鱼袋曾公神道碑》所记载来看，曾巩在当时就有《元丰类稿》50卷、《续元丰类稿》40卷、《外集》10卷行世,共100卷。但是宋南渡后,《续元丰类稿》和《外集》就散佚了。曾巩的散文在当时可以说一是质量高，影响大，时名仅次于其师欧阳修;二是数量多,在《元丰类稿》中绝大多数是散文,其中有“序”40篇，“书”27篇,“记”34篇,“论”5篇。另外,还有“传”“表”“诏”“策”“制诰”等，这些大部分不是文学作品，而是各类公文，但其中也有写得有文采如文学作品一般的。曾肇在《子固先生行状》中对曾巩的文章流行情况有一段描述，他说：“其所为文，落纸辄为人传去，不旬月而周天下。学士大夫手抄口诵，唯恐得之晚也。”可见其文是大受欢迎，大行其道。曾巩一生还写有大量的诗歌，在《元丰类稿》中就收录了400余首。纵观其诗文，可以说曾巩的诗文最大的特点是直面现实，直抒胸臆，寓理于事，寓情于景。

其一，直面现实。曾巩针对当时的社会现实和自己生存的实际状况写下了大量的文章，在这些文章中提出了自己的真知灼见，形成丰富的曾巩思想。这也是曾巩思想在自己实践中的应用与体现。正如明代王一夔在《元丰类稿序》里所言："《六经》之文，所以载道也。为天地立心，为生民立极，为万世开太平也。必如是而后可以谓之文焉。第以文辞为能，而不深于道，虽奔放如迁、固，高古如柳、韩，沉着纵横如欧、苏，亦不免周于'艺焉'之讥，尚得谓之文哉？若南丰曾先生之文，其庶几于道者欤！"如他的《南轩记》是一篇描写他为自己建造简陋住所经过的散文。当时曾巩的处境十分艰难，他一边要维系十数口人的生活，一边还要读书求仕进，而在朋友邻里的帮助下，建起了自己的茅草屋也是一件十分高兴的事。《南轩记》开篇就说："得邻之茀地蕃之，树竹木灌蔬于其间，结茅以自休，嚣然而乐。世固有处廊庙之贵，抗万乘之富，吾不愿易也。"在这样艰苦的生活中，他要的是直面现实，积极进取，写这篇文章的目的是要警醒自己，他把文章书写在墙壁上，让自己时时可以看到。文章最后说："书之南轩之壁间，早晚览观焉，以自进也。"再如他的《秃秃记》，是为一被害小孩而作，同时也是揭露嘉州司法孙齐丑行的檄文。秃秃不是别人而是孙齐的儿子。孙齐骗娶民妇周氏，后又遗弃她并盗走她所产的儿子秃秃，周氏告之于官，孙齐将儿子杀死，销毁证据。曾巩对小孩被害很悲怜，于是有感而发。他说："呜呼！人固择于禽兽夷狄也。禽兽夷狄于其配合孕养，知不相祸也，相祸则其类绝也久矣。如齐何议焉？"可是在与周氏的官司中，孙齐能够买通官吏使自己得释，周氏又告之于州、江西转运使，可是"辩于州，不直。周氏诉于江西转运使，不听"。在这里曾巩对于官吏的贪赃枉法，官官相护也进行了揭露。于是他要"买石刻其事，纳之圹中，以慰秃秃，且有警也"。曾巩的散文或通过对现实的描写，就此发表议论；或直接议论现实，发表见解，或就史事而论现实，提出自己的看法。如《学舍记》《仙都观三门记》《考课》《训兵》《政要策》《唐论》《刑赏论》，等等。对于这些，前文在阐述其思想方面有所涉及，在此不赘言。

在曾巩的诗歌中也有大量的直面现实之作。如他著名的长诗《追租》就直面社会矛盾。《追租》作于皇祐二年（1050），那时，他还是耕读于乡间的穷困青年。全诗反映了他所生活的南丰县灾情十分严重，庄稼都已枯死，在这种令人绝望境地里，老百姓渴求救助，希望政府减免租税，开仓放粮赈灾，但统治者却反其道而行追租之策。作者尖锐地批评指出："公卿饱天禄，耳目知民瘼。忍令疮痍内，每肆诛求虐。"他大声疾呼："暴吏礼宜除，浮费义可削。"又如《楚泽》诗云："楚泽荒凉白露根，盈虚无处问乾坤。虫虫旱气连年有，寂寂遗人几户存？盗贼恐多从此始，经纶空健与谁论？诸公日议云台上，忍使忧民独至尊。"诗中指出了楚泽地区连年遭灾，以至于到了人亡屋空的地步，而政府官员还坐在大堂上空发议论，不下视民情，不对百姓实施救助。

又如关心民生疾苦，哀叹民生之役苦的《促促为物役》，反映北宋与西夏对峙"南粟鳞鳞多送北，北兵林林长备胡"的真实社会状况的《胡使》，描述寇患严重的《湘寇》，反映朝廷选择带兵的将领用人不当的《边将》，等等。

其二，直抒胸臆。曾巩的诗文中有大量的作品是直抒胸臆的。我们先来看他的散文，如《齐州北水门记》，这是一篇短小精悍之作，全文不足300字，而其主体部分才200来字。其后80余字所记的是与工程相关的人名及其职务、建造时间等。全文虽短，但写得畅快淋漓，于叙述之中见作者之真情。作者先写济南泉水的概貌，交待北门之水的由来，次写历年治水费财而水不得治理，再写今天的北门治水。水得到治理，且"劳费以熄"，他欣慰无限。

再如《二女墓志》，这是一篇短小的碑志文，全文不足300字。墓主不是别人而是作者自己的庆老、兴老二女，开篇即言："南丰曾氏，葬其二女，其父巩为志曰：予校书史馆凡九年，丧女弟，丧妻晁氏及二女。余穷居京师，无上下之交，而悲哀之数如此。"接下来，介绍女儿小时之可爱，"庆老疾未作之夕，省其母，勉慰如成人"，"二女生而值予之穷多故，其不幸又夭以死"，正是自己的贫穷与为生活奔劳没有照看好女儿而致其早亡，内疚悲伤之情溢于言表，于是直呼"悲哀之数如此"。

在曾巩的大量散文中，像这类直抒胸臆之作还有不少，如《列女传目录序》《先大夫集后序》《救灾议》等，在此不赘述。

曾巩诗歌中有大量的作品直抒胸臆，表达自己的主张与感情。如《湘寇》诗，诗云：

衡湘有寇未诛剪，杀气凛凛围江浔。
北兵居南匪便习，若以大舶乘高岑。
伧人操兵快如鹘，千百其旅巢深林。
超突溪崖出又伏，势变不易施戈镡。
能者张弓入城郭，连邑累镇遭驱侵。
群党争夸杀吏士，白骨弃野谁棺衾。
貔貅数万直何用，月费空已逾千金。
楚为贫乡乃其素，应此调发宁能禁。
捷如马援不得志，强曳两足登嶔崟。
乌蚁睢盱倚岩险，此虑难胜端非今。
较然大体著方册，唯用守长怀其心。
祝良张侨乃真选，李瑑道古徒为擒。
呜呼庙堂不慎择，彼士龊龊何能任。
大中咸通乃商鉴，养以岁月其忧深。
愿书此语致太史，献之以补丹扆箴。

这首诗里表明的是除却寇患的主张，诗中批评了朝廷除寇无方，致使衡阳、湘潭等地的盗寇未能得到剿灭，他们时常杀气腾腾地围城攻池，抢劫民财。同时由于朝廷用人不当，所选出来的衡阳、湘潭地方官员，都是些不干不净的无能之辈，他们怎么能担当诛寇之重任呢？对此，他“愿书此语致太史，献之以补丹扆箴”，要向朝廷提出自己的主张，坚决铲除寇患。他认为除寇的办法不在于兵之多寡，而在官吏的任用是否得当。他主张用吏要得当，要能用兵，兵不能扰民，吏不得借机盘剥百姓，不能寇患未除，新患又起。

这类诗还有很多，如《闲行》，其中有句：“闲中我乐人应笑，忙处人争我不争。”这表达了诗人闲适的情趣。《西亭》有句：“岁月淹留随日老，乾坤狼狈几时宁？”对朝廷日渐衰微发出哀叹。《遣兴》有句：“谁与健帆先度鸟，更无留滞向天涯。”表达了诗人的归隐之心。《叹嗟》有句：“力能怀畏未足忧，忧在北极群阴绕。”表达了忧国伤时的心情。《戏书》有句：“家贫故不用筹算，官冷又能无外忧。交游断绝正当尔，眠饭安稳余何求。”表达了身心疲惫之后企求随遇而安的心情。再如《盆池》《题祝道士房》《读书》《江湖》《茅亭闲坐》《明妃曲》《读孟子》，等等。

曾巩的一些友情诗也是直抒自己的思友之情，写得情真意切。他被欧阳修视为最好的学生，欧阳修是他的恩师，对他有知遇之恩。欧阳修说：“吾奇曾生者，……百鸟而一鹗。”又说：“过吾门者千百人，独于得生为喜。”可见欧阳修对曾巩的器重与厚爱。曾巩由此对欧阳修十分感激。欧阳修因朋党之争而遭政敌谗言之攻，被贬安徽滁州。曾巩觉得在此事件中，欧阳修是受了很大的委屈，于是上书为他鸣不平，并专程到滁州探望，此后多以诗词与欧阳修唱和，在诗中多表达自己对欧阳修的敬慕之情。如《奉和滁州九咏九首》在其诗前有一小序，序云：“先生贬守滁。滁，小州，先生为之，殆无事。环州多佳山水，最有名琅琊山。近得之曰幽谷，先生散游其间，又赋诗以乐之。巩得而赓之者，凡九章。”其中《琅琊泉石篆》有句：“先生抱材置荒郡，有若此字存岩扃。当还先生坐廊庙，悉引万事归绳衡。”《游琅琊山》有句：“先生鸾凤姿，未免燕雀猜。飞鸣失其所，徘徊此山隈。万事于人身，九州一浮埃。所要挟道德，不愧丘与回。”《慧觉方丈》有句：“儒林孟子先生是，墨者夷之后代传。”《幽谷晚饮》有句：“先生席上珍，岂忍沟中饿。毋徐黑幡召，当驰四方贺。”从这些诗中，可以看到，面对欧阳修遭遇，他不为自己这么直接鸣不平可能因之招来杀身之祸而害怕，他不回避，不躲闪，心里是怎么想的，就怎么说，勇于为欧阳修鸣不平，敢于表达自己对欧阳修的人品才学的推崇。再如，杜衍对他有援助之恩，当巩父病于南京又逝于南京时，曾巩几乎无治父病之费，后又无葬父之资时，他求之于前宰相杜衍，杜公伸手援之。他十分感动。事后，他写信对杜公表达了感谢之忱，也表达了仰慕之意。同样，他还写有《上杜相公》诗，诗云：“水为舟楫旱为霖，社稷生民注意深。岂谓便辞黄阁议，翻然求就紫芝吟。始终好古儒林士，进退忧时国老心。只有声名随日远，不令功被管弦音。”所表达的同样是赞美与仰慕之情。

对于平辈朋友的友情他颇珍惜，如他与王安石算是一对情深意笃的好朋友，他们之间有很多唱和诗，都表达了他们之间友情的真挚与珍贵。如《江上怀介甫》：“江上信清华，月风亦萧洒。故人在千里，樽酒难独把。由来懒拙甚，岂免交游寡。朱弦任尘埃，谁是知音者。”朋友不在身边，一个人酒也懒得喝，琴也懒得弹，可见感情至深。像这类诗还有一些，如《发松门寄介甫》《之南丰道上寄介甫》《过介甫》《秋日感事示介甫》等等。对待晚辈，他也是珍爱有加，如《送钱生》诗云：“天下学校废，师生无所依。子来满橐书，璨璨璧与玑。一字未得读，叩门忽言归。怜子甚有志，事时与子违。吾无一亩宫，留子为发挥。去矣善自立，毋使嗣音稀。”诗中肯定了钱生是一位有才学的好青年，而自己没有好好培养，而今要离去，没有办法，只好临行叮嘱“毋使嗣音稀”。再如《送郑秀才》，诗中赞美了郑秀才的外貌与才学，也深信他学成之后必能有一个好前程。但也对郑秀才提出了殷切的希望：“当今文人密如栉，子勿浪漫西与东。处身不可不择处，一跳万里无还踪。”这类诗还有很多，如《送舍弟》《寄子进弟》《陈商学士》《路中对月》《秋怀》，等等。

其三，寓理于事。曾巩的诗文有一个很大的特点那就是寓理于事，其文并不是为记事而记事，而是要通过记事表达自己的观点。对于这一点，曾肇在《子固先生行状》中就曾明确地说：“公未尝著书，其所论述，皆因事而发。”这点在曾巩的杂记类文章中尤其明显。以他的名篇《墨池记》为例。

墨池记

临川之城东，有地隐然而高，以临于溪，曰新城。新城之上，有池洼然而方以长，曰王羲之之墨池者。荀伯子《临川记》云也。羲之尝慕张芝，临池学书，池水尽黑，此为其故迹，岂信然耶？

方羲之之不可强以仕，而尝极东方，出沧海，以娱其意于山水之间。岂其徜徉肆恣，而又尝自休于此邪？羲之之书晚乃善，则其所能，盖亦以精力自致者，非天成也。然后世未有能及者，岂其学不如彼邪？则学固岂可以少哉！况欲深造道德者耶？

墨池之上，今为州学舍。教授王君盛恐其不彰也，书“晋王右军墨池”之六字于楹间以揭之，又告于巩曰：“愿有记。”推王君之心，岂爱人之善，虽一能不以废，而因以及乎其迹邪？其亦欲推其事以勉其学者邪？夫人之有一能，而使后人尚之如此，况仁人庄士之遗风余思，被于来世者如何哉！

庆历八年九月十二日，曾巩记。

墨池在曾巩曾经生活过的抚州临川城，相传是晋代书法家王羲之洗笔砚的水池。这篇文章是曾巩应抚州州学教授王盛之请而写的。它通过王羲之临池练习书法，最终成为一名伟大书法家的轶事的记叙，说明只有通过刻苦学习，才能在技能、道德上有所成就。文章首段简明扼要地叙述墨池的处所、形状和来历。接着由此生发议论，议论之先揣度“故迹”之“信然”可否？再从“羲之之书晚乃善”的事实，阐明一个道理：一种技能的成功是“以精力自致”，而“非天成”。但文章在此并没有结束，而是进而提出“深造道德”，更须努力，从而进一步深化了主题。最后说明写作缘由，并借“推王君之心”，“勉其学者”学习“仁人庄士”的写作目的。全文短小精悍，仅 300 余字。全文没有空洞的说理，没有抽象的议论，而是通过叙事明理，把理与事融为一体，在短短的几百字里把事叙清楚了，把理说透了，且一切都是自然天成，没有雕琢之迹。

再如他的《越州赵公救灾记》一文，全文 1000 余字，与《墨池记》比可谓是长文了。该文写于元丰二年（1079），所记的事是发生在熙宁八年（1075）的越州，时越州大旱，赵抃前往救灾。文章写了三个层面的事情，一是写救灾的措施，二是写医治病者和收埋死者的措施，三是写赵抃在救灾中的态度与精神。而第三个方面正是曾巩所要表达的真正意义。赵抃在救灾工作中是极其负责的，“事有非便文者，公一以自任，不以累其属”“早夜惫心，力不少懈”。正是这样身体力行，事事躬亲才得以使救灾措施落到实处，使救灾成绩显著，“民不幸罹旱疫，得免于转死；虽死，得无失敛埋，皆公力也”。在叙事完成之后，就救灾之事发表议论，指出赵抃救灾经验的价值与意义，即“其仁足以示天下”“其法足以传后”。他说：

> 是时旱疫被吴越，民饥馑疾疠，死者殆半，灾未有巨于此也。天子东向忧劳，州县推布上恩，人人尽其力。公所拊循，民尤以为得其依归。所以经营绥辑先后终始之际，委曲纤悉，无不备者。其施虽在越，其仁足以示天下；其事虽行于一时，其法足以传后。盖灾沴之行，治世不能使之无，而能为之备。民病而后图之，与夫先事而为计者，则有间矣；不习而有为，与夫素得之者，则有间矣。予故采于越，得公所推行，乐为之识其详，岂独以慰越人之思，将使吏之有志于民者，不幸而遇岁之灾，推公之所已试，其科条可不待顷而具，则公之泽岂小且近乎！

同时，对赵抃的品德也给予了高度评价，指出像救灾这么重要且成绩卓著的事只是他生平中诸多事件中的一件，而其他的都没有写。像这样的文章还有很多，如《广德湖记》等。

在曾巩的一些诗歌里也体现了这一特点。一些诗通过对事件经过的描写，将作者的丰富感情寄寓于其中。如《喜二弟侍亲将至〈京师书多言二弟为县之美〉》诗云：

> 嗟予怀抱徒蠢蠢，二弟胸中何落落。
> 政如鲁卫各驰骋，文似机云饱磨琢。
> 坐曹风义动江淮，为县声名到京洛。
> 鸿雁峨峨并羽仪，棠棣韡韡联跗萼。
> 我于两处抱饥渴，恨寄一官如束缚。
> 周南留滞勿复论，平陆可来无厌数。
> 慈亲况不倦行役，官长幸复宽期约。
> 似闻笑语已仿佛，想见追随先踊跃。

共眠布被取温暖，同举菜羹甘淡薄。
山花得折随好丑，村酒可醉无清浊。
屈伸有命更勿疑，细故偶然皆可略。
春风为子送帆樯，速放船头来此泊。

这首诗写当他得知母亲在弟弟陪同下要来自己任所的消息十分高兴，于是他高兴之余写下了这首长诗。诗中通过对兄弟间过去一些生活细节如共眠布被、同醉村酒等的回忆，兄弟间、亲人间同甘共苦的深厚感情历历呈现于读者眼前。诗的最后一句，表明作者为人子盼望着母亲能顺风顺水的快快来到的急切心情，思亲之情跃然纸上。

再如《胡使》诗回顾了边地少数民族对大宋的入侵以及朝廷的懦弱，作者对此愤懑与对朝廷的失望之情在字里行间表达出来了。像这类诗还有很多，如《舍弟南源刈稻》《寄王介卿》《山槛小饮》《水西亭记事》，等等。

其四，寓情于景。曾巩还写下了诸多寓情于景的好作品，这些作品通过写景把作者的思想感情寄寓其中。如《上元》诗：

金鞍驰骋属儿曹，夜半喧阗意气豪。
明月满街流水远，华灯入望众星高。
风吹玉漏穿花急，人近朱阑送目劳。
自笑低心逐年少，只寻前事捻霜毛。

上元，即每年的正月十五日。称上元节，即元宵节，也称灯节。是我国的传统节日。在宋代，上元节是一个极隆重的节日，曾巩的这首诗写的就是人们欢庆节日的景象，一派赏心悦事，其乐融融。又如《甘露寺多景楼》：

欲收嘉景此楼中，徙倚阑干四望通。
云乱水光浮紫翠，天含山气入青红。
一川钟呗淮南月，万里帆樯海外风。

老去衣衿尘土在，只将心目羡冥鸿。

多景楼在今天的江苏镇江北固山甘露寺内，曾巩登楼写下这首诗。多景楼是宋代郡守陈天麟在唐代临江亭遗址上修建的，楼名取自唐代宰相李德裕《临江亭》“多景悬窗牖”句。曾巩诗中写了自己所见的景色，云乱水光，天含山气，钟声淮月，帆影海风，景色宜人，寥寥数笔勾勒，宛如一幅写生画，逼真传神。正是在这样的景色中，诗人虽然感到自己老境渐至，仍然征尘满衣。但是面对这美好山河，还是应积极进取，展自己鸿鹄之志。

这种寓情于景的诗很多，再如《城南二首》：“雨过横塘水满堤，乱山高下路东西。一番桃李花开尽，惟有青青草色齐。”“水满横塘雨过时，一番红景杂花飞。送春无限情惆怅，身在天涯未得归。”《出郊》：“葛叶催耕二月时，斜桥曲岸马行迟。家家卖酒清明近，红白花开一两枝。”这些诗都写景生动，轻快简洁，作者的喜悦之情寓于词句之中。再如《百花堤》《西湖二首》《闲行》，等等。

曾巩笔下寓情于景的散文也有不少。如《道山亭记》，其文开篇先写闽郡山行之奇，后又写水行之险。极状其“水陆之险如此”，陆行四顾亦山，道路峭狭曲折，“虽其土人，犹侧足然后能进，非其土人，罕不蹶也，”水行则“舟溯沿者，投便利，失毫分，辄破溺”。将险景状于读者眼前，正如评家所言，“穷形尽相，毫发不谬”，读之使人惊悚不已。写景正是为表达自己的感情，于是接着有了下文。后面叙写福州郡守程思孟处于偏僻险远之地也能“因其地之善，以寓其耳目之乐”，且为亭曰道山，以表示他“抗其思于埃壒之外”。登临揽胜，可比之于蓬莱。“其山川之胜，城邑之大，宫室之荣，不下簟席而尽于四瞩。”于其中表达作者对程思孟的敬佩之情。

再如《拟岘台记》，全文六百字。拟砚台在抚州城内，始建于宋仁宗嘉祐二年（1057）。台建成之后，作者登台观景，全文描摹登台所览景象，于其景之中寓作者登台的愉悦之情。开篇介绍台之由来，寥寥数语，接下来重点写台上所见之景。其文曰：

初，州之东，其城因大丘，其隍因大溪，其隅因客土以出溪上，其外连山高陵，野林荒墟，远近高下，壮大闳廓，怪奇可喜之观，环抚之东南者，可坐而见也。然而雨隳潦毁，盖藏弃委于榛丛茀草之间，未有即而爱之者也。君得之而喜，增甓与土，易其破缺，去榛与草，发其亢爽，缭以横槛，覆以高甍。因而为台，以脱埃氛，绝烦嚣，出云气而临风雨。然后溪之平沙漫流，微风远响，与夫浪波汹涌，破山拔木之奔放，至于高桅劲橹，沙禽水兽，下上而浮沉者，皆出乎履舄之下。山之苍颜秀壁，巅崖拔出，挟光景而薄星辰。至于平冈长陆，虎豹踞而龙蛇走，与夫荒蹊聚落，树阴晻暧，游人行旅，隐见而断续者，皆出乎衽席之内。若夫烟云开敛，日光出没，四时朝暮，雨旸明晦，变化不同，则虽览之不厌，而虽有智者，亦不能穷其状也。或饮者淋漓，歌者激烈，或靓观微步，旁皇徙倚，则得于耳目与得之于心者，虽所寓之乐有殊，而亦各适其适也。

先写台建之前，此地的境况；随之写站在台上所见到的新景象，由近及远，层次分明，视野渐开。此是全文着笔之重点，既有空间上的延展，又有时间上的变换，展示一种赏心乐事之景。字里行间有自己愉悦心情（“乐”）的表露。并由此引出全文的主旨“得于耳目与得之于心者，虽所寓之乐有殊，而亦各适其适也”。在此又为下文的议论打下基础。下文着力讨论“乐”，由乐其台到乐其治，再到官民同乐，层层推进，不断升华。进而突出了主题。“君既因其土俗，而治以简静，故得以休其暇日，而寓其乐于此。州人士女，乐其安且治，而又得游观之美，亦将同其乐也，故予为之记。”

人们读这篇文章一定会联想到范仲淹的《岳阳楼记》，想到其中的名句：“先天下之忧而忧，后天下之乐而乐。”范、曾两文有同工之妙。曾巩的《拟岘台记》得到人们的充分肯定，明末清初文学家孙琮评论该文时说：“写台之景，能集诸家之胜，已自不同凡响。入后，将抚之土风，与裴之治行，发出同乐议论，遂觉从前诸景都非虚设。是能于小题中出大手笔者。”[1] 此文刻

① 李震：《曾巩资料汇编》，中华书局2009年版，第648页。

石立于拟岘台，而几十年后，“断碑仆地，台且圮矣”。绍兴癸丑（1133）五月，曾巩的侄子曾纡担任抚州军州事，重新又“载刊竖石，不独使拟岘之名托之文字，与溪山之胜，共传不朽”，并作了《书〈拟岘台记〉后》记其重刻的经过。

如此之文在曾巩的散文中还有许多，如《醒心亭记》《金山寺水陆堂记》，等等。

曾巩一生著述丰富，特别是在散文方面成就斐然，而名列唐宋八大家之中，上述归纳似乎难以概全。曾巩的散文质量高，影响大，行文规范，得到当时及后世的推崇。列出唐宋八大家的是明代散文家、藏书家茅坤，他认为宋代的散文较唐代成熟，而曾巩的文章简洁、严谨、端庄，其内容合乎儒家道德。其文虽不十分生动有趣，但是在唐宋之时难有其规范，难有其受众面之广及所受欢迎之烈。曾巩生之时声望高，逝之后声更隆，备受文学界的推崇。

曾巩“蓄道德而能文章”，同时代的王安石称说：“曾子文章众无有，水之江汉星之斗。”（《赠曾子固》）苏轼赞：“曾子独超轶，孤芳陋群妍。”（《送曾子固倅越得燕字》）王安石、苏轼、苏辙都与曾巩一起名列唐宋八家之中，他们对曾巩都是推崇备至。韩维《朝散郎试中书舍人轻车都尉赐紫金鱼袋曾公神道碑》里说：“自唐衰，天下之文变而不善者数百年。欧阳文忠公始大正其体，一复于雅。其后公与王荆公介甫相继而出，为学者所宗。于是大宋之文章，炳然与汉唐侔盛矣。”至南宋，朱熹也十分推崇曾巩，他说：“予读曾氏书，未尝不掩卷废书而叹，何世之知公浅也。盖公之文高矣，自孟、韩以来，作者之盛，未有至于斯。其所以重于世者，岂苟云哉！”[①] 吕祖谦编选《古文关键》时，只选曾巩文，不选王安石文。明初朱右将曾巩与韩、柳、欧、王及三苏并列，把他的文章选编成《八先生文集》。明代唐宋派的王慎中、唐顺之、茅坤、归有光作文以曾巩为典范。茅坤编纂《唐宋八大家文钞》一书，曾巩与韩愈、柳宗元、欧阳修、苏轼等人并称，进入中国古代最优秀的散文家行列。王慎中说：“自西汉而下，莫盛于有宋庆历嘉祐之间，而灿然自名其家者，南丰曾氏也。”唐顺之认为：“三代以下之文，未有如南丰。”

① 刘壎：《隐居通议》卷十四，钦定四库全书本。

南丰曾巩纪念馆内的曾巩雕像

清代桐城派方苞、刘大櫆、姚鼐等，将曾巩的文章作为楷模而学习。清代康熙年间，著名学者张伯行重新选编《唐宋八大家文钞》，所选文章共 316 篇，其中韩愈 60 篇、柳宗元 18 篇、欧阳修 38 篇、苏洵 2 篇、苏轼 26 篇、苏辙 27 篇、曾巩 128 篇、王安石 17 篇。曾巩选文数量占全书三分之一强，远远超过其他七个人，独居榜首。

第六节　主要思想

曾巩是一位杰出的文学家，一生写了大量的文学作品，在这些作品里他阐述了自己较为丰富的思想，主要包括政治、经济、军事、文学、史学和宗教等方面的思想。

曾巩的思想有其渊源。曾肇在其《子固先生行状》里说："其言古今治乱得失是非成败，人贤不肖；以至弥纶当世之务，斟酌损益，必本于经。"《宋史·曾巩传》里也认为其言"原本六经"。也就是说他的思想源头在于六经。曾巩在《新序目录序》里感叹："天下之士各自为方而不能相通，世之人不复知夫学之在统、道之有归也。"那么曾巩的"学"统在哪，"道"归于何呢？

这些可以在他的著作中找到答案。他在《洪范传》里说：“古之欲明明德于天下者，必始于知至、意诚、心正然后身修，身修然后国家天下治。以是为大学之道，百王莫不同然。而见于经者，莫详于尧。”在曾巩看来道在“明明德”，要实践之，则应“知至、意诚、心正”，而其源则在《洪范》《大学》里头，他又说：“观《洪范》《大学》之所陈，知治道之本。”他也在不同的场合里也一再要求推广这“大学之道”，他在《熙宁转对疏》中说：“讲明旧学而推广之。”在《筠州学记》中又说：“讲先王之遗文，以致其知。”而“大学之道”出自《大学》，其作者为曾参。曾参是曾巩的祖先。他们也以有这样的先祖而感到荣耀，其弟曾肇在《子固先生行状》亦说：“今家南丰，自高祖讳延铎始也。初，蔵及参父子俱事孔子。蔵乐道忘仕，孔子与之。参以孝德为世称首。而参孙西，耻自比于管仲。其世德渊源所从来远矣。”曾巩继承和发扬了曾参的思想，写就了天下道德文章。正如《子固先生行状》里所说：“天以道德文章钟于公身，以侈大前烈，开觉后嗣，实命世之宏材，不待文王而兴者欤！”

曾巩思想有其现实基础。他的祖父曾致尧、父亲曾易占虽然为官，但其父因受诬而被罢，从此家道中落，不久去世。而他也在乡间耕读十余载，且担当起养教弟妹等十余口人生计的责任，直到三十九岁时才考中进士而入仕途。因而他有很长的时间是艰难地生活在底层。入仕后，又一直任地方官，辗转数地，对于百姓有了更多的接触与了解。他深深地感到，天下应以民为贵，以民为本。于是民本思想是他一切思想的基础和出发点。

曾巩的民本思想渊源则在于儒家的“仁”及“仁政”。他在《战国策目录序》里很赞同刘向的“仁义之路塞，所以大乱”的观点，因而天下应广开“仁义”之路，他认为宋太祖就是这样一位“仁心爱人”的皇帝，他所实施的统治“其仁如天”，于是自他而下有许多官员也是施仁政，如赵抃在越州救灾，“其仁足以示天下”。

正是源于此，曾巩的思想有以下几个方面：

其一，重“化”的教育思想。在曾巩看来，“化者，所以觉之也，教者所以导之也。”简言之，就是要通过教育使百姓提高觉悟，能自觉地去做合乎“仁”合乎“义”的事。并且通过长期的教化而使老百姓遵守“仁”“义”道德规范成为一种风尚，成为一种风俗，“教化既成，道德同而风俗一”，这样就可达到无为而治的效果，无须使用刑政了。他认为，古代用刑不过是教化的一种工具而已，是教育百姓的一种方式。他在《洪范传》里说：“先王之刑刑也，其养民之具，教民之方。”当然，教化是要建立在百姓能有饭吃、不受冻的基础才能进行的。如果在此基础上不能教化好百姓，才能用刑惩处，而用刑又是不得已的事。他在《洪范传》里做了一个较为精当的阐述，他说：“使民足于养生送死之具，然后教之，教之不率，然后刑之。”“而民犹有不率者，故不得不加之以刑，加之以刑者非已而不已也。”另一方面，作为施刑者也应“责己而恕人”，对于他们的罪过应详察，分清是过错失误，还是犯罪；是吃不饱，还是教育不到位，然后定罪施刑。如果是他们吃不饱，教育不到位，那么施政者应当自责而宽恕他们。他说：“民之有罪也，必察焉，非眚也，非过也，终也，其养之有所不足，其教之有所不至，则必责己而恕人。”他在《与王介甫第二书》中说：“夫我之得行其志而有为于世，则必先之以教化，而待之以久，然后用可以为治，此不易之道也。”要完成教育之任务，则在学校。他在《洪范传》中说：“养之于学，所以使之讲明，文之以礼乐，所以使之服习，皆教之具也。”在《劝学诏》里也说：“先王兴庠序以风四方，所以使学士大夫明其心也。”同时还要改革与之相配匹的科举制度，因为“今之学校，非先王教举之法；今之科举，非选王造士之制”，他认为不仅要加强教化，使之成为风俗，还要运用好的选材办法，选出优秀人才，并使之成为一种导向。一方面要沿用、完善科考选材的办法，其次是要使用“特举”的办法，将一些有特别能力的人选拔出来。

其二，主张“政以养民”的民本思想。曾巩在《洪范传》里对于“政以养民”的重要性作了总结性阐述，他说：

民能保极，则不为外物戕其生理，故寿。食货足，故富。无疾忧，故康宁，于汝极，故攸好德。无不得其死者，故考终命。人君之道失，则有不得其死者，有戕其生理者，故凶短折。不康，故疾。不宁，故忧。食货不足，故贫。

不能使之于汝极，则刚者至于暴，故恶；柔者不能立，故弱。此人君所以考己之得失于民者也。

从政策层面上看，政策法制的制订要从长计议，“不急于朝夕之近效”（《熙宁转对疏》），要顺应民心，做到“不改其业，不违其欲”（《为治论》）。再者就是要给百姓的生产生活创造更好的环境。如兴修水利，为了百姓的生产更有保障，则修渠浚湖，他盛赞古人李冰等治水之功，并强调“三代沟浍之法替，而赴时务功，此不可不重也”（《水利》）。他自己在多地任上注重水利建设，如在越州治鉴湖，齐州修北水门等。再如：保障百姓的生存，主张大力实施社会救助。这是曾巩一条极其宝贵的政治思想。首要复建义仓，古之义仓的作用就是“使岁穰输其余，岁凶受而食之”。然而，由于官吏“往往窃前世恤民之法而为当今之敛民之调”（《议仓》），使本来一个好端端“以赈乏为本、以恤民为先”的救赈制度变成害民的一条途径。于是他主张，效仿隋唐时期的做法建立义仓，恤灾消祸。他指出：“复隋唐之法而建其仓，探隋唐之本而行其义，则恤灾弭患、安民泰俗无大于此者。”并且还主张沿用旧制，建管好常平仓。常平仓即“岁熟增价以籴，岁歉减价以粜。用赈贫民，复旧制也。”同时，曾巩主张贷给灾民钱粮，以便他们恢复生产，保障生活，他说：“赐之以钱五十万，贷之以粟一百万石，而事足矣”，这样老百姓“得钱以完其居，得粟以给其食，则农得修其畎亩，商得治其货贿，工得利其器用，闲民得转移执事，一切得复其业，而不失其常生之计”。这是一种深谋远虑之举，也是为百姓造福，为国家长治久安之举。事实上，曾巩在任地方官期间就积极实施社会救助。曾巩在越州时，“岁饥，度常平仓不足赡，而田野之民，不能皆至城邑。谕告属县，讽富人自实粟，总十五万石，视常平价稍增以予民。民得从便受粟，不出田里，而食有余，又贷之种粮，使随秋赋以偿，农事不乏。”知洪州时，“岁大疫，公储药物饮食，在所授病者，民以不夭死。”实施了这些做法的地方都取得了良好的社会效果。

其三，“改易更革”的改革思想。有一些人认为曾巩后期与王安石不相合，是因为曾巩反对王安石变法。笔者认为不是。曾巩也是主张变法的。他在《礼阁新仪目录序》里说："改易更革，不至乎拂天下之势，骇天下之情，而固已合乎先王之意矣。"他所强调的是在合先王之意的前提下进行改革，而不是要逆天下之势、背天下之情而推行改革。同时在曾巩看来，随着社会的发展，改革又是必要的，因为古今的情势不一样，习俗也不一样，法制长期施行也必将产生弊端；约束人们的"礼"，随着时间的推移，人们也将难于遵守，这样礼、法都将出现与社会现实不相适应的地方。"失则必改制以求其当。"要"因今之器，顺今之变以行之"（《为治论》）。在曾巩看来，社会是不断变化发展的，古代与当今的社会现实是不一致的，所以社会制度等也会与之有不相适应的地方，也会有弊端，这就必然要对制度等进行改革，以求适应新的社会现实，更好地推动社会发展，这样就没有必要守着先王之成法而永久不变。他说："由是观之，古今之变不同，而俗之便习亦异，则亦屡变其法以宜之，何必一一以追先王之迹哉？"对于这一问题，他曾反复地强调。在《战国策目录序》里，曾巩说："盖法者，所以适变也，不必尽同；道者，所以立本也，不可不一，此理之不易者也。"这里所指的"法"即他常说的"法制数度"，而"道"则是儒家之道，也就是儒家所言"仁"与"仁政"。为此，曾巩也提出了一些改革的措施，如他在《本朝政要策》里就提出数十条治政策略，涉及政治、经济、军事、人事、宗教等多个方面。在其他著作也提出过一些措施，如他在《时俗辨》里就强调："曰复流亡，曰弛岁敛，曰劝耕殖，曰兴水利，如此者皆益民也。"如果这四项措施能落到实处，这则有益于百姓，拿他的话来说，则是"百姓可厚而仁政可举也，先王之所以为天下者，归然而已矣"。

其四，"节用裕民"的理财思想。为了解决财政紧张问题，曾巩主张"节用"，减少不必要的开支，而不应用增收老百姓的税赋的办法来解决困难。他强调财用的重要性，他在《再议经费札子》里指出："财用"是国家的根本，要使国家富裕强大，则必须增加财政收入。但又不能沿用过去简单苟且的办法，而应修改法度，以更新更合理的办法去增加财政收入，也要制定措施节约支出。就这一问题，他专门写了《议经费札子》和《再议经费札子》二文，并强调要在年初做好预算，量入为出，他说："制国用者，必于岁杪，盖量入而为出。"要节用，如果能做到节用，即使贫困也能较快地富裕起来，如果用之不节，即使富裕也很容易致贫。他说："用之有节，则天下虽贫，其富易致也……用之无节，则天下虽富，其贫亦易致也。"他还认真地分析古代财用情况，充分肯定古人的节用观念。曾巩特别肯定了荀子"节用裕民""善藏其余"的理财思想，他认为"节用以礼，裕民以政"。在《财用》中说："荀卿言富国之道曰：'节用裕民，而善藏其余，节用以礼，裕民以政。'所谓裕民者取之有制，使之优厚之谓也。"要想百姓富裕起来，向他们索取应有节制，让他们财富多起来，节用则是要量入而出。理财是为富国，而富国则应先富民，这才是理财之根本。那么，如何才能"节用"呢？曾巩提出了"乘丰而储备，利商而通货，练兵而去冗"的办法。其实对"冗"之问题，不仅有"冗兵"还有"冗官"，而又由此还产生"冗费"。他在《户部尚书制》里说："使官用有节，而余蓄可至。"对此，在《再议经费札子》中，他细细地算了皇祐、治平年间的收支账，觉得开支太大。如果能去"冗官""郊费"，则可去"冗费"，每年可节省三亿，而在皇祐、治平三十年间就相当于国家十五年的储蓄。他分析说：

皇祐、治平岁入，皆一亿万以上，而岁费亦略尽之。景德官一万余员，皇祐、治平皆三万余员；景德郊费六百万，皇祐、治平皆一千万以上，是二者费皆倍于景德。使皇祐、治平入官之门多于景德者，可考而知，皇祐、治平郊费之端多于景德，可考而知，然后议其可罢者罢之，可损者损之，使岁入如皇祐、治平，而禄吏、奉郊之费同于景德者，则二者所省盖半矣。则又以类推而省之，以岁入一亿万计之，所省者十之一，则岁有余财一万万，所省者十之三，则岁有余财三万万，以三十年之通计之，当有余财九亿万，可以为十五年之蓄。自古国家之富，未有及此也。

在他看来，冗官、郊费消耗了大量资财，直接导致了国家财政紧张，裁冗官、减郊费应该是节省财政支出的重要内容，朝廷应该"议其可罢者罢之、可损者损之"，以达到节用富国的目的。曾巩阐述其节用主张时，也涉及冗兵对财政的影响。对于解决冗兵问题，一是要加强士兵的训练，提高军队的战斗力，减少士兵数量；另一方面，还可以改变募兵制度。当时的募兵制度已经造成了庞大军费的支出，给国家造成了重大负担。他直呼“害不有大于此者耶！”他在《论贫》中认为：“古者有常农无常兵，今也有常兵无常农，兵日以愈蕃，农日以愈贫，治之所以未孚者以此也。”他认为“有常兵无常农”是造成国家贫穷的重要原因，要解决这一问题，应学习古人“无常兵”的办法，将招募来的兵士农时耕种，闲时操练，做到耕种与练兵两不误。他建议：“莫若择旷田，募今投而为兵者伍而耕。暇而隶武，递入而卫。”同时，曾巩还认为，要节用，还要加强对钱币的管理，使钱币的制造和流通规范有序。如果私人铸币泛滥、币制混乱则会导致百姓“有困穷耗费之苦”、国家“无丰盈羡给之余”的状况。对此，他撰《议钱》，提出建议：“不若去四患而立四利。何谓四利？塞兼并一也，严法令二也，禁异物三也，节浮费四也。四利既立，四患可除。当今之宜，莫便于此。”他还认为节用不是一两个官员或者说仅是朝中的事，而是各级政府、官员都有节用的责任，他在《洪范传》里说：“所省多者，其任责重；所省少者，其任责轻，其所处之分然也。”曾巩在实际工作中也践行之，在任明州知州时，他接前任手修缮州城，他一接手即对工程进行重新核算，降低成本；且充分利用旧城的砖块等旧料，大大地减少工费。“公程工赋，裁省费十六，民不知役而城具。”曾巩的经济思想是针对当时社会实际所提出，也是他多年在地方为官的实践中总结出来的，得到上下一致的肯定。以至于神宗皇帝也评价说：“巩以节用为理财之要，世之言理财者，未有及此。”①

其五，安边固国的军事思想。曾巩有着一颗忧国忧民之心，目睹边境纷争不断，战事频仍，他总是在寻找良策，以解决这些问题。加之自己曾任多地知州军事，对于军事问题多有考虑，也曾多次将自己的一些想法向朝廷陈述，希望采纳。也在一些诗文中表达自己对时局的看法和军事主张。如《胡使》诗，诗云：

① 脱脱：《宋史》卷三百十九，钦定四库全书本。

南粟鳞鳞多送北，北兵林林长备胡。
胡使一来大梁下，塞头弯弓士如无。
折冲素恃将与相，大策合副艰难须。
还来里闾索穷下，斗食尺衣皆北输。
中原相观叹失色，胡骑日肥妖气粗。
九州四海尽帝有，何不用胡藩北隅。

宋庭每年都向边境的辽、夏等国送上钱币及财物，企图买得安宁，然而事实上一天也不得安宁。曾巩认为应该用辽、夏国的人来抵御辽、夏国，以求得边境的安宁与国家的稳固。像这样的诗还有很多，再如《秋日感事示介甫》，其中有句："沙碛有遗虏，旌旗多远行。生民苦未息，吾党耻论兵。"诗里对于朝廷苟且偷安，不能从军事上解决边境问题感到无奈，也对此背景下痛苦无尽的百姓表示同情。

他上《请减五路城堡札子》议兵家之事。他在札子开篇就指出："臣尝议今之兵，以谓西北之宜在择将帅，东南之备在益戍兵。臣之妄意，盖谓西北之兵已多，东南之兵不足也。"在曾巩的眼里，西北兵多，应重在择将，东南兵不足，则重在增兵。同时，领兵打仗就如弈棋，也是要讲究策略的，做到多寡相宜，攻守相继。他指出了当下军事的要害之后，即提出了择将、用兵、守边、应敌、抗虏等策略，他说：

夫将之于兵，犹弈之于棋。善弈者置棋虽疏，取数必多，得其要而已。故敌虽万变，途虽百出，而形势足以相援，攻守足以相赴，所保者必其地也。非特如此，所应者又合其变，故用力少而得算多也。不善弈者，置棋虽密，取数必寡，不得其要而已。故敌有他变，途有他出，而形势不得相援，攻守不能相赴，所保者非必其地也。非特如此，所应者又不能合其变，故用力多而得算少也。守边之臣，知其要者，所保者必其地，故立城不多，则兵不分，兵不分，则用士少，所应者又能合其变，故用力少而得算多，犹之善弈也。不得其要者，所保非必其地，故立城必多，立城多，则兵分，兵分则用士众，所应者又不能合其变，故用力多而得算少，犹之不善弈也。

打仗靠的是兵，而兵则要养。古人云“养兵千日用兵一时”，可见养兵是一个长期而艰巨的任务。如何来养呢？曾巩提出了“屯田”之策。他在《本朝政要策》中把“屯田”作为国家的重要策略来论述。屯田可以兼兵农之责，既可发展农业生产，又可发展壮大军队，既可减轻农民负担，又可提高军队的供给和提高军队的战斗力，是一件利国利民利军的良策。同时，曾巩还就“添兵”“兵器”“任将”等提出了自己的主张，他主张国家要保证一定数量的兵力，但不能过多，关键是要提高军队的战斗力；要修兵械，造利器，做到兵甲坚固，兵器锐利，这样才能为打胜仗创造条件；将帅是克敌制胜的关键，他认为应向宋太祖学习，对于将帅应恩威并用，“抚而遣之”。他说：“太祖之置将也，隆之以恩，厚之以诚，富之以财，小其名而崇其势，略其细而求其大，久其官而责其成。每朝必命坐，赐与优厚，抚而遣之。”这样将帅得到优厚的待遇与地位，就能调动他们的积极性，让他充分地发挥才能，勇敢地指挥作战，打胜仗就有把握了。

其六，“法戒”的史学思想。嘉祐五年（1060），欧阳修推荐曾巩担任馆职，次年春，曾巩出任史馆编校书籍之职。这样他在馆阁一待就是近十年，他校勘了一批史书，如《陈书》《战国策》《梁书》等。晚年，他又回到史馆任修撰、管勾编修院，并专典史事，修《五朝国史》。曾巩在长期的史馆工作中，对于史学既有丰富的实践经验又有自己的真知灼见，形成了自己的史学思想。曾巩认为，修史的意义就在于明治天下之道。在《〈南齐书〉目录序》中说：“史者，所以明夫治天下之道也。”“将以是非得失兴坏理乱之故而为法戒，则必得其所托。而后能传于久，此史之所以作也。”修史的目的意义就是总结历史经验，并将之传承下去，为后世之“法戒”，惩恶劝善。在《〈梁书〉目录序》中曾巩明确说：“夫学史者将以明一代之得失也，臣等故因梁之事，而为着圣人之所以得及佛之所以失以传之者，使知君子之所以距佛者，非外而有志于内者，庶不以此而易彼也。”在这里，他总结梁国亡国之因是一味奉佛，不修圣人之道。曾巩是一位史学良才，神宗皇帝曾说曾巩“以史学风称士类，宜典五朝史事”。清末著名史学家李慈铭在《越缦堂读书记》里说：“自来文章家推欧、曾二公有史材。”曾巩对于修史提出了自己见解与要求。他在《〈南齐书〉目录序》里说：“古之所谓良史者，其明必足以周万事之理，其道必足以适天下之用，其智必足以通难知之意，其文必足以发难显之情，然后其任可得而称也。”他从“明”“道”“智”“文”等四个方面对史书提出了自己的要求，认为只有达到了这四方面的要求，才能称得上是一部好史书。要写出这样一部好的史书，作为该史书的修撰者自然就是一位高人。撰史者应是一位有道德修养的人，即“蓄道德”者。只有这样的人才能做到“公”（公正）与“是”（实事求是）。他在《寄欧阳舍人书》中说：“然则孰为其人而能尽公与是欤？非蓄道德而能文章者无以为也。”只有“蓄道德者”才能达到“公与是”的要求。他进一步阐述说：本来史书是起“法戒”作用，并传之久远，“然而所托不得其人，则或失其意，或乱其实，或析理之不通，或设辞之不善，故虽有殊功韪德非常之迹，将暗而不章，郁而不发，而梼杌嵬琐奸回凶慝之形，可幸而掩也。”如果找不到合适的人修史，则编写出来的史书意不明，事不实，理不通，辞不当。此外，曾巩对于史家之文也提出了自己的要求，他认为史家之文应是古代刘向、扬雄提出的“直文”，即正如班固在《汉书·司马迁传》所说：“然自刘向、扬雄博及群书，皆称有良史之材，服其善序事理，辨而不华，质而不俚，其文直，其事核，不虚美，不隐恶。”于是，曾巩从文辞上对萧子显所撰《南齐书》进行批评：“子显之于斯文，喜自驰骋，其更改破析刻雕藻缋之变尤多，而其文益下，岂夫材固不可强而有邪？”他对文的要求是“足以发难显之情”。当然，他还要求“辞工”，因为“辞之不工，则世犹不传”（《寄欧阳舍人书》）。这不是为了做文字游戏，而是希望写出“辨而不华，质而不俚”的实录式的史书。

其七，经世致用的文学思想。曾巩之文得到举世肯定，且世代流传，这得益于他本人的文学思想。文章千古事，曾巩对文学的要求很高，他首先要求的是作家的人品，甚至要求作家要有史家的品质，只有好的人品才能写出好的作品。在曾巩看来，只有道德修养好的人才能写出“文章兼胜”的作品，只有如欧阳修那样“既有德而且有言”，才能写出如“六经之羽翼，道义之师祖”

(《上欧阳学士第一书》) 般的作品，这样文章才能传之后世，影响后人。有了德还要有能，如果没有能也写不出如此之好的文章。这则要练内功了，要有知识储备。曾巩在为晏殊《类要》所作的《类要序》中作了分析。在曾巩看来，晏殊是一位“于是时为学者宗，天下慕其声名”的人物，他之所以能成为这样的人，“公之得于内者深也”。而“内者深”又从何来？这就要有丰富的知识，经史子集、谱牒、方伎等等都要懂得，并融化于心。他说：

及得公之所为《类要》上中下帙，总七十四篇，凡若干门，皆公所手抄。乃知公于六艺、太史、百家之言，骚人墨客之文章，至于地志、族谱、佛老、方伎之众说，旁及九州之外，蛮夷荒忽诡变奇迹之序录，皆披寻紬绎，而于三才万物变化情伪，是非兴坏之理，显隐细巨之委曲，莫不究尽。公之得于内者在此也。公之所以光显于世者，有以哉！

曾巩能写出传之于后世而不朽的文章，他也是广泛地学习古籍、方志，兼收并蓄，化为自己的内在的东西。他在《南轩记》里对于自己的学习情况作了一个回顾，他在文中写道：“顾吾之所好者远，无与处于是也。然而六艺百家史氏之籍，笺疏之书，与夫论美刺非、感微托远，山巉冢刻、浮夸诡异之文章，下至兵权、历法、星官、乐工、山农、野圃、方言、地记、佛老所传，吾悉得于此。”所以说，要想写出好文章，作者就应加强学习，广泛积累各种知识。他一再告诫人们要加强学习，如他在《墨池记》指出王羲之书法成就的取得并非天生而成，而是后天学习、勤练而成的。他说：“羲之之书晚乃善，则其所能，盖亦以精力自致者，非天成也。然后世未有能及者，岂其学不如彼邪？则学固岂可以少哉？”作文亦如学书。

曾巩主张文章应载“道”。他认为，古代治理国家，首先要使天下人的道取向一致，使天下各地的风尚相似。所以全国虽有九州之广，万千民众，千载岁月，但其教化历来明了，相沿成俗，所遵守的道德一致，所传播的学术一致。所以《诗经》《尚书》里的诗文，历经数千年，作者也非一人，但他们所阐述的道理都是一致。于是他在《新序目录序》里说：“世之人不复知夫学之有统、道之有归也。”他在《寄欧阳舍人书》称赞欧阳修的文章就是载道之文，必能传之久远。他说：“然蓄道德而能文者，虽或并世而有，亦或数十年，或一二百年而有之，其传之难如此，其遇之难又如此。若先生之道德文章，固所谓数百年而有者也。”在文章风格方面，他受恩师欧阳修的影响很大，他先期的文章所追求的是一种豪放奔腾之风格。正如欧阳修所言，“昆仑倾黄河，渺漫盈百川”。中书舍人王震在元丰八年（1085）所撰的《南丰先生文集序》中说：“南丰先生以文章名天下久矣。异时齿发壮、志气锐，其文章之慓鸷奔放，雄浑瑰伟，若三军之朝气，猛兽之抉怒，江湖之波涛，烟云之姿状，一何奇也！”而随着年龄的增长，见识的加深，他的文章风格也发生了很大的变化。他所主张的则是自然天成，不加雕琢，言有尽而意无穷。他在《祭欧阳少师文》开篇即说：“惟公学为儒宗，材不世出。文章逸发，醇深炳蔚。体备韩马，思兼庄屈。垂光简编，焯若星日。绝去刀尺，浑然天质。辞穷卷尽，含意未卒。读者心醒，开蒙愈疾。”此称赞先师欧阳修的话也体现了曾巩的文学主张。他后来也拿这一标准去衡量诸如李白、王安石等人的作品。曾巩的这一文学主张直接影响着他对文章的语言要求。其总体要求是“辞穷卷尽，含意未卒”，而具体地说，则应如苏洵之文那样言有尽而意无尽，且收放自如。他在《苏明允哀辞》里说：“盖少或百字，多或千言，其指事析理，引物托喻，侈能尽之约，远能见之近，大能使之微，小能使之著，烦能不乱，肆能不流。”尽管对于文章的语言提出了如此之要求，但在他看来，“道”的表达重于言辞的要求，把“道”说清还是首要的。对于这样的作家则多持赞扬的态度，如他对傅权为文赞美有加，他在《回傅权书》里说：“辱惠书及古律诗、杂文，指意所出，义甚高，文辞甚美。”对于那些把语言放在首位的作家，他是持批评态度的，他在《答李沿书》中就对李沿提出批评，他说：“夫足下之书，始所云者欲至乎道也，而所质者则辞也，无乃务其浅，忘其深，当急者反徐之欤！”文以载道，是终归是要服务于社会，教化民众，即人们所常言经世致用。他在《南齐书目录序》里说：“道必足以适天下之用”，正是此理。正如曹丕说“文章经国之大业，不朽之盛事”。曾巩的文学思想在当时和后世，特别是明清时期产生重要影响，影响了中国数百年文学的发展。

第三章

曾布与魏玩

曾布为曾巩的弟弟，小曾巩16岁，曾布“年十三而孤，学于兄巩”，嘉祐二年（1057），与哥哥巩、牟同中进士，出任宣州司户参军。王安石变法时，调入朝廷，积极支持、参与王安石变法，被反对派视为王安石之“腹心”。后受打击与排挤，任地方官职长达20年，再返回朝廷，累官至右仆射兼中书侍郎，荣登相位。去世后蒙冤入《宋史》之《奸臣传》。曾布还善文，著述丰富，但作品今已大都散佚，传下来的甚少。曾布妻魏玩出身名门，为著名女词人，其词可与李清照等相媲美，著有《魏夫人集》，可惜此书已失传。今人唐圭璋辑得其词14首，录入《全宋词》①。

第一节　曾布的生平

曾布，字子宣，生于宋仁宗景祐二年（1035）。曾布为曾易占的第五个儿子，他还有四个哥哥。即晔、巩、牟、宰。布为朱氏所生，朱氏是曾易占的第三任妻子，朱氏24岁时，生下曾布。曾布出生时，其长兄晔27岁，次兄巩17岁，布与哥哥们属于同父异母关系，也就在曾布出生的那一年，其长兄晔的儿子

---

① 唐圭璋编：《全宋词》，中华书局1965年版。所引曾巩家族成员的词，凡未注明出处者，皆引自该版本《全宋词》，以下不再注明出处。

觉也出生了。

曾布出生时已是家道中落。13 岁时，父亲又不幸去世。在曾布的成长过程中，他的母亲朱氏起着重要作用。曾布六岁时，在母亲的教导下开始读书识字。曾易占离世后，家贫甚，朱氏一边为生计奔忙，一边不忘教导儿女们认真读书，将来博取功名。据王安礼《太常博士曾公夫人朱氏墓志铭》载："诸子皆早孤，夫人于艰难委顿中躬自授经，时加奖掖曰：'我诸子中得一二人登第，庶兴为家贫不虑也，不则坠箕裘之业。'诸孤悉皆勉学不辍。"除母亲外，二兄曾巩对于曾布有着重要影响，史有载：曾布"年十三而孤，学于兄巩"。这一个"学"，既是说布向兄长学作文之道，当然也不失学做人。曾氏兄弟穷且益坚，不坠青云之志，在艰苦的环境中努力学习，也多次一起赴京参加科考，因考试不中，也时常遇到人们的讥讽。但这些都不能动摇他们的进取之心。嘉祐二年（1057），曾布与哥哥、姐夫们一同参加进士考试，曾巩、曾布、曾牟和王无咎、王彦深等人同榜高中，而此年曾布仅 23 岁。

中进士后第二年（1058），曾布出任宣州（今安徽省宣城市），司户参军掌管州内的户籍、赋税、粮仓等事务，为从八品。后又改任怀仁令，怀仁县在今天的江苏省赣榆县，是在什么时候改任的，不得而知。但此时已从八品进入到了七品县令，应是一大进步。时间过得快，嘉祐八年（1063），仁宗皇帝驾崩，英宗继位。英宗在位四年即驾崩，接位的是年少有志的神宗皇帝。熙宁二年（1069），神宗皇帝接受了韩维、王安石等人的举荐，九月将曾布调任著作佐郎，官阶虽然没有变化，但已是从地方进入了中央机构。此时曾布已有了 12 年地方工作经验，算得上是一位年轻的地方"老干部"了，但更高兴的事接着又来了，闰十一月，又差看详衙司条例，这样就能够与更多的朝臣打交道，也可能有幸得到皇帝较多的召见。

熙宁三年（1070），曾布果然得到了神宗皇帝的召见，君臣就国家大事进行了一番探讨，曾布的想法很合神宗的心意。曾布是主张变法的，于是被神宗皇帝认为是同道。由此，曾布也不断地得到了神宗的提拔。四月被任命为编敕删定官；八月二十四日，又为编修中书条例；九月六日，又被授太子中允、崇政殿说书；过了两天，吕惠卿因父去世，回家丁忧，于是曾布又代理了他的职务，权同判司农寺，司农寺主管农业，相当于今天的农业部，权同于今天的“部长”，六七天之后又授予曾布为集贤校理；二十三日，又差检正中书户房公事；十月四日，又差看详编修中书条例。就这么短短的半年时间里，他的职务换了七个，且一个更比一个重要。很显然，神宗不停地提拔曾布，一是曾布显露出了自己的才华，有着改革的信心与决心，也有改革的思路；二是神宗需要改革的坚定支持者，王安石变法需要强力的参与者。而曾布的出现正顺应了这一潮流。

据《宋史·曾布传》，曾布曾上书说：“为政之本有二：曰厉风俗、择人才。其要有八：曰劝农桑，理财赋，兴学校，审选举，责吏课，叙宗室，修武备，制远人。”可以说条条都很重要，都点到时弊之穴。对当时的律例条文，他也明确地指出了其中的不足。他曾说：“立法必本于律，律所未安，不加刊正，而独欲整齐一时号令，是舍其本而治其末也。”针对这种现象，他则建议皇帝首先要对法律条文进行修正，改变那些不合时宜的内容，于是皇帝令曾布将那些不适宜的条文一一列出并上奏。曾布说“《疏议》繁长鄙俚，及今所不行可删除外”，对于《疏议》中与改革不适的条文，全部删除或修改，使之与当前的改革相适应，最终形成三卷文字，上呈给神宗皇帝。吕惠卿在司农寺时提出了“助役”，但曾布一代理其职就将“助役”改为“免役”，这就更难了。而助役法初行之时已遇到较大阻力，杨绘、刘挚等人指出助役之法实行有十大害处，此时王安石叫张琥对杨、刘等进行辩驳，但张琥并没有将他们驳倒。于是由曾布上阵辩驳，曾布对于杨、刘等人提出观点一条一条进行驳斥，结果让他们折服。以至于杨绘心悦诚服地说：“臣愚不知助役之利乃尔，当伏妄言之罪。”当然曾布在代职期间对于吕惠卿政策的改变，也让吕大为不悦，史书记载：“改助役为免役，吕惠卿大恨之。”[①]两人因之产生矛盾，为以后的合作带来了障碍。

次年二月五日，又差曾布直舍人院；八日，又任检正中书五房公事；五月三日又差详定编敕；七月十三日，试知制诰。

① 李焘：《续资治通鉴长编》卷二百十五，钦定四库全书本。

熙宁五年（1072），吕惠卿复职。九月，曾布以检正中书五房公事，详定天下账籍，也就是对财务进行审计，这一事在中国审计事业中产生重大影响。宋神宗命令曾布对全国会计账簿的报送及审计事务进行考察，并要求他提出改进审计制度的办法。曾布经过认真调查研究，认为负责全国财政和审计公务的三司，由于其责权不统一，没能尽心尽力地搞好审计监督工作；一些应该审计的账簿而不进行审计，甚至有的官吏倚仗审计职权受贿索贿。因此曾布向皇帝请求在三司内专设一个“账司”，选配懂得财务账簿的官吏二百人，专门从事审计公务。他的建议得到了宋神宗的批准，在中央设立了账司，并对全国的账簿进行了审计。次年四月，曾布审计天下账籍的任务完成了，因工作出色，神宗赐给他银绢 300 匹。

熙宁六年（1073）八月，曾布又详定编修《三司令式敕》和《诸司库务条例》,当月完成。同月,他又上《义勇》《保甲》和《养马》条例三卷。九月，他又详定了《一州、一县、一司、一务敕》。这些都是涉及改革的具体内容与运作方法，操作性很强。

次年，曾布被免去司农寺的职务，权同三司使。三月，他上《熙宁新编大宗正司敕》，神宗下诏，交付三司施行。三月，曾布被派去调查吕嘉问市易掊克违法事，他与吕惠卿一同根究市易务违法案。市易法是变法中为抑制兼并，增加国家财政收入而制定的“理财”之法，而市易务是该法的执行机构。三月初，就有人不断地举报吕嘉问在市易务任上多有违法之举，神宗多次过问皆不得其详，于是决心对此事调查清楚。此时不仅变法派与守旧派斗争激烈，同时变法派内部也矛盾重重，神宗对于变法信心也逐渐减弱，对于王安石的绝对信任也逐渐地动摇，于是绕过王安石，秘密地“夜下手札”命令曾布去调查这一案子。曾布奉命查事，查到吕嘉问确有掊克违法之实，于是将事实情况上报神宗。可是王安石却不认同曾布的调查结果，于是向神宗要求增派吕惠卿一同再调查。曾、吕二人先前已因“助役”之事有矛盾，所以在查案中两人的时有冲突。在神宗对改革的疑虑中，四月，王安石罢相，吕惠卿接替王安石升任参知政事，由是查案之事形势陡变。吕惠卿派人对于曾布所究市易之事进行再调查，这不是调查吕嘉问在“市易”上的问题，而是调查曾布在调查吕嘉问“市易”过程中的问题，意在找到曾布在此问题上的把柄。五月，曾布因根究市易务案而获罪，由此出知饶州（今江西鄱阳县）。曾布被逐出了中央权力机构，远离了政治中心。表面看来曾布是受累于根究市易务违法案，其实质却是王安石这场变法中的牺牲品。

曾布是主张改革的，他多次上书朝廷，指出时弊，提出改革的主张。《宋史·曾布传》里对此事也有记载:“大臣玩令，倡之于上，小臣横议，和之于下，人人窥伺间隙……陛下诚推赤心以待遇君子而厉其气，奋威断以屏斥小人而消其萌，使四方晓然皆知主不可抗，法不可侮。”正是因为他的改革思路与主持变法者的思路很接近，因而一进京，即得到神宗及变法主帅王安石的认同与赏识。《宋史 · 曾布传》里说 ：“神宗召见，论建合意。”因之而不断得到提拔，被赋予重要权力，在变法中做了大量颇有成效工作。曾布进入了政府高层机关之后，他直接参与制定法律条文，并推行之。“与吕惠卿共创青苗、助役、保甲、农田之法。”屡屡化解实行过程中遇到的阻力、困难。在《宋史纪事本末 · 王安石变法》卷三十七里就记载说 ：“凡有奏请，朝臣以为不便者，布必上疏条析。”即使在宋神宗都对变法动摇时，曾布都力挺王安石，上疏为王安石辩解，力谏神宗皇帝正确看待改革，坚定其改革的信心与决心，为王安石争取最高最重要的支持。正是曾布的“条析而驳之”，让神宗感到自己是“诚为众论所惑”。王安石自己也承认，“自议新法，始终言可行者，曾布也；始终言不可者，司马光也。余皆前叛后附，或出或入”[①]。

曾布也正是站在改革的最前沿，以最大的热情参与到改革中去，处于改革的风口浪尖之上，自然成了人们议论的焦点。在神宗皇帝眼中，他是一个“领事多”的人，在变法中也是“诚宣力多”的人。在王安石眼中，他是一个“职多不困”的人。而在反对派眼中，他成了王安石之“腹心”。知谏院唐坰上奏说 ：“安石用曾布为腹心。张琥、李定为爪牙，刘孝孙、张商英为鹰犬，元绛、陈绎为厮役。”[②] 守旧派的中坚人物刘挚说:“布为检正判司农寺，安石托以腹心。故其政皆出于布之谋，其法皆造于布之手。”在守旧派的强

① 朱熹：《宋名臣言行录后集》卷六，钦定四库全书本。
② 李焘：《续资治通鉴长编》卷二百三十七，钦定四库全书本。

大攻击下，神宗对于变法已失去了先前的热情与执着。由于他的动摇，使变法派失去了强有力的支撑与靠山，使得改革在推进过程中困难重重，举步维艰。曾布作为得力的改革施行者，更是受到守旧派的穷追猛打，终因市易案而被改革者排挤。改革逾坚定，受到的打击、排挤就愈加猛烈。

正因如此，曾布的降级外调是必然的。从熙宁七年（1074）出知饶州始，曾布辗转多地任地方官职，时间长达20年之久。熙宁九年（1076）改任于江陵（今湖北荆州），可还没有上任又改任潭州（今湖南长沙）。次年，他复升集贤院学士，且改知广州。元丰元年（1078）的下半年，又以龙图阁待制的身份出知桂州（今广西桂林）。到了元丰三年（1080），他又改知秦州（今甘肃天水）。第二年，他再改知陈州（今河南淮阳）。元丰五年（1083），又改任蔡州（今河南汝南）、庆州（今甘肃庆阳）。这一年的九月母亲朱氏去世，享年七十二。次年，哥哥曾巩又于江宁（今南京）去世。

元丰八年（1085），神宗皇帝驾崩，哲宗皇帝继位，司马光任宰相，曾布复任翰林学士，并升为户部尚书。不久，司马光命令他增损免役法，曾布推辞了这一工作。于是他又一次遇贬外调，以龙图阁学士的身份出任太原府（今太原）。在太原府任上待的时间较长，达三年之久。元祐四年（1089），曾布调往真定府（今河北正定）。从这一年起，他又辗转于河阳（今河南孟县西一带）、青州（在今山东省境内）和瀛州（河北河间一带）三地任职。绍圣元年（1094），曾肇从江宁府调任瀛州，曾布从瀛州调到江宁，兄弟二人的任职地做了一个对调。不久，他经过京城，留任翰林学士，又迁承旨兼侍读。从此结束长达20年的地方任职历史。

在这20年的时间里，曾布调动频繁，任职地遍及大宋的半个国家，长时间奔波于任职途中以至于他的妻子魏玩也有些无奈。陆游《老学庵笔记》卷七中说："曾子宣丞相，元丰间帅庆州，未至，召还，主陕府，复还庆州，往来潼关。夫人魏氏作诗戏丞相云：'使君自为君恩厚，不是区区爱华山。'"尽管如此，曾布还是做出了一些业绩。如刘谊《曾公岩记》载："元丰元年冬，交人入贡，上方择人处置疆事，乃诏曾公自广州移帅桂府。二年，南方无事，民和岁丰""邦人乐公之德政，而愿以曾公名其岩，以比甘棠之思"。刘谊不仅写了文章，还写了一首诗《游曾公岩》："寻得新岩冠一州，使君从此作鳌头。千年草莽埋幽致，今日衣冠成胜游。洞穴已能惊俗眼，神仙须合隐浮丘。主人将为商霖起，还许微官卜筑不。"可见曾布在桂州任上是有政绩的，百姓在他的治理下，安居乐业，民和岁丰，离任之后当地的人们还很怀念他。史料记录他好山水之胜，且多留题刻、写诗之事，诗如《和刘谊留题融州老君岩》两首等，这两首诗与刘谊《留题融州老君岩》写的都是同一个地方，即融州（今属柳州）真仙岩。再如元丰二年（1079）三月题名于广西临桂雉山，六月又题名于临桂的伏波山，元丰三年（1080）在秦州题名于九龙岩，在太原题名于晋祠，等等。

绍圣元年（1094），哲宗亲政。10年前，神宗去世，哲宗继位。是时，哲宗才9岁，他只是一个儿皇帝，宣仁太后高氏垂帘听政。转眼过去了10年，高太皇太后也作古，哲宗得以亲政。四月，章惇拜相，曾布此时为章惇写了一篇制词，高度评价章惇，自然也得到了章惇的好感。六月，曾布出任枢密院事。唐代宗时始置枢密使，五代后梁时置崇政院，后唐改称枢密院。宋代沿后唐置，主要职责是管理军事机密、边民、民兵、军马和对外交涉等事务，是最高国防机关。此时的曾布已是枢密院的副职，权同副宰相，曾布再次向权力中枢挺进了一步。

第二年，曾布与章惇同上哲宗皇帝疏，提出对西夏国实行开边大计，当然开边之政的实施并非一帆风顺，朝廷中对此的反对之声也不断，但由于章惇与曾布一致力推，于是得以力排众议而施行。他们对待边境主要采用"浅攻挠耕"和"进筑"之法。"令鄜延、环庆路经略司详此，当切多方体探贼界有贼马屯聚首或部族住坐去处，决有万全可乘之机，即不限时月，选遣精兵将前去痛行讨荡。使贼界兵不解严，人户不敢安居耕种，免致秋成更为边患。"[①]这就是所谓的"浅攻挠耕"了。而"进筑"，则是通过军事行动，获取一些重要的军事要地，并在那些地方修筑城堡、镇寨，屯兵把守，使之成为钳制西夏进犯和进一步打击西夏国的据点。绍圣四年（1097），曾布知枢密

---

① 李焘：《续资治通鉴长编》卷四百八十五，钦定四库全书本。

院事，即由副职转为正职，主管全国的军政事务。元符二年（1099），曾布在环庆路（在今甘肃境内）修筑定边城，又分别在鄜延（在今陕西境内）修筑暖泉寨和和金汤城，因为边境巩固，西夏向宋朝请罪，边境恢复了平静。当然这当中凝聚了曾布的心血与智慧。但在此后，章惇几次欲灭西夏国，而宋哲宗并无此意，曾布顺从哲宗之意，不同意章惇之举。

元符三年（1100）正月，哲宗皇帝因病而逝，朝廷之中的党争也由此而更加激烈，特别是在新皇位继承问题上成双方争斗的焦点。哲宗没有留下子嗣，谁来继位就成大问题，皇太后向氏问计于大臣，宰相章惇认为当立哲宗的同母弟简王赵似，并说如果论年龄长幼则应立申王赵佖，而太后认为自己没有生过儿子，这些都是神宗的侧室所生，申王赵佖有眼病不便于执政，而神宗在世时说过端王赵佶有福气和寿数，宽厚孝顺，所以应该立端王，但章惇认为端王为人轻浮，不能立为皇帝。曾布等认为应尊重太后的意见立端王赵佶为皇帝。章惇等人拗不过太后，也只好依顺了太后、曾布等人的意见。于是赵佶继位，这就是宋徽宗。向太后垂帘听政，曾布定下“奏事先奏皇帝，次覆奏太后”的规矩。

曾布上奏要消除朋党之争，他说：“议以元祐、绍圣均为有失，欲以大公至正消释朋党。”[①] 徽宗即位之时已是 19 岁的青年，遇事亦有自己的想法。已是六十有六的曾布在策立徽宗之时有功，他的政治地位也日益上升，徽宗执政之时，一批之前被贬之人重新回到朝廷。他们中虽然有的人入朝也受到了蔡卞等人的反对，但是曾布从中极力斡旋，还是被起用，如韩忠彦、李清臣、黄履、吴安持、邹浩、蒋之奇、陈瓘等。韩忠彦是前朝元老韩琦的儿子，也是向太后的外甥，向太后是前朝宰相向敏中的女儿。韩忠彦返朝后任右仆射，与章惇并相。入朝后，陈瓘等人开始对章惇、蔡卞等人进行弹劾，曾布也极力要求罢免章惇，贬黜蔡京，曾布对于贬黜蔡京尤为坚决，甚至不怕得罪向太后和徽宗。最后章惇、蔡卞、蔡京等重权人物被贬出了朝廷，北宋政治走向也有了新的跑道，于是徽宗下诏从次年起改元号“建中靖国”，对此

---

① 脱脱：《宋史》卷四百七十一，钦定四库全书本。

曾布有一番陈述。他说："陛下欲持平用中，破党人之论，以调一天下，孰以为不然？而偏见异论之人，各私其党，又有报复怨仇之意纷纷不已，致圣意厌恶，此诚可罪。然元祐、绍圣两党，皆不可偏用。""缘此等人在朝，决不免怀私挟怨，互相仇害，则天下士类为之不安；士类不安，则朝廷亦不安矣。愿陛下深思熟计，无使两党得志，则和平安静，天下无事，陛下垂拱而治矣。"[①] 曾布之意就是在朝廷不要搞党争，要"消释朋党"，这样才能士安、国安。为此，曾布还提出了一些具体的实施意见，得到了宋徽宗的采纳并施行，由此开启了宋王朝新的政治局面，历史上称之为"建中之政"。曾布在为朝廷效力之时也为自己的升迁扫清了道路。同年的十月，韩忠彦升左仆射，曾布升右仆射兼中书侍郎。他们两人同为宰相，共同理政。由于两人相貌上对比度较大，曾布矮且瘦，而韩忠彦高且胖。他们常常立于朝廷之上形象落差大，时人以"龟鹤宰相"称他们二人。当然其间深意还含有他们两人权势的象征。韩为向太后的外甥，深得太后所爱，而曾与徽宗关系较密。

朝中的党派争斗并没有因为"建中之政"的实施而终止，甚至有更加激烈之势。在这激烈的斗争中，曾布受到来自多方面的攻击，先前他力主起用的人也开始了对他的攻击，而徽宗赵佶又是一个轻浮之人，与曾布也渐行渐远，曾布在朝中日渐孤立。他在给弟弟曾肇的信中说：

> 上践祚之初，深知前日之弊，故收元祐窜斥之人，而元祐之人持偏如故，凡议论于上前，无非誉元祐而非熙、丰，上意愤郁，日厌元祐之党，乃复归咎于布。合谋并力，诡变百出，必欲逐之而后已，上意益以不平。[②]

在信中，曾布将朝中的复杂情形诉之于弟弟，说皇上欲消除党争而不可得，遂将不满归咎于曾布。建中靖国元年（1101）的正月，向太后去世。徽宗没了牵制之人，其"轻佻"本性毕现，他决心再次更改施政之方向，于是又一次下诏改年号为"崇宁"，"崇宁者，崇熙宁也"。这也意味着"建中之政"

---

① 徐乾学：《资治通鉴后编》卷九十四，钦定四库全书本。
② 陈均：《九朝编年备要》卷二十六，钦定四库全书本。

的失败与韩忠彦、曾布等人必将被徽宗所抛弃。而此时曾布的强力政敌蔡京被徽宗认为是替换曾布最佳人选。曾布虽极力反对但也无济于事。不久，蔡京入朝。

崇宁元年（1102）五月，韩忠彦罢职；次月，曾布也被罢去了宰相之职。但两人都保留有观文殿大学士的头衔，韩出任大名府，曾出知润州。不久两人又一再受到降职处理。次年正月，蔡京升为左仆射兼门下侍郎，位居一人之下万人之上的正宰相之职。蔡京对曾布进行了穷追猛打，他起用了曾布又一重要政敌吕嘉问。两人一起制造一些冤案加害于曾布。在《宋史·曾布传》里记载："京积憾未已，加布以赃贿，令开封吕嘉问逮其诸子，锻炼讯鞫，诱左证使自诬而贷其罪。布落职，提举太清宫，太平州居住。又降司农卿，分司南京。"蔡京对此还不罢休，年底又将他贬为贺州别驾。此时的曾布已是一个 68 岁的老人。次年五月，再次将曾布贬为廉州司户参军。崇宁三年（1104），曾布与其弟曾肇和儿子曾纡被列入元祐党籍。曾布从一位宰相变成了一名八品小吏。至此，蔡京将曾布彻底打倒在地，还狠狠地踏上了一脚，似乎要让他永世不得翻身。直到崇宁五年（1106），曾布才获准迁居舒州（今安徽安庆一带），后恢复太中大夫，并提举崇福宫。曾布还是与他的弟弟曾肇居住在润州，他们对于润州是有感情的。据清《金山志》卷二记："慈寿塔高七级，旧名荐慈塔，在山巅之北，宋元符末，丞相曾布建双塔于半山顶，南北相向。请名于朝。"慈寿塔即金山塔，始建于 1400 余年前的南朝齐梁时期，元符（1098—1100）末年，曾布在金山寺为超荐其母，于南北半山各建一塔，一名"荐慈"，一名"荐寿"。南宋诗人陆游从绍兴到蜀地赴任的途中曾在金山小住，在日记中写下了"寺有两塔，本曾子宣丞相用西府俸所建，以荐其先者"。次年，也就是宋徽宗大观元年（1107），曾布在润州去世，享年 73 岁。去世后葬在润州，宋《嘉定镇江志》："丞相文肃曾布墓在长山之相公湾。"19 年后，即徽宗宣和七年（1125）十月，宋廷赠他观文殿大学士，谥"文肃"。

第二节 曾布的诗文

曾布早年丧父，在其母朱氏的教导和其兄曾巩的培养下，曾布具备了深厚文学修养。嘉祐二年（1057），他与兄曾巩同登进士，从此步入仕途，自23岁到73岁，整整50年的官宦生涯，历尽坎坷磨难，无论是在地方还是在中央都做了大量的工作，取得了一定的成绩。可是最终却被人视为“小人”“奸臣”，被写入了《宋史》之《奸臣传》中。因人而废言，自宋以来，曾布的著作没有被重视，以至于这位从小即以文名世的高手作品大量散佚。据《宋史》载，曾布的著述很丰富，主要有《三朝正论》《熙宁新编常平敕》《审官东院编敕》各2卷，还有《曾布集》30卷和《丹丘使君诗词》1卷。又据马端临的《文献通考》载，曾布还著有《神宗实录》200卷、《绍圣甲戌日录》1卷、《元符庚辰日录》1卷，又有《曾相手记》3卷。而这些今天能见到的寥寥无几。其《日录》《手记》有些散页见之于各史书中，近人缪荃孙（1844—1919）从《永乐大典》中抄出部分曾布日录，而辑成《曾公遗录》(《藕香零拾》) 3卷，今人傅林辉在此基础上进行标点校注成《曾布日记校注》一书，2007年由中国社会出版社出版。而曾布的诗词作品今天能见到只有《全宋诗》中收录的诗10首和残诗6句，《全宋词》中收录的词8首。

宋哲宗绍圣元年（1094），曾肇从江宁府调瀛州任职，而曾布自瀛州调江宁任职。曾布作《布作高阳台众乐园成，被命与金陵易地，兄弟代罪侍从，对更方面，实为私门之庆，走笔寄子开弟》诗送给弟弟，其诗云：“楼台丹碧照天涯，塞北江南谩足夸。千里烟波方种柳，万株桃李未开花。一麾同下西清路，两镇高迎上将牙。回首林塘莫留恋，风光还属阿连家。”对此，曾肇和诗一首，诗题为《次兄子宣先生作高阳众乐园成，被命金陵易镇韵》，诗云：“文物河间信可嘉，风流江左亦堪夸。水南水北千竿竹，山后山前二月花。久愧迂儒怀郡绂，聊须隽老驻军牙。两州耆旧无多怪，鲁卫从来是一家。”他们兄弟二人的任职地被朝廷做了一个对换，对此二人都有感叹，于是一唱一和，这两首诗一时被人传诵。元代的方回将这两首诗都收入了《瀛奎律髓》

里，并作评论说:“此事古今希有，曾布子宣守高阳，弟肇子开守金陵，两易，将吏交迎送于途，诚盛事也。”

曾布虽入仕早，但一生仕途并不顺利，可谓是跌宕起伏。这些对于他的心身都产生重要影响，有时难于排遣，自然流之于笔端，发之为诗。曾布一生曾热衷于仕途的进取，此中必然有时孤苦寂寞，有时人格被撕裂，有时不得不违背良知做事为人，但他即使处于人生之低谷也不忘对于未来充满期待。于是他有时借物喻人，以物自况。如《梅花》一诗，诗云:“海边憔悴多情客，想见一枝寒玉色。愿君攀折赠余香，勿使随风自狼藉。”他借梅之傲雪独放来寄寓自己的品格。诗中反映出作者处于人生的冬天，仍然希望不灭，希望能得到重用。与《梅花》诗相似主题的还如《灵泉寺》，诗云：“一掬寒泉照眼明，冰霜凛凛坐中清。生刍想见当时客，华屋空留后世名。晓日净涵金碧影，秋风暗动佩环声。他年卜筑南山下，白首何人共濯缨。”这首诗写的是灵泉寺的景象，有寒泉，有晓日，有秋风，还有佩环声，寥寥数语将山寺的凄清描摹了出来，令读者有一种孤冷凄凉之感，但在这凄寂之中又不让人彻底地失望。全诗自然流畅，虚实相生，意境优美，情意悠长。

宋哲宗元祐五年（1090），曾布又被贬外任，此后任官于河阳、青州等地，表海亭是青州的名胜，取名表海亭，语出《左传》“世胙太师，以表东海”。姜太公治齐有功，齐人遂建此亭以追其功德。范仲淹、欧阳修、富弼都曾任职于青州，且范仲淹留下了《登表海楼》诗，欧阳修也留下了《登表海亭》诗。曾布在青州任上重修表海亭，修亭之后也赋诗《表海亭》，诗云：“表海风流旧所闻，青冥飞观一番新。山河十二名空在，敝履三千迹已陈。极目烟岚九霄近，满州楼阁万家春。由来兴废南柯梦，且喜登临属后人。”曾布登临此亭，感叹物是而人非，仕途不顺，功名难就。但于中又可看出作者的超脱，全诗显开阔之象，雄浑之气，而得到读者的喜爱，普遍认为读该诗有孟浩然《与诸子登砚山》的“羊公碑尚在，读罢泪沾禁”之感慨。

此外，在《曾氏家谱》中收录了他的一首《题江楼》，诗云：

军山流泉初滥觞，缭绕东出为盱江。

峰峦隐映渊源长，地灵物秀雄吾邦。
麻源三谷神仙乡，高林远岫长相望。
岿然飞观临沧浪，凝岚净练罗轩窗。
太师起家兰省郎，声名籍甚倾四方。
剖符持节辞未央，江边往往维归艎。
醉酒翰墨留篇章，文字星斗垂光芒。
曾孙力学志自强，得此遗构思肯堂。
探讨古今练缣缃，徙倚不复论行藏。
一枝敛翼聊徊翔，扶摇有路终骞扬。
吾衰两鬓成秋霜，坐视迅景驰飞黄。
龙池故原幽径荒，手栽松柏今苍苍。
乞身行欲委轩裳，画舸南沂乘风樯。
扫洒茔域开康庄，投闲趣静百忧忘。
杖履登眺成相将，归与此乐何相当。

从诗的内容看，应是曾布晚年的作品。诗中赞美了家乡的景色，回顾了家族辉煌历史，回忆了在家乡的岁月，睹物思人，此中不免淡淡忧伤；既有对晚辈的嘉许，也有对晚辈的殷殷希望。这也许是今天能读到的曾布最长的一首诗了。而这首诗在傅璇宗等主编的《全宋诗》中，题为《盱江》，且只有前八句，录自明代正德《建昌府志》，思想内容的表达没有《题江楼》之丰富。

从曾布仅存的几首诗看，虽不能窥全貌，但也可看出他诗的一些特色。他的诗不像大多数宋代的诗人以议论为诗，他的诗有情有境，并把自己的情感深深地“潜伏”在其中，也很注意遣词造句，用语生动形象，颇值得一读。再如《全宋诗》里录有一首诗题为《诗一首》的诗，诗云：“晓出东效信马蹄，青梅墙角两三枝。竹鸡啼罢雨来急，杜宇声干月落迟。山店煮烟缫丝日，野田锄水插秧时。农桑劝课非无力，为报新安太守知。”同样兴趣盎然，含蓄蕴藉。当然也有写得清新朴实的，如《二月》：“二月春华已半归，江天况值雨垂垂。山梅倏忽花经眼，园杏须臾子满枝。”诗近于口语化，又用素描的笔画将二月初春的景色描写了出来。

曾布喜游山水，并常用诗纪其行。如《和陈倩游曾公岩韵》诗，其诗云："从事区区厌独贤，寻幽深入翠微间。旋开榛莽东效路，偶得神仙旧隐山。都峤三天临瘴水，灵岩十里接溪蛮。何如咫尺邻风穴，杖履时时一往还。"诗中可见其探岩之艰辛，但又乐此不疲。曾布《和刘谊留题融州老君岩》其一云："神仙遗像出天真，造化胚浑岂易言。访古寻幽空有意，白头轩冕感君恩。"其二云："鹿龙高蹑九霄难，共驾仙车去不还。遗迹至今空有桧，不知蝉蜕此山间。"曾布游历丰富，游此思彼。此时他游老君岩而想到升天桧。老子升天桧在安徽的亳州，鹿龙迹尚存，曾布即联想到此。他所和的刘谊诗今也保存下来了。刘谊《留题融州老君岩》诗也是两首，其一："谩说人间假象真，老君形相亦虚言。岩前瑞气归宸翰，佛子年年□国恩。"其二："凿成岩穴鬼工难，中有神仙自往还。不见桃花开落处，祇随流水到人间。"其中后一首，据清代谢启昆《粤西金石略》卷四，此诗为刘谊所作，但在清嘉庆《广西通志》卷一六则列为曾布诗，题为《真仙岩》。也许是一时难于分辨究竟是刘还是曾所作，今人在《全宋诗》中将此诗分别列于他们两人名下。刘谊字宜翁，浙江长兴人，治平四年（1067）进士，元丰间提举广东常平，移江西，后隐居三茅山以终。我们从仅存的曾布诗看，曾布少了宋诗中的那份议论，而多了意境的营造，景象的描写。

曾布现存词中，除其一首《江南好》外，其余均为《水调歌头》词牌词。其中《江南好》写道："江南客，家有宁馨儿。三世文章称大手，一门兄弟独良眉。藉甚众多推。千里足，来自渥洼池。莫倚善题鹦鹉赋，青山须待健时归。不似傲当时。"王明清将这首词也录入《挥麈余话》中，并说，"曾文肃十子，最钟爱外祖空青公。……其后外祖果以词翰名世，可谓父子为知己也"，认为曾布"以词翰名世"。"宁馨儿"是对孩子赞美的称呼，这里指的是曾布自己的孩子曾纡。王明清是曾布四子曾纡的外甥。可见，曾布的这首词是写给儿子曾纡的祝寿词。词中，曾布一方面夸耀自家良好的家学传统，"三世文章称大手"，另一方面也表现了对曾纡的偏爱，"一门兄弟独良眉"。三国时祢衡奉命作《鹦鹉赋》，提笔立就，且成一篇匡世杰作，可是此人自恃才高，最后招来杀身之祸，年仅二十六岁。曾布在词中告诫儿子曾纡不要像祢衡那样恃才傲物。曾布以议论、劝谏的方式入词。由此，论者认为曾布词有以诗为词，以议论为词之气象。

以《水调歌头》为词牌的词共七首。这些词采用大曲的方式来写，与词律似有不合。据王明清的《玉照新志》记载："《冯燕传》，见之《丽情集》，唐贾耽守太原时事也。元祐中，曾文肃帅并门，感叹其义风，自制《水调歌头》以亚大曲，然世失其传。近阅故书，得其本，恐久而湮没，尽录于后。"曾布自制曲调，以大曲的方式来叙写冯燕的故事，是词中一大创新，扩大了词的容量，突破了词的体例，这种风气在元以后渐渐流行，曾布有开创之功。

曾布的《水调歌头》词全录如下：

水调歌头·排遍第一

魏豪有冯燕，年少客幽并。击球斗鸡为戏，游侠久知名。因避仇、来东郡。元戎留属中军。直气凌貔虎，须臾叱咤风云。凛凛坐中生。　　偶乘佳兴。轻裘锦带，东风跃马，往来寻访幽胜。游冶出东城。堤上莺花撩乱，香车宝马纵横。草软平沙稳。高楼两岸春风，语笑隔帘声。

水调歌头·排遍第二

袖笼鞭敲镫。无语独闲行。绿杨下、人初静。烟澹夕阳明。窈窕佳人，独立瑶阶，掷果潘郎，瞥见红颜横波盼，不胜娇软倚银屏。　　曳红裳，频推朱户，半开还掩，似欲倚、咿哑声里，细说深情。因遣林间青鸟，为言彼此心期，的的深相许，窃香解佩，绸缪相顾不胜情。

水调歌头·排遍第三

说良人滑将张婴。从来嗜酒、还家镇长酩酊狂酲。屋上鸣鸠空斗，梁间客燕相惊。谁与花为主，兰房从此，朝云夕雨两牵萦。　　似游丝飘荡，随风无定，奈何岁华荏苒，欢计苦难凭。唯见新恩缱绻，连枝并翼，香闺日日为郎，谁知松萝托蔓，一比一毫轻。

水调歌头·排遍第四

一夕还家醉，开户起相迎。为郎引裾相庇，低首略潜形。情深无隐。欲郎乘间起佳兵。　　授青苹。茫然抚叹，不忍欺心。尔能负心于彼，于我必无情。熟视花钿不足，刚肠终不能平。假手迎天意，一挥霜刃。窗间粉颈断瑶琼。

水调歌头·排遍第五

凤凰钗、宝玉雕零。惨然怅，娇魂怨，饮泣吞声。还被凌波呼唤，相将金谷同游，想见逢迎处，揶揄羞面，妆脸泪盈盈。　　醉眠人、醒来晨起，血凝螓首，但惊喧，白邻里、骇我卒难明。思败幽囚推究，覆盆无计哀鸣。丹笔终诬服，阛门驱拥，衔冤垂首欲临刑。

水调歌头·排遍第六（带花遍）

向红尘里，有喧呼攘臂，转声辟众，莫遣人冤滥、杀张室，忍偷生。僚吏惊呼呵叱，狂辞不变如初，投身属吏，慷慨吐丹诚。　　仿佛缧绁，自疑梦中，闻者皆惊叹，为不平。割爱无心，泣对虞姬，手戮倾城宠，翻然起死，不教仇怨负冤声。

水调歌头·排遍第七（撷花十八）

义城元靖贤相国，喜慕英雄士，赐金缯。闻斯事，频叹赏，封章归印。请赎冯燕罪，日边紫泥封诏，阖境赦深刑。　　万古三河风义在，青简上、众知名。河东注，任流水滔滔，水涸名难泯。至今乐府歌咏。流入管弦声。

冯燕是古代一位传奇式的英雄人物，得到后人赞美。唐朝文学家沈亚之为之作《冯燕传》。在沈亚之笔下的冯燕是唐时魏豪一位年轻人。他性格豪爽，很讲义气，擅于玩球、斗鸡等。一天，魏豪街上有人为争夺财产互相殴斗，冯燕见状打抱不平，杀了人，便跑到乡下躲藏。官方追捕时，他又跑到了滑地。在那儿，他常和驻在滑地的年轻士兵们玩球、斗鸡。当时贾耽尚未任相国，而是镇守滑地的一位地方长吏。他知道了冯燕很有才，便留他在军中。

一天，冯燕在街上闲走，看见了一个妖冶的妇人在看他，冯燕使人去串通妇人，二人成奸。妇人的丈夫张婴是驻军中的一个小军官，一日，张婴与同僚们喝酒。冯燕趁机溜到张家与张妻调笑。这时，张婴回来，张妻开门迎接张婴，张妻用衣襟遮挡冯燕，藏于门后。他的头巾压在枕下，挨近佩刀。张婴因喝醉酒，闭眼大睡。冯燕指了指头巾，意思是叫张妻取出来，张妻以为冯燕要佩刀，便把佩刀拿来给冯燕。冯燕看了一会儿张妻，便用刀杀了她，拿了头巾走了。第二天，张婴起来，看见了妻子被杀死，很惊愕。邻居与张父母都认为是张婴将妻子杀害，众人将张婴痛打了一顿，官府又以杀人罪逮捕了他，没有人为他辩解，张婴只有含冤认罪。张婴被押解赴刑场，围观者千人。忽然有一个人推开围观者跑出来大声说："你们先别杀他，他是无罪的，是我和他妻子私通，又杀死了他的妻子，你们应当绑我！"那些士兵追过来捉拿说话的人。一看，此人竟是冯燕。他们把冯燕押解相国贾耽那里，贾耽听完这个情况后上奏皇上，愿意交出官印来赎冯燕的性命。皇上很赞赏贾耽的做法，便下诏说，凡滑地犯死罪的人，一并免死。

继沈亚之之后，诗人司空图又作《冯燕歌》。而曾布又在他们的基础上运用《水调歌头》大曲的形式填词，主要依据司空图的《冯燕歌》再次演绎冯燕的故事。汪辟疆（1887—1966）在《唐人小说》中说："其见诸歌咏者，则有司空图《冯燕歌》，至宋曾布又演其事，为《水调大曲》，皆本沈下贤《传》而衍为长编者也。"在汪氏看来，司空图和曾布都是在沈亚之的基础进行创作的。但曾布的创作又非照抄照搬前人，而是利用曲牌的抒情性，作了大量的渲染、烘托，充分发挥了大曲的优越性。如"直气凌貔虎，须臾叱咤风云。凛凛坐中生""堤上莺花撩乱，香车宝马纵横。草软平沙稳。高楼两岸春风，语笑隔帘声"，等等，这些对于人物形象和场景的描写远比《冯燕歌》形象生动，有气势。在接下的叙事过程中又利用大曲的独特的句式、段落结构和字数的增减来铺叙故事，同时又使其在气势上有舒有急，有张有弛，从而极力渲染主人公的精神。同时，这种填词的方式也很适合于演奏，又适合观众的欣赏习惯。

曾布在思想内容上也对冯燕故事作了提升，曾布改编后进一步张扬了尚义精神，大曲着笔于张婴的粗鲁无情，这样女主人公的行为显得更加合情而不合法，法不可违，因而被杀。对于人物的内心情感的描写，丰富了人物的形象，使得其义行内涵更深远。虽有深情，亦不可负义，使得矛盾冲突更加尖锐，情节更加曲折动人。大曲中将（《冯燕歌》）“千古三河激义风”改为“万古三河风义在，青简上，众知名”。将其义行精神推上顶峰，同时戛然曲终，给人留下无穷回味与遐想，颇有余音绕梁之艺术感染力。

曾布以大曲的形式重新展现冯燕的故事，在表达崇义尚德主旨的同时，也隐含对自己仕途坎坷的感叹。《冯燕传》的作者沈亚之曾在唐太和（827—835）初年帮助柏耆将军擒杀叛将李同捷，然“诸将嫉耆功，比奏攒诋，文宗不获已，贬耆循州司户参军，亚之南康尉”。这与曾布竭力于朝，然终被宋廷贬于外的遭遇相似。曾布曾在给弟弟曾肇的信中谈到自己自熙宁立朝以来，即不雷同于熙宁、元丰朝，也不依附于元祐朝，其“自处亦有义理”。然而朝中“义理”不常在，自己又屡遭排挤打压、外贬。从此又可知，曾布借曲以抒心中之郁闷。

曾布也曾作文，但流传下来的极少。在傅林辉校注的《曾布日记校注》一书中收录了《敕赐金山龙游禅寺度僧荐慈宝塔记》，据傅先生在书中所云，他是在曾氏族谱中发现此文的。

文章开篇即言，佛教传入中国时间已久矣，在一些名山大川中建有佛教寺院，“僧院盛于吴”，“而金山尤吴中名山之最著”，其“最著”的是什么？曾布作了回答，著名在于金山寺的地理地貌、胜迹及登临的感受。他说：“焦峰北面相峙，清晖而据江瞰海，浩渺无际。盖天地壮观，古今胜概，万景争奇，难以名状。自来天下之东驰而道经其下者，莫不引颈顾瞻，垂情仰止。或有登其上者，宛若身在诸天，莫不神爽而超出尘寰矣！”接着述写“金山之额”的由来，那是因真宗在大中祥符五年（1012）有巡幸金山寺之梦，“乃飞帛，御号‘龙游禅寺’。金泥玉阶，盖不必登封泰岱”，由此又使这里增色不少。曾布觉得曾家受恩于皇帝甚厚，未能图报，于是经允许在寺中建“荐慈”宝塔，以铭圣恩。他说：“君亲同天地忠孝之道，实臣子所当自尽，而我未之逮焉。顾惓惓图此者，特区区犬马之诚，少效涓埃之万一云耳，若曰尽道其间，则何有哉！惟我神天监兹，恳悃焉耳。”此文结构严谨，写景由远而近，叙事由古而今，由皇家及私家，层层推进，浑然一体，文采华富，气象逼真。应景之作写得如此，曾布作文水平之高可见一斑。

另外值得一提的是曾布的制文。这些公文也体现他的散文特色，如《除章惇尚书左仆射兼门下侍郎制》，文句流畅，富有变化，句式长短相得益彰，朗朗上口，韵律优美。该文正是通过这种形式大赞章惇之才，“才之所施，则酬酢万变而无穷，学之所造，则贯通百家而不惑”。这些制文包括制、册、表、疏等。再如曾布在熙宁三年主持司农寺工作时，欲在全国推行免役法，但上下阻力甚大，文彦博主张“祖宗法制在，不必再变以失人心”。布上《条奏役法疏》对于他人指责逐一辩驳，在疏中陈述事实，讲道理，条分缕晰，全疏出现了十余次“此臣所未喻也”句，叙事朗朗，说理凿凿，使人信服，揽得人心，获得支持，推进了改革。

第三节　曾布身后事

曾布年 13 岁丧父，从学于兄曾巩，23 岁时与巩等同登进士第。在之后 50 年的政治生涯中时起时落，时高居庙堂，时远处乡野，而以年 73 而终。元正三年（1343），丞相脱脱主持修撰的《宋史》，把曾布列入《奸臣传》中，曾布的骂名从此似乎盖棺定论。值得一提的是，《宋史·奸臣传》中列奸臣 22 人，他们是蔡确、吴处厚、邢恕、吕惠卿、章惇、曾布、安敦、蔡京、蔡卞、蔡攸、蔡翛、蔡密、赵良嗣、张觉、郭药师、黄潜善、汪伯彦、秦桧、万俟卨、韩侂胄、丁大全、贾似道。

然而，《宋史·奸臣传》中却看不到多少曾布的“劣迹”，也看不到他有多“奸”。传中一是记叙了他协助王安石变法之事，认为“大率皆安石指也”。当王安石变法受到众人指责时，“布遂为安石条析而驳之，持之愈固。”曾布是王安石变法的得力干将，王安石是千古名相，功彪史册，而他的支持者、拥护者、执行者，同样应是功在千秋，又怎么会沦为“奸臣”？曾布又何奸之有？二是《奸臣传》中记叙了他查办吕嘉问的市易案，“七年，大旱，诏求直言，布论判官吕嘉问市易掊克之虐”。皇帝叫他去查案，要真情实据，“安石怒，布遂去位”。曾布执行皇帝旨令又何错之有、何奸之有？三是记叙司马光要他亲手废除新法，他不从而辞职。“司马光为政，谕令增损役法，布辞曰：免役一事，法令纤悉皆出己手，若令遽自改易，义不可为。”司马光当上了宰相，要彻底废除新法，他让曾布亲自去废了。曾布不愿屈意将自己参与制订的行之有效的法制废除，愤而辞职，这又何奸之有？四是记叙他在一些政事上，与宰相章惇意见不一致，布更多的是倾向于皇帝或太后，且这些意见并不是什么见不得人的勾当，有的还是从大局着眼，以大局为重的，如“会哲宗崩，皇太后召宰执问谁可立，惇有异议，布叱惇使从皇太后命”。再如曾布对待反变法的司马光等人的身后，则是善良的，当有人提出要追夺他们的恩例，曾布坚决反对。《续资治通鉴》卷八十五记载：“初，议再贬光、公著等，曾布谓章惇、蔡卞曰：‘追夺恩泽，此例不可启。异时奸人施于仇怨，则吾辈子孙皆为人所害矣。’”与同朝官员产生一些权力上的博弈，也是正常的，任何朝代都会出现，这无可厚非，这又何奸之有？五是记叙他的罢相外贬，纯粹是蔡京的打压与栽赃，清除异己而已。“明年，又改元崇宁，召蔡京为左丞，京与布异。会布拟陈佑甫为户部侍郎，京奏曰：爵禄者，陛下之爵禄，奈何使宰相私其亲？布婿陈迪，佑甫子也。布忿然争辩，久之，声色稍厉。温益叱布曰：曾布，上前安得失礼？徽宗不悦而罢。御史遂攻之，罢为观文殿大学士、知润州。京积憾未已，加布以赃贿，令开封吕嘉问逮捕其诸子，锻炼讯鞫，诱左证使自诬而贷其罪。布落职。”这是《宋史·奸臣传·曾布传》里的记载，以这些文字看，曾布算是清正廉洁，刚正不阿呀。举贤不避亲似乎也没错呀。反而是蔡京捏造事实加罪于他，迫害他的后人，他是事实上的受害者。然而欲治其罪何愁无据呢？他的落职其实质是当时党争的结果，于曾布又何奸之有？既然《宋史》把他列入了《奸臣传》，理应列举其“奸”迹，清楚明白地载之于史，让后人一看，了然于胸，而《曾布传》中无一奸事，纵使“莫须有”的“奸迹”也没有，而史官硬要给他戴上一顶“奸臣”的帽子，着实让人遗憾。

《宋史》修撰时不够慎重，不够严肃，这样才会让一些人“蒙冤”，曾布就是其中之一。《宋史》共496卷，是中国二十四史中篇幅最庞大的一部。元至正五年（1345）十月成书，只用了两年半的时间，又是处于元末那个动荡的环境里，其材料的收集、甄别采信是较粗糙的，研究也不深，对于人物的评价缺少一个较为客观的标准，后人对此也多批评。清人赵翼指出：“元修《宋史》，度宗以前，多本之宋朝国史。而宋国史又多据各家事状碑铭，编缀成篇，故是非有不可尽信者。”①

曾布为奸臣之论出自于《宋史》。20年后元代灭亡，明代创立，明朝对曾布奸忠问题，少有人评论。至清代则有人为其鸣冤叫屈。清代史学家钱大昕（1728—1804）云：“曾子宣为子固之弟，风流儒雅，辉映一时，不幸附固绍述，致位宰相，史家遂入奸臣之列。然虽不为公论所与，而能与章惇、蔡京立异，亦张天觉之流也。天觉既可列传，子宣独不可列传乎？若史弥远奸邪甚于侂胄，而传不在奸臣之数，史家于此，不免上下其手。”在钱大昕看来，曾布被视为奸党，列入史书中的《奸臣传》是有些冤，张天觉（张商英）也是由王安石荐举登上政治舞台，后也位居宰相，同样入元祐党籍，且也与章、蔡有着恩恩怨怨，但并没有入《奸臣传》。钱大昕的观点得到了缪荃孙（1844—1919）和叶昌炽（1849—1931）的赞同。缪荃孙认为钱大昕的观点是公正的，“其论至公”。而至近代，梁启超在《王安石传》中对于《宋史》的不公进行了指斥，给予曾布与《宋史》截然相反的高度评价。他说：“布为曾巩弟，其佐荆公行新法，功与惠卿埒，《宋史》亦以入《奸臣传》，吾以本传之文考之，不能得其所谓奸者何在？……吾谓曾子宣者，千古骨鲠之士，而其学其才，皆足以辅之。南丰可云有弟，而荆公之得士，亦一夔而足者也。荆公之冤，数百年来为之昭雪者尚有十数人，而曾子宣之冤，乃万古如长夜，吾安得不表而出之。”②梁起超认为，要说曾布“奸”，最多是在“绍述”这件事上有点“奸”。他说：“其所指为奸状者，不过绍圣间、建中靖国间两次倡绍述之论而已。”仅此就要将曾布一棍子打死，将他的功劳一笔勾销，岂不

① 赵翼：《廿二史札记》，凤凰出版社2008年版。
② 梁启超：《王安石传》，商务印书馆2016年版，第268页。

抚州市名人园内的曾布雕像

是一叶障目不见泰山？

其实，曾布此人还是有才有德的，才能理政，德能洁身。更多的时候他是尽可能地保持中立，更多的是从大局出发，视具体情况而作出判断，采取行动，用人也是如此，甚至大胆地重用一些“异己”。但也正是这种中立之态势让他两面不讨好，反对派对他没有改变反对的态度，拥护者渐行渐离，使他的处境日益艰难。在日常之中，他为了自己的利益或者为了保护自己，或许在某件具体事上做出了损人利己之事，有弄权耍奸之嫌，但是高处不胜寒，在那种政治倾轧之中也是没有办法的事情，可罪不当入奸臣之列。当然，梁任公之论也有过誉一面，他完全是站在改革之角度单方面地看曾布才得出如此评价。两种评价都是因改革而起，列他为奸臣也是因改革，参与王安石改革的人有多人被列入奸臣，如吕惠卿等著名人物，可谓是成也萧何，败也萧何。南宋及以后的元朝一般都认为北宋的灭亡皆是因为王安石的变法，于是很多参与或支持变法的人划入了奸臣之列，他们占了奸臣三分之一强。变法本是要富国强兵，使赵宋江山永固，而非要消弱国力，唯恐天下不乱。真正使北宋灭亡的不是变法，而是愈演愈烈的朋党之争。

曾布被列为奸臣实为一冤。曾布是生活在一个儒学之风甚浓的家族之中，他自己也是一位崇尚儒学之人，儒家所崇尚的立德、立功、立言，也渗透于他的血液之中。他秉承儒家道德风尚，言事行政远离奸佞。正是这一冤，使他长久没有得到翻身。他的才能操守被人否定，他的政绩被淹没，他的言论被人抛弃。由于湮灭于历史的尘埃之中太久，使后世越来越难探究其真实，使人们对于他的认识也越来越模糊。此乃一大遗憾。

今天，有专家学者力图拂去历史的尘埃，还原曾布的真实面目，加大了对曾布的研究。2007 年，中国社会出版社出版了《曾布日记校注》，该书也即《〈曾公遗录三卷〉标点校注》。2011 年，中国社会科学出版社出版了李俊标的专著《曾巩研究》，书中列专章对曾布作了论述。2016 年，中华书局出版了《曾公遗录》，列入了《唐宋史料笔记》丛书。也有人写了关于曾布的专门论文。硕士研究生论文如：1988 年，华东师范大学秦葆平的《曾布与〈曾公遗录〉》；2000 年，南昌大学刘若飞的《曾布研究》；2004 年，暨南大学熊鸣琴的《曾布与北宋后期党争》；2017 年，河北大学李书豪的《〈曾布日录〉的历史书写》。学术论文如：罗家祥《曾布与北宋哲宗、徽宗统治时期的政局演变》，李俊标《曾布〈水调歌头〉大曲述略》，熊鸣琴与张其凡《曾布“奸臣论”辨析——立足于北宋中后期党争的考察》，沈履伟《曾布与熙宁变法》等。今天在他的家乡抚州市的名人雕塑园里也为他单独雕像，在南丰县曾巩纪念馆也有他的塑像。

第四节　魏玩的生平

曾布的夫人魏玩，字玉汝，襄阳（今属湖北）人。其生平事迹材料流传下来很少，以至于她的生卒年也是一个谜。许多研究魏玩的专家在作魏玩生平分析时，要么说她的生卒年代不详，要么说大约生活在宋神宗元丰元年（1078）前后。但最近有专家的新研究给予确切的时间，如潘月认为她出生于宝元三年（1040）。2010年7月出版的《广西师范学院学报》（哲学社会科学版）所刊的潘月《魏玩生平及作品考》一文中指出："根据乾隆《襄阳府志》、陆游《老学庵笔记》及况周颐《蕙风词话》等记载综合分析，可知其生于宋仁宗宝元三年（1040），卒于宋徽宗崇宁二年（1103），享年六十四岁。"但作者没有对于考证做细致的说明，此结论如何得来不得而知。南丰县《曾氏家谱》里在"曾布"条下有载："娶魏氏封道国夫人，博涉书史，能文，有《魏夫人集》行世。嘉定二年生，元符乙卯年终。""元符乙卯年"即元符二年（1099），而"嘉定"为宋宁宗赵扩的年号，嘉定二年已是公元1209年，这显然是错误的。魏玩应是在元符二年（1099）去世。她作为曾布的发妻，又与曾布共生育了10个儿子，应该在年龄上两人差距不会很大。"嘉定"可能是"康定"或"嘉祐"的笔误。"康定"只有两年，元年即宝元三年（1040），二年改元"庆历"。这与潘月所论一致。如是嘉祐二年（1057），则魏氏比曾布小22岁，显然有误。在这十个儿子的名下，四子"纡"条下记其生卒年，即"熙宁癸丑年生，绍兴乙卯年终"。熙宁癸丑年即熙宁六年（1073），如果以康定元年推算，魏氏年龄当为34岁，已是四个孩子的妈妈，很合情理；如按嘉祐二年推算，此时魏氏只有17岁，已是四个孩子的妈妈，似乎又不太合理。由此看来，潘月的考证较为接近实际，即魏玩的生年应在庆历元年（1041年，如果以"康定"纪年则是康定二年）。

魏玩出身于名门，官宦世家，素有家学渊源。从史料里可知其祖母是"集守郡太守夫人"。其弟弟魏泰也是当时的名士，著名诗论家，与王安石、米芾、黄庭坚等人的关系都不错，章惇知其有才，做了宰相后想请他为官，但魏泰拒绝了。后回家养老，著书立说。有名的著作有《临汉隐居集》20卷、《临汉隐居诗话》1卷、《东轩笔录》15卷，这些都传于后世。由于夫贵妻荣，魏玩又恪守封建伦理道德，所以朝廷封其多种名号。当曾布官至执政时，她被封为"夫人"，故称"魏夫人"。"夫人"是中国封建社会王朝对官员之母及正妻的一种封号。当曾布官至右仆射时，得到诰封"国夫人"，有"道国夫人""瀛国夫人""鲁国夫人"等称号，但这三个封号受封的具体时间不详。

魏夫人为人友善。明代正德《建昌府志·杂志》里记载了一则与她相关的小故事，当然志中记载这则故事本意可能不是要说明她的善良性格，但这则故事恰恰反映了她本性的善良一面。故事是这么说的："文肃公夫人魏氏在太原府，一日睡起语左右曰：'适来梦中分明见两妇人，皆青衣，各有娠，哀鸣泣诉云：某等无罪，乞贳其命。'未几，庖者白云：'买到大青鱼两头，请烹饪之。'夫人惊曰：'庶几是乎？'遽取视之，腹有子，乃令放之。"在《文献通考》里也记载了她一则故事，虽然是讲她看人看本质，不以貌取人，但同样可见她为人友善："布镇真定，尝携教授李撰子及宋提刑子至署内。宋子眉目如画，衣装殊华焕，李不及也。既去，玩谓布曰：'教授今虽贫，诸郎皆令器，提刑子虽楚楚，趋走才耳。'李后五子皆登科，而弥逊、弥大尤著，宋子止阁门祗候。一如其言。"

另一方面，可以从魏夫人的作品中略见其生活状态一二，其一生因丈夫的仕途跌宕，也颇受影响。虽出身名门，但生活亦多艰辛，有时在南丰老家也得操持家务，相夫教子；有时随夫奔波于赴任途中，不免车马劳顿；有远离夫君过着形只影单，也有宰相夫人独有的花团锦簇和遭贬官员的冷落寂寥。

抚州市名人园内的魏玩雕像

但无论过着什么样的生活，她都是一位才华横溢的女词人，是一位慈祥善良的人妻人母。

魏夫人聪慧有才。清代同治《南丰县志》里记载了曾巩、曾布和曾肇三兄弟同去洪州（今南昌）探望母亲的故事，在这故事里就可看出魏夫人颇具才情。“熙宁末，文定公镇洪州兼江西兵马钤辖；文肃公自饶州移镇潭州，道洪而西，实邻境也。文昭公时在馆阁，欲至洪省视母夫人，假使指暂出文定公，大合乐享邻帅及诏使，乃同气三人亲为宾主。文肃公魏夫人文笔素高，遂为口号一联云：‘金马并游三学士，朱幡相对两诸侯。’盖文定带帖职，文肃历翰林，文昭现任馆阁，皆学士也。时人赏其切而羡其荣。”此中可见魏夫人文思敏捷，出口成章。在家谱的《内传》里对她的介绍是：“性慈惠，多阴行善，且质敏好学，善属文。子纡词翰名世，学诗以魏夫人为师。”

惜乎，这么一个有才情的女词人，其生平事迹见之于史迹少而又少。

第五节　魏玩的诗词

魏玩著有《魏夫人集》，可惜此书已不传了。近人周泳先辑有《鲁国夫人词》，今人唐圭璋又以周泳先辑本为据将魏夫人所填之词 14 首录入至《全宋词》中，今天能见到魏夫人的作品仅有 14 首词和 1 首诗。

魏夫人的词从其思想内容看主要是闺情词，多写思夫之情与个人孤单无聊的生活，字里行间弥漫着孤寂哀怨。其实这与她的生活经历息息相关，曾布年少得志，23 岁中得进士后，即在外任职，尽管曾布官宦生涯不是很顺畅，但也没有十分悲苦凄惨的日子，自然作为妻子的她在生活上不会有很多凄风苦雨，况且她儿女也很争气，儿子、女婿大多都有功名。在封建社会里，妻以夫荣，母以子贵，魏玩的生活自然不同于一般妇道人家。但是曾布一直在外任职，且任职地更换频繁，很不方便带着妻儿，很多时间魏玩没有随行，而是在老家生活，与丈夫过着两地分居的生活，聚少离多。后来曾布任京官，她与丈夫在京城团圆，安定生活，几年之后，曾布外任，又开始了长时间的留守妇女的生活。文学是生活的反映，如是她的词之内容就不可能有那些下层妇女生活之凄苦与企盼。她物质生活比其他妇人优沃，但精神生活同样贫乏。这种情绪在作品中更多的是表达了她对远方亲人的思念和当下生活的感受。在她的词中写自己在不同时间里对远方丈夫的思念所占比重大。如《好事近》写的就是早上思夫。词云：

雨后晓寒轻，花外早莺啼歇。愁听隔溪残漏，正一声凄咽。　不堪西望去程赊，离肠万回结。不似海棠阴下，按凉州时节。

这首词写在初春的一个早上，早莺不再啼鸣，淅淅沥沥的雨刚停了，在残漏的“凄咽”中，新的一天又开始了，而此时更加想念远方的亲人。向着亲人方向望去，可惜路途遥远。那思念是“离肠万回结”呀。

再看一首写夜里思夫的词——《系裙腰》：

灯花耿耿漏迟迟。人别后，夜凉时。西风潇洒梦初回。谁念我，就单枕，皱双眉。　锦屏绣幌与秋期。肠欲断、泪偷垂。月明还到小窗西。我恨你，我忆你，你争知？

秋夜里，独卧宽床只有灯花、更漏、凉风相伴，你看这是何等的孤寂。想到你我就只有偷偷地流泪，肝肠欲断，我怎能不恨你呀。于是她在词中直呼“我恨你”。正是这种言不由衷，表达了她对亲人的深深爱意。

睹物思人，时常是早上思、夜里思，时间一长必然是日日思。她的《菩萨蛮》写的就是日日思念久时未归的丈夫。词云：

溪山掩映斜阳里。楼台影动鸳鸯起。隔岸两三家。出墙红杏花。　绿杨堤下路。早晚溪边去。三见柳绵飞。离人犹未归。

这首词写作者每天早晚都要到溪边小路上盼望丈夫归来，日子一天天、一年年地在盼望中过去了。时间逾长思亲之情就逾迫切，春去秋来，盼望了三年，仍不见丈夫归。

也正是丈夫因为工作，长久没有回家，也不知道丈夫在外过得怎么样，总是牵挂不断，思念不绝，总是“为伊消得人憔悴”。如她的《江城子·春恨》词：

别郎容易见郎难。几何般。懒临鸾。憔悴容仪，陡觉缕衣宽。门外红梅将谢也，谁信道、不曾看。　晓妆楼上望长安。怯轻寒。莫凭栏。嫌怕东风，吹恨上眉端。为报归期须及早，休误妾、一春闲。

与丈夫别时容易见时难，且也难得音信，每每都是这样。丈夫不在身边，早上起来也懒得梳妆。面容憔悴了，身体消瘦了，寒气轻袭，晓风吹眉，这些都不打紧，更要紧的是丈夫久未回家，只好痴痴地向着丈夫那个方向望去，盼望着他早早地把信儿送回来，以慰相思之苦。

魏夫人的词不仅写思亲之苦，还写到了丈夫不在家时的孤单无聊生活，如《点绛唇》词：

波上清风，画船明月人归后，渐消残酒。独自凭阑久。　聚散匆匆，此恨年年有，重回首。淡烟疏柳。隐隐芜城漏。

词人因丈夫不在身边，很是孤单，本是与朋友一聚以排遣寂寞，可是明月清风之夜与朋友在画船上一场欢饮之后，宴散人离，又只留下了自己孤单一人，只好“独自凭阑久”。

当然，词人夫妻俩虽然是离多聚少，但也有在一起时的恩恩爱爱。如《菩萨蛮》词写的就是这种夫妻欢愉的生活。词云：

红楼斜倚连溪曲。楼前溪水凝寒玉。荡漾木兰船。船中人少年。　荷花娇欲语。笑入鸳鸯浦。波上暝烟低。菱歌月下归。

这首词写的是夏天在莲溪划着船儿，荡漾在田田的莲花间，满眼美景，笑声盈盈，充满着欢乐。只不过这种欢乐是短暂的，而给她心里留下的记忆却是美好的，每每想起往事总有些伤感。她在《卷珠帘》一词里也表达了这种思想感情。词云：

记得来时春未暮。执手攀花，袖染花梢露。暗卜春心共花语。争寻双朵争先去。　　多情因甚相辜负。轻拆轻离，欲向谁分诉。泪湿海棠花枝处。东君空把奴分付。

这首词上片写佳人欢乐的过去，现在两人已不能朝朝暮暮地生活在一起，“轻拆轻离”，真是辜负了两人的爱情，但又能怪谁？为了前程，“东君空把奴分付”，又有什么办法呢？于是她在词中有了换位思考。如她的《阮郎归》一词写自己的一种猜测，想必自己的夫君也是像自己思念他一样思念自己。词云：

夕阳楼外落花飞。晴空碧四垂。去帆回首已天涯。孤烟卷翠微。　　楼上客，鬓成丝。归来未有期。断魂不忍下危梯。桐阴月影移。

词先写凄美之景物，喻丈夫远在异乡的孤苦；接着以己度人写居家的妻子在他乡的丈夫心目中的形象及其对家中妻儿的思念，不知何时能回家去看看他们，一人楼上思念良久，“断魂不忍下危梯”。

魏夫人的词在艺术上也有自己的特色，她善于创造特定的意境表达感情。她的词多写离情别绪，就是通过创造词的凄婉意境来表达自己的这种情感。如她笔下的柳絮、灯花、鸳鸯、残漏、归雁、明月等，这些都是传统的寄寓离愁怀人之物，人们往往看到这些景物总会勾起对远方亲人的思念。她在词中也往往把这些景物与自己的心情相融合，将情融于景，以景写情。另一方面，魏夫人在意境创造上不着一字自得富贵气，尽显雍容华贵。她词中体现了富贵之家独有气象，但她并没有用一词来明明白白地直接表述，而是通过一个或一组意象含蓄地表达，真的是不着一字尽得风流。如“晓妆楼上望长安”，不是富贵家的女人哪个可以早上梳好妆伫立楼上？又如“楼台影动鸳鸯起”，如果不是富贵人家能生活在这般环境中？再如“波上清风，画船明月人归后，渐消残酒，独自凭阑久。”看看一般的妇人能有如此之雅致生活？她的这一写法，正应了宋初宰相词人晏殊所说的“余每吟咏富贵，不言金玉锦绣，而唯说其气象”①。魏夫人正是这么做的。

魏夫人善于化用前人的语句表达自己的情感。她一生“博极群书”，于是她化用前人的诗句也是顺手拈来，用在自己的作品又是那么的贴切与自然，不留痕迹而更加准确地传情达意。如“东风已绿瀛洲草”（《菩萨蛮》）照用李白《侍从宜春苑奉诏赋龙池柳色初青听新莺百啭歌》诗中的“东风已绿瀛洲草”；“掩映梨花千树雪”（《减字木兰花》）在李白《送别》诗“梨花千树雪”句首加上“掩映”二字；“隔岸两三家。出墙红杏花”（《菩萨蛮》）化用唐诗人吴融《途中见杏花》之“一枝红杏出墙头”；“妙舞清歌谁是主”（《定风波》）来自卢照邻《登封大酺歌四首》之“妙舞清歌欢未归”；“别郎容易见郎难”（《江城子·春恨》）化用南唐李后主《浪淘沙》之“别时容易见时难”；“何处是离愁。长安明月楼”（《菩萨蛮》）化用张若虚《春江花月夜》“何处相思明月楼”。

似乎在魏夫人之前不曾有女诗人或词人留下如此丰富和美妙的作品，东汉的大才女蔡文姬流传下的作品也没有她多。而后的著名女词人李清照、朱淑真等人其社会地位又不及她高。魏夫人的词虽不及李清照、朱淑真，但她仍是宋代杰出的女性词人，也可以说是女性词人的开先路者。后世对她的评价相当高。如：南宋胡仔《渔隐丛话后集》卷四十说：“今代妇人能诗者，前有曾夫人魏，后有易安李。”南宋朱熹称许说：“本朝妇人能文只有李易安与魏夫人。”②《御选历代诗余》卷一百十六中引用黄玉林的话说：“李易安、魏夫人，使在衣冠之列，当与秦七（观——引者注）、黄九（庭坚——引者注）争雄，不徒擅名于闺阁也。”在他们看来，魏玩的词不仅在女性中著名，与李清照可

① 吴处厚：《青箱杂记》卷五。
② 朱熹：《朱子语类》卷一百四十，钦定四库全书本。

相提并论，与秦观、黄庭坚等男性词亦可争一高低。清代《历朝名媛诗词》评说：“词笔疏秀，无一拖沓之语，是从能文得来，晦翁称之有以哉。”清人陈廷焯在《白雨斋词话》中说：“魏夫人词笔，颇有超迈处，虽非易安之敌，然亦未易才也。”近人薛砺若在《宋词通论》中也说：“（魏）虽不能与易安并论，但在女作家中，确为超群出众之才。”今人谭正璧在《中国女性文学史话》中说：“宋代是词的黄金时代，无论是贵族妇女、平常女性，能够作词的很多。贵族妇女中最享盛名的，当推曾布妻魏夫人。”邓红梅在《女性词史》中评价道：“她（魏玩）是最先开始写自己的生活情感、抒发自己作为闺阁女性的存在情致的第一人。”历代的这些评价充分肯定了魏夫人在词的创作上的成就与贡献。

《虞美人草行》[①] 是今天能见的魏玩的唯一一首诗。讨论魏夫人的人多有提及。如果说她的词题材面窄，主要关注自己的情感世界，而她的这首诗关心的却是重大的政治问题。这是一首七言古诗，咏史抒怀，表达了自己的政治见解，不见丝毫怨妇迹象。全诗如下：

鸿门玉斗纷如雪，十万降兵夜流血。
咸阳宫殿三月红，霸业已随灰烬灭。
刚强必死仁义王，阴陵失道非天亡。
英雄本学万人敌，何用屑屑悲红妆？
三军散尽旌旗倒，玉帐佳人坐中老。
香魂夜逐剑光飞，清血化为原上草。
芳心寂寞倚寒枝，旧曲闻来似敛眉。
哀怨徘徊愁不语，恰如夜听楚歌时。
滔滔逝水流今古，楚汉兴亡两丘土。
当年遗事久成空，慷慨尊前为谁舞？

虞美人指的是秦末西楚霸王项羽的宠妃虞姬。用以为题既直白又明了。

---

① 北宋释惠洪的《冷斋夜话》认此为魏夫人作。而时至南宋时，胡仔在《苕溪渔隐丛话》里认为此诗为北宋许彦国（字表民）作。笔者认为此诗当为魏夫人所作。

项羽与刘邦争夺天下，兵败被围困于垓下（今安徽灵璧一带），奏出了一曲悲壮的霸王别姬。对此司马迁的《史记·项羽本纪》里记其事。“项王军壁垓下，兵少食尽，汉军及诸侯兵围之数重。夜闻汉军四面皆楚歌，项王乃大惊曰：‘汉皆已得楚乎？是何楚人之多也！’项王则夜起，饮帐中，有美人名虞，常幸从；骏马名骓，常骑之。于是项王乃悲歌慷慨，自为诗曰：‘力拔山兮气盖世，时不利兮骓不逝，骓不逝兮可奈何，虞兮虞兮奈若何！’歌数阙，美人和之，项王泣数下。”虞美人和唱完之后，拔剑自刎。第二天项羽突出了重围，至阴陵（今安徽省定远县西北）而陷于大泽中，后至乌江，被汉军包围而自刎。

全诗共二十句，可分为两部分。前面着重咏史，历数项羽暴行，如项羽在新安（今河南渑池一带）活埋了已投降的秦国官兵二十万，在咸阳火烧秦宫三个月，而项羽对自己失败的原因至死都不明白。他在自刎前叹道：“此天之亡我，非战之罪也。”认为自己失败是天意，而不是暴行和作战的过错。魏夫人并不这么认为，她一针见血地指出：“刚强必死仁义王，阴陵失道非天亡。”认为项羽失败不是天意，而是他残暴、不仁义、失去人心的必然结果。作者对此有不尽的感叹：“当年遗事久成空，慷慨尊前为谁舞？”给人以很大的想象空间。如果说她的词着眼于个人情感生活的话，那么她的这首诗则表现出对历史对政治有着超乎一般人的关注与思考。抒写历史是为了表现现实，她丈夫几经沉浮，像她如此聪明的人不可能不会去思考这是为什么；丈夫官至枢密院事、宰相，她不可能不会从丈夫那里知道一点国家军政大事；丈夫置身于政治权力中心，她不可能毫无兴趣，一点都不关注。所以她写出这样的诗又是在情理之中。当时的宋王朝很不太平，国内矛盾日趋尖锐，对外战事频繁，诗中都有反映。她的这首诗对当时国家政治和对外关系有所批评。人们读她的这首诗自然会想到比她晚生四五十年的李清照的《夏日绝句》诗，其诗云：“生当作人杰，死亦为鬼雄。至今思项羽，不肯过江东。”李清照借项羽的宁死不屈反讽徽宗父子的丧权辱国，意思表达得痛快淋漓，也表达了对宋王朝的愤恨。两位才女的诗有同功之妙。

第四章

曾巩的兄弟姐妹

曾巩的祖父致尧生有七子，即：易从、易知、易直、易简、易占、易丰、易持。而曾巩父亲易占共生有 15 个子女，其中子 6 人、女 9 人。可知其家族之大矣。如果加之堂兄弟，其数量就更为可观了。在这有限的篇幅中不可能将其每一位都详细地介绍。嘉祐二年（1057），39 岁的曾巩，带领着弟弟牟、布、从弟阜和妹夫王无咎、王彦深共赴京师，参加由欧阳修主持的科举考试，一门六人全部及第。本章着重介绍这些取得功名或成就突出者。

第一节　兄弟间手足情

曾巩与兄弟妹妹们的感情很深，这当然也与他父亲过早离开人世有关。父亲去世时，曾巩虽然已二十有九，但是他最小的弟弟肇才刚刚出生。长兄晔虽长他 10 岁，但是一个体弱多病的人，于是家庭的重负主要落在了他的肩上。况且在此前父亲落职回家时，曾巩才 18 岁。由于父亲落职，家道由此中落，曾巩也不得不帮助父亲支撑起这个家，以至于 32 岁才娶妻。这在他那个年代可谓是超级的“大龄青年”了。在《宋史 · 曾巩传》里也说：“巩性孝友，父亡，奉继母益至，抚四弟、九妹于委废单弱之中，宦学婚嫁，一出其力。”《宋史 · 曾布传》里又说：曾布“年十三而孤，学于兄巩。”而最小的弟弟曾肇更是“从兄中书舍人子固学”，视兄长如父如师。他在《子固先生行状》里说：“公于肇，属则昆弟，恩犹父师。”从曾巩的文章中，也可看出曾巩勇于担当起抚养弟妹的重任，同时也可看出他与弟妹之间情深义重。弟妹们也与他一道同甘共苦，辛勤劳动。曾巩在《舍弟南源刈稻》一诗中对于劳动的情形作了描述。但是曾巩作为兄长，还是要为弟妹的成长尽心尽力。他《南源庄》一诗里写有“成家傥已嫁诸妹，有立不忧吾弟孺”句。

曾巩在成家及外出为官之后，由于长兄已去世，他也就成了事实上的长兄。古人有语，长兄如父，他一直对于弟妹等人的情况记挂在心，如他在《读书》一诗里就写道：“呻吟千里外，苍黄值亲丧。母弟各在远，计归恐惊惶。凶祸甘独任，危形载孤艎。崎岖护旅榇，缅邈投故乡。”在丧亲之际，自己扶柩回乡，本是一件很痛苦的事，但还是担忧远方的母亲和弟妹们，也希望他们平平安安，如有什么灾祸，作为儿子和兄长的他甘愿自己承担。

后来，弟妹们都长大成人，曾巩也不忘对弟妹们牵挂，写有多首对弟弟的叮咛或记叙兄弟情谊的诗。如他的《寄舍弟》，其诗云：

新霖洗穷腊，东南始知寒。惊我千里意，觉汝征途难。
空江挂风席，扁舟与谁安？羁旅费亦久，橐衣岂无单。
念汝西北去，壮心始桓桓。竟逢有司惑，斥走怀琅玕。
士固有大意，秋毫岂能干。所忧道里困，久无一樽欢。
我意生恻恻，为之却朝餐。人生飘零内，何处怀抱宽。
已期采芝乐，握手青霞端。无令及门喜，淹留雪霜残。

如果兄弟取得了成绩，曾巩为之高兴，如他的《喜二弟侍亲将至》诗，特意为诗加注云：“京师书多言二弟为县之美。”诗中对于弟弟为政的声望与成绩表示肯定与赞赏，自己也为此感到欣慰。诗中还忆及小时候在家与弟弟同床共被，同桌共餐，在村中生活的琐事。字里行间可看到兄弟之间手足情深。再如他的《寄子进弟》，弟弟曾牟离家已多时，不觉季节已变换，思念之情也与日俱增，忽然接到弟弟的书信，喜不自禁。诗中既互通了兄弟间的信息，也表达了曾巩对于弟弟的思念。他在诗中说：

忆子去家日，南风始吹衣。今来日未几，蝇蚊已群飞。
思子兼昼夜，何啻如渴饥。喜闻远客至，手自排荆扉。
客送书一纸，翰墨子所挥。上言山居恶，梦寐接庭闱。
次言服畎亩，禾黍膴已肥。其余业文字，颇测幽与微。
题诗在纸尾，语老意不非。我喜何所似，大似客得归。
我与子事亲，未饱藿与薇。常苦去左右，辛勤治鞍鞿。
子行何时反？我眼日已晞。应须毕秋刈，相见慰依依。

再如他的《与舍弟别舟岸间相望感叹成咏》诗。这是一首离别诗，诗写离别家中亲人后，又要与弟弟再分别。其诗云："涕泪昨辞亲，酸心今别子。舟陆空相望，掺袂即千里。"诗中表现出了一种依依不舍之情。

弟弟曾宰英年早逝。有一天，他收到了友人的文章，其中谈到了与其弟曾宰的交游往事，也得到弟弟的诗，读了之后不胜感叹，不由勾起了他对弟弟的思念，他写下了一首《王虞部惠佳篇叙述昔与湘潭亡弟游从仍以亡弟旧诗见示》诗，诗云：

薄宦红尘常拂面，早衰黄发已盈颠。
棣华零落曾谁语？鸿羽萧条只自怜。
已矣空闻怀旧赋，泫然犹获济江篇。
殷勤慰我如君少，更悟之他友最贤。

当他的长兄和弟弟曾宰不幸去世，曾巩为他们写下了墓志铭，铭文中充满真情，读之令人动容。当然，曾巩的去世更让弟妹悲痛至极，弟弟曾肇在《子固先生行状》中痛述失亲之悲，追思兄长所给予的爱与无私的付出。谴责上苍的不公，为何夺命于他盛德的兄长。字里行间也可看出弟弟对于兄长的敬重与爱。他在《行状》里说：

初，光禄仕不遂而归，无田以食，无屋以居，公时尚少，皇皇四方，营饘粥之养。光禄不幸早逝，太夫人在堂，阖门待哺者数十口，太夫人以勤俭经理其内，而教养四弟，相继得禄仕，嫁九妹皆以时，且得所归，自委废单弱之中，振起而亢大之，实公是赖。平居未尝远去太夫人左右，其仕于外，数以便亲求徙官，太夫人爱之异甚。

呜呼！天夺吾母，不数月又夺吾兄，何降祸之酷至于斯极也！岂其子弟积恶，罚不于其身，而及其母兄，使之抱终天之痛，为世之所大僇耶？不然，吾母之贤也，吾兄之盛德也，相继而殒，所谓天道常与善人，果何如也？为子弟者，不自灭身，罪固大矣。又不能推原前人德善劳绩，托于当世之文章，以明著之无穷，是又罪之大者也。矧公于肇，属则昆弟，恩犹父师，其于论次始终所不敢废。①

也许是因为过早地失去了父亲，家道中落，使他们更加明白了，只有兄弟间更加团结，更加亲密，相互激励，甚至相互提携才能共同进步，才能振兴整个家族。于是，在他们的言谈举止中都体现了兄弟之谊。如曾肇在为兄曾巩所作的行状中对于哥哥的品德及成就颂扬有加。《行状》中有一段文字专谈自己和哥哥曾布对二哥巩的评价问题，曾肇说："欧阳文忠公赫然特起，为学者宗师。公稍后出，遂与文忠公齐名……"

曾肇对于哥哥曾布也是敬重的。如曾布为相后，曾肇为翰林学士，他代朝廷为其兄草制《除曾布银青光禄大夫守尚书右仆射兼门下中书侍郎制》一奏中就说："左光禄大夫、知枢密院事，上柱国、鲁郡开国公曾布，敏识造微，懿文贯道。器周小大之用，智适古今之宜。被神考特达之知，亟跻禁从；膺先朝倚注之重，久执事枢。而能番心公家，宣力夙夜，忠以迪上，谊不辞难，忧勤百为壮老一节。"这里，弟弟表达了对哥哥由衷的赞美。

曾布与曾肇二人互相被朝廷对调治郡，兄弟二人各夸赞所治之郡，且有诗之唱和，被后世传为美谈。元初著名学者，同为南丰人的刘壎在他的名作

① 曾枣庄等：《全宋文》卷二三八一，上海辞书出版社2006年版。

南丰曾巩纪念馆内的曾巩三兄弟雕像

《隐居通议》之《曾氏兄弟交镇》一文记录其事,他认为此是“人间兄弟盛事”。他说：

宋元丰中，南丰先生曾文定公巩为中书舍人，掌外制，时其弟文昭公肇以磨勘转吏部郎中，文定公为行制，后文昭公为翰林学士，掌内制，时其兄文肃公布拜相，文昭公为草麻，当时朝班荣之，曰：“兄行弟制，弟草兄麻。”近见《曲阜前集》又载：“文肃公镇瀛州日，文昭公镇金陵，一日诏曾布知江宁府，曾肇知瀛州，遂成两易，自为交代，尤人间兄弟盛事也。文肃公将离瀛，有诗寄文昭，文昭和之，各夸其所镇之郡，今录于此，想见先朝文明之盛，为之慨然。

前文有引其唱和诗，这里引曾肇的另一首与曾布的唱和诗《游石仙岩次兄子宣公韵》。其诗云：“尘埃华发换朱颜，十载重来欵故关。天上楼台春寂寂，洞中鸡犬昼闲闲。苔深尚识曾题石，木老难寻旧戏环。未断凡心却归去，他年飞鸟会知还。”石仙岩位于南丰县市山镇境内，距县城约十里，岩下有观。山高岩深，汉代张道陵（张天师）的十八代孙张洞宣在此开山建观修炼。曾布有《题石仙观》："古木苍苔翠雨颜，仙崖咫尺尽乡关。人随天上玉棺去，云掩洞中丹灶闲。禄养不容乌反哺，君恩何似雀衔环。北山猿鹤真吾侣，盍卜幽栖谢往还。"曾肇与曾布的诗重在写景言情，通过写石仙岩（观）之景，表达他们思乡之情，也表达了他们在外疲于仕宦的厌倦之情。

曾氏兄弟尽管政见不尽一致，但丝毫也不影响他们兄弟间的亲情关系。他们彼此间是最了解各人的秉性，于是往往会相互劝勉，相互体谅，也相互照应。当曾肇从太原府改任应天府时，曾布对此有异议，他认为弟弟不熟悉边境的事情，应该到别的地方任职，不要在边疆任职。另外，他认为"肇性耿介自守，但畏谨小心，性颇执滞，实无他也。"曾布的提议得到皇帝的肯定，最终曾肇任职他地。朱熹对于曾氏兄弟相互维护权益、名声，辨别是非亦有记录，也持肯定之态度。朱熹说：

曾子宣作相，荐蔡京，子开不乐之甚。力谏其兄，即乞出。本不喜蔡京，蔡京来去途中遇之，避又不得，不见又不得，遂谒见之。京公服秉笏，谢云："今此得还门下，皆相公之力、翰林之助。"子开闻其言愈不乐。一切失措，京秉笏谢之。子开亦忘了笏，只叉手答之。子开因蔡确事，被刘器之所逐。后见其兄引荐缪，遂多主元祐之人。子宣书与之曰："平日吾弟议论平正，无所偏党，吾弟亦尝不容于元祐，今何故如此？"子宣后见蔡京，事深自恨而敬服了翁。（或录云：京致恭，子开略答之，忽出笏禀事，因及子宣政事，子开正色曰："贤道家兄做得是邪。"）[1]

曾布为相时，召蔡京回朝任职，其始曾肇认为不妥而极力反对，曾肇批评哥哥布说："此乃安身保位，全家族，爱子孙之长计，此不为而为彼，曾氏祸至无日矣，其可忽哉？"但布听不进去，认为自己的举止无愧于天地人神，不至于招祸于身家及亲友。他说："布每自谓存心无愧于天与无负于人，

① 朱熹：《朱子语类》卷一三〇，钦定四库全书本。

神之听之，介尔景福。元祐及惇、卞之党，亦何能祸我哉？恐不致家族之祸，为祖考之羞，而累及亲友也。”而后蔡京在朝中权势不断壮大，并逐步借势排挤曾布，最终曾布被逐出了朝廷。事已至此，曾肇也没有办法，只好随了哥哥，让哥哥按自己的思路理政。政治险恶，仕途多舛，一人受打击，众亲人受牵连，但是他们兄弟间还是共同从容面对，特别他们到了晚年更是如此。曾布晚年一再受贬，退居于润州（今江苏镇江），而其弟曾肇亦居于此，两人共同生活了一段时间。在大观元年（1107），曾布与曾肇皆生病多日。不久，曾肇的病情变得危急，曾布伤心至极而去世。次日曾肇知道哥哥去世，也因伤心过度而去世。在杨时《曾文昭公行述》里记其事："秩授公（肇）朝散郎，与鲁公还居润州里第，兄弟戴白相从，人所钦慕。岁余二公同时寝疾，公遽命诸子，以生不及养。太师殁，必返葬其墓下，自是旬日语不及家事。鲁公薨，翼日公亦不起，实大观元年八月丙辰，享年六十一。"邹浩《德兴县君曾氏墓志铭》里记载了该事："初丞相与弟翰林学士肇居于润皆久疾。俄而，学士疾革。丞相闻之一恸而薨，学士旋少间，闻丞相薨亦一恸莫救，相去裁一日。盖大观元年八月乙卯、丙辰也。识者固已叹，二公友悌诚笃，不可及。"其情之深可见一斑。

曾晔去世后，曾巩为他撰写了墓志铭；曾宰去世后，曾巩也写下了《亡弟湘潭县主簿子翊墓志铭》；而当曾巩去世，其弟曾肇写下了《子固先生行状》。

曾氏兄弟间情深意笃，而且兄妹间感情也很深。邹浩《德兴县君曾氏墓志铭》里载，七妹在润州为兄上坟，伤心不已而逝。铭中说："夫人随其子官于润州，及境，亟往之，亦一恸不挟日而终。识者又知夫人之贤无愧乎兄弟如此。"

曾氏兄弟之间相互学习切磋，相互助益。他们为官，皆有政绩与声望，而且在文学、艺术上皆有建树。文学上的成就前文已述，这里就他们的书法艺术成就作一介绍。

曾氏兄弟的书法历来备受推崇。朱熹见到曾巩书法时说："见其遗墨，简严静重，盖亦如其为文也。"[①]《书史会要》里也称："巩擅毫翰，其迹杂，

① 朱熹：《晦庵集》卷八十四，钦定四库全书本。

见《群玉堂法帖》中。”《群玉堂帖》是南宋权臣韩侂胄自镌其家藏墨迹而成，历来被称为精选精镌之帖。历史上许多书法文献提及曾巩帖数种，如《暨武城帖》、吴伸所藏《曾巩帖》《谢康乐咏怀诗帖》等。曾巩被载入了《御定佩文斋书画谱》之《书家传》中。曾巩的《局事帖》虽然只是一张“便笺”，并非刻意而为的书法作品，但后人视之为稀世之珍品。从《局事帖》上的印鉴看，收藏此帖的不乏一些著名的鉴藏家，如明代何良俊、项元汴、安仪周，清代王芑孙、曾燠、费念慈，民国时期许源来、张珩等。2016 年春，嘉德“大观——中国书画珍品之夜”专场拍卖，《局事贴》以 2.07 亿元人民币落槌。《局事帖》书于印书纸背，且能看出图书印刷的字痕，尺寸仅 29 厘米 ×38.2 厘米。书法结字修长，笔划清劲。《局事帖》为曾巩唯一传世的书法真迹作品。

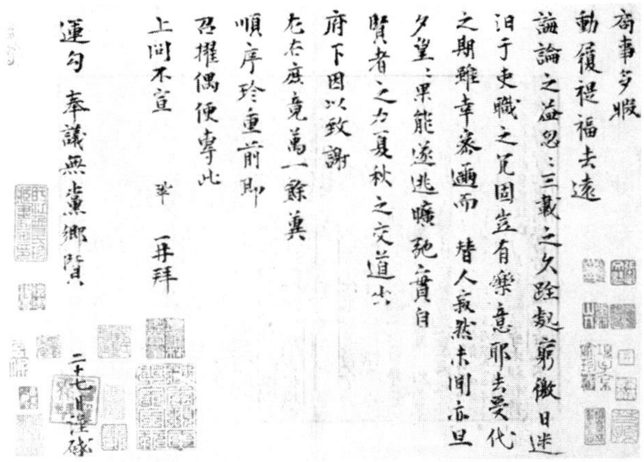

曾巩《局事帖》

曾巩一生藏书多达二万余卷，又搜集了古今篆刻，编辑成书，名为《金石录》共 500 卷，体现了曾巩在书法鉴赏上的深厚功底。

曾布也是一位书法家。他从沈辽（1032—1085，浙江人，书法家）学书，得其笔意，正楷尤精。岳珂《宝真斋法书赞》里说：“王文公、曾文肃公师其笔法，王得其清，曾得其楷。”元末陶宗仪《书史会要》里说：“王得其劲，曾得其真楷。”《王氏法书苑》里称：“文肃公书如高丽使人，抗浪甚有意气。”事迹载入《书画汇考》之中。传世书迹有《还朝帖》《守边帖》《向往帖》等，前两帖今藏于台北故宫博物院。

曾宰也善于书法，后人对他的书法评价较高，《王氏法书苑》里说：“湘潭公书如吴兴小儿，形虽未成而骨体甚隽。”曾宰书法作品今已不存。

曾布《还朝帖》

曾肇善书且自成一家。《王氏法书苑》称其“书如玉环臃肿，自是太平人物”。有《行复岁暮帖》《五十郎帖》《造门帖》《近疏帖》等传世。现在大多藏于台北故宫博物院。

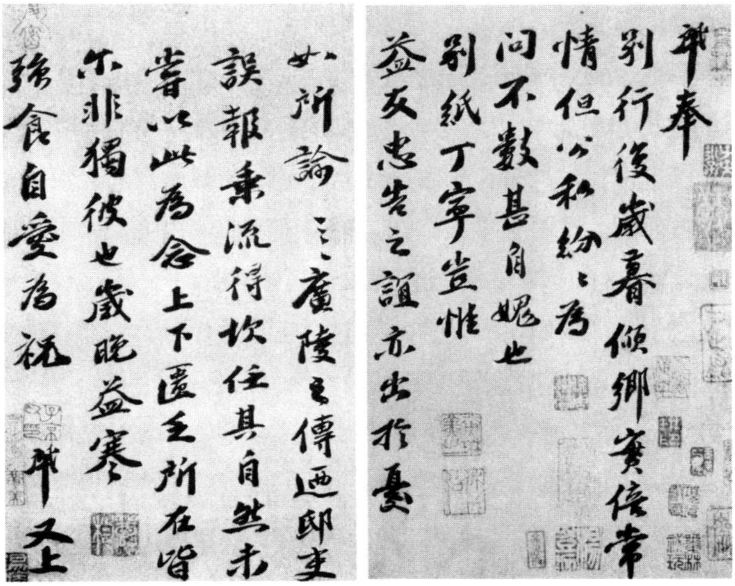

曾肇《行复岁暮帖》

第二节 曾肇的生平

曾肇，字子开，生于庆历七年（1047）。这一年父亲因病去世，大哥曾晔40岁，二哥曾巩29岁。6岁那年，大哥曾晔去世。曾肇主要是在母亲和哥哥曾巩的培养和教导下长大成人的。拿他自己的话来说，哥哥曾巩也就是他的“父师”。曾肇自小就聪明好学，加之勤奋，学业日有长进，治平四年（1067），年仅21岁的曾肇高中进士。

中进士后，曾肇出任了台州黄岩县（今属浙江省）的主簿。虽然官阶不大，只是一个九品的官员，但这毕竟是朝廷的命官。而在黄岩县任职时，他遇上了惜才的简亢。简亢知曾肇之才学，向朝廷推荐曾肇到州学里去任职，当起了老师。一时四方之士人，闻声而来求学，州学座无虚席，曾肇声名远播。

正当其时，朝廷正是想重用一些有学问的人，想以“经术造士”。也就在这时，皇帝身边的近臣，向皇帝推荐了曾肇。说像他这么一个有才学的年轻人应该到京城里来，不应该久居一个偏僻的地方。于是，皇帝在延和殿召见了他，皇帝当面问了他一些问题，曾肇从容对答。之后，曾肇被任命为崇文校书兼国子监直讲。不久，曾肇得到了再一次的提拔，进入了馆阁。这是中央掌管图书、编修国史之官署，掌管图书经籍和编修国史等事务。他在那儿校勘删定《九域志》。后他又改任大理寺丞、同知太常礼院，权判太仆寺殿中省。熙宁中，他的哥哥曾布因为“市易”一案而被追究责任，曾肇也受到牵连，被停职。这时很多人都认为曾肇可能要大祸临头，可是曾肇能泰然处之。元丰元年（1078），他被任命为集贤校理，后又转任殿中丞。此时他已至五品之位，随着职位的提升，肩上的担子也更重了。

曾肇曾为已故宰相曾公亮撰写了《曾太师公亮行状》，神宗读到行状，直称“好”。恰在此时，朝廷又要会修仁宗、英宗两朝正史，曾肇被提升为国史院编修，官中书。在此期间，曾肇做了大量的工作，也为古籍整理作出了大贡献，《宋史》中的《曾巩传》里附有曾肇之传，其中就说：“太常自秦以来，礼文残缺，先儒各以臆说，无所稽据。肇在职，多所厘正。”肯定了曾肇的功劳。神宗皇帝在北郊亲自祭祀皇地祇(地神),此俗也是因曾肇而起。礼乐古已有之，但也是比较混乱，特别是宋统一后，也没有及时进行厘正规范，朝廷委任曾肇来做这一工作。曾肇面对朝野对他的质疑，引经据典地加以辨析,并且要求在明堂里的配享也遍及五帝。由此曾肇得到了皇帝的器重,迁任吏部郎中。每次皇帝召见后,皇上总要目送他出殿。后又调任为朝奉郎。本来不是侍从官不能坐殿,但皇上特许他可以进出殿堂。就在任朝奉郎不久,曾肇的母亲去世，曾肇颇是伤心，他回家守制，一时间消瘦了许多，须发也变得斑白，人也似乎老了许多。服丧期满后，他入京担任户部郎中，不久又回到吏部，担任右司郎中，覃恩赐绯衣银鱼。

神宗赵顼去世，哲宗赵煦即位，改年号元祐。因哲宗年幼，宣仁太后垂帘听政，司马光和吕惠卿为相，朝中诸多大臣趋附于他们，而曾肇却不为所动。当时朝中的多数大臣对曾肇较为了解，知道此人有才有德，又是先帝神宗时的史官，于是他被任命为《神宗实录》检讨，并兼职中书舍人，赐三品服。但由于党争激烈，也有人对曾肇进行抨击，李焘在《续资治通鉴长编》卷三九二里记载说：在哲宗元祐元年十一月，起居郎苏辙、起居舍人曾肇为中书舍人，肇仍充实录院修撰。引起侍御史王岩叟不满，王岩叟进奏说:“臣闻有旨召起居舍人曾肇试中书舍人，士大夫相顾而笑，不以为允。伏以中书政事之本，天下治忽休戚之所系，其得与丞相侍郎可否国论者，惟二三舍人而已。陛下察其重轻何如,岂当苟循资地,妄以授人也。”而当委命参与修撰《实录》时，王岩叟又弹劾他说:“文章学识皆无可称，何足以代王言而预国论？”甚至认为他，“以言观行，不闻附正之风，以迹论心，未测朋奸之计。安可进居要近,擢掌丝纶？”更损的是,王岩叟自以为是出于对朝廷负责,居然说:“今用肇为中书舍人，于肇则荣矣幸矣，然国家何赖，百姓何望？此臣所以区区为朝廷惜也。”甚至说曾肇“资材鄙下”“性行阴柔”“既无文学又无政事”。这明显是对曾肇的不正当攻击。且歪曲事实说：“进修记注，公议愤郁，固已甚矣。”事实终归是事实，天下自有公道，皇帝没有为王岩叟等所惑，没有听信谗言，曾肇顺利出任中书舍人。

曾肇为官正直，敢于直言。当时朝廷正讨论叶康直以直龙阁身份知秦州一事，曾肇上奏反对这一动议。他认为，叶康直此人才能欠佳，又在陕西一带军事失利，以致当年神宗要治他的罪，后因宦官李宪去世，才得以不受追究。同时，曾肇认为，像叶康直这样的人正应当罢黜，只有这样才能彰显先皇帝神宗的英明。但是曾肇的弹劾，受到御史们的攻击，曾肇只好请求外调。这时，范纯仁在朝上站了出来，范纯仁是名臣范仲淹的儿子，此时的范纯仁已是宰相了，自然说话有分量，他说："若善人不见容，吾辈不可居此矣。"范纯仁之意是像曾肇这样忠于朝廷的正直好人，朝廷不能容纳，要将他赶走，我们这些人也只好走人。在范纯仁等人的力挺之下，曾肇才没有被追究。侍郎韩维上奏范百禄之过，太后认为韩维是进谗言，于是要将韩维外调到邓州。曾肇反对，认为"维为朝廷辨邪正是非，不可以疑似逐"，且坚持不草拟诏书。谏议大夫王觌因上奏论胡宗愈一事触怒了皇帝，而被调任润州，曾肇又上书说："陛下寄腹心于大臣，寄耳目于台谏，二者相须，不可缺一。今觌一言论及执政即去之，是何异爱腹心而涂耳目也，岂不殆哉！"①皇上恍然大悟，明白了事件真相，加封王觌直龙图阁。元祐四年（1089）天下春旱，而按照惯例在春天里朝廷要举行一次春宴。曾肇与彭汝砺（字器资）一起上书反对举行春宴。他们在奏章里说："天灾方作，民食未充，乃于此时君臣相与饮食燕乐，恐无以消伏天灾，导迎和气。"第二天，皇上下旨罢宴。

元符三年（1100）正月，徽宗即位。不久后的一天，太后在帘内宣谕：在宫中，神宗曾经说过曾肇可用。于是曾肇被迅速召回朝廷，并被任命为中书舍人。徽宗请他对治理国事谈自己的看法，他开口就说：治理之道在于拓宽言路，如此而已。他上疏建议广开言路。他在《上徽宗乞法英宗旌赏直言》说：

臣伏见陛下发德音，下明诏，使人直言，勿有所讳。此尧稽众、舜好问之盛德。先王立谤木谏鼓，诗人询于刍荛之谊也，天下幸甚。臣窃以谓陛下恻怛询访之诚心，即已形于号令，则其于开导奖激，使人乐于尽忠献纳，亦

① 曾肇：《曲阜集·上哲宗皇帝缴王觌外任词头》卷二，钦定四库全书本。

须有术；阅诏书已有“其言可用，朕则有赏”之文，则宜实其言以信天下。臣伏闻治平四年，英宗皇帝践祚之初，即求直言。寻又下诏，上书人所陈政体、时务、材识出众者，命官特加甄擢；其次则赐诏书奖谕。布衣即令有司召问，条对有理，量才录用，当时咨谋，劝诱如此其详。至有朝上书，暮召对者；是以四方万里，人人奋勉，争竞腹心，唯恐在后。神宗皇帝，广览兼听，片善必收，寸长必录，斟酌损益，以修政事，故熙宁、元丰十九年间，百度修举，功崇业巨。虽聪明睿智出于圣性，亦虚心采纳群言之助也。臣愚伏愿取下明谕辅臣，讨寻治平四之令，举而行之，其上书言事，有合圣意者，速加旌劝，则远近闻之，孰不感激。智者效其计，忠者献其诚；陛下不出户庭，而海内之情毕闻于上，不胜幸甚。①

曾肇这篇奏章，引经据典，言辞切切，对于徽宗征言寄予厚望。他在奏章里先肯定了徽宗求直言的善举，认为这是德音。并对如何求得“直言”“合圣意言”献策。他希望皇帝不仅要求直言，而且要像英宗、神宗那样，对于“上书言事，有合圣意”之言给予奖励，“其言可用，朕则有赏”，广开言路。从而造成人人争进善言，形成皇帝足不出户而知天下事之局面。同时对于所征之言要全面征集，做到“广览兼听，片善必收，寸长必录”，并且在实践中施行，做到“斟酌损益，以修政事”。

曾肇的意见得到了徽宗的赞同，下诏之后，进言者无数。这可得罪了时相章惇，章惇想把他排挤出朝廷，但皇上并没有听取章惇意见。曾肇又建议昭雪元祐党人，并作训词哀悼他们，悼文深情感人。不久他改任翰林学士兼侍读，掌管起草诏令。时有谏官陈瓘、给事中龚原以言获罪，无人敢救，曾肇挺身而出，极力为他们进行辩解。建中靖国元年（1101），太史上奏说，四月有日食。而曾肇就此对皇帝进言说：连续几年正阳发生日食，灾异明显。并要求皇上进行自我反省，如陛下简朴清净的教化是否不如先前，声色犬马般的奢好是否有时在心中萌动，忠臣奸臣贤人不肖之徒的区分是否还不彻底，

① 赵汝愚编：《宋名臣奏议》卷十九，钦定四库全书本。

奖惩是否还有不当之处，左右小臣阿谀奉承、欺骗是否明察，百姓的冤屈是否申诉。这些都要反省检查，自责自勉，以消天变。说完这些后，曾肇泪如雨下，徽宗见他情真意切，采纳了他的意见。当然今天看来，天象与人事的变化没有必然的联系，但曾肇借机进善言，要求皇帝自省，改进不当之处，是积极的，可取的。

元祐七年（1092），曾肇回到了礼部任侍郎。此年正值皇帝祭祀天地，当年曾肇有“亲祠北郊”之议。为此，他再次上书，请求在明堂同祀上帝与五帝。此后自己请任刑部，不久又出任徐州，再调至江宁府。第二年，哲宗亲政，起用了一批旧臣，曾肇被召回朝廷。曾肇此时又向皇上进言说：“人主虽有自然之圣质，必赖左右前后得人，以为立政之本。宜于此时选忠信端良之士，置诸近班，以参谋议，备顾问。与夫深处法宫，亲近亵御，其损益相去万万矣。”[①] 他这话也就是建议哲宗要择忠良、博学多才之士来辅佐自己，不要总是亲近身边那些臣子。此言一出，就遭到了权贵们的攻击，朝廷容不下他了，他被外调任瀛州知州。哲宗绍圣四年（1097），前史官范祖禹等在修撰《神宗实录》时有讥讪言语，被降罪。曾肇因参与修撰，亦被降调滁州。后复为集贤殿修撰，出知泰州、海州（今连云港）。

曾肇待人厚道，重情重义。在元祐之前，曾肇仕途较为顺畅，且很长时间是在朝中为官。而自元祐以后，仕途就变得起伏不定了。危难中见真性情，元祐中朝廷要将蔡确贬至新州，而新州是“烟瘴最甚”之地，有“人间地狱”之称，曾肇与彭汝砺相约要好好地为蔡确进言。而这时，皇帝正要升曾肇为给事中，曾肇没有站出来进言，只有汝砺进言为蔡确说话。这一事被人们抓住了“把柄”，有人称曾肇“卖友”。刘安世《论蔡确作诗讥讪罪》中说：“臣闻汝砺与曾肇同受纯仁之指，而肇阴险奸贼，不肯自发，故使汝砺先次进言，继闻臣等极力攻击，陛下已赐听纳，遂不复言，然而交构之迹，缙绅无不知者。”但事情的真相并非如此，更不存在“卖友”之行。但此事一直被一些人紧紧抓着不放，只要曾肇一有升迁的机会，就有人拿这说事。哲宗皇帝曾想召他

① 曾肇：《曲阜集·宋史传》卷四，钦定四库全书本。

为中书舍人，又有人以“卖友”为由反对。哲宗找来彭汝砺要问个清楚，当事人是最有发言权的。据《续资治通鉴长编》卷四百六十二：

汝砺言：臣窃闻天章阁待制、知应天府兼留守司公事曾肇，近除中书舍人。言者谓肇元祐四年与臣在后省，同商量入蔡确文字，臣曾具章疏，肇即无论列，臣独坐罪去，谓肇卖友，不当复用，因改肇命。窃缘蔡确事，臣初与肇所见不同，及确开析状至，除分司南京，肇已移给事中。是时，惟臣当制，肇自无因与此。言者不见首尾，遂以卖友之罪加肇。自初出徐州时，及至还朝，每有人以此问臣，即一一具以实告。且使肇初与臣同，其后辄变，须臣言之，人乃知之。幽明不可欺，初本无是事，臣安得作是言？臣初无言，人乃欲以疑废肇，失矣。

在这里，彭汝砺把事情的原委说得很清楚，并且说有人说肇“卖友”，是因为不知事情的前因后果，曾肇并没有“卖友”。并明确指出：“臣初无言，人乃欲以疑废肇，失矣。”事实上，曾、彭关系一直很好，友情很深。彭汝砺的文集中还有十余首写与曾肇的诗，就在“卖友”事发生后，还有诗相赠，汝砺《鄱阳集》卷四中《送子开侍郎出守徐州》：“彭城事事似南都，顷岁曾分刺史符。吏治甚惭前有召，民谣更愧昔无襦。最思凤沼凤凰集，还见雁池鸿雁孤。万事我今无一乐，扁舟归梦满江湖。”元祐六年，曾肇出守徐州，彭汝砺已在待制任上，以诗送之。诗中先回顾自己一年前在徐州事，认为自己“吏治甚惭”，以“凤”谕友，以“雁”谕己，表达对朋友的良好期待与祝愿。睹物思人，有一次他见到了雪中梅花，想起了友人曾肇，一气呵成写了《湖湘路中见梅花寄子开》七首，其五：“折得寒梅自水滨，恰如去岁在宜春。潇湘不见江南客，只有花枝似故人。”在水边折得寒梅，看到了梅花想到去年与朋友曾肇在宜春的相聚，而眼前两人天各一方，不得相见，只有花枝似故人。相离时间不长，可满是思念，其情也深，其意也切。遗憾的是曾肇作品大多散佚，在现存的作品中不见曾肇写给彭汝砺的诗，但在彭汝砺去世后，曾肇所写的《彭汝砺墓志铭》与《祭彭江州文》，今天仍能见到。《彭汝砺墓志铭》中说:“予与公游二十余年,朋友之分深矣,今公亡矣,予无以为质矣。”而在《祭彭江州文》中对于自己与彭的友情写得真挚动人,文章的后半部分说:

呜呼器资!末俗陵迟,朋友道熄,许与之分,切磋之益。众皆弛鞄,子独汲汲。我生昏愚,与世殊适。惟子好我,论心莫逆。我先我后,子为羽翼;我有过咎,子为药石。子今云亡,我善谁责,岂无他人,莫如子直。呜呼器资!念昔太学,相从之初,绸缪缱绻,二十余年,中间省闼,并典赞书,出入风议,惟予子俱。子如飞黄,岂爱絷拘,有言不用,去不须臾。我亦遭谗,自请州符,迹有乖隔,心焉弗殊。去岁京城,子留我北,中情莫宣,相视默默。我行未达,子亦南迁。孰云契阔,曾不经年,尺书未达,已隔终天。寝门一恸,有泪如泉。呜呼器资!子讣之来,我适罪逐,相念平生,了然在目。匍匐欲往,身有羁束,千里寓辞,以代号哭。

痛失良友之情跃然纸上,读之令人心生同悲之感。对曾肇“卖友”的指责,显然是子虚乌有的,对他人品的指责也是无根无据的,而恰恰说明他的仁厚。洪迈的《容斋随笔·续笔》卷六所记载的一则故事也是很好的注脚。随笔说:“曾子开与彭器资为执友,彭之亡,曾公作铭。彭之子以金带、缣帛为谢。却之,至再。曰:‘此文本以尽朋友之义,若以货见投,非足下所以事父执之道也。’彭子皇惧而止。”曾肇为亡友彭汝砺撰写了墓志铭,彭的儿子要送金带等作谢礼,被曾肇真诚地拒绝。

曾肇知道对于这些时时处处找他茬的人,说什么他们也听不进。于是他没有为自己申辩,而是以自己的行动证明与彭的友情,证明自己的清白,他请求外任。自此,曾肇以宝文阁待制的身份出任颍州知州。在曾肇去世后,杨时(1044—1130)所作的《曾文昭公行述》中对此事都不忘做解释:“会有以蔡丞相确安州诗上者,谏官交章以为谤讪,谪新州,范、王二公争之不能得,同时罢去。先是,公与彭公约当制者必极论之,会公除给事中,未拜,彭公当制,言甚力,谏官多前日与公论异者,言彭公实公使之,诬以卖友。公不自辨,固辞新命,请外。章四上,除宝文阁待制,知颍州。”

建中靖国元年（1101），兄布在相位，曾肇因避嫌离任他职，于是改任龙图阁学士，提举中太一宫。同年，被封为曲阜县开国侯，食邑一千户，赐紫金鱼袋。崇宁元年（1102）七月，元祐期间的士大夫再度遭贬，曾肇也在被贬之列，他被贬到和州（今安徽和县）、后又调到岳州（今湖南岳阳），继而再贬到濮州（今山东鄄城）为团练副使，最后到汀州安置，在汀州两年时间里，他闭门谢客，不与外界接触，每天都是手捧书卷品读，房间也只放置床一张，坐也在其上，睡也在其上，仍是悠然自得。崇宁四年（1106）才回到润州，此时其兄曾布也居于润州，兄弟俩出入成双。次年，即大观元年（1107）八月，曾肇病逝于润州，终年 61 岁。

曾肇从举进士入仕以来 40 年，历英宗、神宗、哲宗和徽宗四朝，先后在十四州府任职，担任过吏、户、刑、礼四部之侍郎，两度为中书舍人。一生也可谓是跌宕沉浮。《宋史》卷三百十九《曾肇传》里说：

自熙宁以来四十年，大臣更事，邪正相轧，党论屡起，肇身更其间，数不合。兄与韩忠彦并相，日夕倾危之。肇既居外，移书告之曰："兄方得君，当引用善人，翊正道，以杜惇、卞复起之萌。而数月以来，所谓端人吉士，继迹去朝，所进以为辅佐、侍从、台谏，往往皆前日事惇、卞者。一旦势异今日，必首引之以为固位计，思之可为恸哭。比来主意已移，小人道长。进则必论元祐人于帝前，退则尽排元祐者于要路。异时惇、卞纵未至，一蔡京以兼二人，可不深虑。"布不给从。未几，京得政，布与肇俱不免。

史书里的这一段话对于曾肇四十年从政，不愿"邪正相轧"，又对于官场有切肤之感，于是规劝其兄布要"引用善人，翊正道"，但布不听其言。后章惇、蔡卞、蔡京等人得势，"小人道长"，而己祸不免。《宋史》对于曾肇的评价是："肇天资仁厚，而容貌端严。自少力学，博览经传，为文温润有法。更十一州，类多善政。……肇以儒者而有能吏之才。宋之中叶，文学法理，咸精其能。"从这寥寥数语的评价来看，其人品、学识、才华、政绩是被史家充分肯定的。曾肇后来被高宗追赠为"少师"，谥号"文昭"。杨时《曾文昭公行状》对于曾肇有一段总结式的话，基本概括了曾肇的一生。他说：

公天资仁厚，而刚大之气睟然见于颜面，望之若不可犯，而即之则温然可亲，不问知其为成德君子也。与人交无远近，亲疏之间不为虚词饰貌，一以诚意。引掖后进，惟恐不及。一经品目，人人自好。自少力学于六经，百氏之书无所不究，含英茹实以畜其德，非如世儒徒摭其华，雕绘组织，为辞章而已。经纶之业，盖其素所蕴积也。故其在朝则以论思之责为己任，出藩于外则所至有成绩。瀛州救荒之政，全活者不可以数计，至其受代则民挽留之，圮道阖门而不得去。更十一州，若此类不可悉数，然在公为不足道，故略而不载，平居于物无所嗜，惟藏书万余卷，手自雠校，终老不倦，穷探博取，无所遗亡。虽敌中山川道里，远近夷险，无不洞悉。与辽使语，道其委曲，皆大惊服，及自朐山还朝，某官某送伴北使，使者语某曰："昨期会日，执某事者非曾舍人耶？吾闻其名久矣。"其为远人钦慕如此。家素贫，未尝屑意有无，而以字孤赈乏为急。由布衣以至处显，视其居处被服饮食无少异，殁之日陈无新衣，荐无完衾，帷帐器用质素敝恶，阖门千指无所归，闻其风者，虽庸夫贱类，皆叹息为之泣下。①

从杨时的记载看，曾肇天资仁厚，含英茹实，为人诚恳，一生好学，穷探博取，宵衣旰食，无论在朝廷还是在州府皆有政声，为文卓然成一家，有两汉之风，令人叹服。

《宋元学案补遗》引用南宋大臣、文学家楼钥的话评价说："楼攻愧曰：文昭当元祐盛际，徽皇初政，再为词臣，气节议论尤挺特卓伟，名儒如上蔡龟山俱谓'端严有大臣之风'，其所变最盛。"引用南宋黄震的话评价说："黄东发曰……文昭历十一州惠利亦多，而立朝之绩尤显，方徽庙初，切劘上听，保护善类。立大中至正之论隐然，有社稷功。元祐士大夫再谪而公乞与之俱矣，然则曾氏兄弟岂徒以文鸣者哉。"② 后人对曾肇的评价是积极的。

① 曾枣庄等：《全宋文》卷二六九四，上海辞书出版社、安徽教育出版社2006年版。
② 王梓材、冯云濠：《宋元学案补遗》第四卷，中华书局2011年版。

第三节　曾肇的诗文

曾肇一生著述丰富,有《曲阜集》40卷、《外集》10卷、《奏议》12卷、《元祐外制集》12卷、《庚辰外制集》3卷、《迩英进故事》1卷、《内制集》5卷、《尚书讲义》8卷、《曾氏谱图》1卷,达92卷之多。但今天仅存收入在《四库全书》的《曲阜集》4卷,这4卷为曾肇裔孙曾俨在清代康熙年间所辑,其实这4卷中只有3卷是曾肇的著述,1卷为附录,附录收集了曾肇行状、神道碑及一些与曾肇著述相关的序、论等。曾肇其余著作均已散佚。

现存曾肇诗主要见于《曲阜集》,有17首。今人编的《全宋诗》中收录诗29首及残句,现能见到其词有一首,即《好事近》。诗词存量虽不多,但也能看出他的诗词的一些基本情况。

曾肇的诗生动清新。在现存的曾肇诗中有几首写景诗。曾肇写景诗,形象生动,秀丽清新。如其《淮南道中》:

四山蓊郁气朝隮,晚雨廉纤未有泥。
鸭绿几寻塘水浸,鹅黄一段稻秧齐。
幽花布地金钱小,野蔓萦林翠幄低。
满目淮南风景好,不堪时听子规啼。

诗人笔下是一幅淮南春景图。傍晚下着小雨,诗人行走于道中,四面青山,春之气息弥漫,味有菊香与野蔓,色有鸭绿与鹅黄,景有稻秧和水塘,还有晚雨与翠幢。而在这美好的风景中,几声子规鸣啼。静中见动,动中有静,状景于眼前,读之如临其境,清新秀丽自在不言中,而在这清新之中又多了几分幽静。再如《京口甘露寺》诗:

屈曲危楼倚半空,诗情无限景无穷。
江声逆顺潮来往,山色有无烟淡浓。

风月满楼供一览，乾坤万里豁双瞳。
片云迥逐斜阳去，知落淮山第几重？

这首诗写的是甘露寺多景楼之景，同样清新秀丽，写景生动形象，从这一角度看不失为一首好诗。但人们读到曾肇的这首诗，总喜欢把它与其兄曾巩的《甘露寺多景楼》相比。这两首诗写的是同一景，巩诗大气雄阔，肇诗清新动人，一首细笔漫描，一首粗划勾勒。两首不可放在一起相比论高下，而只能是读者对诗之风格各有喜好。宋代名人登多景楼并留下诗篇的，还有张蕴、王琮、杨蟠、米芾等。

其次，曾肇的诗情感丰沛。曾肇流传下来的诗作不多，其中思亲诗、寄友诗、唱和诗又占了相当的份额。这些诗往往充满感情，情真意切，感人至深。如《出门寄家》诗：

出门日日念归期，恐过归期未得归。
画角数声来别浦，孤帆一点背斜晖。
行逢山树秋前落，坐见江云水上飞。
尽是南人好风景，客心惊此却依依。

长期在外就不得不让人想家，思念家中的亲人，总也盼望着回家，哪怕是刚刚离家亦是如此。曾肇刚一离家就念叨着回家的日期，担心误了归期。夕阳下，画舫中，孤单单地行进于江水之上，坐在船上看着身边树木逝过，头上白云飘过，尽是这般好风景，更是勾起了思家依依不舍情，表达了诗人思亲的真挚情感。

再如《次后山陈师道见寄韵》，诗云：

故人南北叹乖离，忽把清诗慰所思。
松茂雪霜无改色，鸡鸣风雨不愆时。
著书子已通蝌蚪，窃食吾方逐鸒斯。

便欲去为林下友，懒随年少乐新知。

后山即陈师道（1053—1102），比曾肇小几岁，曾从曾巩学，与曾肇相友善。曾肇在这首诗里表达对朋友的思念，同时也流露出对朋友间的友谊充分信赖与肯定。像这种诗还如《寄吕南公》。吕南公（南城县人）与曾肇同属建昌军人，也是同庚好友，曾肇曾向朝廷举荐过吕南公。这首诗称赞了友人的才华，“风骚寓兴垂金薤，翰墨传家富玉杯”，也表达了对友情的坚贞与对友人的思念，“倾盖相知胜白首，扁舟临别重徘徊”。

这种情真意切不仅体现在思亲思友中，也体现在对自己生活与生存状态的真实描写中。如他的《族兄山庄》一诗，就通过近于口语化的语言，表达了自己对于兄长寄情山水间，远离官宦仕途忧扰的羡慕与追求，也表达了自己对于仕途生活的厌倦与无奈。诗云：“宦路崎岖寄此身，羡君筑室离嚣尘。能将孝谨传家法，何用声名动世人。桑落百壶宁惜醉，竹竿千亩不忧贫。求田更欲依丘陇，来往他时愿卜邻。”

从艺术的角度看，曾肇的一些诗想象丰富，表现夸张。如他的《上王荆公墓》，诗云：“天上龙胡断，人间鵩鸟来。未应淮水竭，所惜泰山颓。华屋今非昔，佳城闭不开。白头门下士，怅望有余哀。”诗中以“龙胡断”喻宋神宗之老，以“鵩鸟来”喻王安石之死；又以“淮水竭”、“泰山颓”写王安石之死对国家的损失，也借此表达自己彻骨的悲伤思念之情。再如《武夷山天柱峰》：“燕越相望路八千，忽惊天柱落尊前。何如乞我双凫舄，飞上峰头访列仙。”这首诗极具夸张与浪漫之特色，颇具李白诗的韵味。

元代陶宗仪《说郛》卷八十二里录陈师道《后山居士诗话》说：“世语云：苏明允不能诗，欧阳永叔不能赋，曾子开、秦少游诗如词。”宋诗多以议论为诗，而词多是写景抒情，秀丽清新。此中说曾肇诗如词讲的正是其诗的特点，正是他的诗与众多宋代诗的不同之处。

曾肇不仅能诗，还能词，只不过可惜的是他的词仅存一首《好事近（亳州秩满归江南别诸僚旧）》，词云：

岁晚凤山阴，看尽楚天冰雪。不待牡丹时候，又使人轻别。　　如今归去老江南，扁舟载风月。不似画梁双燕，有重来时节。

这首词是他在亳州任职期满，告别同事们时所写。曾肇为人仁厚，在地方多有善政，与僚属关系融洽，这首词也是一个见证。曾肇曾在多地任职，亳州是其中一个。同僚惜别，依依不舍，言浅意深，词借景抒情，表达作者宦游的无奈与惆怅。全词语言晓白，没有夸张渲染，富有婉约风韵，又让人感到亲切。

曾肇的著述多是应用性文章，因为写这些文章可以说是他的工作，是他的职责所在。就在今天能看到的《曲阜集》中，除了诗外，其余则是应用性文章，主要有诏、制、表、奏议、启、状、论、序、碑、记、墓志铭、行状、祭文。这些文章大多都有特定的读者对象，或是皇帝或是大臣，由于特定的对象就决定了文章该怎么写，写什么。

曾肇的文章体裁多样，涉及的内容较广。“制”“诏”“奏”等公文中，“制”是代皇帝代拟的诏令，“诏”也如此，而“奏”则多是向皇帝建言献策，从现存不多的奏章看，主要涉及人才教育与选拔任用、人才举荐、直言进谏以及对于时政的见解。如《上哲宗皇帝论经明行修科宜罢投牒乞试糊名誊录之制奏》《论选忠良博古之士置诸左右》《荐章处厚吕南公秦观状》《荐徐积为太学状》《上徽宗论惟才是用无系一偏奏》涉及人才的培养和任用的问题。《上哲宗皇帝论经明行修科宜罢投牒乞试糊名誊录之制奏》提出了在考试中罢去投牒乞试、糊名重新誊录的取士办法，因为“投牒乞试”是“虚文”，考察不了人之真才实学，而应实行推荐的办法把真正有才有行的人选拔出来。在奏章中，首先提出了取士的重要性，他说：“臣伏以国家取士之制，人才之盛衰，风俗之美恶系焉。”接着他又指出：“今设经义、诗赋等科，施之一时则可矣，然皆取以言，而不本其行，方之于古，臣窃以为未也。”而当下实行的“内外官举经明行修之士”，则“稍优其礼，则独取之以言”。然后，他用了较长篇幅来论证自己要求罢去投牒乞试、糊名重新誊录的取士的原因及如何取士的办法。他主张的取士办法就是要把德行才学俱佳的人从基层往上一级一级地向上推荐，成为是朝廷所征求的人，也是朝廷所急需的人，这样得到的人才是名副其实的人才。他说：

与斯举者，随众投牒，试于有司，糊名誊录，校一日之长，则不唯士失自重之谊，且于课试之际，无以别异于众人。则所谓本其行者，亦徒为虚文而已。恐未称所以命官荐举、优其恩典之意也。窃观三代两汉人才之盛，风俗之美，后世所以不能及者，取士以行，不专以言故也。今虽未能尽复古制，故经义、辞赋等科未可尽废，然驯致先王之治，亦宜有渐，则经明行修，谓宜别立一科，稍仿三代两汉取士官人之法。因今之宜，斟酌损益，要之，无失古意而已。至于投牒乞试、糊名誊录之类，非古制者，一切罢之。待遇恩数，尽居经义、诗赋等科之上，庶使学者知尊经术，笃行谊，人人勉于自修。自一乡推之以至一县，一县推之以至一州，一州推之以至一路，一路推之以至天下，则四方之士莫不知尊经术、笃行谊，以待上之求，应上之用。如是而人才不盛，风俗不美，未之有也。人才既盛，风俗既美，则所谓经义、诗赋等科，非以行谊进者，人将耻为之，不期于废而自废矣。如此，则经明行修之举，有得士之实，不为虚文而已也。或谓以行取人，则有浮伪矫诈之弊；尽去防检，则有交通请谒之私。臣以谓此殆论者之私忧过计也。夫左道乱众，色取仁而行违者，固圣人之所深恶，然必有以察之，试之于利害得丧之地，则可见矣。……明考察之方，公进退之法。以任人之得失，为举者之赏罚。行之以信，持之以久，风俗日入于厚，则交通请谒之私，又非所忧也。三代两汉之治去今远矣，然臣犹惓惓以此为言者，幸遇朝廷欲得经明行修之士，故臣欲由此而充之，以至于复先王之制，以成朝廷之美意。①

曾肇一向主张要知人之实。在元祐三年十月，他上《论君道在立己知人奏》，该奏近 2000 字。当时皇帝只有 11 岁，曾肇谏君立己知人，立己就是要皇帝以高尚的道德规范自己，做天下人的表率。知人，就是要皇帝识别人

① 曾肇：《曲阜集》卷二，钦定四库全书本。

的贤愚善恶。以言知人则要明察，他说：“至于知言，其事尤难。盖言亦多端矣，有辩有讷，有华有质，有是而非，有迂而直，不可不察也。”进而辩人之忠佞善恶。不为奸言所蔽，不让奸佞有可乘之机。这篇与上述《上哲宗皇帝论经明行修科宜罢投牒乞试糊名誊录之制奏》，可以参读，就更可清晰地看到他提出选人不能只观其言，更重要的是观其行的原因所在。

王安石当政时，在全国范围内实行了免役法（又名“募役法”“雇役法”）。哲宗继位后，司马光当权，于元祐元年（1086）恢复差役法，废除了王安石所实施的免役法。重新颁布后的差役法与熙宁初的免役法相比，发生了很大变化。熙宁年间就已出现的“钱亦纳，役亦差”的不合法现象更加明显了，各地出现一些乱象，曾肇根据实情上有多份相关奏折，如《乞更考察役法奏》《乞更计求治河之策奏》《再乞罢兴河役奏》等，这些奏折都很精短，对于役法提出了自己的主张，体现了他忧国爱民的思想。《乞更考察役法奏》里说：“臣昨奉使契丹回，有雄州、瀛州百姓，各陈述差役不便事。其状虽已退还，然体问得各称今日应役费用，多于往时出钱者。以二州推之，窃恐其他州县，以至诸路，抑或如前之所陈。臣于役法利害，本不详知，但承乏从官，将命出使，既见二州有所陈述，不敢隐默。伏望圣慈明诏有司，更加考察，如见今逐役法，尚有未便于民者，不惮修完，归于便民而后已，以称朝廷爱恤民力之意。”在这奏折里，曾肇希望朝廷对于现行役法的实施情况进行调查，要以便民为宗旨，不便民的要进行改正，直至便民为止，从而体现“朝廷爱恤民力”的意愿。曾肇在奏折之后又以“贴黄”的形式进行补充说明：“熙宁中更定役法之时，臣兄布判司农寺，实与其事，臣今言之，不为无嫌。但臣既亲见二州有所陈述，若观望畏避，不以上闻，在臣谋身远嫌，虽为得计，于事君体国之谊，则恐未尽。此臣所以不避僭越之诛，冒昧以闻，伏望圣明，曲赐照察。”曾肇忠君爱民之心、实事求是之心，由此也见一斑。次月曾肇又上《再乞罢兴河役奏》再次呼吁要爱惜民力，不要大兴修河之役，而应“稍缓”，根据利害科学决策，作出轻重缓急之判定。他说：“休养民力，爱惜财用，乃是今日先务，实系国家大体。”又说：“惟稍缓之，审度利害，最为得策。若出自圣断，臣恐论议无时而定。”

还有一类则是“表”，这些表多是向皇帝进呈的谢表或贺表，与历代诸多此类文章一样，多是应景奉承之作。如《谢史成受朝奉郎表》《陈州谢上表》《南京谢上表》《徐州谢上表》《宣州谢上表》《贺元祐四年明堂礼成肆赦表》《贺上传国宝表》《贺册皇后表》《江宁府到任谢表》，等等。而这些表中多是以谦卑之心对皇上表示感谢，甚至表示赞美，对皇后表示祝贺，对朝廷事成的祝贺等。如《陈州谢上表》是他到陈州任职，向皇上进呈的谢表。一般新任官员到任，即要向朝廷进到任表，对皇帝表示谢意。他在《陈州谢上表》里开篇即说：“初缘细故，辄丐徙州；继露危诚，复求易地。图报未伸于万一，冒烦已至于再三。自非明恕之朝，当在谴诃之域。圣恩甚厚，私愿弗违。视太守之章，孱愚知幸；望长安之日，感涕难胜。”又说：“维兹藩辅，密迩京师。事简民淳，首被朝廷之化；里安户佚，稀闻枹鼓之音。顾臣何人，获此善地！可觊康宁之福，皆缘覆护之恩。矧常守于是邦，有相望之仲氏，流风未远，故事可询。”他在奏折的最后说：“臣敢不体上之慈而哀矜于下，念已之病而绥养斯民。庶收尘露之微，少答乾坤之施。”各谢表所表达的思想差不多，只是遣词造句有所不同。而贺表则是以称颂赞美为主体，如《贺册皇后表》:“中闱肇建，盛礼具行，人神协谋，夷夏胥庆。窃以国家为天下之本，后妃实王化之基，致治所繇，求端非远。恭惟皇帝陛下绍天骏命，垂世永图，承七庙之吉蠲，奉三宫之供养。而长秩虚位，六职旷官，咨求淑人，来相宗事。上遵太母之训，下采有司之言，鼗钟在庭，典册备物。坤元博厚，已正于隆名；妇顺章明，可风于率土。臣身虽在外，义不忘君。诵造舟之诗，想见光辉之盛，申彤管之戒，庶几补报之忠。”

在曾肇现存的作品中还有书信，如《谢校勘启》《谢中书舍人启》《回冯如晦学士启》《与兄布书》《时寒帖》《奉别行复帖》《造门帖》《五十郎帖》《近疏帖》等。而《曲阜集》中只收录了前三篇，而后六篇是今人从各类文集中搜集并编入《全宋文》中的。不妨看一看他的《与兄布书》，此文亦见于《通鉴长编纪事本末》卷一三〇和《九朝编年备要》卷二六。信不长，是这么说的：

兄与惇、卞异趋，众所共知。绍圣、元符间，惇、卞有可以挤兄者，无所不为，亦众所共知。使其得志，未必肯舍兄;就令兄肯与之解仇，彼必不信，亦必不听。然则，不独宗社生灵、善人君子罹其患害，曾氏之祸必不在众人之后矣。兄方当国得君，正宜引用善人，扶助正道，使小人道消，邪说不作，以杜绝惇、卞复起之萌。而数月以来，世所谓善人端士者，相继去朝；其在内者，亦皆置之闲地，愔愔无气。而所进用以为辅臣从官、台谏者，往往皆前日事惇、卞者。今日兄势方盛，彼固不敢言及惇、卞，一旦兄势稍不如今日之盛，彼固不肯引元祐人及世所谓善人端士者，则必首引惇、卞，自为固位之计。人主平日所闻，皆毁訾元祐人之言，而世所谓善人端人士，又未必尽知，则其势不得用惇、卞。惇、卞果至，未暇恤其他，曾氏之祸其可逃哉？思之可为寒心，可为痛心，可为恸哭！不知亦曾思之否？

曾肇在这封信里分析了兄长所处的环境。他认为现在是善人端士都不在朝廷，在的则是愔愔无气，而章惇、蔡卞的人多为辅臣、从官、台谏者。章惇、蔡卞与他的这些党羽排挤曾布之心不死，简直到了无所不为的地步。于是他提醒兄长要提防他们，虽然目前兄长正“当国得君”，他们没办法，但稍有失势，他们就会出来攻击。如果他们得势，那是众人之祸，同时也是曾家之祸，并且曾家之祸还会比众人之祸来得快些。他对兄长提出了希望与建议，希望他能够“正宜引用善人，扶助正道，使小人道消，邪说不作，以杜绝惇、卞复起之萌。”这封信写于建中靖国元年，然而从后来的情况，曾布并没有依弟弟所言而行。后惇、卞复起，曾布再次外任，职务一降再降，曾肇也是如此。受到惇、卞的不断打击报复，正如曾肇所料。

在曾肇的文章中还有几篇序、论及记类散文。《汉文帝论》一反传统对于汉文帝的认识与评价，鲜明地提出了不同的见解。文章说：

予尝谓治天下本于躬化，及观汉文帝躬行节俭，以德化民，宜其有以振起衰俗，而贾谊以谓“残贼公行，莫之禁止”。其说以背本趋末者为天下之“大残”，淫侈之俗为天下之大“贼”。则当时风俗可谓敝矣，岂所谓躬化者果无益于治哉？盖文帝虽有仁心仁闻，而不修先王之政故也。先王有不忍人之心，则有不忍人之政。而其政必本于理财。理财之法，其定民之大方有四，而任民之职有九。士农工商，以辨其民；九谷、草木、山泽、鸟兽、材贿、丝枲，聚敛转移，以辨其职。又为之屋粟里布夫家之征，以待其不勤。是故天下无迁徙之业，无游惰之民，其于生财可谓众矣。至于爱养万物，必以其道，故罻罗网罟，斧斤弓矢，皆以时入。而覆巢、麛卵、杀胎、伐夭下，皆为之禁，取之又有其时也。于是制礼以节其用，天子都千里之畿，诸侯各专百里之国，卿士大夫至于庶人莫不有田。而视其位之贵贱，称其入之厚薄，而为之法制度数，以待其冠婚、宾客、死丧、祭祀之用者，隆杀多寡，各适其宜。为上者谨名分，以示天下，而人人安于名分之内，无觊觎于其外，是以淫僻放侈之心不生；而贫富均一，海内充实无不足之患。然后示之以廉耻，兴之以德义，故民之从之也轻。方此之时，游惰无所容，而虽有僭侈之心，亦安所施于外哉？教化之所以成，“残贼”之所以熄，盖出于是也。自秦灭先王之籍，而汉因之，务为一切之制由天子。至于庶人，无复有度量分界之限，而人人去本趋末，争于僭侈。高祖尝禁贾人不得曳丝乘车，其令卒于不行，至文帝之时，商贾富厚，力过吏执，而末技游食害农蓄。庶人墙屋之饰，仆妾之衣，皆宗庙之奉、天子之服，则其俗之不善可知矣。而文帝不知修先王之政以救其弊，方其开籍田以劝耕者，衣弋绨而斥文绣，以示敦朴，为天下先，其意美矣。然法度之具不行，而欲以区区之一身，率四海之众，岂非难哉！孟子曰：“徒善不足以为政。”非虚言也。虽然，以彼之德，成之以先王之政，则庶几三代之贤主哉！

汉文帝是高祖刘邦的第四子刘恒，其为人仁善，即位后励精图治，以德治政，天下大治，得到后世的高评。然而，文章开篇，曾肇认为治理国家之本在于“躬化”，汉文帝即位后躬行节俭，以德化民，可是依贾谊所言社会上依然是“残贼公行”，风俗没有得到转变。他认为并不是躬化无益于治，而是文帝“不修先王之政”。进而提出自己的治政观点：“其政必本于理财。”接着他抛出自己的理财设想，即如何“定民”与“任民”，他提出了办法。照此施行，则“生财可谓众矣”“海内充实，无不足之患”。这样就能成“教化”，熄“残贼”。再进而从历史角度加强论证,他以为秦朝和汉高祖治政仍然是“俗之不善”。而文帝仍然如他们一样,“不知修先王之政以救其弊”,那么虽然“仁心仁闻”,“开籍田”“示敦朴”,但以“区区一身,率四海之众,岂非难哉”。在文章的结尾,再次鲜明地提出自己的观点:“虽然,以彼之德,成之以先王之政,则庶几三代之贤主哉!”此时,面对社会现实,已有有识之士在思考经济问题,如曾巩的老师李觏就从他的“义利并行”的观点出发,提出要重视理财,他说:“治国之实,必本于财用。”又说:“贤圣之君,经济之士,必先富其国焉。”王安石更是十分重视理财,嘉祐四年(1059),王安石在三司度支判官任上,向宋仁宗进呈了长达万言的《上仁宗皇帝言事书》,指出:“天下之财力日以困穷,而风俗日以衰坏。”并接着指出理财的重要性,他说:“臣于财利固未尝学,然窃观前世治财之大略矣。盖因天下之力以生天下之财,取天下之财以供天下之费。自古治世,未尝以不足为天下之公患也,患在治财无其道耳。”在《汉文帝论》这篇文章中,看似曾肇在论说文帝治政的是非,其实他是在阐发自己的经济思想,体现了一位政治家之思,有着积极的现实意义与深远的历史意义。

除此篇外,曾肇还有《颜子论》《礼刑辩》等精彩的议论文。前者指出:“仁,人道也;圣,天道也。人道主爱,天道主化。”“颜子仁矣,而未足以入圣。至于神者,又圣之妙也。则所谓天下之至神,非孔子,孰能与之哉?”后者对于古时“礼不下庶人,刑不上大夫”提出了自己的见解,认为:“庶人不可以无礼,大夫不可以不刑也。”

记事记人方面的记叙性文章,还有奉诏为新作御史台所写的《重修御史台记》、守滁州时所作的《滁州龙蟠山寿圣寺佛殿记》、守江宁时为江宁所作的《忠孝堂记》,有奉敕而撰的《东岳庙碑》、为家乡撰的《南丰军山庙碑》,有《子巩先生行状》《曾太师公亮行状》,有《范忠宣公墓志铭》等五篇铭文,此外《曲阜集》还收录了《代范枢密祭温公文》《代祭刘贡父文》。《南丰军山庙碑》写于建中靖国元年(1101)三月,本文从《礼》里祭山神说起,接着写家乡军山之“势雄气秀”,为“南丰之望”。他说:“军山,南丰之望也。考其图记,其高十有九里余二百步。其上四峰崛起,望之苍然;其傍飞瀑,一泻千尺；其下龙穴，投以铁石，雨辄随注；其产竹箭材章，利及比壤。县固多大山，而兹山杰出，见于百里之外。其势雄气秀，若蹲虎兕而翔凤鸾，宜其能出云雨，见怪物，给民材用，以为此邦之望也。”接着写山名“军山”之由来，“旧传汉吴芮尝攻南粤，驻军此山，其将梅鋗祭焉。礼成，若有士骑麾甲之状，弥覆山上，因号军山”。再写庙宇始建于唐开元年间，后屡毁屡建及庙址变更情况。而在元符三年（1100）六月，其兄布上奏请建，“庙成，丞相属其弟肇为之记”。再用一定篇幅写南丰县之沿革以及宋时“户口蕃庶，室家丰乐”之气象。文章最后，“且缀以诗，使邦人春秋歌以祀焉”，诗曰：

土膏起兮，流泉驶兮，牧徂于田，偕妇子兮。
既耕且艺，耘且耔兮，一岁之功，在勤始兮。
野无蟊螟，塘有水兮，非神之力，其谁使兮？
我芭盈兮，我实成兮，挥镰銍銍，风雨声兮。
囷仓露积，如坻京兮。遗秉滞穗，富鳏茕兮。
饮食劝酬，销忿争兮。尚非神助，岁莫登兮。
我有室家，神所佑兮。我有旄倪，神所寿兮。
神之惠我，维其旧兮。上之报神，亦云厚兮。
酾酒刑牲，殽杯丰兮。吹箫考鼓，声逢逢兮。
我民荐献，无终穷兮。千秋万岁，保斯宫兮。

曾肇的文章也有自己的特色。首先他的文章长于记事说理。要让人知晓，就得把事情说清楚；要让人信服，就得把理由说充分。特别是诏、制、表、奏议等文章，如果这个理说得不好可能会遭遇到降级、外调、牢狱之苦甚至血光之灾。正是出于这种需要，他的文章长于记事说理。如在《上哲宗皇帝议明堂祀上帝及五帝》奏议里，可谓是引经据典，旁征博引。他引证《周礼》《尚书》和《孝经》等重要典籍，同时引证孔安国、孔颖达等人对于这些典籍的传疏内容，并对这些内容逐一分辩，指出其是与非。通过摆事实，指出古代及当朝不同时期是如何祭祀上帝、五帝的。通篇有理有据，既有理论上的引证，又有事实根据，最后强有力地提出自己的观点："伏请自今宗祀神考于明堂，以配昊天上帝，并祀五方五人帝、五官神，以称严父之孝，以成大享之义。"曾肇博学而有辩才，立论本源于六经。当然，这是向皇帝进言，得讲究语气、用词等，得娓娓道来，不急不躁，温和而有风度。这也正如《宋史·曾肇传》里所称他"博览经传，为文温润有法"。《曲阜集》卷四称："肇制诰温润典雅。其草兄初拜相制，汪玉山称之，以为得命次相之体。"清人所纂的《四库全书总目》也称其制诰"渊懿温纯"。再如他的《再论韩维不当罢门下侍郎》，老臣韩维因口头陈述范百禄之过，而没有以奏折的形式上呈，哲宗因之想要对韩治罪。此前，曾肇曾上奏希望撤销治韩维罪之诏，但皇帝没有采纳。于是曾肇再上此奏。曾肇首先肯定韩维是有不当之处，但问题的关键不在于是不是口头陈述，而应在于陈述的事情是不是事实，是不是欺君，如果所陈述的是事实则不是欺君。接着又分析如果借此治罪韩维，必然是弊大于利，失大于得。在分析的过程中，他也是以古论今，晓之以理，并明确表态：我蒙厚恩食厚禄，决不会袒护韩维而辜负陛下。意在说我曾肇上奏是出于公心，是替皇上您考虑的。他说：

今陛下责维徒口奏而已，遂以谓有欺君之意。臣恐命下之日，人心眩惑，以谓陛下以疑似之罪而逐大臣，恐于陛下盛德不无损也。执政大臣自此以维为戒，无敢开口议论臧否人物。君臣上下更为形迹，恐非陛下推赤心以待大臣之谊，亦非大臣展布四体以事陛下之道也。夫执政大臣，天子之所礼貌，所以共安危治乱者也。古人以谓人主之尊如堂，群臣如陛，陛廉远地则堂高。又言二千石尊重难犯，乃能使下。夫二千石，盖一郡守耳，犹不可轻易去之，况陛下左右执政之臣，有堂陛之势者乎。臣蒙陛下厚恩，食朝廷厚禄，岂有私一韩维以负陛下？[①]

在此之前，曾肇《封还韩维罢门下侍郎词头奏》就说得更直率，直言相

① 曾枣庄等：《全宋文》卷二三七七，上海辞书出版社2006年版。

劝。他说："臣伏思韩维所言，诚出于谗，则固不为无罪，然未见维指陈百禄不正及非理事迹，则其言是非，尚未可知。若百禄果有不正及非理事迹，则维言为当，罪在百禄。若百禄无之，则维不为无罪。"他从韩范两方面来看，来劝说皇帝细思量，明辨是非，权衡得失。最后还为皇帝出了个主意，把韩范二人找来，让韩当面指陈范的不正及非理事迹，然后"质以公议"，这样"是非自见"。也许正是上奏未在皇帝那奏效，才有了这篇"再论"。他的大多奏议等"应用文"都体现了这一特点。以至于后世将他的这种"应用文"体作为写作范本。南宋著名学者王应麟在《玉海·辞学指南》里说："散文当以西汉诏为根本，次则王岐公、荆公、曾子开诏熟观，然后约以今时格式。不然，则似今时文策题矣。"①

很显然曾肇的这类散文可以与王珪、王安石同论。曾肇也曾两度入朝担任"制诰"之职，也足以见得他在这方面的才能与专长，也足以见得上自皇帝下至大臣们对他这一才能的肯定。以至于杨时在为曾肇所撰写的《曾文昭公行状》里称赞说："其文之精也，克承其家学，有两汉之风。其不以言语辞色假借人，而慎重得大臣之体，于今可以庶几前辈风流者，惟公一人而已。"

曾肇的散文，还擅于抒情。其情或蕴藏于叙事的字里行间，或跳跃于文字之表。如《子固先生行状》一文，对于兄长的生平事迹叙述中充满感情，而行文快结束之时，他的感情也达到了高潮，他直问苍天："呜呼！天夺吾母，不数月又夺吾兄，何降祸之酷至于斯极也！岂其子弟积恶，罚不于其身，而及其母兄，使之抱终天之痛，为世之所大僇耶？"再如他的《上哲宗论亢旱乞罢春燕》一文，开篇他以一种忧虑的心情叙述京西、陕西的灾情，"雨不时应，旱气已成，麦苗萎黄，势将槁死，虽有收成之处，所得固已无多"。接着夸奖哲宗及太皇太后，"畏天爱民，海内所知，岂忍生灵转徙沟壑"，再下来就转入了他所要论述的正题，他说："伏见已定今月十七日春燕。臣愚切谓天灾方作，民食未充，乃于此时君臣相与饮食燕乐，恐无以消伏天灾，导迎和气。伏望特赐德音为罢春燕，使百姓咸知陛下忧恤民穷，则天意亦顺，必有

---

①《玉海》卷二百二，钦定四库全书本。

膏泽应声而至,犹足以苏枯槁,以答生民之望。盖辍一日之适而成终岁之功。”其中饱含殷殷爱民恤民之情，也隐含企盼皇上、太皇太后开恩罢宴的急切心情。又如我们前文所引的《与兄布书》,可以说写得情真意切,大至国家安危,小至家族祸福，对其兄动之以情，晓之以理，简直是含泪规劝，泣血而告。结尾用“寒心”“痛心”“恸哭”三词，其意层层递进，其情节节提升，然后水到渠成地以“不知亦曾思之否”来结束全封书信,其血脉相连的兄弟之情谊、为国为家的情怀，其如焚的忧思，跃然纸上，敲击人心。再如他的《时寒帖》《奉别行复帖》《造门帖》《五十郎帖》表现的依然是亲情、友情的真挚。

曾肇的文章在语言上也很有特色，那就是“四六文”的应用到了炉火纯青的地步，令人叹为观止。这种格式大量用于制诰、表启、祭文类文体中。南宋文学家谢伋（1099—1165）在《四六谈麈》中说:“四六施于制、诰、表、奏、文檄，本以便宣读，多以四字、六字为句。”[①] 其句式为“四四对”“六六对”“四六四六对”或“六四六四对”。南宋学者王应麟（1223—1296）在《辞学指南》也说：“大抵表文以简洁精致为先，用事不要深僻，造语不可尖新，铺叙不要繁冗，此表之大纲也。”[②] 虽然撰“四六文”不是曾肇之创举，但他运用得好,是高手。他用语言浅易,用词简洁,表意清晰准确,读来平易流畅,朗朗上口，不艰涩难懂，无强求字句合“四六”式之痕。他大量文章达到了王应麟的这一要求，于是王应麟在《辞学指南》将曾肇的制文列为最为可法的范式之一,要熟读熟诵。他说:“前辈制词如张乐全、王荆公、岐公、元厚之、东坡、颍滨、曾曲阜、王初寮、汪龙溪、綦北海、周益公所作，裒集熟读则下笔自中程度矣。”又说：“前辈表章如夏英公、宋景文、王荆公、欧阳公、曾曲阜、二苏、王初寮、汪龙溪、綦北海、孙鸿庆诸公之文，皆须熟诵。”

曾肇为人称道的文章再如为其兄曾布所拟的《曾布银青光禄大夫守尚书右仆射兼门下中书侍郎制》。据《资治通鉴长编》卷四百七十八记彭汝砺言：“如肇者,其文可以掌大命令,其学可以决大谋议。顷在西掖,屡能补缝阙漏。”而后人还往往对其兄弟在这方面作一比较，如元代袁桷认为在这方面肇高于

① 《四六谈麈·诗文评类》，钦定四库全书本。
② 王应麟：《玉海卷·辞学指南》二百三卷，钦定四库全书本。

兄巩，他在《题曾文昭诗》里就说："文昭、文肃当贫苦时皆舍人抚字，迄见有成，至于制诰则殆青于蓝。"而更多的学者从其家学渊源论之，古之论者常说曾肇"犹能不失家法"和"克承其家学"，其意是指他的文法等与兄长曾巩相似，或者说是曾巩的继承。这一点可以从曾肇的文章看出。名师出高徒，曾肇的文章达到一定高度，故古有论者以为他"诗、古文与子固齐名"。曾肇"从兄中书舍人子固学，日夜不辍"，况且兄长又是弟弟心目中的"父师"，焉能不受其影响？

第四节　曾巩的其他兄弟

曾巩兄弟众多，他的同父兄弟就有五人，即哥哥晔，弟弟宰、牟、布和肇。他爷爷四兄弟、曾爷爷五兄弟，与他同爷爷辈及以上辈分的在此不论。父亲七兄弟，而他们的子女都是曾巩的堂兄弟姐妹，如平、庠、罕、章、冲、准、罼、叔卿、皋、阜、惠先、覃等。在此论除布、肇外的曾巩同父兄弟及个别从兄弟。

1. 曾晔

曾晔为曾巩的长兄，他与曾巩同父异母。他的母亲为周氏，晔未成年时，母亲去世，后父亲再续吴氏，生下了曾巩等。对于曾巩这位哥哥，有关的史料记载不多。

曾晔，字茂叔。他生于大中祥符二年（1009），比曾巩年长 10 岁。曾晔体质较弱，在父亲去世后，也难以担当家庭重负。哥哥英年早逝后，曾巩为他写下了墓志铭。铭文不长，而兄弟拳拳之情却溢于言表。曾巩在铭文中称赞其兄"有智策，能辨说，其贯穿反复，人莫有能屈之者"。曾晔是一个很细心的人，做事总是考虑得尽可能地周全。但是他更是一个十分爱读书，勤于读书的人，在他弟弟的眼里是"欢愉忧悲、疾病行役、寝食之间，书未尝去目"。他读书的范围也很广，往往读而有得。曾巩在他的墓志铭里说："自上古以来，至今圣贤百氏、骚人材士之作，训教警戒，辨议识述，下至浮夸诡异之文章，莫不皆熟，而于治乱兴亡、是非得失之际，莫不能议焉。"正是由于曾晔读万卷书，对于天下是非得失、治乱兴亡的历史了熟于心，对时下也较为关注与关心，多有探究。所以他写的文章尤为可人，“文章尤宏赡瑰丽可喜”。可是正是这样一位有学有才的年轻人却生活困顿不顺畅，宏才雄志而无处可施展，身心疲惫。

曾晔也善诗文，但作品散佚，今仅见《二源曾氏族谱》中收录有他的一首七言律诗《春日与弟子固、子进读书岩中飘然感兴》。诗云：

岩中晴雨满碧空，岩中人似坐鸿蒙。
南台高峙沙将擢，方石横流水自通。
韫椟且须怀美玉，鸣弦恰好对焦桐。
怡怡气味春无限，直欲翱翔万里风。

诗写曾晔与弟弟曾巩、曾牟在读书岩洞中读书的情形，表达了自己翱翔万里的鸿鹄之志。皇祐五年（1053），曾晔参加进士考试而不中，只好回家，可不幸的是在归途中又染上疾病。十二月，他在江州（今江西九江）去世，年仅45岁。

在曾晔短暂的一生中，虽未看出他做出什么大事，但其才已显露，他勤于读书，善于为文，乐于上进，可惜英年早逝，壮志未酬，其弟曾巩感慨地说：“有材而不试以死。”

曾晔妻李氏，生有两个儿子一名叫觉，另一名叫冀。生有女儿二人。

2. 曾牟

曾巩虽然父亲去世早，但在继母和自己的教育培养下，弟弟个个长大成材。弟弟曾牟与曾巩同父同母，也是长弟。曾牟字子进，生于天禧五年（1021）四月，36岁时与兄曾巩等人参加了嘉祐二年（1057）科举并中进士，初授衢州安仁县令，后调任临川县做推官，治平二年（1065）五月初四不幸去世。年仅46岁。虽然其人聪明能干，但人生短暂，没有留下诗文及更多的生平资料。

牟生子一：维，字公纪，授朝奉郎越州通判。维生子一：戆。戆立曾忱次子曮为子，宋绍熙乡荐任修职郎，荣赐县尉，嘉泰门勅授信州文学，生子四：森、枢、楷、楹（出继）。

3. 曾宰

曾宰是曾巩的次弟，与曾巩同父同母。曾宰（1022—1068）字子翊。嘉祐六年（1061）中进士。历官舒州（今安徽潜山县）司户参军、潭州湘潭县（今湖南潭湘市）主簿。其人博学多才，于经史百家、音律、地理无不潜心钻研。熙宁元年（1068）四月病逝于湘潭任上，年仅47岁。10年后，归葬于家乡源头。他去世后，曾巩为他撰写了《亡弟湘潭县主簿子翊墓志铭》，铭中曾巩深情地追忆了亡弟曾宰的生平事迹，这些成了今天所能见到的有关曾宰最为重要的资料。从中可知："子翊少力学，六艺百子、史氏记、钟律地理、传注笺疏、史篇文字，目觉口诵手抄，日常数千言，手抄书连榻累笥不能容。于其是非治乱之意既已通，至于法制度数、造物立器，解名释象、声音训诂，纤悉委曲，贯穿旁罗，无不极其说。且老，未尝一日易意。其为文驰骋反复，能传其学。为人质直孝弟，抑畏小心，少年饮酒歌呼、饶乐放纵之事，未尝一接焉。"曾巩对于弟弟的去世感到十分惋惜，感到他的才学还没有为世所用，只不过做了一名小小主簿而已，没有发挥其应有的作用；天妒英才，让人哀伤不已。曾巩感叹道："所居官理，其去人思之。其学于古者，盖未尝试也。"在铭文的最后对于曾宰一生作了一个简要评介。他说："好学不倦，以及其详。力行不已，亦蹈其常。见于遗文，华衮之章。含其淳德，璞玉之良。于舒于潭，非试其有。方强而尽，又夺其寿。畜而不施，则既已矣。潜而益明，尚监于此。"

同样很可惜，曾宰留下来的作品很少。此处录其在舒州任上写给王安石的《舒州寄王介甫》，诗云："官居隐几望潜山，不似茅檐旧日闲。顾我尘沙添白发，怜君道路失朱颜。江涵秋老鲈鱼美，岸入春风荻笋斑。此味总佳吾不乐，惟思一马返乡关。"诗里告诉王安石他在舒州的基本情况，也表达思乡之情。此前王安石有诗送曾宰，即《次韵曾子翊赴舒州官见贻》："皖城终岁静如山，府掾应从到日闲。一水碧罗裁缭绕，万峰苍玉刻孱颜。旧游笔墨苔今老，浪走尘沙鬓已斑。揽辔羡君桥北路，春风枝上鸟关关。”[①] 这首诗是与曾宰的唱和诗。

4. 曾晔

曾晔是曾巩大伯曾易直的儿子，曾巩的堂兄。这位哥哥从小就聪明俊秀，学习用功，成绩不错。他与曾巩的父亲同在天圣二年（1024）得中进士，并出任吉州（今江西吉安）的军事推官。

5. 曾叔卿

曾叔卿是曾巩的另一位堂兄。据《曾坊曾氏支谱》和金溪县东源《武城曾氏重修族谱》中记载，叔卿为曾巩的大伯易直的次子，也即曾晔的弟弟。在《宋史》中有一段不到 200 字关于曾叔卿记录，主要是讲述一个关于曾叔卿诚信不相欺的故事。年轻的曾叔卿家里很穷，于是做一些贩卖陶器的活儿营生。有一次，他从南方把陶器贩运到北方，但是还没有出发，就有人从他手中将那些陶器买走，并付了货款。此时叔卿问那生意人，将怎么处置这些陶器，那人很爽快地告诉他说，想学习他以前的做法，将这些陶器拿到北方去卖。此时叔卿听他这么一说，当即制止说：北方最近发生灾荒，很多人没有饭吃，这些东西拿到北方肯定是卖不出去了，所以还是不能运到北方去。我也不能不把这些情况告诉给你，不告诉你就会贻害你。那人听他这么一说，就把那批陶器退回给了他，拿回钱离开了。而此时的曾叔卿也是急需钱用，一家人在贫困中挣扎，妻子得病等钱治，儿子嗷嗷待哺，正如洪迈所言：“叔卿家苦贫，妻子饥寒不恤也。”尽管如此，他还是坚持自己的耿介高洁之本性，不昧着良心挣黑心钱。

早在《宋史》编修之前，南宋时期的洪迈（1123—1202）根据南城人吕南公的“不欺述”记录将这则故事写进了《容斋随笔》七卷《洛中盱江八贤》[②] 中，洪迈说：“司马温公《序赙礼》，书闾阎之善者五人，吕南公作《不欺述》书三人。”而吕笔下三人即陈策、危整和曾叔卿。他们都是以诚闻名。吕南公、洪迈意在教育后人要诚信经商，曾叔卿的“不欺”之卓行一直受到人们的称赞。

---

① 李壁：《王荆文公诗笺注》，上海古籍出版社2010年版，第762页。

② 洪迈：《容斋随笔》，岳麓书社1994年版。

曾叔卿后来参加了科举考试，在庆历六年（1046），他中得进士，后官至秘书省著作佐郎，知登州。

6. 曾庠

曾巩还有一位堂兄曾庠，曾巩大伯易从之子。曾庠字明升。出生于天禧二年（1018），小时候就能刻苦好学，为人聪明，善于写文章，嘉祐四年（1059）中进士，历任邵州司理参军、衡州常宁县令、福清县丞直至秘书省著作郎。为官之时政纪严明，政声显著。熙宁九年（1076）十月去世，享年五十九。他去世后，曾巩应其儿子曾扩的要求为他撰写了墓志铭。曾巩在铭中写道：

> 君少孤，自感励好学，能文章，为人聪明敏达，喜事有大志，不肯少屈。为吏以材称，治狱能尽其情。为令丞，易敝兴壤，纲纪具修，吏不敢犯，而民安之也。有声显闻，荐者自许得人。不幸不寿，不克尽其用。

7. 曾皋

嘉祐二年（1057），曾巩堂弟曾皋与曾巩同登进士第。曾皋为曾巩叔叔易丰的儿子。曾皋字子山，熙宁六年（1073）三月，以夔州路勾当公事著作佐郎任太子中允、权发遣夔州路转运判官兼提举常平等事，不久又因避嫌被罢去了提举常平等事。据李焘《续资治通鉴长编》卷二百四十六载：“权发遣夔州路转运判官曾皋罢兼提举常平等事，以判司农寺曾布亲嫌故也。”元丰年间又任黄梅县令，邓州南阳县令等职，元祐年间先后任陇州、邠州通判。

第五节　曾巩的妹妹及妹婿

陈师道在《光禄曾公神道碑》中说：“公夫人周氏、吴氏、朱氏。公子晔，不仕；巩，中书舍人；牟，安仁令；宰，湘潭主簿；布，龙图阁直学士；肇，吏部郎中。女嫁承议郎关景晖，南康主簿王无咎，秘阁校理王安国，江宁府教授朱景略，秘书丞李中，承议郎王幾，宣德郎周彭孺，一卒于家，一再适王无咎，凡女九人。”[①] 而在《四库全书》中的陈师道《光禄曾公神道碑》一文中在曾易占女婿的记载中只注“此处缺文”，无明确的姓名记录。《南丰县志》（清同治版，卷十二）：“博士有女九个，长适山阴关景晖，次适南城王无咎，三适临川王安国，四适会稽关景宣，五适福州王彦深，六适侯官王深甫，七又适王补之，八适江都王幾，九未适而卒。诸婿皆进士，为海内名人，可谓一时之盛。”这两者记载是有出入的。但关景晖、王无咎、王安国、王幾几人是没有异议的，对于朱景略、李中、周彭孺、王彦深、关景宣和王深甫六人中究竟哪三人才是曾巩的妹婿，的确是要辨别一下。宋代王明清在《挥麈录》里记载曾巩参加考试时说：“嘉祐初，与长弟及次弟牟、文肃公，妹婿王补之无咎、王彦深幾一门六人，俱列乡荐。”王明清（1128—1214），字仲言，汝阴（今安徽合肥）人。而王明清的母亲是曾布儿子纡的女儿，曾纡是王明清的外公。按常理，应该说对外公家的家世情况是清楚的，但他的记载还是有疑点。曾巩在《殿中丞致仕王君墓志铭》里说：“君讳某，字某，其先琅邪人，尝徙家于蜀。至君之考，又徙家于扬，故今为扬之江都人。……有子二人。曰幾，大理寺丞。曰深，润州丹徒县主簿。……寺丞娶余之仲妹，以书来乞君之墓铭，余不能辞

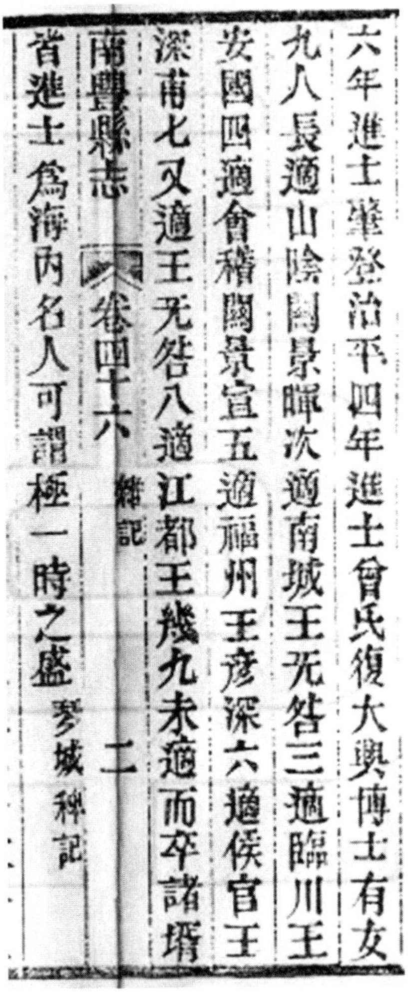
六年進士肇登治平四年進士曾氏復大興博士有女
九人長適山陰關景暉次適南城王无咎三適臨川王
安國四適會稽關景宣五適福州王彥深六適侯官王
深甫七又適王无咎八適江都王幾九未適而卒諸壻
南豐縣志 卷四十六 雜記 二
皆進士爲海內名人可謂極一時之盛 蓼城稗記

清同治《南丰县志》关于曾巩妹婿的记载

① 曾枣庄等：《全宋文》卷二六七〇，上海辞书出版社2006年版。

也。”根据王明清这里的记录，王彦深即是王幾。但王彦深是福州人，而非江都（今属江苏）人，而江都王幾，即王彦成，而非王彦深。曾巩这里明确地说王幾是他的仲妹婿。这可能也有误，不是仲妹婿，而是八妹婿，也许是历代印书过程中弄错了字。而更多的资料显示，曾巩仲妹嫁的是王无咎，而非幾。嫁幾者是八妹。曾巩在《江都县主簿王君夫人曾氏墓志》一文中说：“试校书郎、扬州江都县主簿王无咎妻曾氏，建昌南丰人，先君博士第二女也。”显然两处矛盾，其中一处必然有误。《江南通志》卷一百十三记载：“王幾字彦成，江都人。宰长洲。为政平允，弛张以时，境内豪强慑服，贫细得以安堵（南畿志）”。这么看来，王明清所言有误，王彦深与王幾是两个不同地方的人。综合县志、曾巩和王明清的记载看，他们两人都是曾巩的妹婿。根据《宋史·王回传》记载：“王回字深父，福州侯官人，父平。”而曾巩在《隆平集》里也记载:“回字深甫，福州侯官人，尝举进士。”《福建通志》里记载:“王回字深甫，平之子。嘉祐二年进士。”在文献中常将“父”与“甫”混用，可见深甫即深父。但在曾巩的笔下为什么只称“深甫，吾友也”？如果是其妹婿，为什么在同一部县志同一卷里不把他列入同年“曾家进士榜”中？《南丰县志》的依据又从何来，有一种可能，王深甫举进士时还没有娶曾家女，而中了进士之后，才娶了曾巩的妹妹；称其友，是因为先为好友，再将妹妹许嫁于他。曾巩还常在书信中与他谈论家事，也谈论学问，自然不仅仅只是“吾友”而已。

傅氏为职方员外郎关鲁之妻，曾巩撰《福昌县君傅氏墓志铭》，铭中说：“子男八人，景棻、景元、景仁、希声、杞、景山、景宣、景良。”曾巩又在此铭中说：“景宣，予之妹婿也，宜为铭。”在《会稽续志》卷六中载：“嘉祐八年（1063）许将榜，褚唐辅、关景晖（景仁弟）。”由此，可见关鲁即景晖之父，景晖为景仁弟，景仁弟有希声、杞、景山、景宣、景良五人。除景宣是曾巩妹婿外，应是五人中有一人改名为景晖。《咸淳临安志》卷六六载关鲁的八个儿子情况：“景棻、景元、景仁、希声、杞、景山、景宣、景良，皆学行修立。以进士同升者三人，景棻、希声、杞是也。其后相继第进进士者又三人，景仁其一也，余二人非旧名，不可考。”而其余三人只有景元、景山与景良。而三人中景元与景山为景宣的哥哥。曾巩在祭关鲁文《祭关职方文》说："拜公以晚，见托以姻。"这明确地说明了他们的姻亲关系。但托谁的婚姻未明说。景宣为曾巩的妹婿是明确的。清代同治年间《南丰县志》说："长适山阴关景晖""四适会稽关景宣"。这么看来，关景晖和关景宣则为两兄弟，同时娶了曾氏两姐妹。由此看来，王彦深、王深甫、王幾、关景宣都是曾巩的妹婿。曾巩在为其九妹所作《仙源县君曾氏墓志铭》里也说："吾妹十人，其一早夭，吾既孤而贫，有妹九人皆未嫁，大惧失其时，又惧不得其所归。赖先人遗休，嫁之皆以时，所嫁诸皆良士。"

综上，相对而言，清代同治年间编纂的《南丰县志》较为可信。也就是说曾巩的妹婿依次是：关景晖、王无咎、王安国、关景宣、王彦深、王深甫和王幾。

1. 长妹与关景晖

易占长女生于天圣四年（1026），为吴氏所生，这一年曾巩八岁。她与曾巩是同父同母兄妹。属曾巩之长妹。对于她生平事迹记载甚少。她去世后，哥哥曾巩为她写下了《郓州平阴县主簿关君妻曾氏墓表》，回忆了妹妹短暂的一生。妹妹是由祖母一手带大的，小时候好静而不爱好打闹嬉戏。等到年纪大了一些的时候，她就很爱读书，对于妇女所做的织布、刺绣、缝纫等活计，她用不着别人教，自己都能做好，待人接物、言谈举止都有自己的分寸，也合乎于礼仪，人们很难得见她喜怒形于色。她赢得了人们的普遍尊重。她一向注重节俭朴素，对于那些繁华富丽的东西并不感兴趣。无论是在父母家里，还是丈夫家里，她都能够安于贫困，即使是生活拮据，甚至于蔬食都难于为继之时，她也能宴然处之。但是她对于别人却是十分的慷慨，如果他人有困难时，她会毫不顾惜自己所需，而去帮助别人。她勤快，任劳任怨，操持家务，极其细致耐心，把家整得有条有理。她侍奉父母、公婆都能极尽孝道。婆婆长期生病，无论是白天夜里，她都要亲自探视，亲自侍奉婆婆起居、用药。一家人过得和和美美。嘉祐二年（1057），曾巩与弟弟宰及妹婿多人同时中得进士，妹妹很高兴，于是跟着丈夫去淮南看望兄弟们，当到了真州（今江苏仪征）时，竟染上了疾病，七月的一天病逝于曾巩乘坐的船上，年仅三十二岁。曾巩在墓表里说：其长妹去世时，“有女一人，曰某，始五岁”。

妹婿关景晖，字彦远，为浙江山阴人。晁补之《别关景晖二首》其一：“郧王台上几追陪，台上鸦鸣古甓摧。每对灯前青玉笛，不辞花下白银杯。九重幽梦骊驹近，百卉佳时鹳鹊催。更约欢呼须继日，从教河汉卷星回。”在“不辞花下白银杯”句后注“皆彦远家物”[①]，从此可知关景晖字彦远。嘉祐八年（1063）景晖中得进士。但关景晖的生平事迹并不清晰，可考者甚少。他与晁补之关系很好，至今仍能看到晁补之写给他的诗词。晁补之出生于皇祐五年（1053），济州巨野（今属山东巨野县）人，为“苏门四学士”（另有北宋诗人黄庭坚、秦观、张耒）之一，元丰二年（1079）进士，北宋时期著名文学家。从他的这些诗词中可以看出一些与关景晖相关的信息。他在《送会稽关彦远罢官河北》一诗中云：“君年长我二十五，偶以气同均弟昆。”由此可知他们两人是忘年交，且可由晁补之年龄推断出景晖出生时间当在天圣六年（1028），比妻小2岁。

关景晖曾为官河北，曾巩有诗相送，《送关彦远赴河北》诗云：“子明高谊众人知，苗裔清材世所推。诗作士林夸刻烛，赋成天路喜同时。岂当白首淹风力，自合青云纵羽仪。”而他的好友晁补之则有《送会稽关彦远罢官河北》。从晁补之的《汴都赋序》中可以看到，关景晖在河北是有政绩的，也深得河北民众的怀念。晁补之在该文里说：

奉议郎前知亳州谯县事关景晖，初奏《汴都赋》以讽，天子嘉其才。命对便殿，景晖言天子盛德，焦劳天下。盖四方之政所以行而其未归之清净，以谏上爱民，力固基本，如所奏赋旨。天子以语宰相，使补中都官之缺，景晖贫不能留京师，乃官河北。而先帝弃天下，景晖亦行去。河北抱其赋而泣，以属北京国子监教授晁补之序其意。[②]

从上还可知，他曾作《汴都赋》，可惜今不见。而在《全宋文》卷

① 晁补之：《鸡肋集》卷十六，钦定四库全书本。
② 曾枣庄等：《全宋文》卷二七二一，上海辞书出版社2006年版。

一五二六中收录有他写于元祐八年（1093）的《丽水县通济堰詹南二司马庙记》一文。全文不长，文章开篇点明丽水县的通济堰水利工程造福百姓，“岁虽凶而田常丰”，接着写修复通济堰和堰旁的詹、南二司马庙的事由，即简记詹、南二司马修堰之功，而对于新修庙则仅一句“庙今一新，愿有记焉”带过。而紧着作者对庙之毁兴过程发表了自己的议论。议论的要义则是“弊而变，变而复”，并由此生出这是天下事物发生变化的常理之感叹。他说:“天下之事，莫不有因久则弊，弊则变，变则复，理之然也。因之者，二司马也。”

曾巩对这位大妹婿很是喜爱，有多首诗相赠。除上述《送关彦远赴河北》外，再如《送关彦远》，其诗云：“莫辞为我百分饮，从此送君千里行。物情簪屦尚须念，人道交亲那可轻。渚梅江柳弄佳色，林鸟野蜂吟好声。对之但醉余可置，明日此杯谁共倾。”依依惜别之情倾注于笔下。《送关彦远赴江西》诗云：“食蘗饮冰廉士操，敝衣穿履古人风。溪堂兴足登临后，滕阁今归啸傲中。一榻高悬宾阁峻，二龙俱化县池空。因过胜境须行乐，驿召方当急诏东。”诗中向关景晖介绍滕王阁等胜景，希望他能去观赏。

在关景晖父亲关鲁去世后，曾巩满怀悲伤之情写下了《祭关职方文》，其文曰：

> 呜呼关公！以文中科，以材为吏。艰于厥初，四十始仕。终领两州，其治大肆。告老于朝，郎官以归。卿士大夫，观望嗟咨。孰为公居？竹水之寰。孰为公园？正据湖山。公出公休，八子侍侧。仕者大半，同时共籍。其声显扬，其习顺慈。万石之风，百世相差。有后如斯，世谁能及？而况公年，跻于八十。或如公寿，莫如公安。履劳抚少，其意桓桓。拜公以晚，见托以姻。书犹在几，讣已及门。福禄之全，在公奚憾？念昔思来，族亲之感。吊庐在东，远不及会。泣叙斯文，千里之外。缱绻之情，已于一酹。

祭文中称赞了关鲁家族昌盛，“公出公休，八子侍侧。仕者大半，同时共籍。其声显扬，其习顺慈”，认为这是“福禄之全”。因有“族亲之感”，不能亲临吊唁，只好千里写祭文以奠。关景晖的嫂嫂也就是景仁的妻子去世后，曾巩为她写下了《夫人周氏墓志铭》。他在铭中说："夫人嫁关氏，为徐州丰县令景仁之妻，为尚书职方员外郎、赠尚书都官郎中讳鲁之子妇。"而晁补之与关景晖相友善,唱和诗甚多。还有如《病起答关景晖》《别关景晖二首》《陪关彦远曾彦和集龙兴寺咏隋时双鸭脚次关韵》《和关彦远秋风吹我衣》《次韵彦远相州道中二首》《和缙云守关彦远浮山作》，等等。

2. 次妹、七妹与王无咎

曾巩的二妹生于天圣五年（1027），长大后嫁与王无咎。她聪明贤惠，曾巩在《江都县主簿王君夫人曾氏墓志》里对于其妹的情况进行了概括性的描述。他说："（次妹）孝爱聪明，能读书言古今，知妇人法度之事，巧针缕刀尺，经手皆绝伦。先君选其婿于里中，以归王氏。王氏家故贫，曾氏为冢妇，而其姑蚤世，独任家政，能精力，躬劳苦，理细微，随先后缓急为樽节，各有条序。有事于时节，朝夕共宾祭奉养，抚其门内，皆不失所时，将以恭严诚顺，能得其属人。其舅喜曰：'吾不以家为恤矣。'其夫叹曰：'我能一意自肆于官学，不以私累其志，曾氏助我也。'"可惜的是她英年早逝，在嘉祐四年（1059）的五月因病去世，年仅 33 岁。

曾巩在二妹去世之后，又将七妹嫁与王无咎。曾巩在给王深父的一封信里谈及将七妹嫁与王无咎的原因，他说："去年第二妹嫁王补之者，不幸疾不起。以二甥之失其所依，而补之欲继旧好，遂以第七妹归之，此月初亦已成姻。"当然还有一个原因自然是曾巩爱其才。

邹浩（1060—1111）在《德兴县君曾氏墓志铭》里对于曾巩七妹的情况有一个大致的介绍。七妹名德克，字淑珍。成年之后嫁到王家，九年之后王无咎去世，自此守寡 40 余年。大观二年（1108）五月，她在儿子润州的官舍中去世，享年 69 岁。据邹浩的墓志铭介绍，她为王无咎育有二男二女，而先前她姐姐生有两个女儿，她含辛茹苦，把六个孩子养育成人。

七妹性情庄重，又遵守曾家之门风，为人处事处处严格要求自己，从小到大，不论是在娘家还是夫家，不论是做女儿还是为人妇为人母时，她都能遵守妇道。七妹也是苦出身，八岁时父亲去世，嫁到王家，又是一贫如洗，还有姐姐留下的一双女儿，她却能安于贫困，全力支持丈夫。王无咎辞官回家潜心著书立言，终成著名学者。而不幸接踵而来，丈夫英年早逝，家逾贫，且无靠。在此情况下，她拖儿带女地投靠了二哥曾巩，她努力培养儿女，男儿得以读书考试，中得进士而归，且以文名于当世，女儿也找到较好的归宿，从而使王家也再度复兴。正如邹浩所说："王氏气尝几绝矣，至是复继而滋丰，夫人力也。呜呼贤哉。"

王无咎生于天圣二年（1024），虽然贫困，但聪明有才，曾巩颇欣赏他的才华，于是将二妹嫁与他。王无咎的父亲王瑜，字君玉，少虽贫，然守于志，力于学，善教子，乡人都把子弟送到他那里学习。按清乾隆十二年（1747）《新城县志》载："生四子，无忌、无咎、无隐、无晦，皆进士。"王无咎排行第二。王安石《建昌王君墓表》[①] 也持此说。王无咎与曾巩同在嘉祐二年（1057）中进士，随后，他出任江都尉。再后又调任卫真主簿等职。王安石《台州天台县令王君墓志铭》："君南城人，王氏，讳无咎，字补之，嘉祐二年进士也。初补江都县尉，丁父忧，服除，调卫真县主簿。"但他弃官而从王安石游学。由此在生活上失去可靠的经济来源，陷入了困顿之中，以致于一家人食不果腹，衣不蔽寒，于是只好再次出仕，担任了南康主簿。但是不久又将官职辞去，再一次将主要精力投入求学问道之中。对求学他孜孜不倦，即便是寒冬酷夏，他也不敢稍稍有所懈怠。他的治学吸引了不少人，求学者常常达百余人。他的老师王安石做了宰相，他也就到了京城，一时学人羡慕不已，多从之游，甚至有人选择与他毗邻而居，与他"考经质疑"。但是往往他与别人的意见难于相合，只有王安石的言论他不敢不同。王无咎很重视自己的品行修养，他曾写了篇《审己箴》[②]，对自己进行审视，他说："汝曰有德，汝未大成。汝之有过，伤德盖轻。圣能恕汝，犹曰汝美。众人不逮，知慕而已。恕汝不知，慕汝辄愉。汝不自返，卒比于愚。愚不可比，汝孰宜惧。圣人之恕，众人之慕。"后来，王安石上奏举荐王无咎，认为他"才行该备，守道安贫，而久弃不用"。由于王安石的推荐，王无咎被召为国子监直讲，可惜任命书还没有传到手上，他就不幸去世。时熙宁二年（1069）闰十一月，年仅46岁。他去世后，王

① 王安石：《临川集》卷九十，钦定四库全书本。
② 吕祖谦：《宋文鉴》卷七十二，钦定四库全书本。

安石为他撰写了墓志铭。王安石在铭中说：“所谓质直好义，不为利疚于回，而学不厌者，予独知君而已。”王无咎有一个好酒的毛病，且时常喝醉。但是只要酒稍稍醒了一点，即便是深夜，别人都已入梦乡，他都要起床点灯夜读直至天亮。也正是勤奋如斯，他才见解异于他人，才著述丰富。以至于王安石铭其墓曰：“安时所难，学以为已。于呼鲜哉，可谓君子。”也正因如此，元代脱脱在《宋史》里列其传。宋元符间建昌军把他列入四贤堂，与李觏、曾巩和邓润甫同祀。宋绍兴间，建昌军权知军事蔡延世建十贤祠于建昌军南城县，王无咎与陈彭年、李觏等十位先贤同祀其中。

王无咎著有《王直讲集》。曾肇为其文集作序，但那已是王无咎去世28年后。其子䌹与缊担心父亲的文稿散佚，于是编辑成若干卷，并请舅舅曾肇作序。在序文里，曾肇高度评价了王无咎。在他看来，在宋代产生了诸如欧阳修、王安石、曾巩等著名文学家，但是其后能够与他们相提并论的只有王无咎了，当然这不免有些过誉。曾肇在《王补之文集序》里说：

今其见于集者，质疑问难于数公为多，因其言可以知其学也。补之之于斯文非苟然而已，盖其于书无所不读，于圣人微言奥旨精思力索，必极其至于诸子百家、历代史记是非得失之理，必详稽而谨择之。本茂华韡源深流驶，故其为文贯彻古今，反覆辨博，而卒归于典要，非特驰骋虚辞而已。充补之之志，盖将著书立言以羽翼六经，而不幸死矣。

王无咎的文集今已散佚，其文仅见曾枣庄等《全宋文》卷一五二五收录的《抚州新建使厅记》等8篇，诗仅见《游麻姑山》及《劝岁师酒》。我们不妨看一看王无咎的诗文，如《游麻姑山》，其诗云：

仙軿昔日此留连，气象辽辽尚宛然。
溪落断岩为远瀑，路从绝顶见平田。
千年芝有灵禽戏，一洞云留羽客眠。
已乐胜游尘境外，况陪清论酒尊前。

这首诗写他游家乡麻姑山的情景，他流连于麻姑山的美景，这里有瀑布、平田、灵芝、珍禽、仙洞、美酒等，游人置身其间似在尘境之外，让人忘忧。诗有闲淡清远之风。再如《劝岁师酒》：

腊去东风渐破春，凭轩怅望倍凝神。
鸟鸣晓霁声音乐，物被阳和气候新。
佳景牵怀吟稍遍，芳杯到手举宜频。
灵均空诧离骚好，憔悴终为独醒人。

再看他的一篇文章《抚州新建使厅记》。此文是他应抚州郡守钱公之邀请而作，文章开篇有异于一般“记”文。他在文首从“善为政者”和“不善为政者”两个方面说开去，善为政者能够按照事情的缓急来处理，可缓而不可废。他认为“崇其善而替其恶，此最其所急，而不可缓者也。至于城池之所以备豫，廨舍之所以兴居，仓库之所以出纳，以及台榭廐驿亭圃之区区。宜革而革，宜修而修，此差可以缓而不可废者也”。此一议论为写使厅的新建作铺垫。而抚州使厅是在什么情况下新建的呢？是唐危全讽所建，至今已有二百多年，已经破败得很；另一方面，社会形势较好，“吏民顺谐”“狱论清简”，于是新建使厅。文章没有用过多笔墨描写新建后使厅的规制，而只有寥寥几笔。文中说：“于是使四县之令各备其材，而不自惮其烦，缱绻督视，故能以旬有二日而成。既成，则其规模高广皆逾于旧。而其始又以智损其中六楹，故使坐其下者，宛转四顾，豁然虚旷，称夫临堂堂千里者之势，其用于事而善如此，真所谓宏敏周通之君子哉。”全文正是在议论和描述中赞美钱公治邑有方，刑清政简，百姓安居乐业。也正是这样作者才欣然作记。文章纡徐曲折，精于议理。

除《抚州新建使厅记》外，另七篇是《审己箴》《上梅直讲圣俞书》《答王子发书》《送浔阳周主簿序》《题崔圆传后》《武安侯田蚡》《暨阳葛君字序》，其中《上梅直讲圣俞书》是与梅圣俞讨论士之“趣”与“才”之事，信中也表达希望能得到梅圣俞提携的愿望。而在《答王子发书》中，与王子发讨论的是“性”，他从人人皆知“吾身生于父母”说起，引用孔子、孟子、荀子、《左传》等关于“性”之主张来认证，进而提出自己的主张：“故性者常可以善言，而不可以恶言，以其始同出于不移。”倾向于性善论。

王无咎与曾巩、王安石既有书信往来，也有诗词唱和。曾巩有《王无咎字序》，王无咎向曾巩求字，曾巩为他取字“补之”。作为兄长，曾巩在“字”里寄托了对无咎殷切的期望，以颜回之学来期许他。曾巩说：“取《易》所谓无咎者，善补过者也，为之字曰补之。夫勉焉而补其所不至，颜子之所以为学者也。补之明经术，为古文辞，其材卓然可畏也。以颜子之所以为学者期乎已，余之所望于补之也。假借乎已而已矣，岂予之所望于补之哉！”曾巩还作《送王补之归南城》，其诗云：“瘦马君将去，清樽我谩开。眼看新雨露，身带旧尘埃。但喜丹心在，休惊白发催。穷通莫须问，功业有时来。”王安石作有《送王补之行风忽作因题四句于舟中》，云：“淮口西风急，君行定几时。故应今夜月，未便照相思。”又有《寄王补之》云：平居相值晚，况复道涂留。今我思挥麈，逢君为舣舟。人情方慕贵，吾道合归休。吏责真难塞，聊为泮水游。”在王无咎去世后，王安石为他写下了墓志铭，给予了较高的评价。

除曾巩、王安石外，王无咎也与当时其他一些名士有交往，如欧阳修、梅尧臣等，今仍可见他们往来的书信或唱和的诗歌。在熙宁三年（1070），欧阳修曾给王无咎写过一封信，信中云：“某启。近者行舟过界上，特辱惠书，喜承秋冷气体安和。以至郡道里差遥，不敢曲邀车骑，又失于上问，全乏迎候，岂胜愧恨。某蒙恩得请，郡僻事简，衰年疲病，苟禄偷安，甚为幸也。款见未涯，以时自爱。”王无咎有写书信给梅尧臣，如《上梅直讲圣俞书》。梅尧臣有《杂言送王无咎及第后授江都尉先归建昌》，其诗云：“白袍来，黄绶回。来跨蹇驴回跨马，麻源三谷桂花开。江都作尉入风埃，主人刘向西京才。心如明月无不照，恐君已到还鸾台。”由于王无咎大量作品散佚，难见他们交往详情。

3. 三妹与王安国

曾巩的三妹生于天圣七年（1029），长大后嫁给王安国。

王安国，字平甫，生于天圣六年（1028），江西临川人，王安石之弟，比王安石小七岁。王安国从小聪明好学，很小的时候就能作文，得到时人好评，13 岁时写下的《题滕王阁》，其诗云："滕王平日好追游，高阁依然枕碧流。胜地几经兴废事，夕阳偏照古今愁。城中树密千家市，天际人归一叶舟。极目烟波吟不尽，西山重叠乱云浮。"诗出被人广为称颂，被多家《诗话》收录，宋代何汶《竹庄诗话》里有记："王平甫年十三，登滕王阁赋诗，郡守张侯见而异之，为启宴乐于其上。"《宋史・王安国传》里说："（王安国）幼敏悟，未尝从学，而文词天成。年十二，出所为诗、铭、论、赋数十篇示人，遂以文章称于世，士大夫交口誉之。"王安国敏而好学，博闻强记，才华出众。曾巩在《王平甫文集序》里也说："平甫自少已杰然以材高见于世。为文思若决河，语出惊人，一时争传诵之。其学问尤敏，而资之以不倦，至晚愈笃，博览强记，于书无所不通，其明于是非得失之理为尤详。"从陈师道的《题王平甫帖》诗中，也可见王安国才华之出众，陈诗云："可恨治朝无此老，却嫌晚进不同生。足知落笔千言疾，尚想挥毫一坐倾。未信哲人穷五字，二难还復以诗鸣。"[①] 其兄王安石在《王平甫墓志》里表达了同样的意思。尽管王安国颇有才华，于书无所不读，于词无所不工，但在科举的路上走得并不很顺畅，几次参加考试都没有被录取。有一年参加秀才考试，成绩优异，他所作的文章被评为第一，而此时母亲去世，他不得不中断考试，而为母守孝三年。在这三年里，他细心地研读了大量的佛经，对于佛教等有了更加深入的了解。由于才华出众而闻名于朝野，许多大臣因之都举荐他，称他有才华，并且把他的文章缮写好献于朝廷，建议对于王安国这样的人才应特别对待。于是王安国受到皇帝的召见和测试，赐予进士及第。从此，王安国步入仕途，先是被任命为武昌军节度推官、西京国子监教授，不久调任崇文院，特改著作郎秘阁校理，人称王校理。后来任大理寺丞，可是不久便去世了。这一年是熙宁七年（1074），享年 47 岁。

尽管王安国才华横溢，满腹经纶，但他对于其兄长王安石的变法活动还

① 陈师道：《后山集》卷七，钦定四库全书本。

是不理解。因为王安石的关系，王安国任职期满后，他回到京城，神宗皇帝召见了他。两人有一番交谈，先谈论的是汉文帝的文治武功，王安国对于文帝评价甚高，认为“三代以后贤主未有如文帝者。”接着从历史回到现实中，谈论当下治国用人。神宗问：“王猛佐苻坚以蕞尔国而令必行，今朕以天下之大而不能使人，何也？”王安国回答说：“王猛睚眦之忿必报，专教苻坚以峻刑法杀人为事，此必小臣刻薄有以误陛下者。愿专以尧舜三代为法理顺而势利则下，岂有不从者乎？”①

两人交谈一番之后，神宗皇帝又向王安国了解外界对王安石变法的看法。神宗皇帝问：“安石秉政，外论谓何？”王安国回答说：“但恨聚敛太急，知人不明耳。”

神宗本是想听到王安国告诉的答案能让他很高兴，不料王安国所反映的情况是外界认为王安石变法是为了急着敛财，又不能知人善任。神宗听到他这么一说自然是高兴不起来。

王安国虽然被朝廷委以官职，但只是不入流的小官吏而已。可能因为对于变法在民间情况更了解，也是出于对兄长、对家族的爱护和对天下百姓的关心，于是他一回到朝廷任职，就不断劝说兄长要考虑变法的不良影响。如果不及时消除不良影响，其危害性会越来越大，甚至可能由此而给兄长本人及家庭都会带来祸害。他曾对王安石说：“天下汹汹，不乐新法皆归咎于兄，恐为家祸。”然而王安石听不进弟弟的劝言，于是安国在影堂里大哭，对于兄长和家族命运颇为担心，直叹息说：“吾家灭门矣！”此一声叹息也足以见得王安国爱家之心，也可见在他看来如此变法施行下去的后果是不堪设想的。

王安国也曾责备曾布误导王安石，使得他做出了变更法令的事情。曾布说：“足下人之子弟，朝廷变法何预足下事？”安国勃然大怒说：“丞相，吾兄也；丞相之父即吾父也。丞相由汝之故杀身破家，僇及先人，发掘丘垄，岂得不预我事邪？”此一呵斥似乎很不给小舅子的面子，同样可见王安国对于变法

① 李焘：《续资治通鉴长编》卷二百二十七，钦定四库全书本。

的担忧之心切切，对其可能产生的后果惶恐不安。

尽管王安国对于变法的看法不一致，甚至反对，对于变法所带来的后果担忧，这也正是兄弟情深使然。他们在日常生活中互相关心、问候，赋诗唱和。如王安石的《示平甫弟》，他在诗中说：

汴渠西受昆仑水，五月奔湍射黄矢。
高淮夜入忽倒流，倚岸相看欲生觜。
万樯如山矻不动，嗟我仲子行亦止。
自闻留连且一月，每得问讯犹千里。
老工取河天上落，伏砾邅沙卷无底。
土桥立马望城东，数日知有相逢喜。
墙隅返照媚槐谷，池面过雨苏篁苇。
欣然把手相与闲，所愿此时无一诡。
岂无他忧能老我，付与天地从今始。
闭门为谢载酒人，外慕纷纷吾已矣。①

又如《寄茶与平甫》，诗云："碧月团团堕九天，封题寄与洛中仙。石楼试水宜频啜，金谷看花莫漫煎。"给弟弟送茶叶还不忘写首诗，提醒弟弟好好品尝这上好茶叶，字里行间满溢兄弟亲情。再如《与平甫同赋槐》《平甫归饮》《和平甫舟中望九华山二首》《游栖霞庵约平甫至因寄》《寄平甫》等等。弟弟安国不幸逝世后，王安石还满怀深情地撰写了《王平甫墓志》，表示深切的悼念。

王安国是一位有才华的人，一生写下了大量诗文。去世后，他的家人集得遗文一百卷，定名为《王平甫文集》，曾巩为之作序。但今天只留传下来一卷，人们称之为《王校理集》。

王安国诗文兼工，正如其兄王安石所言："盖于书无所不该，于词无所

① 傅璇琮等：《全宋诗》卷五四八，北京大学出版社1992年版。

不工。”其妻兄曾巩对此也十分赞赏，在曾巩看来，很多人能文而不工诗，工诗而不善文，但王安国既擅文又工诗，且诗中充满情感。他说:“古今作者，或能文不必工于诗，或长于诗不必有文。平甫独兼得之，其于诗尤自喜，其忧喜、哀乐、感激、怨怼之情，一于诗见之，故诗尤多。”并评价说：“其文闳富典重，其诗博而深。”王安国的诗如《池上春日》诗云：

一池春水绿于苔，水上花枝间竹开。
芳草有时依旧长，文禽无事等闲来。
年颜近老空多感，风雅含情愧不才。
独有前人修禊在，荒亭终日此徘徊。[①]

这首写池上春色，春阳之下有青苔、翠竹、芳草、漂亮鸟儿，还有不相谐的荒亭等。尽管如此，但在诗人笔锋一转，一“老”一“荒”字，令苍凉之气从笔底袭来，但又不乏“风雅含情”。

又如《春阴》诗云：

似雨非晴意思深，宿酲牵率卧春阴。
若怜燕子寒相并，生怕梨花晚不禁。
薄薄帘帷欺欲透，遥遥歌管压来沉。
北园南陌狂无数，祇有芳菲会此心。

这首诗同样是写春景，但此景是一个醉酒人眼中的景，且有丝丝寒意，有燕子、梨花，透过薄帘入眼来，此时还有远处飘来的歌声。而“狂”字一点，写出芳菲春意闹。

再如《缭垣》写的则是冬景，同样是一个醉酒人透过帘子看到室外的景色，冬阳下有低飞的乌鹊、寒桧、梅花等，本是肃杀之景，但一个“笑”字

① 陈思编：《两宋名贤小集》卷六十一，钦定四库全书本。

又让冬景鲜活起来了。诗云：

缭垣乌鹊近人飞，帘外曈曈日上迟。
桧作寒声风过夜，梅含春意雪残时。
古今无物为真乐，出处何心更诡随。
寄语年华聊一笑，未应长负醉乡期。

这些诗中足以见他的真感情，其情充沛、真挚动人，不如一般宋诗多议论，而多以意境取胜，通过意境的描写，表情达意，颇得唐人气韵。江少虞的《事实类苑》卷十七记录了高丽国人求王平甫诗一事："熙宁中，高丽使人求王平甫学士京师题咏。有旨令元厚之钞录以赐。厚之时权尹京，诣平甫求新著。平甫戏作诗曰：谁使诗仙来凤诏，欲传贾客过鸡林。"这也说明王安国的诗在当时负有盛名。现存的诗，多律诗，多写景，如《夏日独居》《游庐山宿栖》《金明池》《中夏》《雨余》《梅花》等等都是写景诗。遗憾的是王安国原本传世的诗作就少，古代部分文集中误以为他的《池上春日》《西湖春日》和《春阴》等是林逋诗作而收入林逋诗文集中。

王安国一生不算顺达，"不得其志"，人虽"穷"，但其诗却能"达人"，流传于后世千古。陈师道在《王平甫文集后序》里对于这一现象作了较大篇幅的论述。他说：

序欧阳永叔谓梅圣俞曰：世谓诗能穷人非诗之穷，穷则工也。圣俞以诗名家，仕不前人，年不后人，可谓穷矣。其同时有王平甫，临川人也，年过四十始名荐书群下士。历年未几，复解章绂，归田里，其穷甚矣。而文义蔚然又能于诗，惟其穷愈甚，故其得愈多。信所谓人穷而后工也。虽然天之命物，用而不全，实而不华；渊者不陆，物之不全，物之理也。盖天下之美，则于贵富不得兼而有也，诗之穷人又可信矣。方平甫之时，其志抑而不伸，其才积而不发，其号位势力不足动人，而人闻其声，家有其书，旁行于一时而下达于千世，虽其怨敌不敢议也。则诗能达人矣。未见其穷也，夫士之行世穷达不足论，论其所传而已。[①]

又正如其兄所言："平甫乃躬难得之姿，负特见之能，自立于不朽，虽不得其志，然其文之可贵，人亦莫得而掩也。"当然他的诗之所以能工，也是千锤百炼而后成的，且善于接受别人的意见，作出修改。宋代魏庆之在《诗人玉屑》卷八里记载苏东坡所讲的一则故事："王平甫自负其《甘露寺》诗：'平地风烟飞白鸟，半山云木卷苍藤。'余应之曰：'精神全在卷字上，但恨飞字不称耳。'平甫沉吟久之，请余易，余遂易之以'横'字。平甫叹服。"从此则故事亦可知王、苏关系亲密。

王安国亦能词，如《减字木兰花·春情》词：

画桥流水，雨湿落红飞不起，月破黄昏，帘里余香马上闻。　徘徊不语，今夜梦魂何处去，不似垂杨，犹解飞花入洞房。

词写暮春景色，流水画桥，雨丝纷纷，落花片片，流水落花让人暗生惆怅。月上中天，帘里余香，勾起了人们无限的思念。现实中无人可以细语，只待在梦中，杨花可入洞房而人却远在他乡不能入房，可谓是写尽思念之情。特别是后两句，将思念爱人的情绪写得缠绵悱恻，楚楚动人。

王令《送赠王平甫》诗称道安国文学之才。诗云：

士学何漫漫，近习忘远绍。文章多自名，谁出得高调。
子才希世珍，拔俗起孤峭。如解万里骏，不以羁縻要。
篇章缀清新，霞电绚天影。夜归借之读，掩纸疑有耀。
洗手脱世尘，飞身就遐眺。舌骨谁谓朽，死魄如可召。
缩手不愿学，神巧谢人妙。余材生何偏，日月费吟啸。
收奇欲身名，揽古愿独吊。平生勇前争，未始却自料。

① 曾枣庄等：《全宋文》卷二六七〇，上海：上海辞书出版社2006年版。

一日接大敌，说舌忽忘挑。如秋九磨镜，迫我以丑照。
贪观朝日明，退失两目了。愿假斧斤惠，刻形近天肖。
寄声诚甚勤，献璞定逢笑。[①]

宋末元初方回《瀛奎律髓》卷二十也有高评，他说："欧阳公、梅圣俞、南丰、东坡、后山盛称王平甫诗，读其集，佳者良多。视其兄介甫颇豪富，高于元、白多矣。"

由于王安国诗文名出众，一些诗文名家也多有与他唱和，如邵雍、欧阳修、刘攽、沈辽、梅尧臣等，同时他们对于王安国赞誉有加。欧阳修有《送王平甫下第》诗："归袂摇摇心浩然，晓船鸣鼓转风滩。朝廷失士有司耻，贫贱不忧君子难。执手聊须为醉别，还家何以慰亲欢。自惭知子不能荐，白首胡为侍从官。"邵雍有《和王平甫教授赏花处惠茶韵》："太学先生善识花，得花精处却因茶。万红香里烹余后，分送天津第一家。"梅尧臣致王安国的诗有多首，如《王平甫惠画水卧屏》《依韵和王平甫见寄》《送王平甫拟离骚》《泊徐城寄杜挺之王平甫》《李宣叔王平甫饮于阻水》《次韵和王平甫见寄》等。《送王平甫拟离骚》："识君兮不早，君尚少兮我老。兰与蕙兮多薰，搴杂佩兮芳芬。兰倏往兮蕙随，心俯仰兮徘徊。与识吴兮吴乐，尝适楚兮楚悦，君何为兮我阔。麒麟絷兮不驰，凤凰蔽兮挑达。均莫悲兮别离，怅公子兮何之。绝大江兮无波，奉赤鲤兮藉荷。苇菰荇兮陈羹，亲意得兮忘荣。世反是兮从賫，聊送君兮伤情。"[②] 诗中回顾了与王平甫的交谊，赞美了王平甫兰蕙般的品质，也表达了惜别之情。刘攽诗如《和王平甫韩干画马行》《省中寄王平甫》《次韵王平甫直舍未开梅花》《酬王平甫》《还王平甫秀才诗稿》，其中《还王平甫秀才诗稿》："王子能诗古不如，壮心豪气未应除。百年总付人间世，一腹都容天下书。白雪关山来騕袅，绿萍池沼秀芙蕖。穷愁已作无闻老，相愧临濠一问渔。"[③] 沈辽有《赠王平甫》，诗云："轻舟喜出大梁城，更得高才共载行。

① 王令：《广陵集》卷七，钦定四库全书本。
② 梅尧臣：《宛陵集》卷五十三，钦定四库全书本。
③ 刘攽：《彭城集》卷十五，钦定四库全书本。

海内相知君与操，从容尊酒论平生。”①

4. 六妹与王深甫

根据清同治《南丰县志》记载，曾巩的六妹嫁给了王深甫。王深甫，即王回（1023—1065），字深甫（父），福州侯官人。据曾巩为其母所撰写的《金华县君曾氏墓志铭》，王回为宰相曾公亮的外甥，其母为曾公亮的妹妹。其母颇有贤德，曾巩在墓志铭里说：“夫人兄鲁公公亮实为宰相当国，然夫人能自广以理，未尝乱其志。教养其孙，至男有立，女有归。”曾巩是经王安石介绍才认识王回的，王安石十分欣赏王回的才华，与他交好。至和元年（1054），王安石还携他一起游安徽的褒禅山，事后王安石写下了著名的文章《游褒禅山记》。在王安石文集中收录给王深甫的书信有四五封，书信中既有对日常生活的关心，也有对学问的探讨，更有思念之情的表达。如王安石在《答王深甫书》中开篇就说：“某拘于此，郁郁不乐，日夜望深甫之来，以豁吾心。而得书，乃不知所冀。”王安石十分高兴地把王回介绍给曾巩，而曾巩没办法见王回，王安石于是把王回的文章寄给他。曾巩没有读到王回的作品已迫不及待地把他推荐给了老师欧阳修。曾巩在《再与欧阳舍人书》中说：“近复有王回者、王向者，父平为御史，居京师。安石于京师得而友之，称之曰‘有道君子也’，以书来言者三四，犹恨巩之不即见之也，则寓其文以来。巩与安石友，相信甚至，自谓无愧负于古之人。览二子之文，而思安石之所称，于是知二子者，必魁闳绝特之人。不待见而信之已至，怀不能隐，辄复闻于执事。”曾巩十分欣赏王回的才华，不仅向老师欧阳修推荐，还将六妹嫁给了他。据《福建通志》载：“王回字深甫，平之子。嘉祐二年进士，为卫真簿，不合，称病去。居颍州，朝士多荐之。治平中以为忠武军节度推官知南顿县，命下而卒。”曾巩在《王深甫文集序》里也说：“尝举进士，中其科，为亳州卫真县主簿。未一岁，弃去，遂不复仕。”王回在地方任上也很有业绩，沈辽为此向朝廷举荐了他。沈辽在《上殿荐王回孙侔常秩札子》里说：“臣伏见前亳州卫真县主簿王回，试秘书省书郎孙侔，试将作监主簿常秩三人，

① 沈辽：《西溪集》卷三，钦定四库全书本。

并躬修道德，畜其术业，施于有政，无所不宜，天下士大夫所其推高，以为不及。”“如回、侔、秩，固应在众人之先，而不宜在后。伏乞陛下特赐召命，寘之台阁，以观其能。若后小有不如所举，臣当坐欺罔之罪。”[①] 札子中肯定了王回等人的德行与业绩，并在皇帝那儿立下了保举的军令状。《宋史》在《儒林》中列其传："回敦行孝友，质直平恕，造次必稽古人所为，而不为小廉曲谨以求名誉。”于此可见其人之性格品行是合儒家之要。他去世时，年仅四十三岁，可谓是英年早逝。然而不幸的还有其妻曾氏先他而逝，据《王深父墓志铭》载："夫人曾氏，先若干日卒。子男一人，某；女二人，皆尚幼。”王安石深情地为王深甫写下了墓志铭，称赞他“书足以致其言，言足以遂其志。志欲以圣人之道为己任，盖非至于命弗止也。”他的去世令王安石非常痛惜，除为他写了墓志铭，还写了祭文《祭王回深甫》表示沉痛哀悼：

嗟嗟深甫，真弃我而先乎？孰谓深甫之壮以死，而吾可以长年乎？虽吾昔日执子之手，归言子之所为，实受命于吾母，曰：‘如此人，乃与为友。’吾母知子，过于予初，终子成德，多吾不如。呜呼天乎！既丧吾母，又夺吾友，虽不即死，吾何能久！搏胸一恸，心摧志朽，泣涕为文，以荐食酒。嗟嗟深甫，子尚知否？

王深甫颇有才华，当时的名流对他十分尊敬。晁说之在《王深甫书传后》里说："王深甫，布衣之友曰曾子固、常彝甫；其名宦已显而忘年，汲汲求友深甫于布衣中者，曰刘原甫、王介甫。是五人者皆欧阳公客也。”欧阳修对于王深甫也是很器重的，两人之间很多关于学问的探讨，如在欧阳修的文集中就收录有《与王深甫论世谱帖》、《与王深甫问五月一日会朝帖》、《与王深甫论裴公碣》（两帖）、《与王深甫论五代张宪帖》（两帖）[②] 等。王深甫去世后，欧阳修深情地写下了《祭王深甫文》[③]：

---

① 沈辽：《西溪文集》卷八，钦定四库全书本。
② 欧阳修：《欧阳文忠公集》卷六九，钦定四库全书本。
③ 欧阳修：《欧阳文忠公集》卷七十，钦定四库全书本。

嗟吾深甫！孝悌行于乡党，信义施于友朋。贫与贱不为之耻，富与贵不为之荣。虽得于内者无待于外物，而不可掩者盖由其致诚。故方身穷于陋巷，而名已重于朝廷。若夫利害不动其心，富贵不更其守。处于众而不随，临于得而不苟。惟吾知子于初，世徒信子于久。念昔居颍，我壮而子方少年。今我老矣，来归而送子于泉。古人所居，必有是邦之友，况如子者，岂止一邦之贤。举觞永诀，夫复何言！

文短情长，短短的祭文里对于亡友的品质给予高度赞扬，也对于友人英年早逝表达了悲痛之情。

刘敞、刘攽兄弟与王回交好。他们之间多有诗文往来，写了他们的友情，写了他们的思念。刘敞写有《寄王深甫》诗，有 170 言，开篇说："前日君远游，相怜每独悲。宁知君未返，自笑还若兹。贤者易姓逃，圣者微服驰。圣贤不必容，吾道其如饴。浮舟颍水清，远与尘嚣违……" 再如《寄王深甫》："城东与城西，相去咫尺耳，不得同朝夕，譬如隔山水。况兹历三秋，正复累百里。念我谁与游，怅然岂能已。古人称莫逆，未必居密迩。自嫌感豫深，更失笑谈理。寡陋使心忧，空虚见人喜。观过而知仁，且当谢君子。"[①] 还有如《采蓝寄王深甫》诗。而刘攽写给王回的书信与诗则比哥哥多，如《除日得王深甫书因寄》《别王深甫》《寄王深甫兄弟》《寄王深甫》《寻王深甫值其不在归寄此诗》等五言诗。当王回下第时，他写诗安慰。《闻王深甫下第》："骅骝历块误颠蹶，卞子抱璞空归来。天下何曾识琬琰，市人空复尚驽骀。" 也有赞美诗如《寄王深甫》："箕颍多奇士，他年洗耳翁。古人皆直道，吾子嗣高风。解榻迎徐孺，名乡礼郑公。正怜贤太守，心赏与人同。" 他们也书信论学问，如《与王深甫论史书》。当王回去世，刘攽也写下了《王深甫哀辞》，对于他的去世表示悼念，对其英年早逝表示惋惜。

王深甫一生为文 20 卷，但大多散佚，今人曾枣庄等从各类文献中搜集

---

① 刘敞：《公是集》卷十三，钦定四库全书本。

到部分王回散见各处的文章共27篇（句），编辑入《全宋文》卷一五一五中。从中虽不能窥全貌，但还是能从一些古代研究者的言论中窥见王深甫文章特色之一斑。据曾巩所撰《王深父文集序》，王深甫的文章最值得称道的是“文”与“道”并重，他的文章是“道德要言”。他说：

文集二十卷，其辞反覆辩达，有所开阐，其卒盖将归于简也。其破去百家传注推散缺不全之经，以明圣人之道于千载之后，所以振斯文于将坠，回学者于既溺，可谓道德要言，非世之别集而已也。后之潜心于圣人者，将必由是而有得，则其于世教，岂小补而已哉。

曾巩在《王容季墓志铭》里说：“容季之伯兄深甫，以道义文学退而家居，学者所崇。”容季为王回四弟王冏。

据南宋马端临《文献通考》可知，王深甫的作品在当时很受欢迎。他说：“西麓周氏曰：王深父学于欧阳公，与王介甫、曾子固、刘原甫游。其文出欧阳体而尤纯淡，序事曲折不穷，特壮伟不及也。至于摘经传语以为赋，词短而意深，有味其言哉。”又引文说：“水心叶氏曰：闻之吕氏，读王深父文序，使人长一格，《事君》《责难》《爱人》《抱关》诸赋，可以熟玩。自王安石、王回始有幽远遗俗之思，异于他人；而回不志于利，能充其言，非安石所能及。”在这里马端临借南宋学者周端朝、叶适两人之言对于王深甫的作品给予较高的评价。韩淲在《涧泉日记》卷下也称赞说：“深甫文字无一语蹈俗态，至于议论驰骋上下，非老苏不能也。”今存文以赋居多，其次则为书信。诚如古人所说值得“玩”，录二赋于下，供读者玩味。如《爱人赋》：

俶天民之秉彝兮，同懿德而自好。纵百骸以循物兮，义与利其殊报。彼君子兮，唯先觉是号。故忠恕以爱人兮，舍元元其焉肖？窃诵夫曾氏之求志兮，忘违礼而寝于大夫之箦。感童子之关讽兮，虽疾病犹扶而反席。元与春务养吾欲兮，何屑屑而姑息？诒话言于一朝兮，可推而措诸靡极。盖曰德之为物兮，在已而不在他焉。其形輶于鸿毛兮，其力重于泰山，吾人所以相保而生死兮，固赖此而能然。俾各达其常心兮，因厥类驱而复迁。孝莫大于尊亲兮，不格奸于几谏。慈莫隆于燕子兮，择明师而讲善。忠莫美于致君兮，专责难于可愿。礼莫隆于任臣兮，敕钦职而有间。莫戚于夫妇之际兮，风雎鸠而谁涸。莫孺于兄弟之间兮，泣关弓而弥怨。莫乐于朋友之交兮，竞切嗟而成信。其余泛吾义之所及兮，亦应乎求而敢倦！异此则陷父于恶兮，晋申生才谥为恭。纳宠孽于骄奢兮，卫庄侯卒覆其宗。逢主欲以厚敛兮，冉求服鸣鼓之攻。王僚试于私人兮，形变《雅》之《大东》。恣同床之干政兮，嬉妲继以兴戎。小不忍于咈毋兮，郑克叔而俱凶。损友之三科兮，匪孔门之所容。况巧言与佞色兮，实媚众以雷同。呜呼！是非之甚明兮，成败亦不为効。历万古而犹惑兮，宁醉昏而梦未觉。惜劳心而日拙兮，窃方循理而造要。庶无忝于曾氏之言兮，聊矢赋而弥邵。[1]

再如《抱关赋》。其前有序说“嘉祐五年，回始仕为卫真主簿，日负吏责，悯己之不如古人也。作《抱关赋》”：

抱关之无责兮，聊可充吾食兮。匪可食兮，吾何易兮。抱关之无愧兮，聊可由吾仕兮。匪可仕兮，吾何累兮。抱关之无闷兮，聊可托吾遁兮。匪可遁兮，吾何恩兮。

书信如《与弟容季书》《与常夷甫书》《答姚子张书》《答黄好谦书》《答曾子固书》《答王补之书》等。这些书信有问题的讨论，如《与弟容季书》中就与弟弟讨论治乱与祸福的问题。也有谈及日常生活琐事，如《答王补之书》：“承谕尚留谷阳，米盐屑屑，固妨诗书之乐，然闲在里巷，又岂能独脱于米盐？即吾辈所学，要之物来可应而心官无累，则几于道德之归矣。”

在傅琮璇等《全宋诗》中收入了他两首诗，分别是《浙江有感》和《双凫》。前者云：“候潮门外浙江西，曾忆浮舟自此归。万古波涛今日是，一身

① 吕祖谦：《宋文鉴》卷四，钦定四库全书本。

踪迹昔人非。愁侵北齿头先白，泪入秋风眼易多。日暮彷徨不能去，连堤疏柳更依依。”后者云：“时时行地罗裙掩，双手更擎春潋滟。傍人都道不须辞，尽做十分能几点。春柔浅蘸蒲萄暖，和笑劝人教引满。洛尘忽浥不胜娇，划蹈金莲行款款。”

曾巩与王深甫关系很好，一直以友相称，如在《王深父文集序》开篇就说：“深父，吾友也，姓王氏，讳回。”对于朋友兼妹婿的死，他十分痛心。他在给王安石的一封信里说：“深父殂背，病毒同之，前书已具道矣。示及志铭，反复不能去手。”他们之间也有书信往来，如曾巩在给深甫的一封信里说：“与深父别四年矣，向往之心，固不可以书道。而比得深父书，辄反复累纸示谕，相存之勤，相语之深，无不尽者。读之累日，不能释手，故亦欲委曲自叙已意以报。”并在这信中谈及了很多家庭琐事及久时不见的思念之情，之后又与深甫探讨学问。且有一封信专门与深甫讨论扬雄。曾巩还将王回列入了他撰著的史书《隆平集》的《儒学行义》中，文字虽不多，但足以见曾巩对于王回的高评与器重。全文是：“王回，字深甫，福州侯官人。尝举进士中第，补卫真主簿，议邑事不合，移疾自免。久之，大臣荐之，朝廷授以一邑，命下而卒，年四十二。有集二十卷。弟向亦以文学知名，善序事，亦早卒。回孝友质直，博学知要，与临川王安石友善。安石造次必稽孔子、孟轲所为，而不为小廉曲谨以求名于世。其学问所得，自汉以来列儒林者罕及也。”①

王回有五兄弟，他为长，四个弟弟分别名向、固、同、冏。曾巩在《金华县君曾氏墓志铭》中称：“回有道为儒宗，向、冏尤有文，三人皆身在隐约，而声震天下。”向曾任峡州石县主簿，固曾任大名府军巡判官、国子监主簿，同曾任陈州宛丘县令，冏曾任蔡州新蔡县主簿。曾巩与他们都相友好，王向字子直，他们有书信交往，如曾巩有《与王向书》，还为王向的文集写序文《王子直文集序》。王冏字容季，曾巩为他写文集写有《王容季文集序》，王冏去世后，曾巩为他写下了《王容季墓志铭》。曾巩为他们的母亲写下了《金华县君曾氏墓志铭》。

① 王瑞来：《隆平集校订》，中华书局2012年版，第451页。

据《福建通志》载：在深甫去世后，“友人常秩上其文集，诏补回子汾郊社斋郎”。在南宋，陆游《跋王深甫先生书简》，此书是王回给弟弟容季的书信，陆游在跋中说：“此书，朝夕观之，使人若居严师畏友之间，不敢萌一毫不善意。”[①] 可见王深甫影响深远。

5. 八妹、九妹与王幾

从曾巩的《曾氏女墓志铭》可知，曾巩的八妹曾许嫁与王幾。八妹名德耀，字淑明，生来聪慧贤淑，富有孝爱之心，对于女子活计不学而自通。20 岁时许嫁给王幾。但在嘉祐六年（1061）九月在京城病逝。从曾巩的《仙源县君曾氏墓志铭》可知，在八妹去世之后，九妹又嫁与了王幾，并生有二子二女。九妹也是一个端庄柔顺的女子，言谈举止都合乎于礼仪。当初夫家贫穷，吃的穿的都比人家差，但从来没有怨言。她尊敬长上，慈爱弱小，相夫教子。而王幾因才华出众，得王安石赏识，委以官职，后治政有声。据《姑苏志》四十卷记载：“王幾字彦成，江都人。知舒城，未赴，丁父忧。王安石知其才，选宰长洲县政，刚则跆，弱则废。几平其政，弛张以时，卒之慑服豪强，贫细得职。岁饥，广赈救之策，人物按堵，权势者欲侵扰之，执度不回。治声闻京师。”再后王幾官至殿中丞，可惜在熙宁七年（1074）三月去世，年仅 31 岁。

四妹与关景宣、五妹与王彦深的情况，史料所见甚少。

---

① 陆游：《渭南文集》卷二七，钦定四库全书本。

第五章

曾巩子侄与孙裔

曾巩上有哥哥晔，下有弟弟牟、宰、布、肇四人，有妹妹九人。其后裔或居于祖居地南丰县，或居于其仕宦之地，或由于种种原因迁居他处，居地广而散。他们都积极作为，为家族的繁盛，为社会的进步都作出了自己的贡献。本章仅对两宋时期曾巩部分子侄和孙裔中较为特出者作简要介绍。

第一节　曾巩及曾皐的子孙

曾巩哥哥曾晔早逝，生有儿子二人，女儿二人。曾巩在《亡兄墓志铭》里说："娶李氏。子曰觉，曰冀。女二人。"其子曾觉也英年早逝。曾巩曾撰《亡侄韶州军事判官墓志铭》，从中可知，曾觉字道济，少时胸有大志，且读书发奋，"力学问，知道理，善于属文""为人恭谨，循循寡言"。治平二年（1065）中进士，任吉州司法参军，在任上"有能吏名"，升任韶州军事判官。不幸的是，熙宁三年（1070）的十一月，他前往韶州赴任，病逝于途中的虔州（今江西赣州），时年只有37岁。曾觉生有二子，名修、偃，生平事迹不显。据《曾坊曾氏支谱》载，修字伯长，承叔祖曾布的恩泽，任宜兴校尉。修生子三，昕、昫、旳。偃字叔起，任太庙斋郎。偃生子二，陟、防。陟字舜明，承忠郎司属官。

1. 曾巩子

曾巩本人生有儿女多人，其弟曾肇在《子固先生行状》里说："元配晁氏，光禄少卿宗恪之女。继室李氏，司农少卿禹卿之女。子男三人，绾、综、纲，二女早卒。孙男六人，悊、恴、愈、意、忞、憩。悊，承务郎，余未仕。孙女五人。"其子孙情况主要见之于家谱，现依曾氏家谱可知：

绾，字公权。嘉祐元年（1056）生，大观二年（1108）终。任太平州司理参军；娶大学士同知枢密院林希之女，封淑人。生子五：长，悊，授文林郎衢州录事参军，生一子宜，不传；次，恴；三，意；四，忞；幼，憩，字季安，袁州录事参军，娶张氏，不传。曾巩的弟子陈师道曾写有一首《寄曾公权》诗，诗云："超世功名子有凭，过人材艺我何曾。诗书忘废难支敌，门馆光华却再登。捐弃妻儿逃世累，扫除须鬓伴禅僧。待君持节东南日，试问当年杜伯升。"诗后注："苏子瞻通禅师诗云：欲识当年杜伯升，飘然云水一孤僧。"[①] 从诗中可知曾绾才气过人，后出家为僧。

综，字仲文，太庙斋郎，知越州转运判官，嘉祐三年（1058）生，宣和元年（1119）终。娶开封平章国事李公之女，封恭人。子二，愈、慤。

纲，字符礼，授承务郎监常州酒税，迁奉议郎，赠丝鱼袋。娶都城侯氏，生子虑。

2. 曾巩孙

曾恴字仲常，熙宁九年（1076）生，娶丹阳苏氏，补太学内舍生，以父荫任郊社斋郎，累官司农丞。曾恴曾任温州通判，监三江寨（在绍兴的东北）。而越州离金国不远，属于次后方。建炎三年（1129），金人以巴拜为帅，攻打越州，越州知府李邺贪生怕死，向金兵投降。金人向越州城内的文武官员等发出通牒，要求他们出来投降。如有不来者或藏匿者死罪。而曾恴并不吃金人那一套，他没有去向金人投降，后被人告发而被捕。曾恴被押解到了巴拜的面前，表现出大义凛然的不屈之气概，他说："国家何负汝？乃叛盟欺

---

① 陈师道：《后山集》卷七，钦定四库全书本。

天恣为不道。我宋世臣也。恨无尺寸柄以死国，安能贪生事尔狗奴邪！”金兵都为之愕然，面面相觑。巴拜即下令手下将曾忮的家属全部捕来，并在同一天将曾忮全家 40 口杀害于越州城南门外。当地百姓怀着沉痛的心情将他们的尸体进行了掩埋。他的英雄事迹传遍开来，朝廷赠他谏议大夫，谥号“忠予”，官其弟弟忞、哥哥悊和儿子密为将仕郎。数年后，悥任余杭知县。悥制作了一口大棺材将哥哥一家的遗骨收集起来埋葬在天柱山，并写下了祭诗《题仲兄死节》：“同寅惊胆落，骂贼风飕飕。君父纲维重，华彝道不侔。魂随金刃遶，血溅越江流。原隰裒人处，余杭涕泣求。”[1] 并作《兄曾忮死事状》一文。

曾忮全家赴难时，他的儿子密只有四岁，密和他的乳母张氏也受刑。那一夜，下起了小雨，张氏未死，被雨淋着苏醒了过来，而密也未死，苏醒过来并吮着乳母的乳汁。越州府小吏陈海发现了，将曾密偷偷地抱走了，并将其扶养成人。曾密长大后曾任南安军知军。据明代学者刘宗周所撰《曾氏家乘序》可知，曾密后居越州，为越州曾氏之祖：“曾氏自宗圣十六传而据徙豫章，又二十五传而延铎始分居南丰，又四传而文定公巩，以文章学行鸣天下，为宋名儒。文定公再传忮，通判温州次越州，合门死金人之难，少子密独免，遂家于越。是为会稽曾氏祖。”[2]

悥，字叔明，承议郎建康军通判，娶真宗朝宰相王旦孙女为妻。子三：长宧；次宭，迪功郎，子逵，不传；幼宥，不传。

忞，字季悦，知处州青田县事，娶晁氏，生子二：长宾，不传；次寘。

愈，字好古，迪功郎知岳州神泉监。生子四：次子清；三子况；其他无考；

甞，字恒中，又字执礼。迪功郎监台州盐仓，娶郭氏，生子一：宙。

虑，字仲远，娶黄氏，子一：实。

3. 曾巩曾孙辈

密，字伯山。官至朝请郎，知南安军事。靖康二年（1127）生，娶四明王氏。生子三：迈、适、逊。

---

① 傅琮璇等：《全宋诗》第23册，第15438页。

② 刘宗周：《刘蕺山集》卷九，钦定四库全书本。

寘，生子四：长选；次道，字理之；三述，字重之；四逢，字幸之；俱无考。

定，一名冲，任助教。娶吴氏，生子五：天伦、天理、天德、天瑞、天祥。

宙，字德广，娶周氏，生子一：份。

实，字德叔，娶饶氏、继胡氏，生子一：柏。

4. 曾巩玄孙辈

迈，字才之。任宣教郎，至武威军佥判。娶赵氏，继陈氏、熊氏，生子二：琡、璇。

适，字行之，官至将仕郎，江淮制使，娶潘氏，继熊氏。生子情况不明。

逊，字有之，官至瑞州军事，子：玟、琚。

迁，字正之，娶雷氏，子二：琢，珎。

据元代理学家李存《曾子翚行状》[①]载，曾巩的七世孙“子翚幼而端慤好读书”，长大后根据父亲的要求经商，又与朋友一道曾学习陆象山的心性之学，从此，他的言行更加谨慎，经商更加重义而不妄为。

曾巩支下并非枝繁叶茂，其支下子孙在两宋期间，卓有成绩者极少。

5. 阜子曾纮与曾绎

曾巩从弟曾阜的两个儿子曾纮与曾绎长大后事业有成。长子曾纮，字伯容，定居于湖北的襄阳，并号临汉居士。嘉泰三年（1203），著名诗人杨万里作《江西续派二曾居士诗集序》，这是为曾纮父子诗集《二曾诗集》所作的序。他在序中说：“伯容一世豪俊，而能文。其诗源委山谷先生，然以不肯伈俔于世，有官而终身不就列。”据杨万里所说，曾纮能文，诗学黄庭坚，为人不肯屈从，他曾受从叔父曾布的恩荫而得官职，有职而不愿履职。据《续资治通鉴长编》卷五一九记载：哲宗元符二年（1099），“秦希甫奏：‘曾纮等言王赡、王厚盗取邈川青唐府库，已差纮一就往河州体究。’”从此看，则曾纮曾入仕，秦希甫还想“徇情”提拔曾纮，但被曾布所制止。赵宋南渡之后，不见有曾纮入仕的记录。杨万里在诗集序里对于曾纮诗歌创作给予很高的评价，他说：

① 李存：《俟菴集》卷二十三，钦定四库全书本。

伯容放浪江湖间，与夏均父（夏倪）诸诗人游从唱和，其题与韵见于均父集中者三十有二篇。予每诵均父之诗云："曾侯第一。"又云："五言类玄度。"又云："秀句无一尘。"想其诗而恨不见也。行天下五十年，每见士大夫，必问伯容父子诗，皆无能传之者，此又君子之一不幸也。……今日忽得故人尚书郎江西漕使雷公朝宗书，寄予以《二曾诗集》二编，属予序之。欣然盥手，披读三过。蔚乎，若玉井之莲敷月露之下也；沛乎，若雪山之水泻滟滪而东也；琅乎，若岐山之凤鸣梧竹之风也。望山谷之宫庭，盖排闼而入，历阶而升者欤。[1]

曾纮著有《临汉居士集》7卷，但今已失传，仅存诗一首《题蔡昌期梅斋》。诗云："岁寒心事见吾徒，庭种江梅聊自娱。息国夫人静无语，吴宫西子未施朱。红酥缀萼承香靥，白玉团枝莹雪肤。寄谢后来桃李辈，谁能同汝作荣枯？"诗中以梅花拟美女，论者多认为有黄庭坚之傲气。

曾纮与惠洪、饶节等江西诗派诗人有赠答唱和诗篇。饶节《倚松诗集》中有近十首与曾纮赠答唱和的诗歌，如《用曾伯容韵赠不愚兄》《送曾伯容还汉上》《和曾伯容梅诗二首》《寄曾伯容》《伯容仲成均父诸友》《复用前韵寄伯容兼其三子》等，他的《寄曾伯容》诗云："岂是从前踪迹疏，三年不送一行书。襄山傥有陪邻地，为问洲中种木奴。"虽然长时间少交往，但还是牵挂，诗中表达了与曾纮的友谊。他的《送曾伯容还汉上》诗云："轧轧篮舆来者谁，朝廷遗此一男儿。襟怀朗朗百间屋，局量汪汪万顷陂。异日小生端欲吏，迩来至德益堪师。赠行一句西来意，雨后春江渌淼弥。"这首诗里赞美了曾纮的胸怀与品行，也为曾纮不为朝廷所用而感到遗憾。

曾纮有子曾思。曾思字显道，自号怀岘居士。他有官而不仕，据杨万里所作的《江西续派二曾居士诗集序》的介绍，曾思曾"宰祁阳，小不可其意，即弃去，隐于衡之常宁者三十年"。著有《怀岘居士集》六卷，可惜已失传，杨万里在《二曾诗集序》里认为，"显道得其父之句法，亦以气节高雅"。

① 杨万里：《诚斋集》卷八十四，钦定四库全书本。

曾阜之次子曾绎，字仲成。绍圣三年（1096），举博学宏词科，任道州通判。大观年间知永福县。其后又任松滋令、荔浦令，晚年归隐园田。曾绎赴松滋令时，刘挚（1030—1097）以诗相送，《送曾绎松滋令》云："粹行完圭璞，谭经得圣真。青袍尚腰折，素蕴喜民亲。友益予孤陋，官闲子隐沦。风骚应赋古，亭下蜀江春。"刘挚一生正直不阿，忠贞爱国，正气凛然。曾绎能诗，但流传至今的诗极少，《宋诗纪事》据《墨庄漫录》录有其《还家途中》，诗云："疏林残岭起昏鸦，腊尽行人喜近家。江北江南春信早，傍篱穿竹见梅花。"还有残句："已无丑扇几边乱，空见春锄天际飞。"[①] 南宋张邦基的《墨庄漫录》论及七绝"近人亦多佳句，其可喜者不可概举"时，特别列出了曾绎的这首诗，并认为"不愧前人"。曾绎与饶节等江西诗派诗人有往来。饶节有《次韵答曾仲成二首》，诗云：

曾侯果胜流，折节事膏火。年来何转穷，正以工诗坐。
可怜哭鬼句，不救采薇饿。平生九品禄，团团蚁旋磨。
归来卜我邻。步履得相过。剧谈到理窟，我义危欲堕。
世人富贵忙，此乐渠不那。春山正可寻，我行公亦可。

我老不能世，百念久灰冷。偶随出山云，托迹暂人境。
借问交游人，出处各形影。某或李广奇，某或卫青幸。
如公不世才，跬步可台省。何为赋归来，欲近沃洲岭。
夜半哦公诗，月寒心炳炳。[②]

从饶节的这两首诗可以看出，归隐后的曾绎有安贫乐道的襟怀，过着寄情山水、以诗自娱的生活状况，也可见其从仕途而归隐的心路历程。

① 厉鹗：《宋诗纪事》卷四十，钦定四库全书本。
② 饶节：《倚松诗集》卷一，钦定四库全书本。

第二节　曾宰的子孙

曾宰生有儿子四人，女儿二人，曾巩《亡弟湘潭县主簿子翊墓志铭》里说："（宰）有子经、绶、纯、约，女适饶州军事判官曹唐弼，次尚幼也。"据《曾坊曾氏支谱》载：

宰子四，经、绶、纯、约。经字公立，号平准，宋绍兴四年进士，授修议郎，监洪州都昌，子一，懋。懋字懋功，生子一，韡。韡字图新，授迪功郎，生子四，萃之、谦之、丰之、益之。萃之字继祖，子一，造道，不传。谦之字光祖，以曾孙贵赠少师；丰之字享祖；益之字希祖，又字嗣宗。

绶字公垂，中政和二年（1112）词学兼茂科，授太庙斋郎，迁直州司法参军，生子四，愿、憙、息、忠。愿字仲恭，更名晦之，中政和二年（1112）词学兼茂科，官至大理司直，生子三，伯豸、季狸、叔豹。叔豹出继于憙；伯豸字达甫，子二，冲、滂。冲字泰甫，子二，逢辰、逢时；滂字孟博，子二，机、极。季狸生子二，潍、淮。潍为建昌军文学，子一，文昌；淮为朝散郎，生子二，继、绍。憙字仲颖，更名秀之，政和八年（1118）进士，授秘书省著作郎，叔豹承嗣。叔豹生子二，灏、濬。息字师晋，改名祐之，生子三，秉礼、秉德、秉文，均不传。

纯字公权（字公权与曾巩子绾字同，按常理两堂兄弟不会同字，应其中一人有误——引者注），举八科，生子岦，字仲肃，领建乡举。岦生子三，晟、旻、杲。晟生沂、汶、注、济；沂生逢源、逢圣、逢吉。

约生子一，早夭，立兄绶子忠为嗣。忠生子三，伯虎（不传）、升、仲熊；升立弟晟子注为嗣。注生子三，棣、柯、榛。仲熊，更名昞。忠出继。

1. 孙曾晦之

曾宰的孙子曾晦之，字仲恭（一作仲共）。他能诗善文，但留传下来的诗文极少，今天仅能见到收录于《宋诗纪事》中的一首诗，即《次唐彦猷顾亭林韵》，诗云："烟雨三家市，黄门卜此居。著书千纸在，祠宇几椽疏。潮汐成今古，牛羊有里墟。举兵锄逆节，风烈照无余。"[①]这首诗写得朴实、浅白。唐彦猷即唐询（1005—1064），写有《华亭十咏》诗，其中《顾亭林》一诗历来和者众多，王安石、梅尧臣等均有次韵。顾亭林（519—581），南朝官员，吴县人，历任太常博士、吏门侍郎、光禄大夫，精通经史，擅于丹青。从与曾晦之交往的一些人对他诗的评价或与他唱和诗来看，曾晦之在当时的诗文创作方面有一定成就。他与洪炎、章甫等人的交往较为密切。洪炎（？—1133）字玉父，南昌人，诗人。黄庭坚外甥。哲宗元祐末年进士，累官秘书少监。章甫字冠之，自号转庵、易足居士、饶州鄱阳人。早年曾应科举，后以诗游士大夫间，与韩元吉、陆游、张孝祥等多有唱和。

此外，章甫还有两首唱和诗，即《曾仲恭侍郎惠酒，以"偶有名酒、无夕不饮"为韵谢之》《寄上曾仲恭侍郎借净香寮诗韵》，后诗赞美曾晦之"家学传正派，政声摩秋空。闲哦燕寝诗，香篆萦房栊"[②]。

曾晦之能文，他的文章得到了朱熹肯定。朱子有《跋曾仲恭文》一文，文中说："前辈文字规模宏阔，论议雄伟，不为脂闱妩媚之态，其风气习俗盖如此。故宣和之后，建、绍继起，危乱虽极而士气不衰，观曾公之文亦可以见其彷佛矣。近岁以来能言之士，例以容冶调笑为工，无复丈夫之气，识者盖深忧之，而不能有以正也。因读此编，辄私记于其后云。"[③]

曾晦之与北宋大臣、著名诗人宇文虚中也有书信往来。从宇文虚中留下来的《答曾晦之书》看，他们讨论的也是文学创作之事。

曾晦之去世之后，著名思想家、文学家叶适为他作了挽诗，诗云："交游盛处失骈骖，笔砚穷时绾碧蓝。骥老尚能舒骏逸，龟潜终不慕芳甘。寿过八十人人羡，恩在乡闾事事谈。埋没平生无限意，夜深樵唱起溪南。"[④]对曾晦之的一生作了中肯的评价。

---

① 厉鹗：《宋诗纪事》卷四十一，钦定四库全书本。
② 章甫：《自鸣集》，钦定四库全书本。
③ 朱熹：《晦庵集》卷八十三，钦定四库全书本。
④ 吴之振：《宋诗钞》卷八十一，钦定四库全书本。

2. 曾孙曾季狸

曾晦之之子曾季狸是一位文学评论家、诗人。曾季狸（生卒年不详），字裘父，自号艇斋。早年科考不顺，后无意仕途。周必大在《跋抚州邬虙诗》中认为曾季狸是那时临川的杰出人物。他说："南渡以来，又得韩子苍、吕居仁振而作之，四方传为盛事。其后儒冠则曾季狸裘父。"[①]清代的《宋元学案》引用南宋学者陈振孙之言，称赞他"辞质而义正，可以得其人，益有所传于伊洛之统者也"。南宋学者陈世崇《题曾氏诸贴》也说："南丰而后艇斋君，忠义词章萃一门。手泽流芳凌劫火，钦承犹得到来孙。"[②]

宋南渡后，曾季狸主要时间还是待在临川，或在临川周边活动，这点从他本人的作品和一些友人与他相唱和的作品中可以看出，如《苦竹行》《苦竹舟行》。苦竹原在抚河边上，可以从这上下抚河，原来又叫苦竹街，离今天浒湾镇不远，民间有"先有苦竹街，后有浒湾镇"的说法，后来抚河改道，苦竹就离现在的抚河有了三五里远。《苦竹行》："碧草送春晚，绿阴迎夏凉。轻风摇细麦，浅水出新秧。岁月催人老，田园引兴长。一廛如可办，吾亦学耕桑。"《苦竹舟行》："船头触处浪花生，船尾随人山影行。一水到家能几许，顺流东下片时程。"这两首诗是不是写的同一次到苦竹还有待于考证。前一首写的是苦竹的田园风光，后一首写的是经苦竹坐船回家的情形。

今存的曾季狸诗有多首写临川的风物人事。如《灵谷山》写的是今天抚州市东郊名胜灵谷山。诗的开篇说："旧闻伯子记，已得灵谷名。隐然望此州，奇胜称山灵。"南北朝时的荀伯有《临川记》，其中有关于灵谷山的记载，这里即言此事。还有写著名寺庙疏山寺的诗如《疏山道中》《疏山》等五首。疏山寺始建于唐代，在今金溪县境内，离抚州城不远，交通便利。他"来往疏山四十年，主人与客两华颠"。诗既有回顾与疏山的情缘，也有描写寺里寺外的风景。再如写夜宿正觉寺的诗有三首。正觉寺始建于唐朝开元年间，位于抚州城内，抚河之东岸，是古代一名刹。从诗的内容看，写的是到寺里来住宿及夜里在寺里所见所感及一直到次日离开的情形。来时正是中秋之夜，

---

① 周必大：《文忠集·平园续稿八》卷四十八，钦定四库全书本。
② 赵琦美：《赵氏铁网珊瑚》卷三，钦定四库全书本。

其感受自然与别的时间有所不同。诗题都是《宿正觉寺》。

其　一

正觉江边寺，风烟罨画然。庭罗合抱树，门泊钓鱼船。
暮雨凉初过，中秋月正圆。无人来共赏，独自占江天。

其　二

月落僧窗暗，衾单客梦惊。鸡吟催客起，犬吠恶人行。
蓐食事已毕，膏车天未明。畏涂饥饿岁，哪得事宵征。

其　三

古寺荒凉甚，秋风更飒然。殿焚犹有础，僧老不知年。
但可扶藜至，无因假榻眠。钟鱼久寂寞，谁施一囊钱。

从他本人及他与友人唱和诗看，他居于临川。如著名词人张孝祥就有《题屏风送裘甫归临川》："不见已四年，既见还作别。赠以墨竹屏，况此君子节。岁月不我留，玉立空山阴。愿言无相忘，因风时寄音。"这首诗就是曾季狸回乡时张孝祥送给他的。张孝祥曾任抚州知州，抚州的州驻地在临川，而这首诗正是写出四年不见，仅此一见又要匆匆作别的惋惜之情。

由于年代久远，关于曾季狸的历史记录流传下来甚少，较为全面的当是明正德《抚州府志》里收录了曾季狸的小传。传的前半部分与宋代陈思编《两宋名贤小集》中《艇斋小集》的介绍相一致，府志传曰：

曾季狸字裘父，南丰先生弟宰之曾孙也，再举进士不第，师事韩子苍、吕居仁，又与南轩、晦庵书问往复。一日，南轩被召，季狸惧其谈兵而不及道，因致书云："范文正平生以将略自任，及忠宣对裕陵问陈则深闭而固拒之。此前辈名夫子，辙不可苟也。"南轩尝有诗云："探古书盈室，忧时雪满颠。"汪应辰亦有"四海曾裘父"之句。东莱每见临川士友，必问曰："识曾先生乎？其学有渊源，子归而事之。”当时名公巨儒，莫不敬慕。郡守张孝祥、枢密刘珙荐于朝，皆谢之。平居考古酌今，议论建明如素官者。其与凌景夏论恢复之策，与刘珙论备虏事宜，与张孝祥论区处乱卒，与蓝师稷论推行荒政，具有条理，多见施行。

自号艇斋，著《论语训解》。卒年五十九，参政李壁谓其含章抱质，学成行尊，协于众议，用河汾故事，私谥“文安”，有文集。

曾季狸师事江西诗派徐俯、吕本中等人。徐俯（1075—1141），字师川，自号东湖居士，江西永修人。宋代大臣，江西诗派中著名诗人之一。他是徐禧的儿子，黄庭坚的外甥。因父亲为国捐躯，他被授为通直郎，后官右谏议大夫。绍兴二年（1132），赐进士出身。次年，任翰林学士，提升为端明殿学士，再升为书枢密院事，又官至参知政事，著有《东湖集》。陆游在《艇斋小集》里说：“及与建炎过江诸贤游，尤见赏于东湖徐公。”吕本中（1084—1145），字居仁，世称东莱先生，山东寿州人，曾居住于临川数年，与临川文人墨客多有交游。著名诗人，也是一位多产诗人，诗数量达 1270 多首，诗属江西诗派。

曾季狸与当时著名的学者朱熹、张栻（南轩）等多有交往，互为益友。张南轩还作有《送曾裘父序》，在序里回顾了与曾季狸的交往，他说：“予闻南丰曾裘父之名旧矣。所谓直谅多闻，古之益友欤。今年秋始见之于长沙，则非特如前闻，抑有过焉。”[①] 同时对于他志存高远，立志求道表示赞同与钦佩。又曾作《送曾裘父》诗，诗云：“交旧间何阔，能来浃日留。还寻佳橘颂，惜别仲宣楼。探古书盈屋，忧时雪满头。绝思黄阁老，招隐意绸缪。”曾季狸不论是为人还是为学都颇受人们的称赞。

曾季狸与朱熹常有书信往来。在朱熹的著作集里就保留有多封写给曾季狸的信，如在一封信里曾季狸告诉朱熹自己做学问的情况及感受，并与对方探讨，他说：“求仁之方窃意潜心久矣，方恨未获。躬扣昨钦夫寄示《送行序》文，其说似皆的当不审高明。以为如何？”[②] 朱熹还为他的多部著作或书法作品集

① 张栻：《南轩集》卷十五，钦定四库全书本。
② 朱熹：《晦庵集》卷三十八，钦定四库全书本。

写了跋，如《跋曾裘父刘子澄帖》《跋曾裘父赠屈待举诗》《跋曾裘父艇斋师友尺牍》等，在这些文章里都对于曾季狸大加赞赏。《跋曾裘父艇斋师友尺牍》说："此编皆诸前辈所与艇斋曾公往来书疏也。其子潍录以成书，乃亦置予言于其间非其伦矣。绍熙甲寅，经由临川得而观之，深以愧叹。呜呼！艇斋既不幸即世而卷中人亦往往逝去，独陆务观与予在耳，此又重可悲也。八月二十七日熹记。"[①] 朱熹看到他儿子曾潍编辑成册的尺牍，颇为感叹，与季狸交往的友人除朱熹自己与陆游外大多已作古，引起了他深深的思念。

与曾季狸相友好的还有众多名流。《艇斋师友尺牍》二卷说："南丰曾季狸裘父之师友往复书简，其子潍辑而刻之。自吕居仁、徐师川以降，下至淳熙、乾道诸贤或在焉。裘父萧然布衣，而名流敬爱之。若此足以知其人之贤，且见当时风俗之美也。"[②] 曾季狸虽然只是一介布衣，但吕居仁、徐师川等名流都尊敬他。诗人赵蕃为曾季狸写有《白鹭洲词寄曾裘父》《寄赠曾裘父兼呈严黎二师》《曾裘父寄二绝并呈审知一，再次前韵以寄，曾后寄审知四首》《闻曾裘父丈亡追用前韵寄审知二首》等多首诗。《闻曾裘父丈亡追用前韵寄审知二首》其一云："凉风不审意如何，逝日能言客有过。师友渊源说宗派，要君文字饱研磨。"追忆他们之间的诗文往来事。再如吕祖谦有《与艇斋先生》，喻良能有《醉题艇斋》，等等。《醉题艇斋》诗云："平生饱识江湖趣，今日归来鬓似丝。闭户松风惊醉耳，恰如鱼浦听潮时。"曾几《贺曾裘甫得解》诗云："南风盛事昔无闻，乃祖词场笔有神。一榜豪英收几士，同年伯仲看三人。今君科第欲惊世，他日文章当致身。意惬归来能访我，亦令宗派倚生春。"[③] 诗不仅赞美裘甫，还赞美曾家，同时也表达自己良好的祝愿。林之奇在《与曾裘父书》中称他们两人为"莫逆真畏友"[④]。

曾季狸是一名诗人，写下很多诗篇，朱熹称他"诗胜他文，近体又胜古风"。陆游曾为他的诗集作序，对他的诗作了很高的评价。陆游的《曾裘父诗集序》说：

---

① 朱熹：《晦庵集》卷八十三，钦定四库全书本。
② 马端临：《文献通考》卷二百四十九，钦定四库全书本。
③ 曾几：《茶山集》卷五，钦定四库全书本。
④ 林之奇：《拙斋文集·拾遗》，钦定四库全书本。

古之说诗曰：言志，夫得志而形于言，如皋陶周公召公吉甫固所谓志也；若遭变遇谗流离困悴，自道其不得志是亦志也。然感激悲伤，忧时闵己，托情寓物，使人读之，至于太息流涕固难矣。至于安时处顺，超然事外，不矜不挫，不诬不怼，发为文辞，冲澹简远，读之者遗声。利冥得丧，如见东郭顺子，悠然意消，岂不又难哉。如吾临川曾裘父之诗，其殆庶几于是乎。[①]

曾季狸的诗大多散佚，今人从《宋诗纪事》《抚州府志》等古籍中收录到其部分诗歌，并编入《全宋诗》，共收录其诗 31 首。从这些诗来看，题材主要是写景和记游，从《全宋诗》录数首于下：

白水寺

暂假僧房憩，炎蒸觉顿忘。谁知六月雨，已似九秋凉。
石径苔痕滑，稻花田水香。鸣蝉休聒耳，容我此徜徉。

积翠楼

手扪霄汉摘天星，脚踏丹梯最上层。
须信神仙足官府，能令鸡犬亦飞升。

梅　花

桃李艳阳态，笑我不入时。
松竹贫贱交，却是同襟期。

南　湖

葛巾藜杖兴何长，为爱南湖六月凉。
雨在山头作云气，风来水面散荷香。

① 陆游：《渭南文集》卷十五，钦定四库全书本。

登临稍喜市声远，徙倚犹嫌归兴忙。
后日重来携枕簟，不妨午梦到斜阳。

憩雷公山

酒薄饮难醉，山寒梦不成。窗间残月影，枕上晓钟声。
丘壑平生事，山林少日情。白头翁老矣，数亩未经营。

跃马泉诗

山灵从何来？崩腾跃万马。初疑夫差军，水犀光照夜。
又疑阏于虞，声撼武安瓦。森然毛骨竦，舌拄不能下。
对此神骏姿，可以一战霸。

金石台诗

江上岧峣百尺台，摩挲尘迹但徘徊。
不辞浊酒三杯醉，坐对晴空万里开。
楚泽风烟随处好，仙家桃李有谁栽。
黄花过了梅花发，待我扶藜得得来。

陪张舍人出郊

官柳千寻大，清溪五尺流。眼看春事适，心与老农谋。
节物年年好，田园事事幽。缓归陪皂盖，觅句待苏州。

曾季貍不仅写诗，更重要的、更著名的还是诗评，他写有著名的诗话——《艇斋诗话》。虽是只一卷，但存 300 余则诗评。成书时间约在南宋高宗绍兴二十年（1150）前后。《艇斋诗话》多记述江西派诗人遗闻轶事。其诗论亦属江西诗派。书中评诗亦多引证江西诗派徐俯、吕本中等诗人作品，不仅显扬了江西诗派，也弘扬了江西诗学，在中国诗歌史上具有独特意义。曾季貍评诗注重用字、炼句。江西诗派诗人常将“句法”一词挂在嘴边，对此给予高度重视。曾季狸重视诗歌句法，对于诗作佳句表示欣赏，往往用一两语略略点评。如《艇斋诗话》中评韦应物的《赠王侍御》，就说："东湖喜诵韦苏州《赠王侍御》诗'心如野鹤与尘远，诗似冰壶见底清'一篇，真佳句也。"其评只有三个字"真佳句"，并没有具体分析佳在何处。又记："东湖又见东莱'满堂举酒话畴昔，疑是中原无是时'，云：'不合道破'话畴昔'，若改此三字，方觉下句好。"曾季狸对于宋代诗人多用诗语、典故的情况也作了评论。如他在诗话里说："东坡'羡君怀中双橘红'，用陆绩事也。""山谷诗'八米'事，用《北史》卢思道事。以绩传考之，云怀中橘三枚，却不云二枚也。""吕东莱诗云：'非关秋后多霜露，自是芙蓉不耐寒。'盖用寒山拾得'芙蓉不耐寒'五字。""东坡'纤纤人麦黄花乱'，用司空图'绿树连村暗，黄花人麦稀'之句。"曾季狸把能够将前人诗句化为己诗，且成为自己抒情达意、创造诗境的有机构成部分，称为"脱胎换骨手"。当然，曾季狸也注重诗歌对于事物的描写，即写自己的"目见"，他说："老杜写物之工，皆出于目见。如：'花妥莺捎蝶，溪喧獭趁鱼。''芹泥随燕嘴，花粉上蜂须。''仰蜂粘落絮，行蚁上枯梨。''柱穿蜂溜蜜，栈缺燕添巢。''风轻粉蝶喜，花暖蜜蜂喧。'非目见安能造此等语？"也就是说，诗歌要写自己的见闻，写自己对生活的感受，抒发自己的真感受，反对雕章琢句，反对镌空妄想。此外，曾季狸还提出了写诗要"悟人"。他说："后山论诗说换骨，东湖论诗说中的，东莱论诗说活法，子苍论诗说饱参，人处虽不同，然其实皆一关捩，要知非悟人不可。"在他看来，无论你作诗采取什么办法，但最根本的即是要"悟人"。只有这样才能不拘泥表面文句，才能达到挥洒自如。才能达到"无定法""变化不测"的自由创作状态。

《艇斋诗话》是宋代研究诗歌创作的重要著作，也是研究江西诗派的重要作品，现代著名学者郭绍虞先生在《宋诗话考》中指出："研究江西诗派者不可不重视之。"

3. 五世孙曾滂与曾极

曾宰五世孙曾滂、六世孙曾极均为当时著名学者、诗人。厉鹗《宋诗纪事》卷五十六中《曾极小传》："曾极字景建，临川布衣，文定公弟宰之后。"吴澄《跋曾氏墨迹》一文里说："吾乡文物之盛，无逾曾氏一门者。南丰兄弟之后，有艇斋、景建焉。”[1] 从中可知，他们已迁居于临川，且可能有几代，故而称之为临川人。曾极之父曾滂字孟博，为人质直刚烈，陆门的弟子。他与李德章师从复斋先生（陆九龄，陆象山的哥哥），后又师事象山先生，曾滂比陆象山年长五六岁，象山先生很尊重他。清代《抚州府志》说：“象山甚爱重之。”终生笃信陆学。

曾极字景建，曾滂的儿子。清代《抚州府志》载：“曾极字景建，临川人。……极志气豪放，声名四起，朱文公得其书及诗，大异之。往来书每语以为己之宝，谓其文似老苏、大苏。李雁湖、赵南澹相与赓酬最多。尝游金陵，题行宫龙屏，忤时相史弥远。谪道州，解吏窘极甚，司法罗必元曰：‘曾景建作诗，伤时悯国尔，亦何罪？’乃释其缚，使之善达。卒于谪所，李心传为上言曾极：‘久斥可命。’上曰：‘非为江湖集邪？’有旨归葬。所为诗文有《金陵小雅》《金陵百咏》。”从这段文字里可以对曾极生平有一个大致的了解。“题行宫龙屏”一事，是以谤讪之罪来处理他的，这是一个什么罪呢？宋高宗迁都临安，带来了宣和年间的旧物，后来坏烂了，宫官觉得可惜，于是裁剪成了屏风，立于殿上，曾极看到了，有感而作《古龙屏风》。诗云：“乘云游雾过江东，绘事当年笑叶公。可恨横空千丈势，剪裁今入小屏风。”于是被丞相史弥远等以谤讪罪处罚，发配于道州。而在押解的路上，押解他的小吏很是难为他，得罗必元（罗必元字亨父，今江西进贤人，嘉定十年进士）解困。同样，曾极所留下来的生平事迹资料甚少，以至于清代中期学者李绂所撰的《陆子学谱》里对于曾极只能全引《抚州府志》的材料了，只是加了自己对他的一个评价而已。

曾极与他父亲一样学习理学。他虽未正式拜朱子为师，但与朱熹多次切磋学问，朱熹给曾极的书信至今流传下来的就有八封，讨论的都是理学问题，如修身、为学、读书、参同契、主一穷理等问题。李绂在《陆子学谱》里说：“景建晚与朱子论学，朱子答书见大全集中，然词章之意多其笃信道学，未能如其父也。其父首崇陆学而《志》无特传，故录景建传。”这样看来，景

① 吴澄：《吴文正集》卷五十五，钦定四库全书本。

建对于理学并没有学得他父亲那么好，对理学也不如其父之推崇。曾极对朱熹极为推崇，他在《蔡西山挽诗》中称颂朱子：“四海朱夫子，征君独典刑。青云伯夷传，白日太玄经。有客怜孤愤，无人部独醒。瑶琴空宝匣，弦断不堪听。”[①] 蔡西山即蔡元定，字季通，人称西山先生，福建建阳人，从朱熹学，人称“朱门领袖”。

曾极虽是一介布衣，但同时也是一位著名诗人。他的诗大多散佚，今日能见的有《金陵百咏》,《四库全书·提要》[②] 里说:“(曾极)著有《春陵小雅》今已不传。此乃其咏建康古迹之作，皆七言绝句，凡一百首。词旨悲壮，有磊落不羁之气。尝灵寄罗椅(罗椅〈1214—1292〉，南宋吉州庐陵人，字子远，宝祐四年〈1256〉进士——引者注)，椅谢以书云：不知景建是何肺腑，能辨此等恼人语于千载下。今观其诗如《天门山》云：高屋建瓴无计取，二梁刚把当殽函。《新亭》云：江右于今成乐土，新亭垂泪亦无人。大抵皆以南渡君臣画江自守无志中原而作，其寓意颇为深切。”四库馆臣又说：“盖其愤激之词，虽不无过于径直，而淋漓感慨，与刘过《龙洲集》中诗句气格往往相同，固不徒以模山范水为工者也。”由此可见他的诗对时政的关注，对国家命运的关注。他的诗得到有“文坛宗主”之誉的刘克庄的赞崇，“亡友临川曾景建博学强记无所不通，工诗”。他们相识不久，刘克庄即有诗相寄，《舟中寄景建》诗云:“低篷小雨梦残时，忽忆同寻楚老祠。夜过丰城占斗气，想公别后有新诗。”丰城即今抚州邻地丰城市，诗中“夜过”句用晋代张华与雷焕共观天文，发现斗牛之间有紫气的典故，来赞美曾极的杰出才华。后曾极卷入了理宗朝的一场大文字狱“江湖诗案”中而弃命。罗大经在《鹤林玉露》中记其事：“曾景建诗云：‘九十日春晴景少，一千年事乱时多。’当国者见而恶之，并行贬斥。景建，布衣也，临川人，竟谪春陵，死焉。”曾景建遇难后，刘克庄更是痛惜不已，每每提及都称“亡友”，多次在不同场合提起这位布衣诗人，对于景建感情真挚，痛惜悲伤之情溢于言表。如他的

① 李龏：《宋艺圃集》卷十八，钦定四库全书本。
② 《钦定四库全书总目》卷一百六十，钦定四库全书本。

《怀曾景建二首》[①]：

其一

造物生才自昔难，此君夭矫类龙鸾。
圣贤本柄藏椰子，佛祖机锋寓棘端。
畴昔诸人多北面，暮年万里著南冠。
伤心海内交游尽，箧有遗书不忍看。

其二

曾有春陵逐客篇，流传哀动紫阳仙。
安知太白长流处，亦在重华野葬边。
碎板一如坡贬日，盖棺不见桧薨年。
谁云老眼枯无涕，闻说临川即泫然。

曾极与著名江湖派诗人戴复古也有交游。戴复古留有数首为曾极而写的诗，如《同曾景建金陵登览》："兴废从谁问，云烟过眼空。吁嗟六朝事，想象半山翁。百景饶君咏，三杯许我同。登临无限意，多在夕阳中。"[②]《曾景建得罪道州听读》："闻说乌台欲勘诗，此身幸不堕危机。少陵酒后轻严武，太白花前忤贵妃。迁客芬芳穷也达，故人评论是耶非。饱参一勺濂溪水，带取光风霁月归。"[③] 再如《曾景建作记俾仆赋诗》，诗的前半部分写道："故人昔住金华峰，面带双溪秋水容。故人今住伏龙山，陈陶故圃茅三间。千载清风徐孺子，门前共此一湖水。百花洲上万垂杨，白鸥群里歌沧浪。故人心事孺子高，故人诗句今陈陶……"[④]

留下唱和诗的诗人还有特科状元乐雷发、刻书家陈起、台阁重臣李璧等人。乐雷发写有《濂溪书院吊曾景建》诗："太极楼头霁月寒，断弦绿绮不

① 刘克庄：《后林集》卷十三，钦定四库全书本。
② 戴复古：《石屏诗集》卷二，钦定四库全书本。
③ 戴复古：《石屏诗集》卷五，钦定四库全书本。
④ 戴复古：《石屏诗集》卷一，钦定四库全书本。

堪弹。窗前自长濂溪草，泽畔还枯正则兰。苍野骚魂惟我吊，乌台诗案倩谁刊。伤心空有金陵集，留与江湖洒泪看。”[1] 陈起《送曾景建道州听读》：“晚节伤弓未足怜，江湖因此累诸贤。名标宇宙千年在，事属朝廷万口传。湘水有情空引些，春陵无事早归田。多年浪说飞升谶，不拟如今尚悄然。”（原注：景建尝为余言某年某月某日曾极飞升有金篆符谶。）[2] 李璧的《酬曾景建》：“新有千丝明晓镜，旧无一画赞宵衣。闲吟此外唯湏饮，老觉人闲万事非。”[3] 李璧是一位了不起的人物，是一位颇具民族气节的官员，历任礼部尚书、参知政事、同知枢密院事、端明殿学士、赐资政殿学士。其间他曾谪居抚州，为王安石诗集作笺疏，成《王荆公诗注》五十卷，“引证广博，笺注详备”。

在清代《抚州府志》里收录了曾极的几首写景的诗，如《次韵谢康乐华子冈诗》，诗云：

隐仙无定在，馆宇非一山。华子出商洛，巢云俯汤泉。
羸颠刘蹶际，师生自为贤。颇哀区中人，峰岭起新阡。
决绝目下事，骂鸿凌紫烟。身隐焉用文，灭迹隐空筌。
云仍散洲渚，世渔业相传。笭箵挂虎落，舴艋当门前。
蹇予厌世议，企石听潺湲。山空月明诗，足音自跫然。

《入华子冈是麻源第三谷》是谢灵运游南城县麻姑山之麻源三谷的华子冈而写的一首诗，诗云：“南州实炎德，桂木凌寒山。铜陵映碧涧，石磴泻红泉。既枉隐沦客，亦栖肥遁贤。险径无测度，天路非术阡。遂登群峰首，邈若升云烟。羽人绝仿佛，丹邱徒空筌。图牒复磨灭，碑版谁闻传？莫辨百代后，安知千载前？且申独往意，乘月弄潺湲。恒充俄顷用，岂为古今然？”曾景建这首诗则是次其韵而作。而南宋诗人、宋皇室后裔赵汝谈则又次曾景建之韵作《次曾景建和谢康乐华子冈诗韵》，诗云：“君言华子冈，遗迹在兹

---

① 乐雷发：《雪几丛稿》卷三，钦定四库全书本。
② 陈：《起江湖后集》卷十三，钦定四库全书本。
③ 厉鹗：《宋诗纪事》卷五十六，钦定四库全书本。

山。阴雾虎啸谷，熙旸乌浴泉。划疑易区界，遐集古圣贤。丹井砂荡潏，玉林桂葱阡。或时吹箫子，来往倏飞烟。征谢磨不验，叩玄发奇筌。先畴乐斯隐，荒始规后传。小子夙慕遁，驰心结绳前。仙路邈难期，矫首涕孱湲。谒予愿有术，投翰三喟然。”这三首诗前后相隔六七百年，写的是同一景，用的是同一韵,韵的次序也相当。把这三首诗放在一起细细品读,别有一番风味。赵汝谈次曾极诗韵的还有《次曾景建红泉碧涧韵》《次曾景建红泉精舍韵》等。

当然景建的文章也写得不错，可惜其文已失传。但从当世的一些人对他的评价中可知其文甚好。朱熹在《答曾景建》[1]中评论说:“文词通畅,笔力快健,蔚然有先世遗法，三复令人睿睿不倦。……句法高简，亦非世俗所及，然愤世太过，恐非逊言之道”，其文字得先祖曾巩遗风，“文似老苏父子”，可见朱子评价之高，但朱子似乎不大喜欢他“愤世太过”，觉得应温和一点。

4. 七世孙曾鸿子、曾渊子、曾冲子

曾宰的七世孙曾鸿子、曾渊子、曾冲子三兄弟也是著名人物。三人的父亲曾钰，为嘉定十三年（1220）进士，曾任施州（今湖北恩施市）通判。

曾鸿子字仪吉，与其弟渊子同登淳祐十年（1250）进士，并历官吏部左曹郎官。

曾渊子字广微，自号留远。曾渊子及第之后，步入仕途，出任新昌县（今江西宜丰县）令，后历任右正言、监察御史、隆兴府知府等职。

德祐元年（1275）二月，元兵攻嘉定九顶山，都统侯兴战死。以陈宜中知枢密院事兼参知政事，曾渊子同知枢密院事、两浙安抚制置大使兼知临安府。此时元军逼近，都城临安城内人心惶惶，曾渊子等几十名大臣乘夜离城。次年，元军攻入临安城。大臣文天祥、张世杰和陆秀夫等人护送皇帝向西南沿海逃亡。景炎三年（1277）三月，皇帝一路人马乘大小 400 多艘船，到达了雷州半岛海边的硇洲岛。

曾渊子因两年前在临安弃城而被削职，后被重新启用，任雷州都督。为了解决军队的粮草供应难题，皇帝下旨令曾渊子备好兵马粮草，到岛上来听

① 朱熹：《晦菴集》卷四十四，钦定四库全书本。

调遣。曾渊子不敢怠慢，连忙征集一批兵员、船只和粮草，亲自押送到硇洲岛上。曾渊子将雷州军民的表现情况写成折子向皇帝汇报，说雷州有军民20万众，大家同仇敌忾多次打退了元军队的进攻。皇帝觉得曾渊子有能力，在雷州还是做得不错。于是又派曾渊子去雷州北部领兵布防。祥兴元年（1278）初，元军大将史格率军队从粤桂边境杀到了雷州半岛。以参政身份设督府于雷州的曾渊子，继续坚持抗元斗争。史格派人招降，遭到曾渊子的严辞拒绝。史格攻入雷州府城。宋军寡不敌众，曾渊子弃城而逃，率人马粮草和船只，渡海逃到硇洲岛，负荆向皇上请罪。在元军的强力进攻之下，次年六月，宋皇帝及大臣们继续在海上逃亡，逃到厓山（在今新会县之南八十海里）。次年正月，元军向厓山发起进攻。二月，厓山陷落，宰相陆秀夫背着九岁的儿皇帝赵昺投海自尽，宋朝灭亡。当时曾渊子也欲自尽，但跳海后被部下马旺等人救起，之后众人一起逃到了南宋的附属国安南（今越南一带），受到安南国陈圣王的厚待，并在那儿待了下来。今天还能见到曾渊子的一首《客安南见进奉使回口占》诗，诗云："安南莫道是天涯，岁岁人从蓟北回。江北江南亲故满，三年不寄一书来。"诗中满怀思乡思亲之情。至元二十一年（1284）冬，安南国归顺了元朝。此后，曾渊子下落不明。但也有一说是，他投水后被苏刘义父子救起，后来他与家人隐于他乡。在文天祥《文信国集杜诗》一书有载："曾渊子元贬雷州，御舟南巡，复与政事。厓山之败，曾欲赴水。为苏父子所留，同得脱，其家竟没敌。后还五羊，有人见其子雷郎者焉。哀哉。"①这里说曾渊子被苏氏父子救起后，其家也随之逃离，后来到了广州。有人还在广州看到过他儿子曾雷。其族侄曾子良有《挽知临安府兼浙西制置使曾公》②的挽诗四首，这四首诗是这么写的：

德祐思良弼，江西出大臣。报忠昭汉议，靖献有殷仁。
瞰日五朝老，清风百世人。几时归衮绣，秋草卧麒麟。

① 文天祥：《文信国集杜诗》，钦定四库全书本。
② 赵景良：《忠义集》卷六，钦定四库全书本。

永绍传贤启，慈元拱女尧。鳌山犹赑屃，鹏海极扶摇。
宫殿春旗晓，帘帷社饭朝。龙髯攀不及，鸾驭去何遥。

立海终风黑，洗光双日红。余波溅渤解，仙仗岌崆峒。
宗庙神灵在，公师礼数崇。平生精履屐，尚觉小臣忠。

返精荣归寝，帷堂哭设衣。神情如梦叶，沧海怅心违。
百世功言立，千年城郭非。任安犹未死，哀泪不堪挥。

这四首诗还是肯定曾渊子的，赞美他的忠诚与功绩。后人在其诗之后补记说：“公字广微，自号留远，亦南丰派也。析居金溪，淳祐庚戌黄甲及第，德祐乙亥同知枢密院事知临安府兼浙西制置使。国事急，贾似道得罪，陈丞相宜中当国。公遁归里，被劾，窜雷州。临安失守，景炎、祥兴建朝于南中，起公参知政事。已而北兵逼行朝，公走安南而卒。族侄平山公作诗四章遥挽之。岁久，始有负其遗骸归者，哀哉。”这首诗被收入元代赵景良的《忠义集》中。

曾子良也是宋末的一位诗人。曾子良字仲材，号平山，学界称平山先生。咸淳四年（1268）进士，调兴安尉，迁知淳安县，为官清正谨慎，严于自守。宋亡后隐居于金溪县陶塘。著述虽丰，但多已散佚。除上引四首诗外，在《全宋诗》里还收录有他两首诗。一首《题高远楼》，诗云：“独行三十六峰头，飞过东华百尺楼。今日中原前日梦，天人极乐世人愁。后千载续后千载，外九州环外九州。此处名烦君着眼，区区复记又何求。”另一首《题章明叔春雨庵》：“春雨生草木，雨去作流水。流水不顾返，草木生未已。愿随流水去，一日行万里。”

曾渊子是南宋末年的一名大臣，同时也是一名诗人，清代《瑞州府志》里称他“有诗声，且优于政”，但留下来的诗作很少。

九日登翰苑台

翰苑台边拂旧题，岁华荏苒壮心违。

看萸喜得亲长健，对菊犹惭令未归。
秋水一江鸥共瘦，云山千里雁初飞。
宦情有暇无风雨，把酒相酬此会稀。

翰苑台在新昌县（今江西宜丰县），时曾渊子为县令。这首诗所描写的是九月九日登台所见所感，诗中有着淡淡的哀愁。九月九日为传统的重阳佳节，此日人们有登山思亲的习俗。他睹物思人，看到了茱萸想起了亲人，为亲人的健康而高兴，而看到了金菊又感到时光易逝而又不得回家探望亲人，怅然若失。凭栏远眺，眼前的秋水、江鸥、大雁无不勾起他思亲的哀伤。

疏　山

草径蜿蜒十里间，云间若在画图看。
万松密翠地无影，一水长清空自寒。

疏山在金溪县之西，那儿有著名的疏山寺。这首诗写的是疏山的秀丽景色。

漳南示义军寄邑人谭野臣①

漳州城南烟雾深，漳州城北氛气侵。
忆从奸邪卖和议，汉廷君臣愁至今。
乘舆播迁天地怒，残军掩泣眠星雾。
黄金无收白骨多，指点枯骸拟亲故。
昨夜羽书如电飞，报道三城又被围。
皇家恩深重如山，英雄奋起披铁衣。
万人同心猛如虎，关山震动挝鼙鼓。
百战须当百胜归，凯歌唱满中原土。

① 以上三首诗均见傅璇琮等主编的《全宋诗》卷三四四六。

论功赏爵将宪章，汾阳异姓封侯王。
鞠躬尽瘁固常事，原教一涌歼豺狼。
莫上高楼偶长望，壮怀忽忽思乡丈。
琴台落日私语时，丹心耿耿今难忘。
惜君忠义老无官，山河破裂泪欲干。
衰容未画麒麟阁，目尽故园心转酸。

这首诗是写给抗元义军和自己的老乡谭野臣的。作为一位朝中老臣，他对于国家衰败至快要灭亡的地步感到无限的伤心与哀婉。但只要有一线希望就要做百分之百的努力，所以他在诗中激励义军要忠于朝廷勇于杀敌。全诗气氛悲壮慷慨。

明代正德《瑞州府志》还收录了他的《初春过崇真观拜靖节先生祠》：

峭寒挟痴云，陇亩阴色静。劝农戒征夫，早诣招提境。
前有隐者祠，我欲事谒请。云仍喜我来，遮引入幽胜。
而况黄冠贤，四筵治佳所。三年醉簿书，烂漫唤不醒。
笑与山君期，聊以适吾兴。先生旷达人，一归百味永。
如何家柴桑，故里久不省？涕唾轩绂荣，一饭恩炯炯。
彼我形役心，而乃秫二顷。寥寥千余年，史岂不足证。
云本书堂深，花露笔池冷。引觞清入脾，促驾怒生瘿。
后会未可知，悠然发孤咏。

靖节先生即陶渊明，他生活在九江，但是新昌是他的祖籍地，诗人见其祠思绪万千，发问“如何家柴桑，故里久不省”，在这山河破碎之时，有着深意，由陶渊明而思自身。

曾渊子还有一位弟弟，名叫曾冲子，字圣和。宋时，他以父荫补浏阳簿、江西宣抚使。丞相赵葵任命他为吉州节制司，后又知仁和县，再出守南安军。元朝至元年间，重臣程钜夫奉皇帝之诏到江南搜访遗逸，求贤才，曾冲子被举荐，授官为福建提刑司佥事。此时的福建对于朝廷来说是一个又偏远又险要的地方，那里的官吏乘机而作奸，百姓又因之而作乱。曾冲子到任后，他警告并通谕那里的官吏与百姓，吏不得作奸犯科，民不得滋乱生事，受到百姓的敬畏，由是局势渐渐好转。晚年官至奉议大夫。在元大德九年（1305）去世，享年78岁。去世后，程钜夫为他撰写了墓志铭《佥福建提刑按察司事曾公墓志铭》，在铭里说："公生而凝粹，端敏好学，诸先达咸爱之。"

第三节　曾布的子孙

曾布有10个儿子，长子曾红綖、次子曾缨、三子曾缫（缲）、四子曾纡、五子曾绚、六子曾绂、七子曾絣、八子曾绰、九子曾绛、十子曾绪。

据《曾氏家谱》[①]载：曾綖，奉直大夫，第三子忱仍居南丰，"旧谱见庐陵公图"，可见其后有居庐陵的；曾缨为朝散郎；曾缫（缲）为承奉郎；曾绚为承议赐绯鱼袋；曾绂为山阴尉；曾絣同州司录；曾绰为中奉大夫；曾绛为朝奉大夫；曾绪为广德通判。这份家谱对于曾布十子的任职有一简要记录。

又据金溪县东源《武城曾氏重修族谱》[②]载：曾布生子綖、缨、缲、纡、绚、绂、絣、绰、绛、绪。綖字公冕，由童子科官至通议大夫，江南安抚使，自南丰旧宅徙庐陵为敛陆房初祖，生子三，念、悠、忱；念字吉甫，官江宁县令；悠字常甫，由任子授官朝请郎，诏则绯衣鱼袋，生子一，玮；忱字诚甫，官通直郎，居南丰。缨字公路，由任子官承务郎，赐绯衣鱼袋，官至淮东提举，生子二，恺、愊。恺字仲存，领乡荐，官承务郎；愊字进甫。缲字公采，由任子授承奉郎，官至太常寺奉礼，生子六，惰、愃、悱、惐、晃、恭；惰字才甫，由行子官至奉议郎赐绯衣鱼袋，籍洛阳；愃字宽甫，官承奉郎，籍丹阳。

① 此谱存南丰县曾水平处，民国初年编纂，残本不全，仅存三册，且没有封面，从内容看应是曾布一支。

② 此谱不是曾布一支的专谱，但对于曾布子嗣情况有一个粗略的记载。虽然个别名字有重复等情况，但世系脉络、居地、职官情况还是清楚。在此照引子、孙、曾孙三代名字、职官及居住情况，但职官简介与曾水平藏《曾氏家谱》略有不同。

纡生子三，惇、忻、憕。惇生子二，昭、晞；忻字忠甫，官至朝奉郎，通判沣州兴化军，赐绯衣鱼袋；憕字惠甫，官迪功郎监江州酒税，籍开封。绚字公履，由任子官承议郎，赐绯衣鱼袋，生子二，忭、愉。忭字庆甫；愉字仲甫。绂公字公佩，由任子官承奉郎，监郑州酒税。絣字公桦，官承事郎，吉州司户参军。绰字公福，号裕庵，由任子历官中奉大夫，生子六，怿、愭、惬、悚、性、怙（夭）。怿字和甫，官合肥县主簿，修职郎监广德军酒税，不传；愭字铭甫，官迪功郎温州转运使；悚字平甫；性官将仕郎。绛字公允，由任子官朝奉大夫，淮东提举，赐紫金鱼袋知舒州、楚州、濠州、台州宫观。绪字公序，官广德军通判，生子四，恍、偶、愧、俊（夭）。恍，字庄甫，官通直郎；偶字智甫，官从政郎通州监仓。以下择几位简略介绍。

1. 子曾纡

曾纡（1073—1135）为曾布第四子，字公卷（又字公衮），晚年自号空青先生，在两宋时期是一位颇有名声的文学家。曾纡自少天资聪慧，得到了长辈如伯伯曾巩、父亲曾布、叔叔曾肇等人的喜爱与调教，更得到母亲鲁国夫人魏玩的教导。好友汪藻在他去世后为他写下了《右中大夫直宝文阁知衢州曾公墓志铭》，里面简要记录了曾纡的成长过程：

> 公讳纡，字公衮。世家抚之南丰……公少颖悟，天资既高，又受学于贤父母，当是时，文肃公为天子守边，不暇朝夕视，专以鲁国为师。年十三，伯父南丰先生巩授以韩愈诗文，学益进。文肃公任为承务郎，学士邓润甫、尚书彭汝砺与语，大奇之。举贤良方正科，上其文公车，会科废而止。①

曾纡才华过人，汪藻在其墓志铭里称赞说：“公才高而识明，博极书史，始以通知古今，裨赞左右，为家贤子弟。中以文章、翰墨，风流醖藉，为时胜流；晚以精明强力，见事风生，为国能吏；虽低徊外补，位不至公卿，而所交皆一时英豪。世之言人物者，必以公一二数。”尽管如此，他一生仕途却并不顺畅，

① 汪藻：《浮溪集》卷二十八，钦定四库全书本。

年轻时以父恩荫补为承务郎。宋哲宗绍圣年间举博学鸿词科。宋徽宗建中靖国元年（1101），他父亲曾布为二后山园陵使，他则为从事。崇宁二年（1103），他被列入了元祐党籍，受此牵连被贬到永州零陵。后调任和州。不久，他被恢复承奉郎监潭州南岳庙。父亲去世守丧期满后，又调监南京、河南税，改签书宁国军（治今安徽宣城市）节度判官。历通判镇江府，知楚州、秀州，提举京畿常平，任江南东路转运副使，迁直显谟阁。宋高宗建炎四年（1130），再任江南东路转运副使，移两浙路。绍兴二年（1132），他又出任抚州知军。次年，又调任江南西路转运副使，司农少卿。绍兴四年（1134），改福建路提典刑狱，直宝文阁。五年（1135），又出任信州（今江西上饶）知军，不久又调任衢州，但还没到任即去世，年六十三。

曾纡虽然一生不得志，但为人有志节，守忠义。他担任宁国军节度判官时，宣城江河发洪水，水溢进了城市，淹没数千人家。曾纡对太守说："遇到饥馑之时，按法律应该放粮赈灾。但仓里的粮食又得是户部的使者才能发放，现在事已很危急，只好将粮食用船装上发到快要饿死的百姓手上。"太守害怕被追究责任，问如果追究起来怎么办。曾纡说：我是仓库的主管，有责任我承担。于是太守放仓救民。这一举动，事后并没有被追究责任，而是受到嘉奖。曾纡调任到镇江府，此时又遇上淮南漕运不畅，而多位楚州（今江苏淮安）的知州先后被罢，于是有人建议调曾纡去担任楚州的太守。曾纡果真被调任到楚州，他到了那致力于修通河渠。这样他因为救灾和通渠有功加封直秘阁。建炎三年（1129），苗傅和刘正彦二位将领谋反，张俊、吕颐两位守将即向各州发出檄文要求勤王，檄文发至湖州守梁端的手上，梁即召集士大夫们商量此事，还未及众人发言，曾纡奋然说："逆顺明甚，出师无可疑者。"几天之后，苗傅派人来湖州征兵，纡请梁端用器械击打使者，不让他们回去。他的忠义之举被御史中丞张守白知道了，遂将此事上报朝廷，于是皇帝加其官直显谟阁，且召见了他。

曾纡一生才华横溢，能诗善文。曾纡著作后被集为《空青遗文》十卷、《南游记旧》一卷，但今已失传。《全宋词》录其词 9 首，《宋诗纪事》《江西诗征》收其诗 5 首。虽然从流传下来的作品难窥其全貌，但仍能从前人的一些评论中看出其文学艺术成就之高。曾纡的外孙王明清在《挥麈录·余话》卷一中曾记录，曾纡由于颇具文才而最得父亲的器重，认为在曾家“三世文章称大手，一门兄弟独良眉”的就是他的纡儿了。他的叔父肇从不轻易夸奖别人，但对于曾纡常常露出喜爱之色，不惜赞美之词。曾肇曾说：“文章得天才，当省学问之半。吾文力学至此耳，吾家阿纡所得，超然未易量也。”

除了自己的亲人夸奖外，与他同时代或稍后的一些名家巨匠都对他多有赞美之词。汪藻在墓志铭里对曾纡给予高度评价，但著名文学家陆游（1125—1210）认为汪藻对曾氏的文学成就评价还不到位，应更高些。陆游在《书空青集后》一文里特意指出曾纡早期的文章《景灵西宫碑》是一篇好文章。他认为该“文章钜丽闳伟至此，使得用于世，代王言，颂成功，施之朝廷，荐之郊庙，孰能先之？”比曾纡稍晚的学者马廷鸾（1222—1289）在《曾空青文集序》中云：“空青子弟起家，文章继世……昔石林叶公以‘亲见扬雄’美其诗，以‘新样元和’评其书，以‘三世风流’颂其文。近世李雁湖亦谓‘人恶隽异，俗疵文雅，如空青公虽不偶于时，而文采灿然垂后著世者，不能掩也。’今其遗文如《鲁殿秦碑》，见者珍惜，自可孤行于南丰、曲阜之后云。”[①]文中引用与曾纡同时期的学者叶梦得（1077—1148）和稍晚的李壁（？—1222）对曾纡的赞美来评价，并认为《鲁殿秦碑》让人珍惜不已。孙觌（1081—1169）在《曾公卷文集序》里对于曾纡的成就同样给予高度评价。他认为：曾纡“文章固自守家法，而学诗以母夫人鲁国魏氏为师，句法清丽，绝去刀尺，有古诗之风”，而曾纡之所以能取得如此成就与从小刻苦学习不无关系，他说：“少年以大臣子积学名教无一点贵游骄吝之气，属文辞落笔千言，指事析理，命物托论，证据古今，出入经史，俊壮豪健如走弹丸，如建瓴水疏畅条达无间断，无艰难辛苦之态，一时老师宿学、名人巨公交口誉叹，谓公他日必以大手笔继文肃、文昭之后。”[②]

曾纡的诗也得到了黄庭坚（1045—1105）的称誉。有一次，当朝大文豪黄庭坚在永州遇到了曾纡，他的诗让黄庭坚爱不释手，后来还将他的诗亲手

① 马廷鸾：《碧梧玩芳集》卷十二，钦定四库全书本。
② 孙觌：《鸿庆居士集》卷三十一，钦定四库全书本。

书写在扇子上。他们之间也多有诗歌唱和与书信往来。黄庭坚是一位大儒，也是一位文坛领袖，比曾纡年长 28 岁。黄庭坚写给曾纡的诗文有《题花光为曾公卷作水边梅》《乞钟乳于曾公衮》《观曾公卷墨篋》《题公卷小屏》《题公卷花光横卷》《与曾公卷书》《书自作草后赠曾公卷》[①]，诗文中对曾纡赞誉有加。比如黄庭坚在《与曾公卷书》里就称赞曾纡的两首诗，他说："《江樾轩书事》二解，清丽雅正，叹咏不能去口。"再如从《书自作草后赠曾公卷》字里行间可以看出黄庭坚对曾纡这位后生的喜欢，颇有欧阳修得曾巩一般的喜爱之情。他们之间又情谊浓厚，恰似一对情意相投的忘年交。黄庭坚说："崇宁四年二月庚戌夜，余尝重温一杯，遂至沉醉，视架上有凡子乞书纸，因以作草。方眼花耳热，既作草十数行，于是耳目聪明，细阅此书端不可与凡子。因以遗南丰曾公卷，公卷胸中殊不凡，又喜学书，故也。山谷老人年六十一，书成颇自喜，似杨少师书耳。"再如黄廷坚在里《乞钟乳于曾公衮》说："寄语曾公子，金丹几时熟。愿持钟乳粉，实此罄悬腹。遥怜蝌眼汤，已化鹅管玉。刀圭勿妄传，此物非碌碌。"黄庭坚在《与曾公卷书》里说："钟乳何时再成，前所惠草，伏四神初夏腹疾。和理中丸四，两服之，颇得益。示谕南方，不宜服金石药。荷公卷情眷，周尽公卷，疽根在旁，乃不可服。庭坚服之，如晴云在川谷间，安得有霹雳火也。如何岭南秋暑殊未解，此书到零陵已摇落矣。千万为器业珍重。"在黄庭坚生病时，曾纡为他寄来了钟乳。钟乳是一味药，性甘、温，主要功能是温肺、助阳、平喘、制酸。对于寒痰喘咳、腰膝冷痛、胃痛泛酸等有疗效。而此时黄庭坚身染沉疴，快到生命的尽头，而他的绝笔也是与曾纡的。在黄罃《山谷年谱》里说："乞钟乳于曾公卷，按蜀本《诗集》注云：《豫章后集》有《与公卷书》云：钟乳何时再成？又云：岭南秋暑殊未解，此诗盖秋时所作。或遂想绝笔于此篇欤。九月三十日先生卒。"

至于曾纡的诗，今天仅能从《宋诗纪事》等古籍中见到几首，录于此可供鉴赏：

---

① 黄庭坚：《山谷外集》卷十，钦定四库全书本。

戏作冷语

万山云雪阴霾空，千林雾松水摇风。
冻河彻底连三冬，嘉平晓猎崤函中。
十二律吕相与宫，安得此候疏烦胸。

江檝轩书事

卧听滩声虢虢流，冷风凄雨似深秋。
江边石上乌桕树，一夜水长到梢头。
竹间嘉树密扶疏，异乡物色似吾庐。
清晓开门出负水，已有小舟来卖鱼。

宁国道中

渡水穿桥一径斜，潦收溪足露汀沙。
半川云影前山雨，十里香风晚稻花。
异县悲秋多客思，丰年乐事属田家。
故园正好不归去，满眼西风吹鬓华。

客　愁

客愁如茧丝，一搅成万绪。秋风不可奈，又到庭前树。
秋风自有时，客愁了无期。不如饮美酒，诵我山中诗。

宣州水西作

杖藜出郭一水近，石磴古路穿松筠。
万仞绝壁倚天末，百折惊滩当寺门。
泉声飞下锦绣谷，殿影插入玻璃盆。
宣州水西天下胜，阆州城南何足论。

疏山寺

江海相忘二十年，依前肮脏倚门边。
家风敢谓庞居士，句法空悲孟浩然。
想见风流继莲社，应传图画入斜川。
病夫诗思尤艰窘，正似潮回上水船。

与曾纡同时代的张邦基认为《江樾轩书事》似唐人诗，而《诗人玉屑》里的《赵章泉论诗贵乎似》一文里认为，像杜甫的《春水生》，其云："论诗者贵乎似，论似者可以言尽耶？少陵《春水生》二首云：'二月六夜春水生，门前小滩浑欲平。鸬鹚鸂鶒莫漫喜，吾与汝曹俱眼明。''一夜水高二尺强，数日不敢更禁当。南市津头有船卖，无钱即买系篱傍。'曾空青《清樾轩》二诗云：……似耶？不似耶？学诗者不可以不辨。"他把这四首诗做了一个比较，得出结论是"像"。同时，曾纡的诗也得到江西诗派敦素和惠洪等人的喜爱。在惠洪（1071—1128）所著的《石门文字禅》卷四里记其事：

敦素坐诵公衮《乌柏树》绝句，叹爱不已。其诗云："三年逐客弄湘流，华气遮栏两鬓秋。只有荒寒江上树，尚成诗句聚眉头。"成此寄之。"我不识公衮，时时见醉墨。爱其吐词气，人品极英特。君看句中眼，秀却天下白。前辈风流尽，尚复余此客。世议隘不容，道山归未得。三年谪湘楚，妙语敌山色。归来大江南，声价长籍籍。我亦不羁人，梦境聊戏剧。要当径寻君，已办登山屐。想见一秃翁，攫攘吾辈侧。"

曾纡受母亲魏夫人的影响，词风较为接近于婉约。他现流传下来的词共有9首。将其录于下：

念奴娇

片帆暮落，正前村梅蕊，愁人如雪。东陌西溪长记得，疏影横斜时节。六出冰姿，玉人微步，笑里轻轻折。兰房沈醉，暗香曾共私窃。　　回头万水千山，一枝重见处，离肠千结。料想临鸾消瘦损，时把啼红偷浥。怎得伊来，许多幽恨，共捻青梢说。如今千里，断魂空对明月。

上林春

东苑梅繁，豪健放乐，醉倒花前狂客。靓妆微步，攀条弄粉，凌波遍寻青陌。暗香堕靥。更飘近、雾鬟蝉额。倒金荷、念流光易失，幽姿堪惜。　惜花心、未甘鬓白。南枝上、又见寻芳消息。旧游回首，前欢如梦，谁知等闲抛掷。稠红乱蕊，漫开遍、楚江南北。独销魂，念谁寄、故园春色。

秋　霁

木落山明，暮江碧，楼倚太虚寥廓。素手飞觞，钗头笑取，金英满浮桑落。鬓云慢约。酒红拂破香腮薄。细细酌。帘外任教、月转画阑角。　当年快意登临，异乡节物，难禁离索。故人远、凌波何在，惟有残英共寂寞。愁到断肠无处着。寄寒香与，凭渠问讯佳时，弄粉吹花，为谁梳掠。

念奴娇

江城春晚，正海棠临水，嫣然幽独。秀色天姿真富贵，何必金盘华屋。月下无人，雨中有泪，绝艳仍清淑。丰肌得酒，嫩红微透轻縠。　晓日雾霭林深，佳人春睡思，朦胧初足。笑出疏篱，端可厌，桃李漫山粗俗。衔子飞来，鸿鹄何在，千里移西蜀。明朝酒醒，乱红那忍轻触。

洞仙歌

相如当日，曾奏凌云赋。落笔纵横妙风雨。记扬鞭辇路，同醉金明，穷胜赏，不管重城已暮。　旧游如梦觉，零落朋侪，遗墨淋漓尚如故。况神州北望，今已丘墟，伤白壁、久埋黄土。但空似、灵光岿然存，怅朗月清风，更无玄度。

临江仙

后院短墙临绿水，春风急管繁弦。问谁亲按小婵娟。玉堂真学士，琳馆地行仙。　　安得此身来此处,依稀一梦梨园。江南刺史谩垂涎。据鞍肠已断,何况到尊前。

菩萨蛮

山光冷浸清溪底。溪光直到柴门里。卧对白萍洲。欹眠数钓舟。　　溪山无限好。恨不相逢早。老病独醒多。如此良夜何。

谒金门

风淅沥。窗外雪花初积。梦破小窗人寂寂。寒威无处敌。　　强起饮君涓滴。清泪醉来沾臆。歧路即今多拥隔。弟兄无信息。

品　令

纹漪涨绿。疏霭连孤鹜。一年春事,柳飞轻絮,笋添新竹。寂寞幽花,独殿小园嫩绿。　　登临未足。怅游子、归期促。他年清梦千里,犹到城阴溪曲。应有凌波,时为故人凝目。①

对于曾纡的词，古人少有评论。从现存的词看，其词思想上多写惆怅哀伤之情，且感情真挚；在艺术上多清雅淡远，句法精丽。

今人曾枣庄等也从多种文献中搜集到十篇曾纡的文章,编入了《全宋文》。其中多为奏章和书画题跋,“记”文有两篇，即《江楼记》和《景灵西宫记》。《江楼记》写的是他们家族在南丰城里的“江楼”。元符戊寅（1098）四月他的从兄曾绩从南丰给他来信说，自己已从刘姓人家手上买下了江楼，因当年曾祖为江楼写过诗记，现请他写一篇记文。曾纡在文中说：自在襁褓中就随亲走四方，只能“望吾乡常在数千里外”，直到元丰年间才回到了南丰。在作者笔下，家乡是十分美丽的，他说:“丰在盱江之北，江流如曳练，如引带，环绕乎邑之外也。江之南皆山，山之势如列屏，如倚掌，盘在盱江之者，皆

① 以上9首词见唐圭璋主编：《全宋词》，中华书局1999年版。

若江楼也。”接下来对于曾祖着笔较多,歌颂了曾祖的才华德行,文章高天下。他的“片言遗墨,得者皆秘藏之,以为传世之宝”,而“兹楼之名,以是而著”,于是买下此楼是曾家幸事,而从兄又是位才高行笃之人,“一乡所称慕”,自然他是乐而为之记。字里行间充溢着浓浓的亲情、乡情。

曾纡也与当时一些诗人、词人如贺铸、吴则礼、张纲、李处权等保持着较为密切的关系,多有唱和。如吴则礼有《送曾公卷之汶阳》《离淮南寄公卷》《以淮白寄公卷》《曾公卷诵陈子南昭亭诗因次韵》《垧邀公卷煎茶》《三堂道中寄公卷》《寄曾公卷》《与曾公路吕少冯饮曾公卷舟中》等等。其中《次毛泽民曾公卷韵》中有“毛侯曾子有新句,鸣籁素秋相与清”句。《寄公卷》云:“荻花枫叶秋江晚,底事扁舟不肯留。浊酒共沽清夜月,空余小字落沧洲。”贺铸《丹阳客舍示曾纡公衮》云:“眼里铅华今日见,胸中冰炭几时除。欲知老子消怀处,静夜青灯一卷书。”张纲有《寄曾公衮用子苍韵》,诗云:“五马归来识旧庐,相门曾对水云居。家声自可威戎虏,吏最何劳课簿书,好扈六飞还魏阙。却麾单骑复姚墟,莫欺霜鬓将军老。矍铄犹能一揽裾。”李处权有《送公卷赴金陵》,诗云:“惟曾家世颇堪论,文采南丰实浚源。德必有言人望重,义形于色主威尊。隋珠未可轻弹雀,腐鼠从教竞吓鹓。固是相门终出相,鲁公泉下有英魂。”毛滂《次韵曾公卷》有:“翩翩公子早知名,诗句年来特地清”句。他们在字里行间多有对曾纡的赞美。韩驹为曾纡的《采菊图》作《题采菊图》诗两首,其中一首:“黄菊有何好?且寄平生怀。遇酒兴不浅,无酒意亦佳。此理谁复明,自昔寡所谐。空余采菊图,寂寞悬高斋。”[①] 在曾纡去世后,李正民作《挽曾公衮宝文》说:“靖国开皇极,先公秉化钧。谢庭知有子,孙阁遂延宾。烜赫萧周上,苍黄屈贾邻。欲明当日事,正论墨犹新。”“际会光华旦,传家各有人。荣名今已矣,陈迹重悲辛。曷报生刍礼,难留玉树春。隼旟空望断,清泪落衣巾。”[②] 既有对友人生前行谊的赞美,又有对友人怀念,更对友人去世的悲痛。

曾纡也善于书法,风格介于苏、米之间。汪藻在其墓志铭里说:“又篆

① 韩驹:《陵阳集》卷二,钦定四库全书本。
② 李正民:《大隐集》卷七,钦定四库全书本。

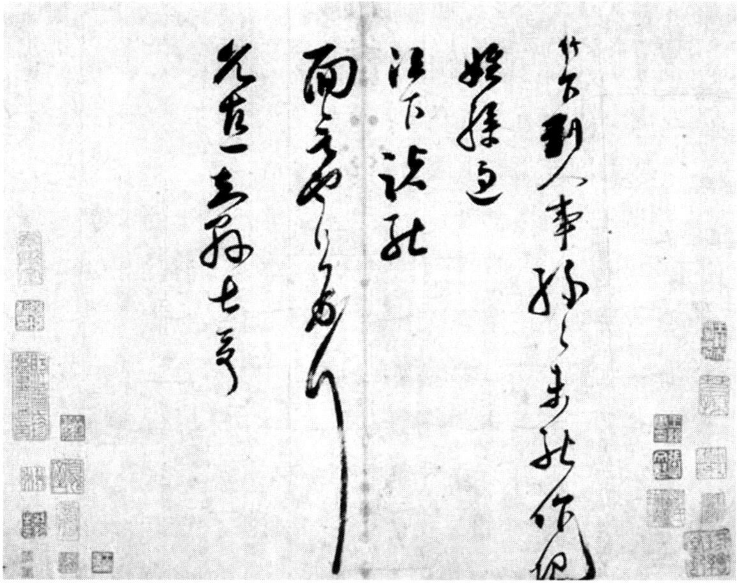

曾纡《过访帖》（局部）

隶行草沉着痛快，得古人用笔意。江南大榜丰碑，率公为之，观者忘去。”传世真迹有草书《草屦帖》、行楷《怀素自叙帖跋》，现藏于台北故宫博物院。2010 年 12 月 4 日，在北京保利 5 周年秋拍中国古代书画夜场中，曾纡《人事帖》从 2800 万起拍，最终以 4100 万的落槌。2016 年，曾纡的作品《过访帖》以 2500 万元起拍，最终以 3500 万元落槌。《过访帖》字不多，全文是：

纡顿首，适承过访，罕荷情眷。疲曳未果，扣关奉告，欣承挽。起居佳定。惠况太多，实以无人可负，拜赐亦已多矣！千万恕察，不悉。纡再拜，允直知县奉议七哥。

他的书法作品得到当时和后人的喜爱。从现存的《过访帖》看，其上鉴藏印就有多枚，如：珍绘堂记、吴越王孙、钱立群氏审定真迹、吴兴张氏图书之记、张珩私印、谭氏区斋书画之章、张氏涵庐珍藏、张文魁、五常鉴赏。可见此帖辗转于诸多收藏家之手。

据《曾氏家谱》载，曾纡去世后，先是安葬在信州的上饶县上饶乡七里，后又迁回南丰，安葬在七都洗马桥头。

2. 孙曾惇

曾惇，字砿（宏）父（甫），曾纡的长子。曾惇的生平事迹载之于史册的不多，从谢伋（？—1165）《曾使君新词序》可知，曾惇年少有才而负盛名。谢伋说：曾惇“工为文辞。年逾二十，当全盛时，官中都诸公贵人一口称荐。王邸戚里，名用豪杰，莫不愿交。”他的外甥王明清在《挥麈录》里也说：“舅氏曾宏父，生长绮纨，而风流蕴藉，闻于荐绅，长于歌诗，脍炙人口。”初为湖州司录，后在绍兴三年（1133）调任太府寺丞，不久又被罢去职。绍兴八年（1138），他向朝廷进祖父曾布的《三朝正论》，于是由右奉议郎转为承议郎，且得到银绢一百匹的赏赐。绍兴十二年（1142），他调任黄州知军，期间他干了一件颇让后人诟病的事。他向当时的权相秦桧献上了《书事十绝句》诗，称秦桧为“圣相”，他也由此得重用，自黄州调任台州。这事被与他同时期的吴曾记录在《能改斋漫录》里：“绍兴壬戌（1142），朝廷既罢三大将（张俊、韩世忠、岳飞——引者注），息兵议和，曾郎中惇时守黄州，献《书事十绝句》于秦益公，秦缴进于上。上喜，与升擢，差遣任满，除台州。”《书事十绝句》其中有两首云：“黄泥坂下雪犹深，赤壁矶头江欲平。驿吏西来闻好语，番人已出蔡州城。”“和戎诏下破群疑，无复旄头彗紫微。屈指销兵宜有报，先看长乐板舆归。”很显然是歌颂议和，歌颂皇帝，歌颂秦桧。在《建炎以来系年要录》里也记载说：“绍兴十有四年六月辛巳朔，检校少保奉国军节度使金州郭浩辞知，右朝奉郎曾惇知台州。惇尝献秦桧诗，称圣相，故以郡守处之。”曾惇的这一做法为当时主战派及大多百姓所不齿。

而曾惇在台州任上还是唯秦桧是从。他受秦桧意而陷害前宰相吕颐浩家人，整得人家家破人亡。《宋史全文》卷二十一载：绍兴十七年九月“甲戌（十三日），直秘阁吕摭（吕颐浩的儿子——引者注）除名梧州编管，秦桧追恨颐浩不已，使台州守臣曾惇求其家阴事送狱穷治，摭惧罪阳瘖，乃以众证定罪。于是一家破矣。”由此看来曾惇一直是紧跟着秦桧的，成了他的帮凶。绍兴十八年（1148）五月，曾惇知台州秩满，闰八月调任镇江府知府，次年被罢职。八年后的绍兴二十六年（1156），复出任光州知州，此时秦桧已死一年，此后行踪就不可考了。

曾惇在从政和人品上有争议，但其文学成就还是得到人们的肯定。在南宋绍兴年间诗词文名甚著，周紫芝在《送曾宏父守南徐》诗中称其“风流举世推前辈，文采须公侍禁庐”①。

据史载，曾惇在台州时作有《曾紘父诗词》一卷，但今已失传，《全宋词》里录其词六首，而他的诗仅见于《内简尺牍》《能改斋漫录》《赤城志》《广信府志》等书中偶尔所录，主要是因为别人的引用才把这些诗保留了下来。曾惇守黄州时，为纪念苏轼，在那儿建起了栖霞楼。曾惇也为自己所造建筑感到很自豪，写下了一些诗。李祖尧为老师孙觌的《与台守曾郎中》一诗所作的注里引用了曾惇与台州相关诗三首：

栖霞会饮诸僚

月近中秋好，风因小雨清。山眉烟外远，江练夜深横。
我病自不饮，君诗俱有声。放歌能取醉，不必唤嘉荣。

栖霞偶作

蔬饭已忘肉，清心已是僧。春华空婉娩，衰病苦侵凌。
风扬孤舟急，江明远浦澄。邵楼来远念，实怯醉时登。

和何麒子应雪堂

坐想诛茅日，山川走百灵。重来寻旧宅，几至泣新亭。
何意投天禄，犹传是岁星。花砖知底物，只老合沉冥。

李祖尧认为这些诗都是脍炙人口的作品。有意思的事是曾惇也仿苏轼以诗会友，一是表达对苏轼的纪念与崇敬，二是表现自己风流雅趣。此举也赢得了人们的好评。王明清在《挥麈录》里记其事：“有双鬟小鬟者，颇慧黠，

① 周紫芝：《太仓稊米集》卷二十七，钦定四库全书本。

宏父令诵东坡先生《赤壁》前后二赋，客至代讴，人多称之。”曹勋（1098—1174）在《送曾谹父还朝》组诗里也将当时的情形以诗的形式记下来：“阿苹能唱大苏词，《赤壁》长哦更一奇。临赋图成好相伴，东山它日固先知。”曹勋还在《送曾谹父还朝》里对于他在台州所建的玉霄亭和重修的钱大参云榭也赋诗。前者云：“玉霄栏槛冠东州，幻出风烟最上头。壁月山光入遗爱，此方今已号曾楼。”后者云：“大参宴客有遗址，栋宇半欹荆棘中。一日青红丽云表，因知雅量自相同。”①

曾惇还与吕本中、王洋等人相交游，特别是在上饶期间。南宋时，宋金交战，宋常败，百姓不得不南迁，而许多词人则寓居于离京城临安不远的江西上饶，一时上饶成了词人的聚居地。《挥麈录》里记载他“后归上饶，时郑顾道、吕居仁、晁恭道俱为寓客，日夕往来，杯酒流行”。吕本中在江西上饶以《送曾宏甫知黄州四绝》②送曾惇赴黄州任。诗说：“雨余天气欲尝橙，栗可煨炮芋可羹。正是一年秋好处，忍令无酒送君行。”“君到江头不问津，雪堂草木几番新。一生未得文章力，要扫中原胡马尘。”诗中写出他们的愉快交往和惜别之情，也表达了对于朋友殷殷嘱托，“要扫中原胡马尘”。他们之间也唱和，如当曾惇收到了吕本中的诗后，即回诗《次韵曾宏甫九日韵》说：“僧园晓色散栖鸦，强起新诗整复斜。正想故人披宿雾，忽蒙佳句洗昏花。旧游往往违心事，老病昏昏漫岁华。辜负重阳一尊酒，且来占雨又朝霞。”正在此时，传来朝廷取胜的消息，吕本中又作《九日，赠曾宏甫二绝》，其中一首说：“渐退中原胡马尘，溪山未厌往来频。虽无名酒酬佳节，尚有新诗答故人。”

曾惇与隐居的王洋多有交往。王洋（1087—1154），字符渤，山东山阳人，宣和六年（1124）进士。绍兴十七年（1147），知饶州，不久罢官，隐居于信州（今江西上饶市）。他写有多首与曾惇相关的诗，记录交往中一些事情。如《曾谹父约游南岩短韵奉呈》：

---

① 曹勋：《松隐集》卷十八，钦定四库全书本。

② 吕本中：《东莱诗集》卷十九，钦定四库全书本。

南丰不藏善，逢人说南岩。南岩亦何好，造物秘此缄。
烟云态全异，松竹色半酣。去国十里羸，守戍僧二三。
乞身满一日，幽事亦可探。行客问征途，居者萦辔衔。
萧条野店烟，夐静弥勒龛。念非尘外侣，谁分禅味甘。
受佣作闲人，自缚亦可惭。于时日在房，山色染霭蓝。
一径盘郁青，群峰列空嵌。吟泉计涓滴，瀹鼎消尘凡。
端如常德静，可警疾步贪。扬镳出云门，回首怜烟岚。
公其吐妙语，胜事须指南。①

王洋这首诗写的是与曾惇游南丰的南岩寺，诗中既写南岩寺及其周边景色，也描写述在寺内的游历。还有很多诗充满他们俩交谊生活中的情趣，如《和竑父分洞庭柑》："林屋仙丹色外妍，清泉香雾总堪怜。不知自落人间后，三寸黄金直几钱。"今能见王洋写给曾惇的诗达40余首，如《曾竑父将赴浮光九日无酒赋二诗次韵》《曾竑父招客盛夏转凉》等。

此外，曾惇与林季仲、洪适等人也有唱和。林季仲《次曾竑甫韵寄贺子忱》："狂客当年隐四明，至今孙子爱林坰。挂冠无愠亦无喜，抱膝自歌还自听。时弄清琴怀贺若，何妨后乘载樵青。结邻能践前言否，春色方深绝境亭。"②洪适字景伯，号盘洲，鄱阳（今江西鄱阳县）人。洪适《行县道中寄曾竑父》："云山初见非昔游，一瞬不许回双眸。二年依州已强半，七月行县难罢休。溅溅微溜响萦谷，蕤蕤多稼光盈畴。兵厨愿留一樽酒，霜螯醉嚼期中秋。"③洪适也曾任台州通判，他们同在台州有唱和。如曾惇有《东湖怀洪景伯》《后园观梅简洪景伯》。东湖因紧临台州府城墙东侧而得名。而洪适有《适两日小疾，谒告闻知府郎中丈有东洪之游，而不果陪，遂蒙佳句宠问，辄趁韵以谢》《减字木兰花·曾竑父落成小阁，次其韵》等。曾惇与寓居于台州临海的贺允中（字子忱）也有唱和，如曾惇有《东湖怀贺子忱》《江南野步简贺子忱、蔡瞻明》等，

① 王洋：《东牟集》卷一，钦定四库全书本。
② 林季仲：《竹轩杂著》卷二，钦定四库全书本。
③ 洪适：《盘洲文集》卷二，钦定四库全书本。

前者云："不负春风烂漫晴，聊驱不队出郊垧。一百五日可无酒，二十四弦须细听。溶溶漾漾沙鸟白，短短长长溪柳青。贺监扁舟在何许，惜无妙墨记兰亭。"

曾惇存世的词很少。《词话》里曾说："曾慥、曾惇，故相之孙，皆以词章擅名。"① 孙觌《与台守曾郎中》夸赞曾惇云："天台诗词，皆以王事从方外之乐，词句高雅，不自凫鹜行中来。持玩三叹，岂敢独享？当与识者共之。"宋代黄升选编的《中兴以来绝妙词选》卷一说："曾紘父，名惇，以故相之孙，工文辞，播在乐府，平康皆习歌之。有词一卷，谢景思为序。"从这里可以看到，他善词，并且他的词受众较广，歌伎们都喜欢唱。也提及有词一卷，并且谢景思少卿为他的词集作序。

《点绛唇·重九饮栖霞》写重阳节日与友人畅饮于栖霞楼上的情景与心境。词云：

九日樽罍，要携诸客栖霞去，满城风雨，记得潘郎句。　紫菊红萸，何意留侬住。愁如许，暮烟一缕，正在归时路。

《浣溪沙》是写送别友人。词云：

无数春山展画屏，无穷烟柳照溪明，花枝缺处小舟横。　紫禁正须红药句，清江莫与白鸥盟，主人元自是神卿。

《念奴娇·送淮漕钱处和》也是一首送别词，也着意仿苏轼的写法。词云：

绣衣直指，问凌风，一笑翩然何许。诏出层霄，持汉节，千里秋风淮浦。鉴远江山，竹西歌吹，曾被烽烟污。须君椽笔，为渠一洗尘土。　休厌共倒金荷，翠眉重为唱，渭城朝雨。看即扬鞭，归骑稳，还指郁葱深处。宝带

① 《御选历代诗余》卷一百十七，钦定四库全书本。

兼金，华鞯新绣，直上云霄去。回头莫忘，玉霄今夜风露。

《朝中措》两首写水仙花，将花喻人，且写得情意绵绵。如下：

幽芳独秀在山林，不怕晓寒侵。应笑钱塘苏小，语娇终带吴音。　乘槎归去，云涛万顷。谁是知心？写向生绡屏上，萧然伴我寒衾。

绿华居处渺云深，不受一尘侵。细看宜州新句，平生才是知音。　凌波一去，屏山梦断，谁最关心，惟有青天碧海，知渠夜夜孤衾。

《诉衷情·别意》写的是离开台州的依依惜别情。词云：

鄞江云气近蓬莱。花柳满城隈。风流谢守相遇，应覆故人杯。　烟浪暖，锦帆回。莫徘徊。玉霄亭下，芍药荼蘼，都望归来。

曾惇的父亲曾纡善书是人们所熟知的，而对于曾惇是否善书善画，没有发现文献记载，也没有发现他有书画作品传世。但今能见他两则对于书画的题跋。这两次题跋都是题米友仁的《潇湘奇观图》长卷画的。米友仁（1074—1153），字元晖，书画家米芾长子，与父米芾并称“大小米”。他继承并发展米芾的山水技法，以表现雨后山水变幻空灵而见长。《潇湘奇观图》长卷是他的著名作品。曾惇的题跋也被明代赵琦美编入《赵氏铁网珊瑚》卷十一、明代郁逢庆编入《续书画题跋记》卷二等书画相关著作。这两则跋分别是：“元晖戏作横幅，直造北苑、巨然妙处。开卷恍然，如行下蜀、栖霞烟雨中，益重土思之念。绍兴丁卯三月壬午，南丰曾惇题。”“元晖作字作画，深得南宫笔法，非特能继其家声，亦不负山谷两诗。绍兴丁卯壬午，南丰曾惇观于丹丘郡斋。”这两则跋是同一时间同一地点题的，即绍兴十七年（1147）的三月，丹丘即台州。文中提到“北苑”即南唐大画家董源，巨然为其弟子，也是大画家。南宫即友仁父米芾。山谷两诗，即指黄庭坚写给友仁的两首诗。一首是《戏赠米元章》:“我有元晖古印章，印刓不忍与诸郎。虎儿笔力能扛鼎，教字元晖继阿章。”“虎儿”是黄庭坚对友仁的称呼,由此诗友仁取字“元晖”。别一首待考。“下蜀”“栖霞”为地名，两地相距不远，栖霞在今南京，下蜀距南京约 30 公里。从这题跋看，他是能画、懂画的，不然评点不到位，也不敢题之于名画后，后人更不会将他的题跋收入到相关作品集中。

3. 其他

在曾布的子孙中，还有一些较为突出者。曾惇子昭，字表勋，官至承议郎知盱眙军事，又知濠郢二州事；次子晞，授将仕郎。家谱里仅记曾惇子昭与晞二人，但据宋代王象之《舆地纪胜》卷四九《淮南西路·黄州》载：“曾宏甫为守，有子曰用孙。”不知“用孙”是其中某子的曾用名，还是另有其子名用孙，详情待考。该书载:用孙年少有俊才，九岁时作《赤壁》诗，诗云:“白浪高于屋，风回熨帖平。周郎呼不醒，久立听江声。”颇有气势，为时人所称道，谁料出自于一少儿手。又据清代同治《南丰县志》载：“曾造子有，纡曾孙。性谦冲平易，而执法不可夺。”又据清代《江西通志》记：“曾造南丰人。性和易而操持确不可移，淳熙中知乳源县，谓养士先于教，于是籍官田及民废业数百亩为学产，创黉宫，立职长，严课试，士风翕然丕变，寻调知乐昌，迁学于城东，训士亦如翁源时，于是乐昌文教方轨中州。官至宣教郎知南康军事。乐昌祀名宦。”① 昭次子迨，静江府司理；幼子适为仕郎。而曾造孙锜，字廷金，官至礼部侍郎。曾锜子浩，官至奉训大夫，任四川提举。

第四节　曾肇的子孙

据著名学者杨时撰写的《曾肇神道碑》中记载，曾肇“娶强氏，累封和义郡君。尚书祠部郎中、三司户部判官、讳至之女也。有贤行能宜家。有子八人：长曰绲，通直郎，知扬州天长县丞事；次曰纵，承事郎，监太平州芜湖县酒税务;绚，宣义郎，监兖州东岳庙;统，将仕郎，监应天府拓城县税务;

① 《江西通志》卷八十三，同时又见《广东通志·名宦志》卷三十九，钦定四库全书本。

绒，将仕郎，监睦州酒税务；纬，承务郎，权知泗州招信县丞事；续、缥举进士。女四人：长适宣德郎王律；次适宣义郎刘伫；二尚幼。孙男二十五人：悰、恪、慥、悦、怀、悟、愔、悌、恂、惎、怡、恢、恒、恽、憓、忳、惔、懔、懊、憺、悛、懊、栗、懞、协。孙女六人。”

1. 子曾纵

曾纵，字元矩。元祐初年，曾纵娶了苏辙第五女。苏辙有《曾郎元矩见过，逾月听其言久而不厌，追感平昔为赋诗》：“胄子相从得佳婿，掖垣同直喜良朋。交情不意隔生死，世事休论有废兴。宿草芊绵泪入土，故琴牢落恨填膺。远来似觉清谈胜，试问传家今几灯。”从苏辙的诗中可以看到苏家对这门亲事很满意，认为曾纵是苏家的“佳婿”。吴则礼亦有《九日过宋遇雨呈曾元矩并先寄吕少冯》诗，诗云：“黄菊湿不鲜，白雁寒更哀。何由穿雨屐，一登宋王台。眷予良友生，南山安在哉。行将北湖鬓，投老炤清淮。”[①]吴则礼是他大伯曾布的女婿，诗人。他算得上是吴则礼的小舅子。这诗也算亲戚间的唱和。

在曾协的《代从兄作伯母事述》里对于曾纵的儿孙辈情况有一段记载。“子恪、慥早卒。悟擢进士第，为亳州士曹掾。骂敌死，事闻，诏赠承事郎。怡右朝奉郎太府丞。恽右从事郎，常州录事参军。憺出后叔父。孙熹，右迪功郎，监建康府都税院；焘某某，未官。孙女三人，长嫁右文林郎张遹，余在室。”从这段记载中可知，曾纵有子六人，其中恪、慥逝世过早，悟为国捐躯，最小的憺过继给了叔父。

2. 子曾统

曾统字符中，《京口耆旧传》卷二说：“肇八子，统最知名。”初以荫入官，高宗驻跸扬州时，召为工部员外郎；建炎四年（1130），官广南东路提刑；绍兴二年（1132），以左司员外郎赐进士出身，次年为起居郎，不久罢去，任秘阁修撰，知秀州，后又改任饶州；五年（1135），考中进士。九年（1139），为殿中侍御史，左谏议大夫，为徽猷阁待制，知婺州。后在严州去世，享年

① 吴则礼：《北湖集》卷一，钦定四库全书本。

六十七岁。他是神宗时的参知政事张方平的孙女婿，张嵲有《徽猷阁待制曾统故妻张氏可特赠令人制》[①]。曾统有胆有识，在宋朝廷南迁过程中，当金人兵锋所至，宋军节节败退，而他临危不乱，镇定自若，给金人有力的还击，由此而得到了朝廷的奖励。曾统作为名臣之后，自己又官居要职，由此也获得人们的赞颂。如杨时称赞曾统说："右臣伏见奉议郎守尚书工部员外郎曾统，名臣之后，能世其家。"他以官声政绩名于世，似乎不以文名世。少见他有诗词传世。仅见宋代林表民编的《天台续集别编》辑录了他的唱和诗两首：

黄阁重来迹已陈，东山高卧趣还新。
尘埃偪仄人间世，风月虚闲物外身。
得意樵渔方共乐，忘机鸥鸟自相亲。
聊将玉铉调元手，散作郊园万木春。

退老堂前花木深，功名摆落事幽寻。
烟霞啸傲平生计，风雨怦幪四海心。
岁晚松筠无改色，春归桃李旧成阴。
行瞻衮绣回东路，蕙帐空余夜鹤音。

这是为建炎丞相吕颐浩退老堂而作的唱和诗，当时参与唱和者有 30 余人，每人大多题两首七律诗。曾统的这两首诗虽然是应酬之作，但也写得得体大方，有雍容华贵之象。

3. 子曾续

曾续字符嗣，号政和闲人，曾肇第七子，诗人，终生不仕。他是户部尚书王存的女婿。但由于当时朋党争斗过于激烈，他无意于仕途，而与一些文人诗家交往相唱和，如颜岐、关沼、饶节、高茂华、韩驹、吕本中等人，他曾作《十友诗》10 首，但今天只见 1 首，即《宋诗纪事》卷四十所录的《赠

① 张嵲：《紫微集》卷十八，钦定四库全书本。

吕居仁》:“吕家三相盛天朝，流泽于今有风毛。世业中微谁料理，却收才具入风骚。”吕居仁即吕本中，其曾祖吕公著担任过宰相，祖父吕希哲担任过兵部侍郎，其父吕好问也曾担任过兵部尚书，故有“吕家三相盛天朝”句。吕本中却因忤秦桧罢官。诗中对于吕本中家族的荣誉给予赞美，对于吕本中自身遭遇表示同情。吕本中无法入朝为官，施展自己的才华，只好将才华转入到诗词创作之中来。在此，曾续也有同病相怜之感慨。

4. 子曾纁

曾纁字符礼，为曾肇第八子，即最小的儿子。汪藻为他撰写了《奉议郎知舒州曾君墓志铭》，铭中对于曾纁的一生作了简要的介绍，从中可以知道，曾纁从小机敏，志存高远，立志继承祖宗之业。少时即能刻苦学习，学问进步很快，年少之时就参加过地方上举行的相关考试，已展露出了自己超出常人的才华。但是因被视为“党家子”，而不能进京参加考试。他著有《七志》《鸱鸟》和《老酒》二赋，其父曾肇见之，大惊其才。曾纁直到 30 岁时才参加进士考试，中得进士的甲科。随后出任应天府虞城、明州鄞县主簿。但很长时间没有得到提拔，当权者中有人爱惜他的才能，为其鸣屈，调任为大晟府主簿。后来出任提举两浙、河北京东路盐香，改梓州路常平，但他都没有去赴任。调任京畿提举学事，但又因为“党家子”原因而被免职，又派他去担任太平州提举两浙盐香,仍不赴任。再后来出任高邮知军,但不到一年时间。在宣和五年（1123）四月，母亲去世，他回家守丧，不幸行至昆陵时而去世，年 41。他的一生仕途受到朝廷党争的影响，时起时落，并未能进入朝廷高层。妻子强氏是资政殿学士强渊明的女儿，也就是自己母亲的侄女。表兄妹结成夫妻。强渊明字隐季，元丰八年（1085）进士，官至礼部尚书、监修国史，谥号文宪。曾纁有五个儿子，愢、惧、慓、懞、协。愢，迪功郎，镇江府金坛县主簿；惧，承务郎；慓、懞没有官职；协曾任右承务郎监临安府新城县税等职。曾纁很注重品行修养，孩提时已是卓尔不群，等到稍长时，他酷爱读书，每每得到一本书一定得手抄口念，非得弄通弄懂不可。尤其擅长于《春秋》经传之学，平时居家少言语，似乎对于世事人情淡泊，但是他往往能解人所难。他的“文章简古,似其为人,议论衮衮,挟其家数世敢言之气,必有为而发，不崇空言”。今天亦不见曾缥之诗词，但他与江西诗派的汪藻、洪刍等人有较亲密的交往，如洪刍有《次曾元礼韵》《次元礼题余诗卷后韵》等诗。《次曾元礼韵》诗云：“卧龙山下阿兰若，漠漠烟城楚水西。肯共扶筇同散步，来寻负郭慰卑栖。曲肱睡稳门常掩，促膝谈深日已低。他日相过如卜昼，南窗就我共羹藜。”诗中记录了他们的交往。

5. 孙曾悟

曾悟字蒙伯，宣和三年（1121）中进士，靖康年间担任亳州士曹。建炎元年（1127），金兵攻破亳州，曾悟被掳。他义正词严地大骂金兵，后被金兵的乱刀刺死，同时遇难的还有他的妻儿。那一年曾悟才 33 岁。在清同治《南丰县志》里收录了曾悟的《溪山精舍记》一文，曾枣庄等将此文收入《全宋文》卷四〇八七。该文条理分明，语言清新，读之如临其境，令人爽心悦目。在曾悟赴义后，朝廷为了纪念他，将曾悟所建的溪山精舍改建为忠节祠，与他的从兄悫一并祀奉。

6. 孙曾协

曾缥的幼子曾协（1118—1173），字同季，号云庄。曾协五岁时父亲去世，在母亲强氏的教育培养下，长大成人。母亲亲自教授曾协《论语》等经典，并督促他的学习，加之曾协聪明，博闻强记，能够较快地掌握所学内容。本来曾家是诗书传家，可惜家藏的书籍都毁于战火，又由于家贫无钱买书，于是就到书铺里去看书。他的记忆力强，往往过目不忘，所看过的书，大多都记得。有时也向人借书读，有一次他向人借了《春秋》《左传》，不及十天他就读完，人们对他读书的速度感到惊讶，怀疑他读书的效果，于是从书中摘录一些内容考问他，他都对答如流。一次，有人说，临安孤山冷泉亭上有记文，于是他借马骑了九里路到那儿去看，并将此文背了下来，回来后默写出来，给那人看。后来那人把他默写出来的文字拿去对照，果然一字不差。不到 20 岁，他就以词赋闻名于国子监，他去参加博学宏词科的考试，虽有才名，可是没有能够及第。从此，他再也不参加科举考试了。但认真读书的习惯没改，无论寒冬盛暑，他手不释卷。后来靠着父辈的恩荫入仕，历任长兴、嵊县的县丞，镇江、临安的通判。孝宗乾道七年（1171），任吉州知州，后又改任抚州知州，再后调任永州知州。乾道九年（1173）去世。

曾协是曾巩家族孙辈中流传作品最多的一位，其子曾炎辑得曾协作品20卷,为《云庄集》,后来失传。后人从《永乐大典》发现他的部分作品,辑得《云庄集》5卷。另有《云庄词》1卷传世。

对于曾协的诗文，南宋著名学者傅伯寿在《云庄集序》中认为，曾协之所以能取得如此之成就，有其家学的传承，也有他自己的天分使然。“故其古诗则兴寄渊邈,词旨超迈,多效《选》体为之,唐律则务造平淡,间出清新,比事赓韵，精诣妥帖。至表、章、笺、启则又繁约适中，铺陈有序，摭古语而加剪截之功,造新句而遗斧凿之痕,他文一皆类是。盖深有文昭之遗风焉。”①

傅伯寿（1138—1223），字景仁，泉州晋江人。隆兴元年（1163）进士，累迁礼部尚书，出守建宁，召除翰林学士，进端明殿学士、签书枢密院事。傅伯寿对于曾协的文学评论是中肯的，既有肯定，也指出其中的不足。但也有人认为傅氏有拿当下的标准套前人，这点主要体现在傅氏指出的曾协古体诗“多效选体”一说。所谓“选体”指的是五言古诗。傅氏的这一说法，清人在编辑《四库全书》时，也认同此观点，并作了进一步的引申。《四库全书总目》中《云庄集》提要中就说：“（傅伯寿）序称其古诗多效选体，然合诸作观之，大抵源出苏轼、陈与义，故《同沈正卿作仇池石》诗用轼韵，《陈晞颜过零陵赠诗》亦用与义韵,而绝不及于他家,知其唱和讲求在二家旧格也。杂文颇雅饬有法。《宾对》一赋为集中巨篇，语特伟丽，而大旨以安享太平为浑穆之王风，以恢复中原为战争之霸术。夸大其词，以文偏安之陋。曲学阿世，持论殊乖。”

陈与义（1090—1138）,字去非,号简斋,南宋初年的杰出诗人。严羽《沧浪诗话》在“以人而论”诗体时,将陈与义的诗称为“陈简斋体”。“简斋体”前期之作,观察细致,描写生动,饶有情趣。后期取法杜诗,得其沉雄之韵。“简斋体”是江西诗派学习的重要体例。元初的方回将陈与义列入江西诗派的三宗之一。

① 曾枣庄等：《全宋文》卷六二六三，上海辞书出版社2006版。

从现存的曾协作品看，应酬唱和之作居多，而这些唱和的对象又是相对固定的，尤其是陈晞颜、翁士秀、赵有翼、李粹伯和从侄曾季狸。他们还组织诗社，社员经常聚集在一起宴饮游赏唱和。曾协的《赵有翼招同社出游次韵》所记的就是诗社同仁一起出游的情形，诗云："总道无情却有情，撩人幽事不胜清。拟同骚仆从长吉，不遣橘奴觅李衡。四山浓淡要题品，百卉后先宜按行。登览不忧风雨迫，挥戈须驻日西倾。"与陈晞颜唱和，有《陈晞颜获玉兔甚奇邀予赋诗》《和陈晞颜春尽思归二首》等。与李粹伯唱和，有《次韵李粹伯登镇江倅厅富览亭》《李粹伯对月见怀次韵》等。曾季狸之曾祖曾宰，与曾协的祖父曾肇是亲兄弟，他与曾季狸唱和的诗也很多，如《和裘父侄季狸竹夫人歌》《裘父见和复次韵》等。

此外曾几、仲并、周紫芝等也有诗与曾协唱和。如曾几《曾同季饷建溪顾渚新茶》："雨润梅黄后，风薰麦秀初。不持新茗椀，空枉故人书。顾渚琼糜似，闽溪玉食余。吾宗重盟好，并以遗闲居。"[①] 仲并《李孝叔、赵有翼、赵存中、黄子登、沈正卿、曾同季有观梅道场之约，仆偶过西山不得陪六客之末，归读众作因继韵》[②]："公皆车马城南去，我向西郊漾小舟。人事好乖各回首，吾年如此喜乘流。金兰六客稀时见，珠玉一篇无句酬。却数竹林犹少在，不妨著我伯伦刘。"诗后他自注："人尝戏不能饮者曰：尔为刘伶乎？余饮少辄醉，聊自戏也。"周紫芝写给曾协的诗，今见五首，如《强幼安用余与曾同季唱酹韵作二章见寄谨用韵为谢》[③]："江国从游地，花今几度春。老唯羁客在，情独使君新。未敢论倾盖，应须托善隣。如公真盛德，举世更何人。""花落青墩寺，谁从作好春。锦囊题句近，旧旆得州新。老手摧强敌，余风睦四邻。他年数循吏，神爵有斯人。"强幼安即强行父，曾协的舅舅，《谢曾同季示近作，因以为赠》："老色秋蒲晚，朱颜玉树春。年方贾生妙，诗似庾郎新。黄墓初倾盏，青墩欲买邻。知君真似舅，笑我作陈人。"[④] 还作有《同季再见和二首复用韵以谢》。

---

① 曾几：《茶山集》卷四，钦定四库全书本。
② 仲并：《浮山集》卷二，钦定四库全书本。
③ 周紫芝：《太仓稊米集》卷二十三，钦定四库全书本。
④ 周紫芝：《太仓稊米集》卷二十四，钦定四库全书本。

此外，与邓器先有《送邓器先赴罗田尉五首》《邓器先北窗》，与赵有翼有《赋赵有翼仇池石次沈正卿用苏翰林韵》《送赵有翼通守吴兴》《送赵有翼监丞造朝供职》《次赵有翼简徐圣可元韵圣可名行简》，与翁士秀有《次翁士秀喜雪长咏》《次韵翁士秀雪再作》《次韵翁士秀病起》等唱和诗。

曾协的唱和诗大多写得轻松快意，有的字里行间也浸透淡淡的哀愁。如友人沈正卿送来一首探梅诗，曾协次其韵而作《沈正卿示探梅诗次韵》，其诗云："数点微明已露奇，解颜相见却先知。携壶拟醉无穷树，走马来看第一枝。照水意闲真我辈，酿寒云重正花时。自从亲识春风面，不信良工画有诗。"次韵是古体诗词写作的一种方式，也叫步韵。即按照原诗的韵和用韵的次序来和诗。不见沈正卿诗，而曾协的这首诗意是赞美友人的诗，梅在友人的笔下惟妙惟肖，即便是优秀的画师都无法将诗中的梅花画出来。这首诗写得较为轻松惬意，表达对梅花和对友人赠诗的喜爱之情。

还有就是亲人间的唱和。曾协的祖父曾肇与曾布同住在镇江，其后人也多在外定居，并没有回南丰，但他们间还是有联系与往来的。这可从曾协与曾季狸叔侄相唱和的诗中可见一斑。曾协的《和裘父见赠》诗中说："乡关重见慰余年，踉跄迎门喜欲颠。"表达了得见亲人的喜悦之情。曾协的诗《昔先君子与司直兄相知文字间，诸孤悬隔，各未相闻，一旦裘父侄惠然见访，共道家庭旧好，抚今念昔，慨然伤怀，因成小诗呈裘父》也表达了处在不同地域的亲人相认时的感慨。"先君子"指其父曾缜，"司直兄"指曾晦之，而曾晦之则是季狸的父亲。"传业悬知臭味同，许时踪迹马牛风。莫夸今夕为何夕，不见吾翁对若翁。道旧几惊心欲折，问年俱恨鬓成蓬。只应饱学非同调，满箧新诗字字工。"这首诗写得诙谐明快，具有较浓的生活气息。再如《送裘父侄还乡二首》，其中一首云："尘外情怀得自由，便推琴鹤上归舟。露寒月白关心夜，山瘦江清满意秋。却背京城无眷恋，去寻古迹有迟留。奚奴莫厌诗囊满，重纪山川烂漫游。"诗中有对江边送亲人的情景描写，也有对从侄不恋官场甘愿回乡的欣慰之情的委婉表达，还有对侄儿辞官之后可以漫游山水，吟诗抒情的羡慕，字里行间有作者对官场的厌倦与对自由的向往。他的这种厌倦与向往情绪在多首诗中都有体现，如《送邓器先赴罗田尉》："吾乡盱江西，流转半天下。梦为故国游，流涕指丘社。漂萍偶同止，风力巧相借。感君声气似，剪烛对清夜。”《和陈晞颜春尽思归》诗云：“坐阅荣枯鸟过空，青冥谁解指行踪。”

曾协除了唱和诗外，还有一些写景咏物记事的诗。《芭蕉》：“炎蒸谁解换清凉，扇扇摇摇上竹窗。准拟小轩添睡美，梦成风雨夜翻江。”这是一首描写芭蕉的咏物诗，写得很有生活情趣。再如《洁泉》：“绝爱泓然一鉴渟，肯教尘土犯清泠。只缘较德先生似，不为争名陆羽经。”这首诗写泉之洁。《湖山堂》诗是一首写景诗，写自己的住处是一幽居处，景美，而自己官轻事少，在这样的环境里生活自然闲淡舒适。诗云：“自从幽处得官居，不向良工觅画图。青绕帘帷山极望，冷侵庭户水平铺。渔歌历历来天外，帆影飞飞入坐隅。俸粟有余公事少，卧听风雨落江湖。”又如《西溪冬夜》：“并埋松柏与云齐，月夜青山一望低。山鸟不惊人迹绝，步随流水到前溪。”这首诗写冬夜里的西溪，状景于眼前，形象生动。

在曾协诗歌里，还有一些颂诗，如前文所提及的，主要是歌颂朝廷，歌颂时政。这些诗有谄媚的因素，为当时和后人所诟病，如《老农十首》主要是歌颂时政。其中有云：“朝家宽诏年年下，天上秋阳日日明。租税入官公事了，壤歌递与子孙赓。”“儿孙力作莫辞勤，仁政如天四海春。尽说干汤功已就，泽流莘野并耕人。”“淮上营屯尽偃戈，官军从此罢经过。且书太史丰年瑞，不数周公异亩禾。”等等。

总的来说，曾协的诗题材较窄，主要是写朋友间的迎来送往，但对象相对又少；写景咏物记事的诗，也往往局限于写自己的日常生活。这些诗所表达的感情也相对地单一，多是对自己悠闲自在生活的描写。也有一些早期的诗多对朝廷或时政的歌功颂德，少对百姓生活的关注。文学是现实生活的反映，诗歌的思想内容必然是他生活与思想的反映，曾协的生活环境与他的价值取向决定了他诗歌的主旨。

曾协不仅能诗还善词，但保存下来的词并不多，有七首小令、七首长调。同样以唱和之作为多。如《点绛唇·送李粹伯赴春闱》：

小驻征骖，一尊古寺留君住。六花无数。飞舞朝天路。　　上苑繁华，却似词章富。春将暮。玉鞭凝伫。总是经行处。

《秦楼月·留别海陵诸公》：

清秋月。长空万里烟华白。烟华白。江云收尽，楚天一色。　　莼丝惹起思归客。清光正好伤离别。伤离别。五湖烟水，伴人愁绝。

《水调歌头·送史侍郎》：

今日复何日，欢动楚江滨。紫泥来自天上，优诏起元臣。想见傅岩梦断，记得金瓯名在，却念佩兰人。永昼通明殿，曾听话经纶。　　促归装，趋北阙，觐严宸。玉阶陈迹如故，天笑一番新。好借食间前箸，尽吐胸中奇计，指顾静烟尘。九万云霄路，飞走趁新春。

《水龙吟·别故人》：

楚乡菰黍初尝，马蹄偶踏扬州路。莼丝向老，江鲈堪脍，催人归去。秋气萧骚，月华如洗，一天风露。望重重烟水，吴淞万顷，曾约旧时鸥鹭。　　惆怅别离无奈，整孤帆、依然回顾。玉龙节底，故人情重，欲行犹驻。敛散功多，澄清志遂，好回高步。看归鞍稳上，文鸳班里，五云深处。

以上四首词都抒发了作者对友情的珍惜，对朋友离去的惆怅。虽不能算上乘之作，但也有自己的特色，有其疏旷清新的一面。

其次曾协也有写景咏物的词，特别是写芍药、牡丹之类的富贵之花。在曾协笔下的芍药典雅富贵，又有其超凡脱俗的一面。他写芍药就有四五首之多。如《点绛唇·汪汝冯置酒请赋芍药》：

乱叠香罗，玉纤微把燕支污。靓妆无数。十里扬州路。　　怨绿啼红，总道春归去。君知否。画阑幽处。留得韶光住。

《浣溪沙·咏芍药金系腰海陵席上作》：

昼漏新来一倍长。众宾沾醉尚传觞。浓云遮日惜红妆。　　应是主人归凤沼，为传芳讯到黄堂。腰围恰恰束金黄。

《祝英台·和翁士秀牡丹韵》：

放花开，催花谢，谁解东君意。要遣花王，独占花蹊邃。且看玉镜台前，霞觞新举，红玉软、晓妆慵试。　　好风味。须信金屋中人，谁堪并娇媚。隐约微潮，应向尊前醉。最怜纹锦褰帷，青罗飞盖，尘土外、轻盈相倚。

《酹江月·咏芍药》：

一年好处，是满城红药，留连十里，扬州应费了，多少春工妆饰。弱质欹风，芳心带露，酒困娇无力。园林绿暗，粉光低占丛碧。　　谁与千载声名，翻阶高咏，出文章仙伯。阅尽繁华芳意歇，初识倾城风格。双脸睎红，春衫挽并，天巧终难敌。十千沽酒，算应花畔消得。

在《云庄集》里还收录一些“记”“赋”“序”等体例的文章，如《送王景文教授归江西序》《大愚堂记》等等。这些文章虽算不上一朝一代上乘之作，但也是铺陈得法，不时有新意出现的好作品，为宋代的文学增添了光辉。

7. 曾孙曾炎

曾炎，协之子，肇之曾孙，年轻时进入太学，隆兴元年（1163）进士，任海陵尉。在海陵尉任上，曾经亲自抓捕了大盗几十人，按照规定应该得到丰厚的奖赏，但他写信给上司说：“兵革甫定，宜有纵犯者多得未灭。”盗还未灭尽，自然奖赏就不要了。后任徽州教授等职，辗转多地任职。晚年历集英殿修撰、庐州知府等职，他上奏以年迈体病推辞任职，最后以通奉大夫的身份告老还乡，71 岁时逝世。后加封光禄大夫和曲阜开国男。著有《觉庵集》20 卷，今失传。与楼钥、袁说友相交好，楼钥有《送曾南仲寺丞守永嘉》诗："六和久坐趣归鞭，却送旌麾水竹边。无说可俾新令尹，有时重送老同年。城隅绿竹今安否？庭下朱栾定俨然。回首东州真梦境，羡君此去若登仙。"[①] 袁说友有《送同年曾南仲寺丞知温州》："久同朝迹又同年，更送旌麾过海边。多士向来亲戴席，斯民今幸得苏天。潜心阁上书千卷，雁荡山中草一川。小待公余寻旧迹，便归玉笋听鸣鞭。"[②] 他们在诗中有对友情的回顾，对友人良好的祝愿。楼钥在曾炎去世后撰《曾侍郎炎挽词》云：

文献南丰裔，源流曲阜公。岩岩双法从，凛凛旧家风。
金玉方交映，人琴忽并空。平生心地直，流庆尚无穷。

紫陌寻春日，惟公最少年。鳣堂惭隗始，熊轼丑卢前。
寄我书犹湿，思君迹遽仙。同登今有几，挥泪抚遗编。

8. 曾孙曾�

曾晚字茂昭，曾统孙。徙居金坛（今江苏金坛）。曾统四子恂，字孚仲，子愓；愓字强仲，子晚。孝宗乾道五年（1169），曾晚举进士。庆元三年（1197），曾晚任礼部员外郎，兼实录院检讨官，后又任浙东提刑、秘书丞。嘉泰二年（1202），权吏部侍郎。开禧元年（1205），知隆兴府，后升给事中。三年（1208），任刑部尚书兼修国史，后又改任吏部尚书兼修国史。嘉定三年（1210），又任刑部尚书兼同修国史。蔡戡在《定斋集》里评价他说："存心忠厚，临事精详，明而不苟，宽而有制。爱民恻怛，出于至诚。""文学政事，皆有家法。"[③]

---

① 楼钥：《攻媿集》卷九，钦定四库全书本。
② 袁说友：《东塘集》卷五，钦定四库全书本。
③ 蔡戡：《定斋集》卷二，钦定四库全书本。

《全宋文》里收录了他 8 篇文章。

9. 易占九世孙曾唯

据清同治《南丰县志》载，曾唯字道子，曾易占九世孙。他少入太学，有文誉。宝祐四年（1256），权臣丁大全一心想把自己扶正，驱逐右丞相董槐，曾唯认为这是乱邦之举，于是与同舍的陈宜中等六人上书进言，认为“进退大臣当以礼，且极言大全之奸，所当诛戮”。丁大全怒，对他们削籍流放厓州，后来丞相吴潜上奏将他们召回，那已是五年后的事。后又有诏免去了他们的罪。参加景定三年的廷试，“士论翕然，称之号为六君子。”因仅见县志载，亦不知为易占之后何世系支下，权列于此。

第五节　曾巩兄弟姐妹的婿甥

曾巩妹妹多人，都曾生儿育女，繁衍后代。由于他们散居各地，子孙众多，对于他们的情况查考十分困难，现仅能就可考的部分后裔情况作简要介绍。

1. 王无咎子细和缊、婿朱京

王无咎先后迎娶曾巩二妹和七妹。他生有两个儿子：细和缊。细于绍圣元年（1094）登进士第，任杭州仁和县丞；缊于绍圣四年（1097）登进士第，任润州州学教授。对于细和缊，今已很少能见到他们的生平事迹资料。今仅见王细诗《江楼》二首：“太史常挥醉笔，题诗遍满江楼。胜事尽随流水，白苹依旧沧洲。”“春晚幽花对浦，夜阑明月当轩。好在当年胜趣，登临尽属诸孙。”江楼是王细外公家在南丰的祖宅，曾有多人为之写过诗文。王缊仅见存于黎川县民国期间所修《宏溪村头余氏宗谱》[①] 中的《柳庄公墓志》一文。柳庄公即余帮光，字希善，柳庄为其号。历任襄阳推官等职，有政声。该文落款：“绍兴九年仲秋之吉，赐进士朝奉大夫邑人王蕴撰。”王无咎有女三人，

① 本谱编纂于民国十六年（1927），现为黎川县宏村余氏后人所藏。

长女嫁给了朝奉郎国子监司业朱京，次女嫁给了通仕郎南丰县丞杨槩孙，另一女嫁给谁失考。应该说，王无咎的儿子、女婿们都是有成就的人，而当中最显者是大女婿朱京。

朱京（？—1101）字世昌，南丰人。朱京博学，淹贯古今，登熙宁六年（1073）进士甲科。教授亳州、应天府，入为太学录。宋神宗多次召见他论事，提升为监察御史。在御史之位，他敢于直言，敢于担当，当时中丞及同僚多数被罢官，他仍不惧掉官帽的危险，对于国家有益之事，哪怕是顶撞皇帝的话也敢说。有一次他谈到御史问题时，直言不讳地说："御史假之则重，略之则轻。今耳目之官，屡进屡却，则言者不若静默为贤，直者不若柔从为智。偷安取容，虽得此百数，亦何益国邪？"此也足见朱京之耿直。后有一天朱京觐见皇帝，皇帝犒劳他说："昨览奏疏，所补多矣。"朱京一贯神情严肃庄重，见到他的人都有些害怕，人们称之为"真御史"。

当初，谏官上奏，要在殿门外排队等候，依次才能入殿门面见皇上。而朱京名闻京城，有时有比他先到的，还没来得及回答皇帝的问话，就会退出来，让他先进去。皇帝也时常会问朱京在哪，旁边的人就会告诉朱京，这样朱京就会应召快步入内见皇帝。有时，他与皇帝议事时间过长，快到下班时还未议完，而排在后面的谏官还得等待。有一次朱京在上奏"论大臣除拟有爱憎之私"时，中书认为他言语有失实的地方，由此而被降职调去监兴国军盐税。一些正直之士都为他感到惋惜。《宋史》里称："持论端确，竟以去位，君子惜之。"后来又调任太常博士、湖北京西江东转运判官，提点淮西刑狱、司封员外郎等。元符（1098—1100）初年，升为国子监司业，但坚决不赴任。徽宗刚继位时，再一次任命他，可惜一个月后他就去世了。

朱京父亲朱轼，有隐德，举进士。朱轼从学于曾巩，"性宽夷，轻财急义"。其弟朱彦，熙宁年间进士，历官刑部侍郎、中书舍人等。朱京、朱彦名列"盱江十贤"中，入建昌府十贤堂。

朱京亦颇有文才，能诗，但流传下来的诗仅三首，现录于下：

麻姑山

仙都朝百灵，奇绝众峰冠。朝随五马游，万里卷云幔。
春阳散地脉，指顾群阴泮。刻玉露巉岩，严严色足悍。
怪木走狞虬，老藤连朽贯。峰势忽骞腾，天马脱修绊。
飞流三百尺，余沫拂霄汉。空谷隐晴雷，聒耳笑语乱。
所愿化日长，谁忧斧柯烂。况复值此时，桃竹分相半。
乘兴事幽寻，顿觉神还观。信步忘险易，履袜遭污漫。
恣观融结巧，疑费阴阳炭。暝色生四垂，孤烟起樵爨。
千骑去如飞，夕阳人影散。

题清芬阁

我爱君家似洞庭，却疑身在小蓬瀛。
白波潭上鱼龙舞，红叶村中鸡犬声。
大雅篇章无弟子，高门事业有公卿。
后来若要知优劣，千古何人继盛名。

祥光寺

山寺藏遗刻，尘埃字半昏。空挥岘首泪，谁起谢公门。
白石千年像，苍头五世孙。他年想陈迹，卜筑向云根。

2. 王安国子斻和斿，女婿叶涛、刘天宝、曾纡

王安国是曾巩三妹婿。王安石在《王平甫墓志》里指出：“(王平甫)妻曾氏，子斻（旊）、斿。女婿叶涛，处者四女。涛有学行知名，斻、斿亦皆嶷嶷有立。”

斻（在一些史料中，斻、旊混用），字元钧。他很小的时候就能文，但其诗文并没有流传下来，我们从一些人赠给他的诗可知他能诗，但写得如何不得而知。如他的伯父王安石就有《寄四侄旊二首》，其一：“数篇持往助允眙，想见封题手自开。春草已生无好句，阿连空复梦中来。”其二：“一日东岗上几回，百重云水隔苏台。遥知别后诗无数，黄犬归时总寄来。”从王安石的诗中还可知王斿勤于写诗，且伯侄常以诗交流。陈师道也有《送元钧贬衡州并寄元龙二首》，其一：“先生英气盖区中，命与仇谋得老穷。又见长身有家法，可辞短簿怒吾公。石头路滑行能速，宣室归来语未终。宛若风尘莫回顾，直湎留眼送归鸿。”其二：“先生秀句满天东，二子缘渠再得穷。诗礼向来堪发冢，孙刘能使不为公。炎方瘴疠避轩豁，故国山河开始终。传语元龙要相识，江湖春动有来鸿。”王斿与毕仲游有交谊。毕仲游为郑州管城（今河南郑州）人，宋宰相毕士安曾孙。熙宁三年与兄毕仲衍同举进士。历官神宗、哲宗、徽宗三朝，为官机敏干练、清廉独慎。工于诗文，其文章精丽、雄伟博辩。有《与王元钧转运判官》，在信中通报的自己的近况，表达了钦慕之意，“平昔慕服之私无以自见。昨者幸会得联。”也希望能得到他的赐教，他说：“有暇时可贬教否？岂胜驰情。”[①] 当然，从这些诗文中也能见王斿些许情况。

王斿曾任寿春府知府、京东转运判官。但王安国事牵郑侠上《流民图》，因而为时相吕惠卿所弹劾，罢官归故里，一年多后就去世了，他的儿子王斿因之而罢京东转运判官，降为监衡州盐酒税。

王旊为王安国次子，字元龙。他在元符元年（1078）六月，被罢去了榷货务之职，而调去了江宁府的粮料院。苏轼在元祐二年（1087）三月，上《乞录用郑侠、王旊状》，向哲宗推荐了王旊。苏轼说：“至于安国，不幸短命，尤为忠臣义士之所哀惜。臣等尝识其少子旊，敏而笃学，直而好义，颇有安国之风，养成其才，必有可用。欲望圣慈召侠赴阙，并考察旊行实，与侠并赐录用，不独旌直臣于九泉之下，亦所以作士气于当代也。”苏轼在奏章里充分肯定了王安国的忠义精神及其子旊的才学与人品。由于旊笃学有才，经苏轼推荐，做了提点京西刑狱。刘攽在《承议郎光禄寺丞王悆可太常博士宣德郎吕由庚可光禄寺丞承奉郎王旊可太常寺太祝制》里说：“以幼旊壮好学，传其父书，使为祝官，可以陈信正辞，并承休命，所思图报。”[②] 也肯定了王旊好学有父风。

王旊曾从学于苏轼，得到了苏轼的赏识，也得到秦观、曹勋等人的称赞。

---

① 毕仲游：《西台集》卷十一，钦定四库全书本。
② 刘攽：《彭城集》卷十九，钦定四库全书本。

苏轼称赞说："元龙笃学，好义，有父风。""有父风"意指传承了其父精神，也指其诗如父诗之意。苏轼曾有《和王斿二首》，其一："异时常怪谪仙人，舌有风雷笔有神。闻道骑鲸游汗漫，忆尝扪虱话悲辛。气吞余子无全目，诗到诸郎尚绝伦。白发故交空掩卷，泪河东注问苍旻。"其二："泉泉春风送渡关，娟娟霜月照生还。迟留岁暮江淮上，来往君家伯仲间。未厌冰滩吼新洛，且看松雪媚南山。野梅官柳何时动，飞盖长桥待子闲。"诗中对于王斿给予了高度评价，喜爱之情溢于言表。秦观《送王元龙赴泗州粮料院》云："子猷风味最诸王，试吏聊怀筦库章。鹄峙碧桐初振羽，珠遗沧海渐腾光。淮山暮眺千峰耀，洛水秋输万鹢翔。顾我行为大梁役，一巵薄酒话愁肠。"[①] 曹勋《王元龙惠新制�董依末后耘田韵叙谢》云："琱章琢句茂家声，如阅龙跳读快晴。秀韵凌虚天外立，春熙及物坐中生。只应翳凤游八极，但觉仪韶闻九成。愿看浯溪擅文学，要收功业付耆英。"[②] 由上可见，王斿与当时的名流有很好的交往，也得到他们的尊重与喜爱，特别是得到他们父辈相交好的苏轼、陈师道等人的看重。

可惜的是今不见王斿诗，仅在《后山诗话》里也记载了一则相关诗话："王斿，平甫之子。尝云：'今语例袭陈言，但能转移耳。'世称'秦词愁如海'为新奇，不知李后主已云：'问君能有几多愁？恰似一江春水向东流。'但秦以江为海耳。"今能见在建中靖国元年十月写的一份奏《乞委州县工吏领签勾请给奏》。而其他文字难见。

叶涛（1050—1110），王安国的女婿，字致远，诗人，龙泉人（今属浙江省）。叶涛自幼机敏好学，博览群书，通今博古。叶涛诗存世极少，今能见到的有《宋诗纪事》引《宋文鉴》中的《望旧庐有感》，诗云："重来旧屋谁为主，江令萧条叹独存。已愧问人才识路，却悲无柳可知门。舟车到处成家宅，岁月唯惊长子孙。孤客滥由非得已，故交零落与谁论。"[③] 其诗文清雅绝俗，得到了王安石、苏轼等人的赏识。叶涛与苏轼交谊甚厚，两人常以诗唱和。如苏轼《次

① 秦观：《淮海集》卷八，钦定四库全书本。
② 曹勋：《松隐集》卷十五，钦定四库全书本。
③ 厉鹗：《宋诗纪事》卷二十七，钦定四库全书本。

韵叶致远见赠》诗云："欲求五亩寄樵苏，所至迟留似贾胡。信命不须歌去汝，逢人未免叹犹吾。人皆劝我杯中物，我独怜君屋上乌。一技文章何足道，要言摩诘是文殊。"宋熙宁六年（1073），在进士殿试时，神宗主持考试，经过一番廷对，神宗感到他才思过人，很是高兴，于御屏上书"政事何琬，文章叶涛"，授叶涛国子监直讲。

王安石更是对叶涛器重有加，叶涛任直讲后，作《用前韵戏赠叶致远直讲》诗，诗长达五百余言，对这位小自己 30 岁的侄女婿称赞不已。王安石写给叶涛的诗还有多首，如《次叶致远韵》《次韵致远木人洲二首》等。

叶涛大力支持王安石变法，在王安石变法始终遭反对派强烈反对，始终同王安石并肩战斗。熙宁九年（1076），王安石遭贬，闲居江宁时，叶涛即前往从安石学习作诗著文。哲宗继位，叶涛为太学博士。绍圣元年（1094），升为秘书省正字，编修《神宗史》，进校书郎。后又被朝中宦官范镗诬陷。蔡京任宰相时，被弹劾，列入元祐党籍。曾布再掌朝政时，叶涛任给事中。居数月病，又以龙图阁待制提举崇禧观。大观四年（1110）去世。

由于在党争中后期处于劣势，叶涛一直以来没有得到较为公正的评价，以至于虽名列《宋史》，但述之过略，评价失当。《宋史·叶涛传》罔顾事实地说："叶涛在太学已着污迹，擢第之后，谄安石而从之学，后得曾布之荐。凡元祐名贤贬责制辞，肆笔丑诋，虽有善犹不能自涤，况无可述者乎。"他与王安石交往亲密却被说成了"谄"，显然是失真的。

王安国的另一女婿是刘天保。安国去世时，刘天保还没有成为他的女婿，不然就不会有"处者四女"之说。在《钦定四库全书·氏族大全》卷八中记："王平甫之女适刘天保，有诗云：不缘燕子穿帘幕，春去春来哪得知？"在宋代魏泰《临汉隐居诗话》也记："刘天保妻，平甫女也。句有'不缘燕子穿帘幕，春去春来哪得知？'"这两者记录是一致的。宋代胡仔《苕溪渔隐丛话》、清代厉鹗《宋诗纪事》等著作中也只是与上列类似的记录，记录王家女人多能诗，举其一二，刘天保妻王氏在其列，而对于刘天保的情况缺少介绍。

王安国还有一女是嫁给曾布的四子曾纡，也就是说表妹嫁给了表哥。这在汪藻为曾纡所撰写的《右中大夫直宝文阁知衢州曾公墓志铭》里有记载。

汪藻说:“令人王氏祔，令人秘阁校勘安国之女，先公卒四年。子三人，曰惇，右奉议郎通判洪州；曰忻，右从事郎临安府司法参军；曰憕，右迪功郎监潭州南岳庙。女一人，适右承事郎主管江州太平观王铚。”

3. 曾布女婿吴则礼

吴则礼,曾布的女婿。吴则礼字子副,富川（今湖北阳新）人。生年不详,卒于宋徽宗宣和三年（1121）。吴则礼的父亲吴中复是一名御史,被称为“铁御史”，则礼以父荫入仕。对于其生平，韩驹《北湖居士集序》里说：“豫章吴则礼字子副，赠少师名中复公之初子。公博古雄赡，仕仁庙朝，居言路，直言极谏,耸闻五府,上书‘文儒铁御史’五字以褒荣之,宜其有子克绍家学。子副习贤良科，未及设施而被赏延。”[①] 后又为军器监主簿，其后又因事降职调至荆州。官场起伏，最后官至直秘阁，知虢州。吴则礼善诗能文，与唐庚、曾纡、陈师道等诸多名士多有唱和。晚年居江西，自号北湖居士。吴则礼去世后，他的儿子吴坰将他的遗文编辑成册，共有 30 卷，南宋初江西诗派诗人韩驹为该集作序，文集后来失传。明代以后，有人从《永乐大典》中将他的诗文拾出重新编辑，共得其诗 300 多首，词 20 多首，文章 30 多篇，并对其中的错漏进行了核校，编辑整理为五卷，定名为《北湖集》。清乾隆年间又收入《四库全书》中。宋代韩驹在为吴则礼文集所写的序中对于其人及其诗文给予了较高的评价。他说:“（则礼）虽处富贵间，细绎书传，商略古今，罔有间断。著为文字，发为诗文，无一点脂粉气，自巧至拙，不少下于古人。诗人谓穷乃工，盖流离顿挫有不得其平者，故用心独苦。子副当忧患之际与夫平居无事之时,著述觅句,澹然如一。此又见其所养者厚,其间高妙不群处,不待举似表见,观者当识之。”一句“无一点脂粉气,自巧至拙”之评可谓高矣。《四库全书》之《北湖集·提要》也指出：“则礼诗格峭拔，力求推陈出新。虽间涉于颓唐，而逸趣环生，正复不烦绳削。近体好为生拗，笔力纵横，愈臻遒上。杂文虽寥寥数首，而法律严密，具有典型。观所作《欧阳永叔集跋》《曾子固大般若经抄序》，知其于古文一脉具有渊源。宜其折矩周规，动符轨

① 吴则礼：《北湖集》卷一，钦定四库全书本。

度，固非渡江以后讲学家支离冗漫之体所得而比并矣。”这里的评语较为细致，既评文也论诗，还举例说明。杨万里对他的诗也有好评，尤其推崇他的《绝句二首》之一，即："华馆相望接使星，长淮南北已休兵。便须买酒催行乐，更觅何时是太平。"

《题折氏下城南》歌颂的是折氏的战功。折氏在宋代奋勇抵抗西夏和辽国的入侵，为了边境的安宁立下了赫赫功勋。为此，诗曰：

系马后河川，可人冬景妍。要看花到地，付与水浮天。
未觉随戎马，端来唤酒船。谁云是关塞，胜事总堪传。

《简田升之时升之赴金陵》是一首送别诗，诗中有对金陵的赞美，也有对自己甘于隐居的表达。诗曰：

建业风流端可怜，石城江色晓鲜鲜。
乌窥汉节梅花底，雨湿舵楼春水边。
霜发雠书有东观，锦囊觅句属南天。
枯肠不饱太官肉，我种芋魁今十年。

《秦楼月·送别》是一首送别词，风潇潇，寒嗖嗖，怅离别。词云：

怅离阕。淮南三度梅花发。梅花发。片帆西去，落英如雪。　新秦古塞人华发。一樽别酒君听说。君听说。胡笳征雁，陇云沙月。

《踏莎行·晚春》词虽写春景，可没有万紫千红，而是青春已减，多了几分哀怨。词云：

一片花飞，青春已减。可堪南陌红千点。生憎杨柳要藏鸦，东风只遣横笳怨。　看定新巢，初怜语燕。游丝正把残英罥。酒尊也会不相违，风光本自同流转。

《减字木兰花·淮天不断》写他常盼家书,望眼欲穿,情真真,意切切。词云:

淮天不断,点缀南云秋几雁。白露沾衣,始是银屏梦觉时。 别离怀抱,消得镜中青鬓老。小字能无,烦寄平安一纸书。

六言诗《题惠崇小景扇二首》则逸趣环生,读后趣味盎然。诗云:

惠崇桃坞鹅鸭,春老不画风烟。
看取团团璧月,中吞万里江天。
绿鸭白鹅并戏,桃花不隔苍烟。
鸟去自鞭孤影,断魂春水连天。

《元日》所体现的就不仅仅是自嘲了,也有无奈。其诗云:

秃雪盈巾面欲黧,三间茅屋傍淮湄。
北湖不道无炊米,也向衡门贴画鸡。

《晚过元老》则是写晚上诗人他乡月下品茗观棋情形,诗云:

煮茗月才上,观棋兴未央。纶巾堕清夜,羽扇委初凉。
玉露飞莲沼,银河带草堂。聊凭明净几,那觉是他乡。

吴则礼的诗词艺术水平在宋时亦属上品,但内容还是比较窄,主要有写景、唱和和纪游三大块,又以写景居多。写景诗能形象地描绘自然之态,同时将自己的感情、感悟融入其中,并且是很自然地交融,不见痕迹。唱和诗也有近百首,主要是与亲戚、朋友和僧人之间的唱和。而纪游诗只有数十首,多是写游之见，或行旅的艰辛，或睹物思人等。

《四库全书》录《北湖集》五卷，其中四卷为诗，余一卷为文。就体裁看，文有表、序、记、铭等多种。

4. 曾纡女婿王铚

王铚（生卒年待考），曾纡唯一的女婿。王铚字性之，汝阴（今安徽阜阳）人。王铚出生于书香之家，是宋初著名学者王昭素的后裔，其父王莘（字乐道）是欧阳修的学生。王铚自小聪明敏捷，读书过目不忘。陆游这样描写他："王性之读书，真能五行俱下，往往它人才三四行，性之已尽一纸。后生有投贽者，且观且卷，俄顷即置之。以此人疑其轻薄，遂多谤毁，其实工拙皆能记也。"[①] 另一方面，王铚既博览群书，常常是手不释卷，又爱藏书，藏书达几万卷。大观元年（1107），王铚的父亲王莘出守江州（今江西九江），受父亲之命，王铚来到镇江拜访曾布，曾布很欣赏眼前这位年轻人，于是将自己的孙女、曾纡唯一的女儿许配给他。她生于元祐七年（1092），时年16岁。

王铚的一生官运不算通畅。绍兴初年，官迪功郎，高宗建炎四年（1130），权枢密院编修官，奉诏纂集祖宗兵制，其后书成，共200卷，赐名《枢庭备检》。绍兴四年（1134），为右承事郎，后又调任宣义郎。晚年遭秦桧排挤，避居剡溪山，以诗词自娱。自称"汝阴老民"，人称"雪溪先生"。

王铚著作甚富，主要有《侍儿小名录》《补侍儿小名录》《四六话》《枢庭备检》《元祐八年补录》《七朝史》《太玄经解义》《祖宗八朝圣学通纪纶》《杂纂续》《默记》《国老谈苑》《续清夜录》《雪溪集》。有的已失传，今存《默记》3卷、《杂纂续》1卷、《四六话》2卷、《雪溪集》5卷。

有人认为铚不能诗，也有人认为他能诗，不管能还是不能，但他不以诗名是事实。王士祯《居易录》卷一认为他"诗不能工"。而《四库全书·雪溪集》提要里称"铚诗格近温、李，王士祯《居易录》诋其诗不甚工"。这里很显然两种对立意见。清代学者曹庭栋把他列为两宋百位诗人之一，并将他的诗选编入《宋百家诗存》中。虽然他的诗不名于世，但还是有诸多可圈可点的

---

① 陆游：《老学庵笔记》卷二一，钦定四库全书本。

好诗。正如一些评家所论，其诗景语、情语俱有可观。如《即事》："住依溪口破残村，身伴渔樵不见寻。坐对秋阴晚萧瑟，风吹败叶入廊深。"再如《山中早秋》："苍茫山口月西沉，潇洒新秋院落深。雨滴梧桐河汉淡，梦回犹记少年心。"古体、七律、七绝造语平易，如前引。五律写景炼字也有工致处，如"古寺松篁瘦，山空雨雪深"(《病中》)，"雨过水光发，风生云态轻"(《雨后登双溪阁》)，"千岩落花雨，一径卷松风"(《剡溪久寓》)等。而人们更加看重他的文，王铚于靖康中入王襄军幕，作《靖康讨虏檄文》。宋人晁说之认为此文可以与《出师表》相伯仲。可惜今天传下来的只有诗集《雪溪集》，而无文集，令人遗憾。王铚著《四六话》，该书系最早的四六文话，所评论唐宋四六文体作家五十七位，其中五十位为宋人。此外，他的《崔莺莺传奇辨正》一文辩正周详，令人信服。这些都是王铚对于文学评论方面的贡献。

王铚、曾氏夫妇生有一双儿子。长子名廉清字仲信，次子名明清字仲言。他们自幼继承家学，聪慧才高。兄弟两人在其父去世后，曾随母亲与舅舅曾惇一起生活了多年。这段生活在兄弟俩的人生历程中留下深刻印迹。王廉清曾作《题郡治玉霄亭》诗，玉霄亭就在台州。其诗云："忆昔新亭敞玉霄，使君髯舅意飘飘。春风潋艳黄金盏，明月参差紫玉箫。歌吹旧踪空草木，风流闲话属渔樵。凭栏无限悲凉意，寂寞寒江落暮潮。"王明清《挥麈录前录》（卷三）也说："明清少游外家，年十八九时，从舅氏曾宏父守台州。"

王廉清虽然才高德厚，但命运坎坷，屡试不第，但他坚守清贫之志，酷爱藏书，嗜书如命。宋代施宿等撰《会稽志》卷十九记载："秦熺方恃其父气燄熏灼手，书移郡将欲取其所藏书，且许以官其子。长子仲信名廉清，苦学有守。号泣拒之曰：'愿守此书以死，不愿官也。'郡将以祸福诱胁之，皆不听，熺亦不能夺而止。"王廉清不仅以气节名世，还精于词赋与文，著有《京都岁时记》《广古今同姓名录》《补定水陆章句》等。擅书画，著有《新干曜真形图》。与陆游交好，曾为陆游作《石门瀑布图》，陆游作《题王仲信画水石横幅》诗云："王郎书逼杨风子，画亦凭陵蜀两孙。岂是天公憎绝艺，一生憔悴向衡门。"与晁说之相交，晁说之（1059—1129）字以道、伯以，钜野（今山东巨野县）人。因慕司马光之为人，自号景迂生。著有《景迂生集》。他写有《送王性之序》文、《王性之自扬州迁，路相访于海陵，荷其意厚非平日比，赠诗以别》《夜来枕上得四绝句，因视王性之谢其相访也。末专为渠作》等诗：后者其中一首说："不待功成逐赤松，腐儒毕竟若为功。田园破碎风尘里，肠断当年夜雨春。"李之仪也曾撰《次韵王性之见寄佳句》，全诗二百余字，表达对友人王性之的期许。他在诗中说："便期脱帽洒风腴，豫宿寒春絮云子。定应一笑非等闲，更想笔端如泻水。"

王明清以父荫入仕。乾道间奉祠山阴。淳熙十二年（1185）主管台州崇道观。光宗绍熙三年（1192），任宁国军节度判官。绍熙五年（1194）通判泰州。王明清以博闻强识著称于世，传世之作《挥麈录》及《玉照新志》继承北宋传统笔记的编修体例及其记事特色，以高度的历史责任感，录存了当时大量的文献史料，涉及当时诸多的人与事，是后人研究宋代政治经济文化社会的重要参考资料。除此外，他的著作还有《投辖录》《宋朝宰辅拜罢录》《清林诗话》等。

在两宋期间，曾巩子侄与孙裔中还有很多特出人物。仅从举进士这一点看就有 15 人，如曾晔子曾觉治平二年（1065）登第，曾宰子曾经绍圣四年（1097）登第，曾宰孙曾秀之重和元年（1118）登第，曾肇子绚、纬宣和六年（1124）登第，曾肇曾孙炎于隆兴元年（1163）登第，曾宰五世孙曾逢辰庆元二年（1196）登第，六世孙曾钰嘉定十三年（1220）登第……他们业绩值得书写，但限于资料，很难一一展示。

第六章

家传与家族的交谊

在两宋期间，南丰曾氏家族繁荣发展，人才辈出，而成南丰乃至全国之望族，并且传承久远，影响范围甚大。很多曾氏的祠堂、家庙门前的对联往往提及南丰之曾氏，如“南丰撰史；西府迎亲”“南丰世泽；鲁国家声”“东鲁家声远;南丰世泽长”“道德春秋,学继一宗圣;文章唐宋,名扬八大家”“圣绍尼山，道德文章齐日月；徽传鲁国，春秋俎豆永乾坤”“祖德何如东鲁，传经光百代；家风曷似南丰，修史裕千秋”，等等。那么，南丰曾巩家族为什么会代代发展，永世荣昌呢？这要从其家传寻找文化密码。

第一节　曾氏的家风成因

曾巩祖上为南城县人，后曾洪立为南丰县令，于是自南城迁居于南丰，而真正算得上南丰人则是从曾洪立儿子曾延铎始。正如曾肇在为其兄曾巩所写的《子固先生行状》里所言：“今家南丰者，自高祖讳延铎始也。”南丰曾家自此开始繁衍发展壮大，终成名门望族。自曾延铎始，曾家走上了“带经而耕”的路子。这样，曾家后人在仕途、科考和文学方面取得了较为骄人的成就。在仕途上，自曾洪立为南丰令，曾延铎在唐代担任检校右散骑常侍之职，其子曾仁旺因后裔曾布等人显贵，被赠为尚书水部员外郎、太师沂国公；

曾仁旺子曾致尧已是南丰曾家的第四代。他“解褐符离主簿、梁州录事参军，三迁著作佐郎、直史馆，改秘书丞，出为两浙转运使”，也是至此曾家人官做得最大的一人。其后就是曾致尧的儿子曾易占了，他官至太常博士。曾易占的几个儿子可是个个争气，曾巩做了中书舍人；曾牟中进士，任过安仁县令等职；曾宰中进士，任过湘潭主簿等职；曾布做了宰相；曾肇曾到过14个州府任职，担任过吏、户、刑、礼四部之侍郎，两度为中书舍人。当然，自他们之后，曾家也代有人才出，但位居显要者不多。据周世泉等先生《北宋南丰曾氏考》考证，在两宋期间，曾氏在朝为官者过百人。在读书科考上，从太平兴国八年（983）至宝祐元年（1253）的271年间，曾氏子孙登进士第者55人，举解试41人，荐辟19人。当然还有曾家女婿、外甥亦多进士，不在周先生此统计之列。如女婿王安国、王无咎、王彦深都是进士。除了仕宦，他们在很多领域都做出了成绩。曾氏家族在文学上也是成就斐然，当然文学成就的第一人是曾巩，他名列唐宋八大家中。此外还有曾肇、曾布、曾纡、曾纮、曾协、曾惇、曾季狸等人，在文学、艺术等诸多方面也是名载史册。曾氏家族这种壮观的人才群体现象，令人叹为观止。明代宋濂在《曾学士文集序》里说：“至于文定公巩、文肃公布、文昭公肇起于南丰，遂以文章名天下。……不可以一二数。呜呼！何南丰曾氏之多贤哉！”[①]

曾家人才辈出，首先是北宋社会的大环境使然。宋太祖赵匡胤夺得天下之后，实行了一系列休养生息政策，使国家日趋繁荣与稳定，同时采取杯酒释兵权的办法，夺取将军们的兵权，收归中央。随之积极推行文官治理，大量起用文人，这给文人进仕创造了大量的空间与机会，也就为这些人成才创造了条件与机会，特别是实行“兴文教，抑武事”，更使文化人才脱颖而出。同时两宋时期，大力推行科举取士，并对取士的办法进行大力改革，使之更加公平公正，取士不问家世，只重才华与能力，让那些处于社会底层的优秀人才得以凭实力进入统治阶层，进而在各个领域大显身手。宋代在科举取士的数量上也远远地超过了唐代，是唐代的五倍。南宋著名思想家陆九渊说：

① 宋濂：《文宪集》卷七，钦定四库全书本。

“科举取士久矣，名儒巨公，皆由此出，今为士者，固不能免此。”从曾家人成长经历看，科举考试入仕是曾家走向辉煌的一条重要途径。要使人才辈出，就得发展教育，就得鼓励更多的人去读书。宋代皇帝都喜爱读书，据《宋史》记载，太祖“酷好看书，虽在军中，手不释卷，若闻人间有奇书，不吝千金以求之”，太宗“无所爱，但喜读书”，神宗“天性好学”……在《宋史·文苑传》里对这现象有一段总结性的话说得好，“上之为人君者，无不典学；下之为人臣者，自宰相以至令录，无不握科，海内文士彬彬辈出焉。”相反，社会的动荡则严重影响着社会的发展，战争姑且不论，朝廷的一些派系斗争也往往会成为名门之祸，检视曾家即如此。曾布、曾肇二人因党争，职务一再降再降，直至去世。名列元祐党籍，备受打击，布子纡因其父政敌吕嘉问弹劾，入元祐籍，虽“才高而识明，博及书史”，却未被重用。肇子统“以恩补太庙斋郎，调州县官，以党人子辄罢”。更可怕的还有在曾布被罢相后，吕嘉问以权报怨，网罗曾家罪名，对他们穷追猛打。“言者再攻布。诏置狱开封，而府尹吕嘉问挟宿憾，逮布诸子，煅烧穷治，由是曾纡、曾缲等一百五十余人坐责有差。”① 宋廷南渡后，需要更多的方识之士效力政权的重建与巩固，曾氏家族的命运才逐步得到改变，曾纡等人得以重用，曾家在一定程度上走上复兴之路。

曾家女性大多贤良淑德，她们重视子女的教育，为曾家的人才培养起到了重要作用。“为父兄者，以其子与弟不文为咎，为母妻者，以其子与夫不学为辱。”在曾氏家族中许多男性寿命不及女性，有的甚至英年早逝，留下未成年儿女或一个贫困的家庭。然而，在这贫困之中，是伟大的母亲挑起家庭重担，养育儿女成才，最终将子女养大成才。当他们家贫无力上学时，往往母亲担当他们的老师，教授他们读经典、明人伦、懂事理。曾仁旺在42岁就离开了人世，仁旺妻子周氏一面负责打理全家人的生计，一面还不忘教育儿子们，“乡中无可师者，遂躬自授《经》”。也正是她的培养下，子女成才，儿子致尧、佐尧中得进士，特别是儿子致尧尤为突出，后来不仅官至户部郎中，

① 陈均：《九朝编年备要》卷二六，钦定四库全书本。

在文学上也取得显著成绩。从此，打开了南丰曾氏兴旺之门。曾易占去世时也年不过六旬，留下了十几个尚幼的儿女，其中布不过 12 岁，肇年不过周岁。其母朱氏亲自给孩子们讲读经典。当然，在对曾布、曾肇的教育中，曾巩也功不可没。再如曾纡之所以能够在文学上做出优异成绩，与他的母亲魏玩培养分不开。魏玩是一位著名的词人，从小曾纡就在母亲的教导下学习填词。曾协五岁丧父,在奶奶强氏的培养下成才。傅伯寿《云庄集序》里说:“公五岁而孤，太夫人强氏，故资政殿学士文宪公之女，贤而明智，亲授以经而督之学。”

曾氏家族重视读书,“人生至乐莫如读书,至要无如教子”。曾巩自称“家世为儒”，酷爱读书，他藏有大量的书籍，还校勘了大量古籍。据林希《朝散郎试中书舍人轻车都尉赐紫金鱼袋曾公墓志铭并序》里介绍，曾巩“性嗜书，家藏至二万卷，集古今篆刻，为《金石录》又五百卷，出处必与之俱”。在曾肇所撰的《子固先生行状》也称曾巩“平生无所好，顾喜藏书，至二万卷，仕四方，常与之俱，手自讐对，至老不倦”。曾巩藏书涉及面很广，他在《南轩记》里说：“六艺百家史氏之籍，笺疏之书，与夫论美刺非、感微托远、山镵家刻、浮夸诡异之文章，下至兵权、历法、星官、乐工、山农、野圃、方言、地记、佛老所传，吾悉得于此。”曾肇也有很多藏书，常常也

曾氏家庙上的“秀启南丰”

是手不释卷。对于他读书的情况，傅伯寿在《云庄集·原序》里说："文昭公家多书，已而毁于兵，家贫无以市，一阅于肆，终身不忘，遂博通六籍、诸史传记、百家之言。"藏书是曾家的一个好传统，曾肇藏书多，儿子曾统藏书更多，以至于在绍兴年间编修国史时，他家的书都是史官们考证的参考用书。《京口耆旧传》卷二记载说："统，文献故家，藏书素多，绍兴间重修国史，诸老沦谢，无所订正，成书不缪，足以传信，统之力为多。"曾纡的女婿王铚家也有很多藏书，王明清在《挥麈录后录》卷七里说："先祖早岁登科，游宦四方，留心典籍，经营收拾，所藏书逮数万卷，皆手自校雠，贮之于乡里。汝阴士大夫多从而借传。……先人南渡后，所至穷力抄录，亦有书几万卷。汝阴王乐道与其子性之，皆博极群书，手未尝释卷。"

曾巩家族里的人都十分喜欢读书。曾巩很小的时候读书认真，博闻强识，常常是"读书数百言，脱口成诵""十二岁能文，语已惊人"。到 20 岁后，"欧阳修见其文奇之"。他曾在《上欧阳学士第一书》里对自己的学习生涯有一段回顾，他说："巩性朴陋，无所能似，家世为儒，故不业他。自幼迨长，努力文字间，其心之所得，庶不凡近。……惟其寡与俗人合也，于公卿之门未尝有姓名，亦无达者之车回顾其疏贱。抱道而无所与论，心常愤愤悱悱，恨不得发也。今者乃敢因简墨布腹心于执事，苟得望执事之门而入，则圣人之堂奥室家，巩自知亦可以少分万一于其间也。"

曾氏族人爱读书写作在众多文学史料中被人提及。《东都事略》卷四八里说曾致尧"好纂录"，王安石在《河东县太君曾氏墓志铭》里说曾家男女皆喜读书，"于财无所蓄，于物无所玩，自司马氏以下，史所记世治乱、人贤不肖无所不读"。据曾巩《亡兄墓志铭》，曾巩兄晔"欢愉忧悲，疾病行役，寝食之间，书未尝去目"。曾巩《亡弟湘潭县主簿子翊墓志铭》记弟弟曾宰"少力学，六艺百子，史氏记，钟律地理，传注笺疏，史篇文字，目览口诵手抄，日常数千言，手抄书连榻累笥不能容"。《宋史》里称曾肇"博览经传"。

在家境极其困苦的情况下，曾巩及其兄弟保持"带经而耕"的良好家风，他们一方面耕田种地，一方面埋头苦读。这样的生活，曾巩持续了十年之久。这十年间，曾巩兄弟学业上大有长进。而曾巩本人虽身居穷乡僻壤，但声名远播于四方。后来曾巩与弟弟牟、布同榜中得进士，在家乡、在科举史上传为佳话。

曾氏家族注意吸取儒家思想精华。在日常学习与生活中，他们也不遗余力传承儒家思想。特别是到了曾巩这一代，更是以“业儒”为终生之追求。曾参是他的老祖宗，是孔子的高徒，也是“圣人”。他们血脉相通，曾氏家族效仿先辈一向尊崇孔孟，崇尚儒学。曾巩对儒家思想也有深刻的认识，他对于儒家的“仁”“礼”都有自己的见解。他曾在《与王深甫书》说：“夫学者，其心笃于仁，其视听言动由于礼，则无常产而有常心，乃所履之一事耳。”又说：“夫礼者，其本在于养人之性，而其用在于言动视听之间，使人之言动视听一于礼，则安有放其邪心而穷于外物哉？”曾巩不仅要求学界崇尚儒家之“仁”“礼”，在人们的日常生活中同样要以“礼”来指导。在曾巩看来，学就是要一心一意地学习“仁”；“礼”是教人修身养性的，而言行则要合乎于“礼”的要求，学与言行应相一致。也正是这样，曾巩得到了一代大儒欧阳修的赏识，并热心地收他为弟子。这可把曾巩乐坏了。他在《上欧阳学士第二书》里说：“某之获幸于左右，非有一日之素，宾客之谈，率然自进于门下，而执事不以众人待之。坐而与之言，未尝不以前古圣人之至德要道，可行于当今之世者，使巩熏蒸渐渍，忽不自知其益，而及于中庸之门户，受赐甚大，且感且喜。”为什么他会乐不可支呢？不仅仅是欧阳修对他特别好，关键是他可以在老师的引导下学习古人的“至德要道”，并且像自己的老师欧阳修那样，担当起现实社会责任，拯救世道人心。曾巩去世后，弟弟曾肇评价说：“言古今治乱得失、是非成败、人贤不肖，以至弥纶当世之务，斟酌损益，必本于经，不少贬以就俗，非与前世列以儒林及以功名自见者比也。”曾巩尊崇儒家经典，做学问、处理事务、撰写文章都以儒家思想为范，但他又认为在方式方法上没有必要完全一致，主张因时因地而宜，有所变化。他曾明确提出：“盖法者所以适变也，不必尽同；道者所以立本也，不可不一，此理之不易者也。”也正是这样，他灵活机动地处理问题，治邑理政成就斐然，写文章、做学问更是成绩骄人。

曾氏家族一直秉承儒家民贵思想，为官一任造福一方，深得百姓爱戴。

他们敢于在朝中为民请命，如流传至今的荣亲园故事和秋雨名家故事，就是很好的例证，而曾肇也同样演绎了祖辈的爱民故事。天圣四年（1026）春，天下大旱，而按惯例朝中要举行春宴，于是曾肇与彭汝砺上疏皇帝反对在大旱之际举行大规模的春宴。他说：天灾正在发生，也是皇上、大臣和天下百姓最担心的时候，如果举行大宴，一派歌舞升平气象，恐怕这样没办法消除天灾大旱，还不如取消例行的春宴。第二天，皇帝颁旨罢去春宴。曾致尧、曾易占、曾巩、曾布、曾肇等，他们施政皆从百姓利益出发，为后世所称道。同时，曾氏族人还忠于国家，甚至在国难当头时，还敢于献出自己的生命，如曾忢、曾悟等。

曾巩家族秉承老祖宗曾参留下的教诲，重视修身养性。曾参是中国著名的思想家，孔子的晚期弟子之一，与其父曾点同师事孔子。被后世尊奉为“宗圣”，他主张孝恕忠信，主张修齐治平，主张以孝为本。著有《大学》《孝经》《曾子十篇》等。他在《大学》中提出，以“明明德”“亲民”“止于至善”为“三纲”，以“格物”“致知”“正心”“诚意”“修身”“齐家”“治国”“平天下”为“八目”。他指出“古之欲明明德于天下者，先治其国；欲治其国者，先齐其家；欲齐其家者，先修其身；欲修其身者，先正其心；欲正其心者，先诚其意；欲诚其意者，先致其知。致知在格物。格物而后知至，知至而后意诚；意诚而后心正，心正而后身修，身修而后家齐，家齐而后国治，国治而后天下平。”同时，他主张人为贵。他说：“天之所生，地之所养，人为大矣。”在《孝经》里说：“天地之性，人为贵。”曾子还主张“孝”，他指出：“自天子至于庶人，孝无终始。”同时他把“孝”分为三个层次，他说：“始于事亲，中于事君，终于立身。”也就是说“事亲”“事君”和“立身”，由在家侍奉双亲，推及出去则是侍奉君主。他说：“事君不忠，非孝也。”把这两事做了就能成就自己，达到“立身”之目标。“身者，亲之遗体也。”“身体发肤受之父母，不敢毁伤，孝之始也。”我们可以清楚地看到，在众多的曾巩家族成员中，他们的言行都是无不打上了他们老祖宗的烙印。

第二节 曾氏的族训家规

曾氏家族极为重视家规的订立和遵守，而其家规则是以儒家道德为范。

今天我们已难见早在曾巩时期及更早的曾氏家谱或者说家训家规之类。但在南城县《曾坊曾氏支谱》里收录了曾肇写的一篇谱序，而这篇序并不见于现存的曾肇文集《曲阜集》。他在序里除了介绍自家祖上及迁徙情况外，还说："盖自吾祖考仕皆不称其才，泽不加于天下，然教行于家者六艺之学，孝友之行，廉耻之操，忠信直谅之守，少而习于耳目，长而成于身心，虽不肖者不敢不勉也。使为子孙者能率是道教其子孙，毋坠其世德。曾氏之显与其谱系之传，宁有穷已哉？虽千万世可考而知也。"此文落款时间为"宋元丰七年甲子岁正月望"。在家教习的内容有"六艺""孝友""廉耻""忠信"，这已是后世曾氏家训家规的雏形，或者说是其核心内容。

清道光《曾氏族谱》[①] 里说："族必有族训，家必有家规，使子弟幼承父见之教。日习于心，长饫圣贤之道时，见诸事，则凡一言一动一进一退皆合天理，而当人情无有逾于法度者，此固族之贤哲者。然子姓日繁，性禀各异，岂皆贤肖而克循义理者乎？非明礼义，以牖于先陈法禁，以绳于后，鲜有不逾于法度者矣。"鉴于此目的，家谱中先附"圣谕十六条"。"圣谕十六条"是清康熙九年颁布的规范百姓行为的规范准则与道德训诫。内容为：1. 敦孝悌以重人伦；2. 笃宗族以昭雍睦；3. 和乡党以息争讼；4. 重农桑以足衣食；5. 尚节俭以惜财用；6. 隆学校以端士习；7. 黜异端以崇正学；8. 讲法律以儆愚顽；9. 明礼仪以厚风俗；10. 务本业以定民志；11. 训子弟以禁非为；12. 息诬告以全良善；13. 诫窝逃以免株连；14. 完钱粮以省催科；15. 联保甲以弥盗贼；16. 解仇忿以重身命。这 16 条涉及方方面面，具体细致，切合实际。

曾氏族人又在"圣谕十六条"上又进行了细化、具体化，形成家规十条，具体内容是：第一条，崇祀典。对于祠宇里的物品不能随意取用，更不得随意损坏；在清明节前后，同族人一同上山祭祀祖宗；对于无嗣后的族人墓也

① 清道光《曾氏族谱》，现藏南丰县博物馆。

应保持与祭扫。第二条，睦宗族。宗族里长幼有序，团结和气，不欺凌争利。第三条，谨婚姻。婚姻中不能只考虑“金帛奁资”而忽略“门楣德配”。第四条，正闺门，要求曾家媳妇贤惠，勤俭办持家。第五条，尊师门，尊圣贤开来学，重斯文，知礼义。第六条，端蒙学，对小孩的一言一行咸加约束，使其知伦理纲常。第七条，勤耕种，要“终岁劳瘁”，“努力勤劬，节省费用”，不赌博，不酗酒。第八条，勤职业，“族中有读书资质”者一定要令其读书，无者可令其“从事商农，不可游手坐食”。第九条，禁斗恨。因恨打斗而危及父母是不孝，因打斗而可能祸及自身、及族人，因而要释恨，禁打斗。第十条，止诬讼。明辨是非，讲理之曲直，息刁风，安子姓。这是一个耕读世家的家规家训，重点是要求族人既能耕又能读，同时又能遵守道德约束，做一个明礼的人。在曾氏族人看来，若能遵守族规，则能成三代之民，无愧于南丰曾氏之后裔。在族规正文之后说：“圣谕恪遵，训诫敬守，践履笃实，将可称为三代遗民，邻方观感，必来取法，是能明明德，新民止至善矣。勿坠吾祖宗圣公十传之传，可无愧为吾南丰之嫡裔焉。”

在民国辛巳年（1941）《续修曾文定公族谱》里也载有《族训》，此族训是明代万历年间修谱时，见台先生“采诸名公教家语增损之为十七条，详且切矣，诚所谓理论于未然，法禁于已然者也”。其内容甚为明白而具体，主要有：

联族众。本族居处远近不齐，势难相及，今约各支每一门立一家长，每一二里之内合各门各立一约长，小事本门内家长处分，大事合各门家长并约长处分，其家长约长务具要行辈稍尊，立心公平，行事端谨及知法度晓人情者，如尊行无人仍于卑行推举，不得取具名目，有乖族谊。每年春祀外，夏秋各定一日因便结会，为约长者务要遵守。圣制榜文将衍释言语，时常诵说，使子弟熟闻正己率人，其各约内所犯事情有当处置，各依轻重劝解务使两平，如不从当合各约长公断，又不从方许告官。如事在得已与各约公处，如有恃强违众欺骗孤弱及伤风化，重情各约持约条呈官究治，毋玷清门。

尊祠宇。祠堂祖考神灵所依，不可亵狎疏旷，须共守之。修理垣屋，严禁树木，爱惜什器，毋得作践。如以事入祠者须趋向寝堂三揖而退，然后即事除空房，听本族子弟读书外，并不许借异姓居住。其什器除燕祭系直年出纳遇损折责赔偿外，并不得私自挪移。凡以什器出祠门者，俱称其物偿议罚。其各房读书子弟的损坏屋壁及什器者，责令赔偿修整。不服则责本支约长如导。异姓子弟入祠致损坏者，责令本族引带人修补，不许姑容。其祭祀诸条，祀仪开载已详，俱一一遵守。凡为生员非有大故，俱当助祭。即有三年丧，卒哭后亦当墨衰行事，只勿与燕别食于斋违者，有罚其侵欺祭田祭租，霸占祠基祠屋俱属不孝，会各约惩治外，永不得入祠，以为后戒。

重谱牒。谱牒记载，祖考名氏行事，数百年始一更新，其成至难。同族子孙分守其责至重，除一应弊端之皆严禁者已详见凡例内。今后各支每年冬祭之日俱各携所散印记谱牒，一一查点，如有损坏别故即时议责。轻则易人掌守，重则除讳出祠。给族谱后，所生子孙名氏须避上世，不得重复，今以四十字为准，每世轮取一字为正。其行亦用四十字，庶不参错以便称呼，详具末篇。

叙伦理。人生所赖节性检身不流于放肆者，以有礼义豫制之也。礼义莫严于名分，逾越无所不至矣。今后长幼拜揖必恭，称谓必明，叔侄坐次必依先后，如有言语抵触尊长，以亲疏为等，轻则罚跪诟责，重则黜族除名。其有违于此者，当合各约会议惩治。其在外甥、女婿、表侄、门生，终身侍制侧，不得违改。其有误行忤犯，与事有争辩，同约人须委曲调停，务使消平，以全骨肉至情，切不许坐视不行解释，亦不得遽出告帖扬播是非，多请外姓倚籍声势违者，各约纠治之。

正闺门。闺门之内，风化攸始。世俗娶妇，门阀不称则长幼不齿。虽涉过严实可示戒，其有门阀虽善，赋性不良，凶傲不敬，舅姑妒忌或妨子嗣与乎噪嚷惰僻能令家索者，轻则公堂不齿，重则告祠除名，或屏之外氏之家，其或私溺子女者，罪坐其夫，定行责治，其女子已嫁而归仍依世次别设一席，不可辄居客位，违者罪坐父兄。

端蒙养。凡厥有生未有不由教养而成者，故子弟虽幼小，耳目习染易污难变，虽在孩提一言一动亦俱要束检，不许放旷。此系保家亢宗第一事，世俗不知怜其稚弱，纵其骄侈，惟意所欲，不知禁戒。长大不肯延师择友，任其误结党类，至于乖僻邪荡，倨傲矫诈，甚则至于为奸作盗，无所不至，岂尽子弟之过哉，父兄与有责耳。今后祠中每年节省使用余谷，必择族中有行谊及博闻强学之士为师。凡族中子弟皆当赴祠读书习礼，止令供待，不用束修，若朋合火食，使其习于淡泊尤为美事。其幼小不任读书者亦须严加约束，不令佻达人家不可蓄藏赌具，买淫书。无故不得搬演戏文，征逐酒食，有一于此皆非贻谋之善，为父兄者谨防之。

勤职业。人生天地间未有自不食其力者，故四民之业各有所托，皆足以自给舍。是耶，为蚕食之民，王法所必禁也。士固以道德相先，乃古之圣贤往往出于耕稼鱼盐。盖材力虽有不同而皆以礼义维持，士民固无间也。族中读书者，父兄不得吝惜束修，便图小利，不及俟其成材即令经营衣食，其他资质果下及他务妨阁者，须求农商两路生业，不可游手坐食，别起事端，不许为隶为卒，为优戏为贱业，有玷先人。违者各约举出告于祠堂，黜其名氏，不登于谱，不齿于族，永为鉴戒。有能顿改即行嘉奖，不在前例。其读书为生员者不许出入公门，有玷行止。仕宦者不许以赃败官，贻笑乡邦，违者不得入祠助祭，终身耻辱。

崇节俭。江右本瘠土之邦，无厚产，最称贫薄，非俭约自持，决不能久。欲守俭约，当戒二事：第一戒健讼，第二戒虚文。寻常一鱼一蔬不肯自用，及至尚气争竞，鬻产不悔。寻常一丝一毫不肯与人，至于聘妇嫁女成婚，会酒多至揭债，薄于殓具而侈延吊客，忽于葬事而厚酬唁友。至于延新婿请贵客，演戏许愿，预修祈福，内外协从，未有相嗤笑者，此为恶俗，极可悲悯者也。除冠婚或先期告祠，即遣一人遍告族人，随力置办酒食，力不能办不得勉强，并不得辄因称贺累日延款。其吊丧近者一茶，远者蔬食。但令不饥，并不许开厨设供。须从贤智者，力加节省，以易薄俗。即有登第授官者，宁推惠宗族，勿张宴筵，纵有大宾，亦须清简，不令愚人仿效。违者虽家道殷盛，各族当诣门议罪不恕。

睦姻邻。亲戚邻里出入守望，彼此友爱，今日使人人笺贼，其能相守以久乎？今后族人务皆以礼自处，一应庆吊拯恤，宁先毋后，宁厚毋薄，其有睚眦之怨、嫌隙之私，大抵起于争利，今后山林各守疆界，水利各立限期，田地毋至侵凌，人户勿相互占。事事如此，人必自处，以礼断，无非礼之加，岂不成美俗哉。若他人以此四者非礼相加，或出过误，或出疑似，须请人从容理论，勿出恶言伤情，勿行凶暴伤人，各约预行，戒止临事调停，庶全亲睦之道。若族人有多伙拐抢，倚势侵占诸件，除各约公处，祠中仍行议罚，甚则送官。此乃自保一族非止免于得罪姻邻而已。

供赋役。有田出租,有丁出役,庶人谨循奉公之道,当然不待官府呼召也。今世流弊务为欺蔽或影射，钱粮或延缓时日，甚则诡计飞洒，贻累子孙，其不免刑宪又何怨哉？今后凡为里甲者勿肆贪饕而凌弱，勿恃奸顽而抗拒。先期速办，可省追呼，若以一事拖欠负累者非朝廷良民，即非祖宗后人，不计入祠助祭。

严守望。人类不齐，有良有莠，合族散处，守望尤艰。今幸官府通行十家牌制，便可乘此约束各家不拘亲从、人丁多少各立甲数，互相觉察，平居可议出入，有事更易招集，又或遇有变生不测，则同约或合为一或分二三，递为应援，且相邀截违者。量情轻重，各约惩治，如有外来放迷药采生胎，为贼线作盗，偵行骗术，踪迹不明者，密行防范，不许容留。如敢故犯及有实迹可据者，即告明祠堂，除削谱黜名外，送官究办。至若有窝窃、窝娼、窝赌之家，皆是私藏匪类，查访得实即告明祠堂，除削谱黜名外，应呈官惩治。

止诬讼。健讼败家，前已立戒。但恶俗有假人命图赖者，有恃强欺弱占骗者，有假称甲长没嫁子女者，有假立契书关约贻害人者，今后如有此等，共与平之，不服则合各约直之。有不听，任其告官府。如有偏听，各约须共正之，方见公议，却不倚势任情，互相党蔽，沮坏义举。

御群小。圣人服至五世而止，正以情尽，不可复推我明朝礼制，非公侯不得容留伴当正，恐躲避差徭群族为乱耳。今聚族至二三十世，犹叙尊卑者岂为是不情哉，盖取其相恤相保，不使至于视若途人。凡为同族义男，亦必遵奉约束，不得凌长犯上，实寓防微杜渐之意也。今后族中，主仆之分必明，养育之恩必尽,不得各恃人丁之众多,得罪疏房长上,有伤族谊。除各自耕种，不许纵放牲口啄践。每年照常收租之外，有其借耕他人田亩一体还租，不入党获勒措。如有出外经商生理者，纵极饶裕亦不得另户别籍以致抵拒。以上有违其恩主不行惩治者，祠中量情轻重责罚。得罪异姓者责其谢过，不许执留。如有别族义男为本族甲首者，若得罪本主，不许以里长之故，循情党获致乖名分；如恃顽拖欠甲钱者，许本主追究，本朝买养男奴者，以此类推。

禁邪巫。楚俗禁尚鬼，自古为然。今后觋人等除禳火祈年祷疾祓丧，费不甚重者姑徇人情行之。此外，绝不许信从妖道谬谈，落牒咒咀并修炼、超度等项。他如不守清规之僧尼，惯行诡术之师姑，及各种异端左道诞言邪教（名目甚多，不能细载）均要摒除。不听并诚，妇女勿受其牢笼，违者本约举出，祠中重罚，仍不许入祠助祭，不听者呈官惩治，断不轻恕。

明正学。六经所载莫非此学，今世师儒弟子之授受舍，此更无二事。安得复有正学云云。实缘末世以来，但指科举为儒学之正，更不知身心为何物，将六经言语支离决裂以为干禄之媒，遂使丧心败行不暇顾惜此。圣谕所以昭揭而督学奉敕谕，所以有迪正道崇正学之文。盖出于甚不得已，而士莫知返也。今宣圣谕条举，区分做人之理，亦稍备矣。若不明正学力践此理，纵有持行皆为饰伪，终不能至久远。欲明此理不择朋友交游，断不能每事躬行，故敬以此为吾族告有志贤子孙，盍深思之。

谨婚姻。古人慎重姻媾，择配择婿必求阀相当者，近时不论门户，攀援殷富，贪其资遣，寡廉鲜耻，贻讥乡里者，往往有之。除以前各支有蹈此者，业已查处外，以后如有违者，各支自行举首。已聘者责令取回聘礼改聘，仍量情议罚。已婚者或责令别嫁，或降为侧室，不得出公堂与公会，仍行重罚。如有不遵者黜族，知而不举者，众共攻之。

联远族。吾族分居诸郡各邑，地远势分，以后不惟会晤难以频数，即岁时遣使往来恐未可常。嗣今各支但有登科登第大庆，别府别县每处相约总致一贺礼，各祠堂内公出银五钱折猪羊酒礼，共差一人赍送总礼帖一个，总名贺帖一个，不用书柬，以免彼此裁答。其登科第之人出仕至五品京堂以上，在外官至太守以上，务要请别府别县族人一会，先一月具请帖相约的于某月日至，至则延款三日而别，不得久留。其或仕未甚久，官未甚尊，力量可办者照此例行，所请如是别府别县，每处止一二人或人多分作二次请之，可也。其本府本县族人不在此例。至各支派行不一，相见无由，辨别尊卑，今取四十字（文章节义，性道勋名，志学而立，知命从心，齐家治国，兴让敦仁，求其在我，行之以诚，修身为本，明德新民——引者注）以二十八世始其所取名，世占一字或字居中间，或居尾末，随宜依行第无违，每世之字即一见立谈间而行辈了然。夫既有法以萃其涣，又定名以著其代，虽千百世而视远如近，可久可继之道备是矣。

全文分 17 条，其内容涉及修身、治家、从政、求学等方方面面，规定细致，浅白易懂，操作性强。此族训在明代万历年间形成，又经康熙三十五年（1696）完善，而后一直沿用，至本次民国期间修谱亦不变。由此也可以看出，曾氏族训定形后，得到族人认可与遵守，并没有轻易变更。

而在南城县《曾坊曾氏支谱》里录有《祠训》，祠训亦即家训，其内容是：

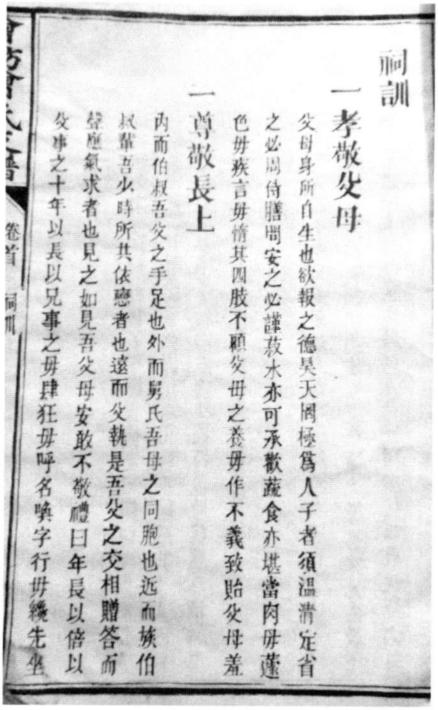
祠訓
一孝敬父母
父母身所自生也欲報之德昊天罔極為人子者須溫凊定省之必周侍膳問安之必謹菽水亦可承歡蔬食亦堪當肉毋蘧色毋疾言毋惰其四肢不顧父母之養毋作不義致貽父母羞
一尊敬長上
內而伯叔吾父之手足也外而舅氏吾母之同胞也近而族伯叔輩吾少時所共依戀者也遠而父執是吾父之交相贈答而聲應氣求者也見之如見吾父母安敢不敬禮曰年長以倍以父事之十年以長以兄事之毋肆狂毋呼名喚字行毋纔先坐

南城县《曾坊曾氏支谱》所载《祠训》

孝敬父母。父母身所自生也，欲报之德，昊天罔极，为人子者，须温凊定省之必周，侍膳问安之必谨，菽水亦可承欢，蔬食亦堪当肉，毋蘧色，毋疾言，毋惰其四肢，不顾父母之养，毋作不义致贻父母羞。

尊敬长上。内而伯叔，吾父之手足也。外而舅氏，吾母之同胞也。近而族伯叔辈，吾少时所共依恋者也，远而父执是吾父之交相赠答而声应气求者也。见之如见吾父母，安敢不敬礼？曰：年长以倍以父事之，十年以长以兄事之，毋肆狂，毋呼名唤字行，毋才先坐，毋越次言，毋乱发。敬长之道其在斯矣。

和睦乡里。盛世好义，末代趋利，

有无不相通，吉凶不相闻问。何异秦越人之相视漠然也。甚且弱食强肉，相残不睦殊甚古人，同并而居则出入相友，守望相助，疾病相扶持，岁时伏腊，斗酒慰劳，和睦邻里，有如家人，父子在焉。愿吾子孙效法古人。

教训子弟。昔人云父慈、子孝、兄爱、弟敬、夫和、妇从，所谓六顺也。下凌上，贱防贵，小加大，淫破义，疏间亲，远间近，所谓六逆也。父兄之教不先，子弟之率不谨，故家之将兴，人皆守礼，相接以敬，福厚之象也。家之将败，人皆尚气，遇事则争，福薄之象也。吾子孙何去何从，欲令读书，知道尚其择师以训。

各安生理。天下各有生理，朝而讲贯，夕而服习，士农工商各有其事。专其事者，必食其报。矧夫书中自有千钟粟，不患有司之不明，祗患学力不精。能读书者，科甲纵然有数，品行自是清高，孰不钦仰敬服？至在县固宜读书，若居乡可读则读，子弟不能耕天地，自然之利尽在田间，故百工商旅虽足资生而农为本，务其利溥也。愿吾子孙其各勉之。

毋作非为。孝弟忠信礼义廉耻此数者，天之所以立命，即人之所以心也。所谓悖此，即谓之非为。无论巨奸大恶，显然有患名教者，断不可为，即立念未端制行，不恕外君子而内小人。唆啜是非，损人益己，凡此非为皆不齿于人类。古人云：行不愧影，夜不愧衾，正士君子之敦品也。愿尔曹志之毋忽。

很显然，这是敷演了明代朱元璋所作的“圣谕六言”。圣谕六言又称圣谕六条、教民六条、圣训六条等。明太祖朱元璋为教化百姓，促进社会和睦提出的六句话：孝顺父母，恭敬长上，和睦乡里，教训子孙，各安生理，毋作非为。明洪武三十年（1397），朱元璋谕令天下：“每乡里各置木铎，内选年老或瞽者，每月六次持铎徇于道路。又令民每时置一鼓，凡遇农桑时月，晨起击鼓会田。所怠惰者，里老督责之。里老不劝督者，罚。遇婚姻死丧吉凶等事，一里之内互相赒给。”[①] 此后，圣谕六言先后通过木铎、乡约、族谱、家训、书院等多种途径，在民间广泛传播。在清朝也有着深远影响。清初，

① 谷应泰：《明史纪事本末》卷十四，钦定四库全书本。

城乡每月朔望举行乡约，宣讲这圣谕六言。后来康熙皇帝在此圣谕六言的基础上，又提升到 16 条，称为“圣谕十六条”。尽管《曾坊曾氏支谱》是民国初年所修的家谱，但仍然沿袭了明代的圣谕六言，并对此敷演成为本族的族训，作为曾氏族人的行为准则。

以上采录了不同世支所编纂的曾氏族谱、支谱所制定的族规、祠规，从内容看都是在明代圣谕六言的框架下，根据本族本支系的实际情况而制订的。我们可以看到，曾巩家族的族训家规不仅体现了长期以来儒家的正统要求，讲求忠孝仁义，讲究尊祖睦族和谐家庭，讲究尚德读书教育后代，等等，无不是教人本本分分做人，踏踏实实做事。也正是曾巩家族一直遵守这些族训家规，并使之成为一种优良家风，代代相续，教育了一代又一代，影响着一代又一代子孙，才代代人才辈出，如大树般枝繁叶茂。

第三节　曾巩与欧阳修

曾巩的成才与发展离不开欧阳修，欧阳修是发现曾巩的伯乐。欧阳修字永叔，生于宋真宗景德四年（1007），庐陵永丰（今江西永丰县）人。他长曾巩 12 岁。曾巩曾说自己很小的时候就知道了欧阳修的大名，长大后也常常读他的文章，往往是“口诵而心记之”，很想寻得机会去拜访这位学界前辈、文学大家。庆历元年（1041），23 岁的曾巩赴京城参加科举考试，想借机会去拜望欧阳修，但没能如愿，于是给欧阳修写了一封信，这也是他第一次给欧阳修写信。曾巩在信中除了介绍自己的身世，表达对对方的敬慕外，还在信中谈文论道，同时还随信寄去了自己的杂文、时务策两篇。这封信和文章引起了欧阳修的兴趣，认为此后生非等闲之辈。正如欧阳修自己所说：“予初骇其文，又壮其志。”欧阳修后来也曾回忆与曾巩的相识与感受，他在《送杨辟秀才》中说：“吾奇曾生者，始得之太学。初谓独轩然，百鸟而一鹗。”曾巩得到了欧阳修的好感，于是投于其门下，得到欧阳修的指导，获益很大。曾巩在第二次给欧阳修的信中谈到了自己得其赏识的体会及感激之情，他在信中说："某之获幸于左右，非有一日之素，宾客之谈，率然自进于门下，而执事（指欧阳修）不以众人待之。坐而与之言，未尝不以前古圣人之至德要道，可行于当今之世者，使巩熏蒸渐渍，忽不自知其益，而及于中庸之门户，受赐甚大，且感且喜。"曾巩投学于欧阳门后，文风也发生了变化，也正如欧阳修在《送吴生南归》一诗里说："我始见曾子，文章初亦然。昆仑倾黄河，渺漫盈百川。决疏以导之，渐敛收横澜。东溟知所归，识路到不难。"说曾巩未遇自己之前的文风奔放、雄浑，而在经自己指导之后，文风变得蕴藉、平正。而曾巩也被欧阳修视为最得意的门生，他曾说："过吾门百千人，独于得生为喜。"曾巩尽管文才飞扬，又得大文豪欧阳修的赏识，参加考试却未获通过，欧阳修闻之，作《送曾巩秀才序》。欧阳修认为，曾巩颇有才华，但是"有司敛群才，操尺度，概以一法，考其不中者而弃之"。而曾巩并没有发怀才不遇之慨，也没有埋怨主考部门，更没嫉妒一同参加考试的考生，而是告别欧阳修回家，"思广其学而坚其守"。尽管曾巩没有考中，但欧阳修并没有否定其才学与操守，为自己有这么一位好门生而高兴，字里行间充满鼓励之情。

曾巩与欧阳修的关系非同一般。曾巩虽是一介布衣，但在庆历六年（1046）向欧阳修推荐已是进士且任鄞县令的王安石，欧阳修接受了他的举荐，重用王安石。曾巩还请欧阳修为他的祖父撰写了神道碑等，也将自己的著作（杂文）一卷送给欧阳修阅示。此后，他们两人时常通信，互致问候。曾巩时常将自己的新作寄给欧阳修，欧阳修既给予肯定，也指出写作中的不足或提出更高的要求。欧阳修对于作文，他也有自己的标准，他在嘉祐二年（1057）《与渑池徐宰》中说："作文之体，初欲奔驰，久当撙节，使简重严正，或时放肆以自舒，勿为一体，则尽善矣。"曾巩也敢于评议欧阳修的文章，如欧阳修《五代史》完成后，曾巩对此有评议，欧阳修也接受了曾巩的意见并进行修改。欧阳修在至和元年（1054）《与渑池徐宰》里就提及："《五代史》，昨见曾子固议，今却从头改换，未有了期。"他们书信往来频繁，有问候，更有学问的探讨。如曾巩写完了《为人后议》后，寄给了欧阳修，欧阳修即给他回信说："辱示《为人后议》，笔力雄赡，固不待称赞，而引经据古，明白详尽，虽使聋盲者得之，可以释然矣。”对于曾文给予充分的肯定。对于曾文的称赞屡屡见于欧阳修的信中，前文已有提及，在此不赘述。

庆历六年（1046），欧阳修特意遣儿子欧阳发到南丰探望曾巩，事后曾巩有《送欧阳员外归觐滁州舍人》诗，诗中称誉欧阳发，汇报自己的近况，并表达见欧阳发的高兴心情，“辱子问吾庐，辉如就宾庑”。庆历七年（1047），曾巩陪同父亲赴京城时，还特地从南京去了滁州看望欧阳修。曾巩离开时，欧阳修还修书致前宰相杜衍，极力推荐曾巩，希望杜相能引入其门下。他在《与杜正献公》中说：“进士曾巩者，好古，为文知道理，不类乡闾少年举子所为。近年文稍与疑，后进中如此人者不过一二。阁下志乐天下之英材，如巩者进于门下，宜不遗之。恐未知其实，故敢以告，伏惟矜察。”不久，曾巩的父亲不幸染病且逝于南京（今河南商丘），正当曾巩举目无亲，身无分文时，是杜衍给钱为曾父治病，并在其父病逝后给了盘缠让曾巩扶柩回乡。如果不是欧阳修的举荐，杜衍也不可能会信任并帮助困境中的曾巩。

如果不是欧阳修等担任考官，慧眼识才，惜才，荐才，恐怕曾巩等人也将是一个“泯然众人”的结局。嘉祐二年（1057），时欧阳修为翰林学士知礼部贡举，翰林学士王珪、龙图阁直学士梅挚、知制诰韩绛、集贤殿修撰范镇并权同知贡举。这些人都是当时著名的文学家。曾巩与弟弟曾牟、曾布，从弟曾阜，妹婿王无咎、王彦深，一门六人赴京应试，皆中进士。同科同榜的还有日后同列唐宋八大家中的苏轼、苏辙兄弟，一榜三个文学大家。还有日后变法重要人物邓绾、王韶、吕惠卿、林希等，以及理学家张载、吕大钧、程颢等，“天下英才尽收榜中”，这一届的考试在历史上产生深远巨大的影响。这次考试的两个月，有人说，那是文星璀璨的两个月，北宋政治界、思想界、文学界的各种代表人物都在这两个月中崭露峥嵘。三年后，欧阳修又一次向朝廷举荐了当时已担任太平州司法的曾巩，他在《举章望之曾巩王回等充馆职状》中说：“太平州司法参军曾巩，自为进士，已有时名，其所为文章，流布远迩，志节高爽，自守不回。”

神宗熙宁五年（1072），欧阳修去世，曾巩颇为悲伤，他撰写祭文并高度评介欧阳修在文学和政治上的成就，感念老师的培养：

惟公学为儒宗，才不世出。文章逸发，醇深炳蔚。体备韩马，思兼庄屈。垂光简编，焯若星日。……公在庙堂，尊明道术。清静简易，仁民爱物。敛不烦苛，令无迫猝。栖置木索，里安户逸。椟敛兵革，天清地谧。日进昌言，从容密勿。开建国本，情忠力悉。……公在庙堂，总持纪律。一用公直，两忘猜昵。不挟朋比，不虞讪嫉。独立不回，其刚仡仡。爱养人材，奖成诱掖。……维公平生，恺悌忠实。内外洞彻，初终若一。……维公荦荦，德义撰述。为后世法，终天不没。托辞叙心，曷究仿佛。

第四节　曾巩与王安石

曾巩的众多好友之中，王安石是一个独特的存在，两人的关系非同一般。王安石比曾巩小二岁，临川人，而曾巩年轻时也常居临川，他们都同居一城。论关系，曾巩是王安石妻家的亲戚，自然也就是王安石的亲戚。曾巩在《仁寿县太君吴氏墓志铭》中说："夫人之德见于行事之迹""余以通家，故熟于耳目者也"。"通家"在此是姻亲的意思。他们俩既有地缘关系，又有亲缘关系。曾巩母亲吴氏是吴德筠的女儿，而曾巩姑姑又嫁给了吴德筠的长子吴敏，也就是说她既是曾巩的姑姑又是他的舅妈，而吴敏弟弟吴畋的女儿嫁给了王安石的父亲王益，如果论辈分，王安石应比曾巩小一辈。吴敏长子吴芮的女儿嫁给了王安石，这样论辈分，曾巩是王安石的叔辈。而王安石的弟弟王安国娶了曾巩的妹妹为妻，这样曾巩与王安石又属同辈。

曾巩和王安石相识于宋仁宗景祐三年（1036）。是年曾巩入京赴试，王安石也随父入京，他们在京城相识。曾巩在《寄王介卿》诗中回忆了两人在京城相识的往事，诗云："忆昨走京尘，衡门始相识。疏帘挂秋日，客庖留共食。纷纷说古今，洞不置藩域。……初冬憩海昏，夜坐探书策。始得读君文，大匠谢刀尺。"在京城相识是一件很高兴的事，在一起吃住，一起谈古论今，读书品文。此后，相距千里的两人频繁通信，或互寄诗文，或探讨问题，或相互勉慰。庆历元年（1041），曾巩入太学，王安石参加礼部的考试，两人又会于京师。而王安石擢进士第，签书淮南判官。曾巩次年回家。曾巩在《怀友一首寄介卿》文中谈及识得王安石受益情况。文中说："圣人之于道，非思得之，而勉及之，其间于贤大远矣。然圣人者不专己以自蔽也，或师焉，或友焉，参相求以广其道而辅其成。……予少而学，不得师友，焦思焉而不中，勉勉焉而不及，抑其望圣人之中庸而未能至者也。……自得介卿，然后始有周旋激恳，摘予之过而接之以道者，使予幡然其勉者有中，释然其思者有得矣，望中庸之域其可以策而及也，使得久相从居与游，知勉于悔矣。"[①] 随后，王安石以《同学一首别子固》作了回应。王安石在淮南与他的朋友孙正之论及曾巩，表示他对曾巩是"慕而友之"，并说："子固作《怀友》一首遗予，其大略欲相扳以至乎中庸而后已。……安石尝于淮南与另一友人孙正之论子固之道德学问。安石谓子固师法圣人，乃不同凡俗之贤人，且曾以中庸之道与之共勉。"

庆历三年（1043），王安石回家乡临川省亲，他抽时间去南丰拜访了曾巩，并应曾巩的邀请，为其祖父曾致尧撰写了《户部郎中赠谏议大夫曾公墓志铭》，在铭文里，王安石说："巩以博士命次公生平事，使来曰：'为我志而铭之。'安石视公犹大父也，其少也，则得公之详，如其孙之云。"其意是说，曾巩以父亲的名义把祖父的生平事迹材料给了我，请我撰铭，而在我眼里，曾巩的祖父也就是自己的祖父。不久，王安石返回扬州，曾巩前往送行。后来曾巩途经临川，还去拜见了王安石的祖母谢氏夫人。谢氏夫人在皇祐五年（1053）去世。后来应王安石的要求，曾巩为谢氏夫人撰写了《永安县君谢氏墓志铭》。铭中说："余既与夫人之诸孙游，而尝得拜于堂上，见其色和，其容谨，闻其言俭而勤，退而闻其为妇顺，为母慈。"

曾巩与王安石之间的相互了解也随着交往的增多而变得更加深刻。段逢曾给王安石写信，把听到的诋毁曾巩之事告诉了王安石。王安石回信，认为

① 吴曾：《能改斋漫录》卷十四之《曾子固怀友寄荆公》，钦定四库全书本。

当时有人诋毁曾巩是出于嫉妒，王安石在信中为曾巩作了辩护，并告诉段逢不要听信那些流言蜚语，要自重，不要妄议曾巩。在《答段逢书》里说：

段君足下：某在京师时，尝为足下道曾巩善属文，未尝及其为人也。还江南，始熟而慕焉友之，又作文粗道其行。惠书以所闻诋巩行无纤完，其居家，亲友惴畏焉，怪某无文字规巩，见谓有党。果哉足下之言也？巩固不然。巩文学论议，在某交游中不见可敌。其心勇于适道，殆不可以刑祸利禄动也。父在困厄中，左右就养无亏行，家事铢发以上皆亲之。父亦爱之甚，尝曰："吾宗敝，所赖者此儿耳。"……足下姑自重，毋轻议巩！①

同时，王安石还写了一首诗送给曾巩，诗中肯定了曾巩才情与文章，视曾巩为宋代版的班固与扬雄，极尽赞美，视讥讽者为小儿，给予有力还击。《赠曾子固》说："曾子文章众无有，水之江汉星之斗。挟才乘气不媚柔，群儿谤伤均一口。吾语群儿勿谤伤，岂有曾子终皇皇。借令不幸贱且死，后日犹为班与扬。"

庆历四年（1044），曾巩向欧阳修和蔡襄举荐了王安石。曾巩在《上欧阳舍人书》里与先生讨论"当世之急"后告诉先生，王安石是自己的好朋友，文章写得很好，如果能起用他，对于朝廷，对于国家都是有利的。为了佐证自己所言不虚，曾巩还把王安石的文章寄了些给欧阳修看。他在信中说："巩之友王安石，文甚古，行甚称文，虽已得科名，居今知安石者尚少也。彼诚自重，不愿知于人，尝与巩言：'非先生无足知我也。'知此人古今不常有。如今时所急，虽无常人千万不害也，顾如安石不可失也。先生傥言焉，进之于朝廷，其有补于天下。亦书其所为文一编，进左右，幸观之，庶知巩之非妄也。"同年五月，曾巩还写信向时任职谏院的蔡襄举荐了王安石，信中所言与给欧阳修的信一样，也随信附上了王安石的文章。

庆历五年（1045），王安石为曾巩去世的祖母黄氏撰写了《曾公夫人万

① 王安石：《临川文集》卷七十五，钦定四库全书本。

年太君黄氏墓志铭》。这一年，他们书信及诗歌唱和较频繁。曾巩有《之南丰道上寄介甫》诗，诗中介绍了回南丰路上风光美景，也期待来日再与友人相见。而王安石收到了他的诗后回赠了《答子固南丰道中所寄》诗以答谢，诗中表达了对曾巩的仰慕之情，希望友谊长存，“永矢从子游，合如扉上环”，也期待再相聚，“相期东北游，致馆淮之湾”。王安石调任鄞州（今属宁波）任知县后，曾巩写了多首思念的诗，如《一昼千万思》，诗云：“一昼千万思，一夜千万愁。昼思复夜愁，昼夜千万秋。故人远为县，海边勾践州。故人道何如，不间孔与周。我如道边尘，安能望嵩丘。又若涧与溪，敢比沧海流。景山与学海，汲汲强自谋。愁思虽尔勤，故人得知不。”还有如《江上怀介甫》，诗云：“江上信清华，月风亦萧洒。故人在千里，樽酒难独把。由来懒拙甚，岂免交游寡。朱弦任尘埃，谁是知音者？”王安石这位好朋友远在千里，曾巩因为思念他，而使自己似乎变成了一个百无聊赖之人，对什么都不感兴趣，于是景不美，樽难把，人变懒，琴蒙尘。而王安石同样也思念这位挚友，他写有《寄曾子固二首》：“为子望江南，蔽亏无行路。”“伤怀西风起，心与河汉注。哀鸿相随飞，去我终不顾。”诗中表达了对友人的思念之情。

庆历六年（1046），曾巩再次给欧阳修写信，举荐王安石，反复地称赞王安石文好、才好，品德与文章相称，是古今罕见之才，切不可失。在《再上欧阳舍人书》中说：“巩与安石友，相信甚至，自谓无愧负于古之人。”次年，曾巩写信将欧阳修的意见告诉了王安石，他在《与王介甫第一书》信中说：

欧公悉见足下之文，爱叹诵写，不胜其勤。间以王回、王向文示之，亦以书来，言此人文字可惊，世所无有。盖古之学者有或气力不足动人，使如此文字，不光耀于世，吾徒可耻也。其重之如此。……欧公更欲足下少开廓其文，勿用造语及模拟前人，请相度示及。欧云：孟韩文虽高，不必似之也，取其自然耳。

可以看出曾巩的推举产生良好的效果，欧阳修已惊叹王安石之才。这一年，曾巩父亲曾易占去世，王安石为他撰墓志铭和祭文。庆历八年（1048），王安石请曾巩为父亲王益撰墓志铭，曾巩撰有《尚书都官员外郎王公墓志铭》。王安石对于曾巩的尊敬和感谢，写了一首长诗《寄曾子固》，诗有600字。

嘉祐二年（1057），曾巩中进士，任太平（安徽当涂）司法参军。是年王安石知常州，移提点江东刑狱。两人南归赴任，欧阳修写信给梅圣俞（尧臣），要他“饯介甫、子固”（《与梅圣俞书》）。嘉祐初，王安石的改革思想已有显露，对此有些人颇有议论。曾巩在嘉祐二年致信王安石讨论改革之事，在信中曾巩并没有反对改革，但善意地劝他应效古人之法，以教化为先，不宜操之过急，提醒他只有当人们接受了你的思想，你再去按自己的思路施政就会容易得多。他在《与王介甫第二书》说：“比辱书，以谓时时小有案举，而谤议已纷然矣。足下无怪其如此也。夫我之得行其志而有为于世，则必先之以教化，而待之以久，然后乃可以为治，此不易之道也。”这也正是古人治政之道，今人应效法。他接着说：“今为吏于此，欲遵古人之治，守不易之道，先之以教化，而待之以久，诚有所不得为也。”最后，曾巩说：“足下于今最能取于人以为善，而比闻有相晓者，足下皆不受之，必其理未有以夺足下之见也。”王安石并没有听取曾巩的一番劝告。嘉祐四年（1059），曾巩在太平司法参军任上，王安石在金陵，相距不远。当时王令撰《〈论语〉义》后，送给王安石请教，适逢曾巩造访王安石，三人同观《〈论语〉义》，“尤所叹服”。时王安石作《明妃曲》轰动一时，曾巩在当涂亦作《明妃曲》两首和王安石。曾巩与王安石在嘉祐年间的往来，远没有庆历年间之频繁与亲密，少有书信与诗词唱和。

治平二年（1065）、曾巩就王安石所撰《王深父墓志铭》中的一些措词提出商榷意见，明确指出哪些是他认同的，哪些是他认为不妥的，为此，他在《与王介甫第三书》说：“今介甫既意及于此，顾遂成之，就令未可为书，亦可因得商榷矣。”当然，曾巩也在信中表达了对友人的思念与自己的心愿。他说：“八月中承太夫人大祥，于邮中寓书奉慰，十月梅厚秀才行，又寓书，不审皆到否？昨日忽被来问，良慰积日之思。”“相别数年，巩在此全纯愚以静俟，庶无大悔。顾苟禄以弃时日，为可怅惜，未知何日得相从讲学，以勖其所未及，尽其所可乐于衰莫之岁乎？此日夜所倦倦往来于心也。”

熙宁元年（1068）四月，王安石入朝任职，此时曾巩亦在朝为官，“为馆阁校勘，集贤殿校理，兼判官告院”。次年二月，王安石为参知政事，变风俗，立法度。“王介甫与曾子固巩善，役法之变，皆曾参酌之。”[①] 曾巩以好友的身份劝过王安石，王安石没有接受。后曾巩自求外任，担任越州通判，六月到任。这年，曾巩还写有三首诗给王安石，即《过介甫》《过介甫偶成》《秋日感事示介甫》。《秋日感事示介甫》有：“沙碛有遗虏，旌旗多远行。生民苦未息，吾党耻用兵。”这是对民生的关怀。《过介甫》：“日暮驱马去，停镳叩君门。颇谙肺腑尽，不闻可否言。淡尔非外乐，恬然忘世喧。况值秋节应，清风荡歊烦。徘徊望星汉，更复坐前轩。”这是对友情的眷恋。《过介甫归偶成》：“结交谓无嫌，忠告期有补。直道讵非难，尽言竟多迕。知者尚复然，悠悠谁可语。”伤叹好友对自己的一片苦心不理解，感到失望。在这些诗里，也可以看到曾巩直言相劝，王安石似乎仍置之不理。朱熹对此评说：“曾子固与王介甫极厚善，入馆后，出卒会稽令。集中有诗云：‘知者尚复然，悠悠谁可语？’必是曾谏介甫来，介甫不乐，故其当国不曾引用。”[②] 这一年，王安石被神宗重用为相，在全国推行变法。神宗元丰三年（1080），曾巩在任职地方12年后，回到朝廷，而此时王安石已罢相，退居金陵。在王安石两度为相和整个变法期间，曾巩则先后辗转于越、齐、襄、洪、福、明、亳等七州。

这期间，曾巩与王安石的交往越来越少。特别是王安石任宰相之后，一人在朝廷，一人在地方，鲜有书信往来与诗词唱和，两人关系已从亲密变得疏离。《宋史·曾巩传》里说：“少与王安石游，安石声誉未振，巩导之于欧阳修，及安石得志，遂与之异。”在此期间仅见的交往是熙宁九年（1076）曾巩为王安石儿子王元泽写了一篇祭文即《祭王元泽文》，此时王安石已第二次辞去宰相职务，闲居金陵。

在《宋史·曾巩传》和邵伯温《邵氏见闻录》卷二十六里都记载了神宗与曾巩论王安石一事。元丰四年（1081），“神宗问南丰：‘卿交王安石最密，安石何如人？’南丰曰：‘安石文学行义，不减扬雄，以吝故不及。’神宗遽曰：‘安石轻富贵，不吝也。’南丰曰：‘臣所谓吝者，安石勇于有为，吝于

① 朱熹：《二程外书》卷十二，钦定四库全书本。

② 《御纂朱子全书》卷六十二，钦定四库全书本。

改过耳。'神宗颔之"。由此可见，曾巩对王安石性格之了解，神宗也认可。《宋史・王安石传》:"性强忮，遇事无可否，自信所见，执意不回。"这都是一致的。王安石退居之后也有反思，在《偶成二首》中说:"高论颇随衰俗废，壮怀难值故人倾。"在《参政王禹玉书二首》中说得更明白，他说："某羁孤无助，遭值大圣，独排众毁付以宰事。苟利于国，岂辞糜殒。顾自念行不足以悦众，而怨怒实积于亲贵之忧；智不足以知人，而险诐常出于交游之厚。"但是他认为苟利于国，这些都是小事，但"行不足以悦众""智不足以知人"正是自己的人生短板。

有人认为他们"晚年亦相睽"[①]，其实不然。二人至老之时，交往似乎又多了起来。元丰三年（1080），王安石被封为荆国公，曾巩有《寄王荆公介甫》，诗云："数病门稀出，常贫客少过。经纶知龃龉，耕钓亦蹉跎。两事艰难极，孤心感慨多。素交千里远，谁听此时歌？"抒发了思念之情。元丰六年（1083），曾巩扶母丧经过江宁时，王安石亲自到船上探望，后曾巩染病至殁于江宁，期间王安石也多有探视。

王安石与曾布关系较特殊。在王安石变法中，曾布极力给予王安石支持，发挥着重要的作用，王安石自己都承认"自议新法，始终言可行者，曾布也"，曾布被变法反对派视为王安石"腹心"。但也是在变法中他们产生了矛盾，以致于后来王安石对他意见很大。当王安石第二次为相，神宗有再次启用曾布支持变法之意，他征求王安石意见，王安石却对皇帝说："陛下无以其刀笔小才，而忘其滔天大恶。"[②]

王安石与曾巩小弟曾肇也有交谊。熙宁年间，曾肇被王安石举荐为国子直讲。在王安石去世后，曾肇曾上王安石墓祭拜王安石，并写下了《上王荆公墓》，表达对王安石的感激之情。

① 朱熹：《二程外书》卷十二，钦定四库全书本。
② 《续资治通鉴长编》卷二百七十一，钦定四库全书本。

第五节　曾巩兄弟与苏轼兄弟

苏轼与曾巩同年进士，同为欧阳修门生，虽然他们的政治主张不一样，曾巩对于变法持较中立态度，而苏轼是反对变法的；同为文学高手，但他们并没有文人相轻；他们跨越了政治沟壑，超越了传统偏见，而成为一对好友。其原因有两点是不容否定的，那就两人都有高尚的人品、卓越的才华。

苏轼景祐三年(1037)生，晚生于曾巩18岁。当年欧阳修完成了《五代史》的编撰后，要求曾巩和苏轼作序，可是这两人互相礼让。在陈长方《步里客谈》卷下里记其事："陈师锡伯修作《五代史序》，文词平平。初，苏子瞻以让曾子固，曰：'欧阳门生中，子固先进也。'子固答曰：'子瞻不作，吾何人哉！'二公相推未决，陈奋笔为之。"苏、曾相让不决，陈伯修而作，但苏轼对于陈序也不满意，认为陈师锡作序是有点"不识轻重"。熙宁元年（1068），苏轼写信给曾巩，恳请曾巩为自己的祖父撰写墓志铭，说："轼叩头泣血言……轼不任哀祈恳切之至。"苏轼将祖父的生平事迹写成《行状》交给曾巩，只待曾巩转述即是一篇墓志铭。此举一是对于曾巩的敬慕，二是想借曾巩之名传祖父之名于后世，这也说明苏、曾两人关系亲密。后曾巩为其祖父撰写了《赠职方员外郎苏君墓志铭》，文字优美，感情充沛。在铭中，曾巩也对苏氏父子赞赏有加，他说："洵果奋发力学，与其子轼、辙皆以文学名天下，为学者所宗。"又称其"维子若孙，同时三人。擅名文章，震动四方。"苏洵去世后，曾巩作《苏明允哀辞》，文中称赞苏氏三父子，说："嘉祐初，（苏洵）始与其二子轼、辙复去蜀，游京师。……于是三人之文章盛传于世，得而读之者皆为之惊，或叹不可及，或慕而效之，自京师至于海隅障徼，学士大夫莫不人知其名，家有其书。……于是三人者尤见于当时，而其名益重于天下。"

熙宁二年（1069），曾巩通判越州，苏轼以《送曾子固倅越得燕字》诗送行，诗中夸赞曾巩，认为他是欧阳修门下的特出者。"醉翁门下士，杂沓难为贤。曾子独超轶，孤芳陋群妍。"在庆历年间，欧阳修在滁州曾作有《醉翁吟》，他去世后的元丰五年（1082），苏轼把它改编成曲，请曾巩题跋。曾巩写下了跋文《跋苏轼醉翁操后》，既称赞了老师，也夸赞了同门苏轼，也体现了曾巩对老师、对苏轼的深厚感情。曾巩说："余与子瞻皆欧阳公门下士也。公作《醉翁引》，既获见之矣。公殁后，子瞻复按谱成《醉翁操》，不徒调与琴协，即公之风流余韵，亦于此可想焉。后人展此，庶尚见公与子具有相契者深也。"[①] 元丰六年（1083），曾巩病逝，苏轼正因反对变法被贬黄州，而此时在京城里流传着曾巩与苏轼同日去世的消息，说得有鼻有眼的，以至于神宗皇帝都找人询问事情的真假。后来这则故事记录在《东坡志林》中："吾昔谪黄州，曾子固居忧临川，死焉。人有妄传吾与子固同日化去，且云：'如李长吉时事，以上帝召他。'时先帝亦闻其语，以问蜀人蒲宗孟，且有叹息语。"这则故事足以说明他们的关系亲密，便是在坊间也是有目共睹的。

苏轼与曾布的关系也十分友好。他们两人的政治主张可以说是对立的，一个积极推行变法，一个强烈反对变法，但他们却能坐到一起来，且亲密得很，实在是件不容易的事。由于曾布的著述流传下来的甚少，难觅有往来书札。但在苏轼的著作保留有写给曾布的诗文信札，两人关系可从中窥一斑。

苏轼给曾布的信有 13 封之多。"流落江湖，晚获叨遇，惟公照知，如一日也。孤愚寡与，日亲高谊，谓得永久，不谓尚烦藩翰之寄。违阔以来，思仰日深。特辱书教，伏承履兹初凉，台候万福，欣慰之极。二圣思治，求人如不及，公岂久外。唯千万顺时为国自爱。"[②] 从信中的这些话中可知，他们二人的交往时间长，感情深。曾布还曾请苏轼写《塔记》，但苏屡因忙而未能及时完成，过了很长一段时间后才写好，后又因政事多变而未能马上交给曾布。苏轼在多封信中提及此事，"日欲作《塔记》，未尝忘也""《塔记》非敢慢""《塔记》如何之誓"。后来《塔记》写成，苏轼在信中说："《塔记》久草下，因循未曾附上。今不敢复寄，异时万一北归，或可录呈，为一笑也。"[③] 元祐间，曾布担任太原知府，苏轼向他要草药长松，曾布给他寄送了，苏轼后写信表示感谢。绍圣元年（1094）四月壬子，苏轼被弹劾，罢知定州，改

① 朱靖华：《苏轼词新释辑评》，中国书店出版社2007版，第780页。
② 曾枣庄等：《全宋文》卷一八九五，上海辞书出版社2006年版。
③ 苏轼：《东坡全集》卷七十八《答曾子宣三首》，钦定四库全书本。

英州。行前，曾布来信安慰，苏轼也很欣慰回信答谢。他说："某本不敢通问，特承不鄙废放，手书存问，乃敢裁谢万一。"再次见证了他们的友谊是经得了风雨的。而后，章惇、蔡京、蔡卞为相掌权时，对元祐党人进行穷追猛打，欲置他们于死地而后快，苏轼兄弟也在被迫害之列。而在朝任枢密院事的曾布想方设法地对于苏轼兄弟进行保护，使得他们幸免于难。元符元年（1098）二月，诏差河北转运副使吕升卿、提举荆湖南路常平董必分别充广南西、东路察访使，时"蔡京等究治同文馆狱，卒不得要领，乃更遣升卿及必使岭外，谋尽杀元祐党"，并要派出吕升卿前往，曾布上奏劝阻，"上曰：'祖宗未尝诛大臣，今岂有此？'布曰：'然则何必遣使也？况升卿兄弟与苏轼兄弟切骨仇雠，天下所知，万一轼、辙闻来，望风引决，岂不伤仁政？'"[①]阻止了这场阴谋，保全了苏轼兄弟的性命。三年（1100）一月，徽宗即位，"有赦元祐党人之意，蔡卞忧惧大赦天下"，尚书左丞蔡卞对曾布说："外人已传召梁惟简归，此不可不虑。"而曾布却对他说："公但安心，苏轼、辙辈必未便归也，其他则未可知耳。"梁惟简正是元祐时宦官，因与党人往来被外贬。曾布此言意在稳住蔡卞，不要对苏轼兄弟起杀心。

曾肇与苏轼兄弟关系也十分友好。曾肇与苏辙还成了儿女亲家，苏辙对于曾肇二子曾纵颇为欣赏，将自己的五女儿嫁给了他。

曾肇升任中书舍人后，曾肇致信告知苏轼，苏轼回信表示祝贺。他在《答曾舍人启》中说："风声所加，中外同庆"，"某官异材秀出，博学名家。世以文鸣，远继父兄之业"。

元祐二年（1087）四月，苏轼兄弟与曾肇随从圣驾，三人一路以诗唱和，此事记录在《庚溪诗话》中，苏轼有《次韵曾子开从驾二首》《再和曾子开从驾二首》[②]。前者云："槐街绿圈雨初匀，瑞雾香风满后尘。清庙幸同观济济，丰年喜复接陈陈。雍容已餍天庖赐，俯伏初尝贡茗新。辇路归来闻好语，共惊尧颡类高辛。""入仗魂惊愧草莱，一声清跸九门开。晖晖日傍金舆转，习习风从玉宇来。流落生还真一芥，周章危立近三槐。道傍傥有山中旧，问我

① 陈均：《九朝编年备要》卷二十四，钦定四库全书本。
② 苏轼：《东坡全集》卷十六，钦定四库全书本。

收身早晚回。”后者云：“眼花错莫鬓霜匀，病马羸骖只自尘。奉引拾遗叨侍从，思归少傅羡朱陈。衰年壮观空惊目，睑韵清诗苦斗新。最后数篇君莫厌，捣残椒桂有余辛。”“忆观沧海过东莱，日照三山迤逦开。桂观飞楼凌雾起，仙幢宝盖拂天来。不闻官漏催晨箭，但觉檐阴转古槐。供奉清班非老处，会稽何日乞方回。”这些诗是他们从驾景灵宫前后所作。他们俩同做一件事，同咏一主题诗，互相唱和，其情也深，其意也浓。但遗憾的是曾肇诗仅留下残句，且只能据《庚溪诗话》卷下而知，其中说：“元祐间，东坡与曾子开肇同居两省，扈从车驾赴宣光殿。子开有诗，其略曰：‘鼎湖弓剑仙游远，渭水衣冠辇路新。’又曰：‘阶除翠色迷宫草，殿阁清阴老禁槐。’诗语亦佳。坡两和，其断句辛字，韵皆工，云：‘辇路归来闻好语，共惊尧额类高辛。’又云：‘最后数篇君莫厌，捣残椒桂有余辛。”苏轼除了上引的四首外，还有一首《和三舍人省上》，在诗名之下苏轼自注“三月二十九日作，明日驾幸景灵宫”，由此可知也作于此时；诗中又有“却见三贤起江右”句下的自注“曾子开、刘贡父、孔经父皆江西人”，可见这是元祐年间曾肇为中书舍人时。次年，曾肇赴河北视察，苏轼有《书别子开》。他说：“子开将往河北，相度河宁。以冬至前一日被旨，过节遂行。仆以节日来贺，且别之，留饮数盏，颓然竟醉。……迟其北还，则又春矣，当为我置酒、蟹、山药、桃杏，是时当复从公饮也。”[①]他们间有喜同贺，同行相唱和，相别同醉，足以见其情厚谊重。

苏辙在曾巩去世后，作《曾子固舍人挽词》高度评价他。挽词说：“少年漂泊马光禄，末路骞腾朱会稽。儒术远追齐稷下，文词近比汉京西。平生碑版无容继，此日铭诗谁为题。试数庐陵门下士，十年零落晓星低。”特别是“儒术远追齐稷下，文词近比汉京西”[②]一句多被后世援引。而曾布的母亲去世后，苏辙亦作《曾子宣郡太挽词》两首。一首云：“族大徽音远，年高福祚多。生儿尽龙虎，封国裂山河。象服惊初掩，埋文信不磨。送车江郭满，咽绝听哀歌。”另一首云：“安舆遍西北，丹旐历江湖。存没终无憾，哀荣两

① 苏轼：《东坡全集》卷一百一，钦定四库全书本。
② 苏辙：《栾城集》卷十三，钦定四库全书本。

得俱。新封崇马鬣，余福荐浮图。家法苹蘩在，空堂始一虞。”[①] 在为皇帝草拟的《曾肇中书舍人》敕中，苏轼称赞曾肇说："具官曾肇，少知为文，久益更事，家传父兄之学，言有汉唐之风，汗简编年，手细金匮，执笔纪事，密付丹墀，比闻简牍之余，试以丝纶之作，油然不竭，焕乎可观。俾即拜于西垣，将益观其来效。虽文称苏、李，未足以为贤，而事问高、崔，庶几于适用。勉于自竭，以称异恩。可。”[②]

第六节　其他交谊与联姻

曾氏家族重视自己的交谊，他们的一些朋友在曾氏族人的成长道路上起着重要的作用。

首先应该提及的是曾洪立与危全讽的交谊。危全讽字上练，唐末南城人。唐僖宗乾符二年（875），黄巢所领导的农民起义爆发了，江西各地的农民纷纷响应，危全讽和他的弟弟危倡仔招募乡勇，组织武装力量，在南城修筑防御工事，保卫乡民。他被朝廷授为讨捕将军。乾符五年（878），南丰县的朱从立、新城（今江西黎川县）黄天撼乘黄巢大军攻占江西之机，率领农民起义，危全讽奉命对他们进行了镇压。而曾洪立时任南丰县令，危全讽的韬略与忠勇令曾洪立十分钦慕。而危全讽亦爱曾洪立之才，将其招为已用。曾洪立多为全讽出谋献策，同时全讽也不断地向朝廷举荐曾洪立，于是曾洪立不断地得到皇帝提拔，最终官至检校司空、金紫光禄大夫。曾洪立为曾氏在南丰的永续发展奠定了基础。危全讽因在抚州兴兵护城得胜，后来抚州人立祠以纪念他，曾氏后人曾季狸有诗《危全讽祠》赞美危全讽："香火颓然寄梵宫，精英不与众禅同。临川千古人心在，犹说当年保障功。"

南丰曾氏自洪立开基，至曾致尧时，到了一个发展的高峰。而至易占则进入了一个低潮期，但由其子曾巩、曾布等人把曾氏家族的发展又推到了一

① 苏辙：《栾城集》卷十三，钦定四库全书本。
② 苏辙：《栾城集》卷二十八，钦定四库全书本。

个巅峰期，他们辉煌也得益多人的提携与帮助。

范仲淹对曾巩厚爱有加。范仲淹字希文，生于宋太宗端拱二年（989），苏州吴县人，北宋杰出的思想家、政治家、文学家。他比曾巩大 30 岁，相当曾巩的父辈。大中祥符八年（1015），范仲淹及第，授广德军司理参军，后历任兴化县令、秘阁校理、陈州通判、苏州知州等职。康定元年（1040），与韩琦共任陕西经略安抚招讨副使，巩固西北边防。庆历三年（1043），出任参知政事，实施庆历新政。不久后，新政受挫，范仲淹被贬出京。

范仲淹曾想将曾巩招于门下，曾巩当然乐意。庆历四年（1044），曾巩作《上范资政书》表示谢意。他在信中说："然阁下之位可谓贵矣，士之愿附者可谓众矣，使巩也不自别于其间，岂独非巩之志哉？亦阁下之所贱也。故巩不敢为之。不意阁下欲收之而教焉，而辱召之。巩虽自守，岂敢固于一邪？故进于门下，而因自叙其所愿与所志，以献左右，伏惟赐省察焉。"次年，范仲淹给曾巩写信并送来绢等物品，曾巩作《答范资政书》再次表示感谢，并在信中称赞范仲淹的"大贤德"，并对范仲淹能不计地域远近、地位尊卑、年龄长幼，而对自己备加关心，表示感激。他在信中说：

况巩学不足以明先圣之意，识古今之变，材不足以任中人之事，行不足以无愧悔于心。而流落寄寓，无田畴屋庐匹夫之业，有奉养嫁送百事之役，非可以责思虑之精，诏道德之进也。是皆无以致阁下之知者。而拜别期年之间，相去数千里之远，不意阁下犹记其人，而不为年辈爵德之间，有以存之。此盖阁下乐得天下之英材，异于世俗之常见。而如巩者，亦不欲弃之，故以及此，幸甚幸甚。

相隔千里，范仲淹还不忘记这位生活于民间且无功名的后辈，既写信慰勉还送物品，怎不让曾巩感动。这当中有范仲淹爱才一面，但也说明曾巩的确有才，且名动天下。

曾巩与蔡襄也有交往。蔡襄生于宋大中祥符五年（1012），比曾巩大七岁。天圣九年（1031），蔡襄中进士。庆历三年（1043），蔡襄主持谏院衙署。庆历四年，蔡襄以右正言、直史馆调任福州知州。这一年曾巩给蔡襄写信《上蔡学士书》，举荐王安石。曾巩在信的开端写道："南丰曾巩谨再拜上书谏院学士执事。"可知蔡襄此时还在谏院的任上。在信中他称赞王安石，并将王安石的作品呈上，以证明王安石的才能。当然他也将自己的文章寄上，并将自己的状况告诉他。在信中说："巩生于远，厄于无衣食以事亲，今又将集于乡学，当圣贤之时，不得抵京师而一言，故敢布于执事，并书所作通论杂文一编以献。"次年，蔡襄致信曾巩，对曾巩称赞有加。后曾巩在《答蔡正言》中回忆此事说："五月中，伏奉所赐手教，奖爱重叠，且日策之不已，必至乎世马之所不能至者。"

曾巩与梅尧臣是忘年交。梅尧臣字圣俞，生于咸平五年（1002），长曾巩 17 岁，是当时的文学大家，与欧阳修齐名，素有"梅欧"之称，算是曾巩的前辈。至和二年（1055），梅尧臣服丧期满，自宣城（今属安徽省）前往京城，途中在扬州遇见曾巩。他早闻曾巩之名，此次见到曾巩颇为兴奋，后作《逢曾子固》记录了相见时的情形及相识相交的喜悦之情。诗云："前出秦淮来，船尾偶攙燕。遽传曾子固，愿欲一相见。顺风吹长帆，举手但慕羡。扬子东园头，下马情眷眷。昔始知子文，今始识子面。吐辞亦何严，白昼忽飞霰。我病不饮酒，烹茶又非善。冷坐对寒流，萧然未知倦。"从此，曾巩及家人与梅尧臣有了更多的往来。次年曾牟在扬州又遇梅尧臣，梅写有《新韵曾子进早春》。嘉祐二年（1057），曾巩在京城于梅尧臣堂前观石榴，梅尧臣有诗《和楚屯田同曾子固陆子履观予堂前石榴花》记其事，诗云："堂下一匹郑虔马，栏边两株安石榴。但能有酒邀佳客，亦任狂花落素瓯。俗女红裙无好色，主人白发自侵头。欲歌翠树芳条曲，已去洛阳三十秋。"曾巩及第后，即将回家，欧阳修在京城里宴请曾巩，梅尧臣和王安石作陪。从梅尧臣写给曾巩的诗看，他是很器重这位才华出众的后生的。他写给曾巩的诗还有《得曾巩秀才所附滁州欧阳永叔书答意》《送曾子固苏轼》《夜直广文有感寄曾子固》《重送曾子固》《送次道学士知太平州因寄曾子固》等，在这些诗中多夸奖与期待之词。

曾巩提携弟子陈师道。陈师道（1053—1102），字履常，一字无己，号后山居士，彭城（今江苏徐州）人，家境贫寒。16岁时师从于曾巩。陈师道的弟子魏衍在《彭城陈先生集记》里说："年十六，谒南丰先生曾公巩，曾大器之，遂业于门。"这里明确地说陈师道受到了曾巩的器重，而拜于曾巩门下。对此，陈鹄的《耆旧续闻》卷二里记载得更为详细："陈无己少有誉，曾子固过徐，徐守孙莘老荐无己往见，投贽甚富，子固无一语，无己甚慚，诉于莘老。子固云：'且读《史记》数年。'子固自明守亳，无己走泗州，间携文谒之，甚欢，曰：'读《史记》有味乎？'故无己于文以子固为师。"这里介绍了陈师道从师曾巩的经过。

师从于曾巩，让陈师道得到了很好的教益。陈师道也曾拿自己从师曾巩的经历来教育自己的弟子。他在《送邢居实序》里说："吾年如生时，见子曾子于江汉之间，献其说余十万言，高自誉道。子曾子不以为狂，而报书曰：'持之以厚。'吾之不失其身，子曾子之赐也。"有一次陈师道将自己写好的文章送给曾巩看，曾巩作了修改，陈师道觉得改得很成功，甚为叹服，从此作文以此为法。朱熹对此有记录。他说："后山文思亦涩，穷日之力方在，仅数百言。明日以呈南丰，南丰云：'大略也好，只是冗字多，不知可为略删动否？'后山因请改窜，但见南丰就坐取笔抹数处，每抹处连一两行，便以授后山。凡削去一二百字，后山读之，则其意尤完成，因叹服，遂以为法。"

曾巩对于陈师道的人品、学问也非常重视。元丰四年（1081），神宗任命曾巩修史，曾巩向朝廷举荐陈师道参与其中，但因陈师道出身低微而未能获得批准。曾巩还向太学举荐过陈师道的文行，而后太学"乞为学录"，但陈师道"不就"。曾巩在去世前不久还请陈师道为父亲曾易占撰写神道碑。

苏轼也爱陈师道之才，也曾想招至门下，但陈师道婉言谢绝。明代瞿佑《归田诗话》中的《后山不背南丰》就说："陈后山少为曾南丰所知，东坡爱其才，欲牢笼于门下，不屈，有'向来一瓣香，敬为曾南丰'之句。"陈师道没有拜苏轼为师，但两人关系甚好。

曾巩还把陈师道引荐其他能人，以帮助陈师道进步。陈师道在《上林秀州书》中写道："师道鄙人也，然有闻于南丰先生，不敢不勉也。先生谓师道曰：'子见林秀州乎？'曰：'未也。'先生曰：'行矣。'师道承命以来，谨因先生而请焉。”

元丰六年（1083），曾巩去世，陈师道得知后悲痛不已，作五言古诗《妾薄命》两首，挽叹老师。其一：“主家十二楼，一身当三千。古来妾薄命，事主不尽年。起舞为主寿，相送南阳阡。忍著主衣裳，为人作春妍。有声当彻天，有泪当彻泉。死者恐无知，妾身长自怜。”其二：“叶落风不起，山空花自红。捐世不待老，惠妾无其终。一死尚可忍，百岁何当穷？天地岂不宽？妾身自不容。死者如有知，杀身以相从。向来歌舞地，夜雨鸣寒蛩。”二诗以一位侍妾悲悼主人的口吻抒写了自己对老师曾巩的深厚感情。第一首诗借侍妾之口，写主死之悲，表达不愿转事他人的贞心。第二首诗表达失主之后的孤寂惨痛，誓愿杀身相报。

曾巩与“临江三孔”交往密切。临江三孔指临江军新淦县（今江西新干县）孔氏三兄弟孔文仲、孔武仲、孔平仲，他们博学多识，才华横溢，为官清正，刚正守义，在文坛和政坛都享有盛誉。南宋诗人韩淲将他们与南丰曾氏兄弟三人（曾巩、曾肇、曾布）并论，在《和教授诗》中说：“三曾三孔久凄凉，百世空闻书传香。”孔文仲（1033—1088），字经父，嘉祐六年（1061）登进士第，曾官中书舍人等职。孔武仲（1042—1098），字常父。嘉祐八年（1063）登进士第，授谷城主簿，辗转多地任职，历任任中书舍人、礼部侍郎等职。熙宁四年（1071），孔武仲由谷城主簿改任齐州教授，与时任齐州知州的曾巩过从甚密，时有唱和。如曾巩有《和孔教授》《雪后同徐秘丞、皇甫节推、孔教授北园晚步》《孔教授、张法曹以曾论荐特示长笺》等诗，均是记述二人在此期间交往情况的诗作。曾巩去世后，孔武仲曾作《祭曾子固文》[①]回忆了两人在济南的往来，并表达了一位少者对长者敬仰与感激之情：“我少方蒙，公发其源。长仕岱阴，从以周旋。决疑辨惑，一语不捐。或钩其细，毫积丝联。或究其大，苞方括圆。面奖所是，夺其不然。粗若有之，公赐多焉。”孔平仲（生卒年不详），字毅父。治平二年（1065）登进士第，授洪州分宁县（今江西修水县）主簿，后任职多地。熙宁六年三月，孔平仲到济南探望

① 《清江三孔集》，钦定四库全书本。下引武仲、平仲诗文均见于此集。

哥哥孔武仲，并拜会曾巩，作《上曾子固》："海邦穷僻想知音，疋马春风入岱阴。千里山川忘道远，一门兄弟辱恩深。发扬底滞先生德。振拔崎岖长者心。更以诗篇壮行色，东归胜挟万黄金。"孔平仲在曾巩和孔武仲的陪同下游览了济南的湖泉亭榭，并应曾巩的要求作了一组题咏当时济南风物的诗作《曾子固令咏齐州景物，作二十一诗以献》。如《阅武堂》："开拓乾坤远，欢娱岁序深。堂前犹阅武，自是太平心。"《凝香斋》："东郡经年久，西斋一事无。萧然静相对，惟有博山炉。""三孔"之父孔延之（1013—1074，字长源）去世后，曾巩写下了《祭孔长源文》，文中说："维我与公，绸缪平昔。诗书讨论，相求以益。我试于乡，自公考择。弥久弥亲，情隆意获。闻公之讣，泫然心衋。驰奠千里，寓陈悃愊。"并撰写了《司封郎中孔君墓志铭》。

沈辽也是曾巩的好友。沈辽（1032—1085），浙江余杭人，《梦溪笔谈》作者沈括的族弟，是一名著名的书法家。曾布还向沈辽学习书法，王明清的《挥麈余话》中说："曾文肃学沈辽笔法，传其真楷。"沈辽在曾巩去世后，沉痛悼念，如失兄长，既作挽词，又写祭文，高度评价好友。《子固挽词》[①]云："江左老儒宗，鸿名五纪中。晚方参法从，久已冠群公。缫服始去位，仙丹浩无功。古人称不朽，终不愧轲雄。""典学早名世，绪余为史师。刚严终不倚，亮直欲谁欺？疾恶太阿刃，立言黄绢辞。平生旧游意，流涕向丰碑。"《祭曾舍人》[②]云："维年月日，余杭沈某，谨以清酒牲牢，敢昭告于故友子固舍人兄之灵。呜呼！昔有以相知者，世岂复知？公今逝矣，而吾方寄死于衰羸。欲矢诸文辞以抒哀兮，空皎皎其何为？吾闻聪明正直，殁将为神尚何疑？清酒在罇，牲牢在盘，即具事神之礼以告。维公来下而飨之。"

曾巩与赵抃亦有交往。赵抃（1008—1084），比曾巩长 11 岁，字阅道，号知非子，浙江衢州人，素有"铁面御史"之称。翻阅曾巩的著作，可见有多篇（首）诗文致赵抃，如《送赵资政》《余杭久旱赵悦道入境之夕四郊雨足二首》《寄赵宫保》《和酬赵宫保二首》《和赵宫保》《越州赵公救灾记》《贺赵大资致政启》《贺杭州赵资政冬状》等，其间最有名的应是《赵州赵公救

① 沈辽：《云巢编》卷五，钦定四库全书本。
② 沈辽：《云巢编》卷十，钦定四库全书本。

灾记》一文，文中歌颂了赵抃的品德，肯定了赵抃的救灾措施。赵抃亦有诗寄曾巩，如《寄酬齐州曾巩学士二首》，诗云："太守文章耸缙绅，两湖风月助吟神。讼庭无事铃斋乐，聊屈承明侍从人。""乐天当日咏东吴，一半勾留是此湖。历下莫将泉石恋，而今天子用真儒。"

曾巩与韩琦也有交往。韩琦（1008—1075），字稚圭，相州安阳（今河南安阳）人。仁宗天圣五年（1027）进士，在朝为相十年，辅佐三朝，政声卓著，在军队在朝中都享有很高的威望。曾巩在给韩琦的信《与北京韩侍中启二首》中称"柱石三朝，有太平之功"。曾巩还有《贺北京留守韩侍中正旦状》给韩琦。熙宁元年（1068），韩琦辞相还乡，以司空兼侍中判相州。曾巩写信祝贺《襄州回相州韩侍中状》，贺信中说："伏以司徒侍中行应准绳，言为蓍蔡，肩一心之忠谊，弼三后之谋谟。安社稷之元功，传于竹帛；被华夷之盛德，布在管弦。"

曾巩与建昌军老乡元绛（南城县人）也有较好的交往。元绛（1008—1083），字厚之，南城县人，祖父元德昭为五代吴越丞相。长于曾巩十一岁。累官翰林学士，拜参知政事。后罢知颍州，以太子太保致仕。谥"章简"。著有《玉堂集》，已佚。仅存词 2 首、诗 6 首。曾巩写有《送元厚之资政致仕归苏州》诗："笑指家园是五湖，画船东下载图书。收功玉铉丹青后，得老铜楼羽翼初。醒醉放怀从野服，登临乘兴属安车。都门饮饯光华盛，不独当年有二疏。"

曾布除了与朝中官员们有着较深的交往外，与其他一些名流也有交往，如与魏泰。魏泰，字道辅，襄阳人。从小好逞强行霸，曾经在试院里殴打考官，而没能被录取。后博览群书，但不思仕进。性诙谐，好谈朝野趣闻。能言善辩，能胜过他的难有其人。徽宗崇观年间（1102—1110），章惇赞其才，欲任之以事，但泰辞而不就。晚年居家，横行乡里，为乡人不满。著有《临汉隐居集》20 卷、《临汉隐居诗话》1 卷、《东轩笔录》15 卷等，并传于世。魏泰是曾布的小舅子，其姐姐魏玩嫁给了曾布。在他的著述中少有叙述他与曾布的交往，但对曾布在朝中之事有记载且较为详细，可能常在曾布身边。在今人编的《全宋诗》里收魏泰诗残句"麻源山压盱江水，高楼迥对江山起"。

从该句看，魏泰是来过南丰的，且可能逗留的时间非短，并在周边地区游玩，麻源在南城麻姑山北，盱江流经广昌、南丰、南城等县。宋人江少虞在《宋朝事实类苑》卷第三十七载道："'平林漠漠烟如织，寒山一带伤心碧。暝色入高楼，有人楼上愁。玉梯空伫立，宿鸟归飞急，何处是归程？长亭连短亭。'此词不知何人写在鼎州沧水驿楼，复不知何人所撰，魏道辅泰见而爱之，后至长沙得古集于子宣内翰家，乃知李白所撰。"文中说，魏泰在鼎州（今属湖南省）沧水驿楼处见到这首词，但不知何人所撰写。后至长沙曾布家，才发现是李白所写。由此也可见魏泰常去姐夫家，也不管路之远近。

曾肇与黄庭坚是同年，两人交往较早。黄庭坚（1045—1105），字鲁直，号山谷道人，洪州分宁（今江西修水县）人，北宋著名文学家、书法家、江西诗派开山之祖，与杜甫、陈师道和陈与义素有"一祖三宗"（黄庭坚为其中一宗）之称。与张耒、晁补之、秦观都游学于苏轼门下，合称为"门四学士"。生前与苏轼齐名，世称"苏黄"。有《山谷集》传世。黄庭坚书法亦独树一格，为"宋四家（苏轼、黄庭坚、米芾、蔡襄）"之一。黄庭坚与曾肇同龄，两人多有和诗。《山谷集》有《次韵曾子开舍人游猎田载荷花归》诗："维王调玉烛，时夏雨我田。壁挂苍龙骨，溜渠故溅溅。三推劝根本，百谷收早坚。官司极斋明，崇丘见升烟。系马西门柳，忆听去夏蝉。剥芡珠走盘，钩鱼柳贯鲜。扫堂延枕簟，公子气翩翩。自尔欲继往，阻心如壅泉。紫微乐暇日，披襟咏风涟。红妆倚荷盖，水镜写明蠲。美物亦有实，蒻房助加笾。珠宫紫贝阙，足此水府仙。郁郁冠盖宅，追本军易彤年。能从物外赏，真是区中贤。仍闻载后乘，笼烛照婵娟。"[①]

曾肇与陈师道保持着较为密切的关系。元祐年间，苏轼等向朝廷荐陈师道文行，而后任徐州教授、太学博士、颍州教授、秘书省正字等职。陈师道一生安贫乐道，是江西诗派重要作家，著有《后山先生集》《后山词》。陈师道有《寄子开》[②]诗："致君意气日方中，许国精诚月贯虹。一代英豪出门第，当时毁誉岂穷通。风流身致羲皇上，日夜心随汲洛东。纵使少年轻我辈，只

① 黄庭坚：《山谷集》卷二，钦定四库全书本。

② 陈师道：《后山集》卷七，钦定四库全书本。

留颜面对吾公。”全诗对曾肇赞扬有加，以“一代英豪”为喻，希望曾肇能“致君尧舜上”，并劝勉他不要年少轻狂，要对得起“吾公”曾巩。曾肇出知泰州，陈师道作《寄泰州曾侍郎肇》，诗云：“八年门第故违离，千里河山费梦思。淮海风涛真有道，麒麟图画岂无时。今朝有客传河尹，是处逢人说项斯。三径未成心已具，世间惟有白鸥知。”[①] 诗中不仅表达了对曾肇的思念之情，也表达对曾肇的赞扬与劝勉。曾肇以《次后山陈师道见寄韵》相和：“故人南北叹乖离，忽把清诗慰所思。松茂雪霜无改色，鸡鸣风雨不愆时。著书子已通蝌蚪，窃食吾方逐篙斯。便欲去为林下友，懒随年少乐新知。”而后，陈师道又作《寄答泰州曾侍郎》相和，诗曰：“千里驰诗慰别离，诗来吟咏转悲思。静中取适庸非计，林下相从会有时。生理只今那得说，交情从昔见于斯。含毫欲下还休去，怀抱何由得细知。”[②]

曾肇与陆佃也有较好的交往。陆佃（1042—1102），字农师，越州山阴人。熙宁三年（1070）进士，从王安石学，官至吏部尚书，是著名诗人陆游的祖父。曾肇与陆佃同于熙宁三年为王安石所荐任国子直讲，二人有诗歌唱和。陆佃有《寄龚深之曾子开》《依韵和曾子开舍人从驾孟飨景灵宫四首》。后者中有一首云：“先生官冷久京华，衣有尘埃饭有沙。半夜尚闻亲旧草，一春长是负新花。两龚清洁推君子，二陆文章属当家。更忆巷南曾学士，坐将籀诰解聱牙。”[③]

曾肇与晁补之也是好友。晁补之（1053—1110），字无咎，号归来子，济州巨野人。元丰二年（1079）进士，同年授澶州司户参军，后历任太学正，著作佐郎、通判扬州、信州酒税等职。他曾应曾肇之邀写了《照碧堂记》[④]。照碧堂在应天府城南，此堂为曾肇在元祐六年修葺与扩建。七年之后，晁补之应约而写下此名文。

曾肇还与史学家、文学家范祖禹（1041—1098）、“临江三孔”之一的孔武仲、诗僧道潜（1043—1106）等也有交往。

① 陈师道：《后山集》卷六，钦定四库全书本。
② 陈师道：《后山集》卷六，钦定四库全书本。
③ 陆佃：《陶山集》卷三，钦定四库全书本。
④ 晁补之：《鸡肋集》卷二十九，钦定四库全书本。

婚姻对于一个人对于一个家族来说，都是一件十分重要的事情。古人对于婚姻嫁娶十分重视，曾巩家族也不例外。前文对于曾巩几位妹妹的婚姻作了简单介绍，下文主要介绍曾巩家族里的先生们的娶妻情况。他们家族中多与名门望族联姻，或是位高权重的朝臣之家，或文学名流之家。

曾巩先后娶过两房妻子。原配晁文柔是晁宗恪的女儿。晁宗恪（1007—1069），字世恭，济州巨野人，晁迥弟弟晁遘之子。晁迥（948—1031）既是一位饱学之士，也是一位台阁重臣，累官工部尚书、集贤院学士。晁迥时修礼文之事，诏令多出其手。多次以年老为由申请退休，最后以太子少保致仕。晁宗恪因伯父为高官而调作监主簿，后不断升迁。知常熟时，修学校，治沟防。通判安州、杭州，知通州、虔州，提点广南东路刑狱公事，又知信州、泉州，直至光禄卿。熙宁二年（1069）去世。他生有 6 个女儿。女儿虽多，但择婿也十分慎重。他择婿重视对方的才学，曾巩就是这样被他相中的。曾巩长于文柔十余岁，当时还只是一个没有功名的士子，属大龄未婚，且家中贫困，弟妹又多，而宗恪之女文柔还是一个 14 岁的女孩。曾巩说："归我之昔，明年始笄。"曾巩在《亡妻宜兴县君文柔晁氏墓志铭》说"年十有八嫁余"，"八"可能是"四"之笔误。晁氏是一位有德行的女子，曾巩在《祭亡妻晁氏文》里说："子有仁孝之行，勤俭之德。宏裕端庄，聪明静默。穷达能安，死生不惑。"晁宗恪无视曾家的贫困与两人的年龄差距，高高兴兴地将女儿嫁了过去。晁文柔嫁入曾家后，"食菲衣敝，自若也。事姑，遇内外属人，无长少远近，各尽其意，仁孝慈恕，人有所不能及"（曾巩《亡妻宜兴县君文柔晁氏墓志铭》）。对于妻子的去世，曾巩悲痛不已，认为是两个家庭的重大损失，他说："父失贤女，姑亡孝妇，子丧严师，吾亏益友。"曾巩对她也是思念不已，给她写了墓志铭，先后还写过两篇祭文，怀念之情倾之于笔端。

曾巩在晁氏去世后继娶了李禹卿之女。李禹卿字君益，蕲州蕲水（今湖北浠水）人。历任苏州、袁州（今江西宜春）通判，后又调泽州（今山西晋城）、随州（今湖北随州市）知州。历官多地，多有善政，为人称道。李禹卿为范仲淹妻子的从弟，也是宋初宰相李昌龄的侄子。李氏自然也是名门之后，且与范仲淹是亲戚。

曾布夫人魏玩也是名门之后，素有教养，是一代著名词人，其才华在北宋时期鲜有女子能出其右。

曾肇父子娶了强家姑侄俩。曾肇娶了强至的女儿，儿子曾缥则娶了强至的孙女，强至的曾孙女又嫁给了曾缥的儿子曾协。强至字几圣，杭州（今属浙江）人。仁宗庆历六年（1046）进士，任泗州司法参军，后历任浦江、东阳、元城令。熙宁五年（1072），召判户部勾院，迁群牧判官。九年，迁祠部郎中、三司户部判官。强至又是一名学者，为文简异而不徇俗。他的五个儿子相继中进士，后都做了高官。曾肇的小儿子曾缥又娶强渊明的女儿。强渊明字隐季，强至的三儿子，以文学受到韩琦的器重。强渊明进士及第后，调海州司法参军，历济、杭二州教授，知蔡州确山县，通判保定军。后调入朝廷为太府丞、军器少监、国子司业；再升秘书少监、中书舍人、大司成、翰林学士等职。大观三年（1109），蔡京罢相，强渊明以龙图阁直学士知永兴军，不久又调任郑、越二州。召为礼部尚书，复拜学士，进承旨。后因病，改延康殿学士、提举醴泉观兼侍读，监修国史。去世后，赠金紫光禄大夫、资政殿学士，谥号“文宪”。而强渊明的大哥强献明官至工部架阁，二哥强浚明也官至尚书郎，弟弟强伟明和强陟明，历次外任都有政绩。强至曾孙女、强浚明孙女、强行父之女，嫁与右宣义郎曾协。曾协《右中散大夫提举台州崇道观强公行状》云：“女嫁右宣义郎曾某。”强行父，字幼安，以父荫入仕，一生多在州县任职，官累至右中散大夫。

曾巩的儿子曾绾娶了林希的女儿。林希与曾巩同年中进士，是一位政治家、学者，也是曾巩的好友。据《宋史·林希传》记载：“林希，字子中，福州人。举进士，调泾县主簿，为馆阁校勘、集贤校理。神宗朝，同知太常礼院。……岁余，通判秀州，复知太常礼院，迁著作佐郎、礼部郎中。元丰六年，诏修《两朝宝训》，上之。元祐初，历秘书少监、起居舍人、起居郎，进中书舍人。言者疏其行谊浮伪，士论羞薄，不足以玷从列。以集贤殿修撰知苏州，更宣、湖、润、杭、亳五州，加天章阁待制。绍圣初，进宝文阁直学士、知成都府。……复为中书舍人，修《神宗实录》兼侍读。……迁礼部、吏部尚书、翰林学士，擢同知枢密院。”去世后追赠资政殿学士，谥号“文节”。

林希著有《两朝宝训》《林氏野史》《林子中奏议集》等。其弟旦，亦中进士，官殿中侍御史，后又历任右司郎中、秘书少监、太仆卿等职。

据《曾氏家谱》载，曾巩二儿子曾综娶开封平章国事李公的女儿。李公的基本情况待考。

曾布的儿子曾纡娶了王安国的女儿为妻，属于表兄妹结为夫妻。

曾肇长子曾绲为通直郎，娶韩维之女。韩维字持国，号韩亿子，与韩绛、韩缜等为兄弟。仁宗时由欧阳修荐知太常礼院，曾任翰林学士、知开封府等职。以太子少傅致仕。有《南阳集》传世。在《全宋诗》里收有他与曾绲唱和的诗，如《送曾通直入京》："敏学高文俊茂身，少年今见鲁公孙。明心早得无生意，清耳常闻有味言。绿鸭陂中春纵棹，芰荷池上雨移樽。临分有赠非他物，声利精忘道始存。"《和曾通直》诗："误落尘中四十年，乞归骸骨喜安全。庙廊论道徒虚耳，彝鼎铭勋愧缺然。一视荣枯真若梦，两忘喧寂始知禅。金仙秘典容传玩，似与君家有旧缘。"

曾肇的次子曾纵娶了苏辙的五女儿为妻。苏辙（1039—1112），字子由，嘉祐二年（1057），年仅 18 岁与兄苏轼、曾巩等同中进士。熙宁二年（1069），入制置三司条例司。神宗朝，因反对王安石新法，屡遭贬谪，出为河南推官，历陈州教授、齐州掌书记、签书应天府判官等。哲宗朝，召为秘书省校书郎。元祐元年（1086）为右司谏，历官御史中丞、尚书右丞、门下侍郎。崇宁三年（1104），隐居许州（今河南省许昌市）颍水之滨，自号颍滨遗老，读书学禅度日。大观二年（1108），恢复朝议大夫，迁中大夫。政和二年（1112），转大中大夫致仕，同年去世，谥号"文定"。与父洵、兄轼齐名，合称"三苏"，名列唐宋八大家中。为文以策论见长，工诗，亦能词，著有《栾城集》《栾城后集》《栾城三集》《栾城应诏集》。

曾肇的儿子曾统娶张方平的孙女为妻。张方平（1007—1091），字安道，景祐元年（1034），中茂才异等科，任昆山县（今属江苏）知县。又中贤良方正科，迁睦州（今浙江建德东）通判。历任知谏院、知制诰、知开封府、翰林学士、御史中丞，滁州、江宁府、杭州、益州（今成都）等。神宗朝，官拜参知政事（副宰相），反对任用王安石，反对王安石新法。去世后谥"文定"。

曾肇儿子曾续娶王存孙女为妻，王存（1023—1101），字正仲，丹阳人。其文深得欧阳修、吕公著赞赏。庆历六年（1046）登进士，任上虞县令，后任国子监集贤校理、史馆检讨等职。原与王安石关系甚好，但王安石执政后，因为政见不合，交往越来越少。王存任开封知府时，兴利于民。特别是对汴河堤岸加宽筑固，防止其决堤泛滥，为百姓称颂。后任户部尚书，哲宗时又为吏部尚书。建中靖国元年（1101）去世。赠左银青光禄大夫，谥号“庄定”。曾肇与王存曾同为国史编修官，曾肇为其作《王学士存墓志铭》，内有“孙女九：嫁者一人，南丰曾续其婿也”。

曾巩的孙子怛娶了宰相王旦的孙女。王旦（957—1017）字子明。太平兴国五年（980）进士。淳化二年（991），任右正言、知制诰，并被封为礼部郎中、兵部郎中。至道三年（997），真宗即位，连续晋升，初为中书舍人，后为参知政事。景德二年（1005），加封为尚书左丞。次年，升为工部尚书、同中书门下平章事，成为宰相。王旦为相十余年，知人善任，任人唯贤，朝中很多官员都是他因推荐而获提拔重用的，但从未循私举荐自己的亲属做官。天禧元年（1017），王旦病逝，追封太师、尚书令、魏国公，谥“文正”。仁宗即位后，为其立碑，并亲笔御书“全德元老之碑”。

第七节 曾巩家族遗存

曾巩家族发祥于南丰，后世子孙，有生活在南丰县境内的，也有外迁的。自宋至今在南丰县境内保留有曾氏家族不同时期各式遗存，有的今已被毁，有的今天仍能见到。在曾氏任职之地还保留有一些纪念性遗存。综合《江西通志》《南丰县志》《曾氏家谱》等相关史料，把不同时期的遗存列举于下。

1. 文定公祠

宋乾道八年（1172）建查溪祠堂。宝祐四年（1256），郡侯杨瑱在南丰县迎盱门前建文定公祠。同年正月，陈宗礼为祠堂作有《迎盱门祠堂记》。因祠离城较远，祭祀不便，而改建于学宫左傍，曾渊子作了《学宫左旁斋舍祠堂记》，后毁。明代，查溪村建有曾氏总祠堂，其中专设文定公祠，其后厅仍为总祠。著名思想家、学者罗汝芳写有《查溪祠堂记》。清初被毁。咸丰年间曾重修。

2. 碑纪岭

在南丰县城南三里，有曾文定冢墓碑亭。

3. 仙君岭

在南丰县城北门外。旧传曾致尧在此读书，忽有羽衣七人来访，并对致尧说：“君家自此兴矣。”须臾不见，疑为仙，因号仙君岭。也就是后来的朝仙坊。

4. 子固学舍

在南丰县城之东，即密公旧宅。曾巩读书其中，后他自为《学舍记》。其中说：“今天子至和之初，予之侵扰多事故益甚，予之力无以为，乃休于家，而即其旁之草舍以学。”

5. 南轩

在学舍旁，曾巩居住的地方。曾巩亲自作《南轩记》，还写有《南轩》《南轩竹》等诗。

6. 南源庄

在南丰县四都境内。曾巩写有《南源庄》及《舍弟南源刈稻》诗。

7. 青云亭

在南丰县城西七里的岐山，为曾巩所建。曾巩作有《青云亭闲坐》诗。

8. 读书岩祠堂

景泰年间（1450—1457），县学训导汪纶在县东麓原来曾巩读书岩建亭子，取名为曾岩祠亭。明代成化十八年（1482），建昌知府秦廷韶看到亭子狭小，于是令南丰县令选址重建。李东阳作《读书岩祠堂记》。

9. 瓣香亭

在读书岩侧，曾文定公祠后。明代嘉靖十五年（1536），佥事赵叶建。取陈师道“向来一瓣香，敬为曾南丰”之意为亭命名。

10. 曾氏总祠

在南丰县崇觉寺左，祭祀曾仁旺、曾致尧、曾易占、曾巩、曾布、曾肇。

11. 曾密公旧宅

在南丰县东面广慈寺侧，因为曾致尧世代居住于此，后来人们又称此地为奉亲坊。

12. 江楼

在南丰县城之西，盱江之上。南唐节度使刘仁赡的曾孙刘元载从小多才，好读书，与曾致尧为文友。刘元载在安禅寺南筑长堤，架层楼，在层楼上榜书“江楼”，自号江楼居士。后来曾家将江楼买下，再后毁于寇乱。南宋绍兴年间曾武占重建，嘉定十五年（1222）被洪水冲垮，南丰县令谢达复再建，并改为公馆，取曾致尧诗句中“花岸”为公馆名，称“花岸水轩”。在元代初，又毁。曾纡作《江楼记》。曾致尧、曾布、曾肇均作有《江楼》诗。

13. 云庄

在南城县麻姑山南，曾致尧有《春日至云庄记》。

14. 荣亲园

在南丰县一都方家洲上。曾致尧外任回家探望母亲，衣冠敝垢，仆马羸瘦，其母见其状说:“儿归能贫，是我之荣也。”因而将此自己的家园称为“荣亲园”。曾致尧堂弟曾戴尧有《荣亲园上世母周氏太夫人寿诗》、曾宰六世孙曾景建有《会客于荣亲园》诗。

15. 秋雨堂

在江楼下，与安禅寺相邻。据曾氏族谱载，其名源于宋太宗向曾致尧问策，而致尧以“未及江南一夜秋雨之为富”作答，太宗感其仁者之言，因而赐给他“秋雨堂”三字，后人将这三字额于堂。南宋诗人蔡柟作有《题秋雨堂诗》，曾布孙曾惇亦作有《秋雨堂》。

16. 崇觉报慈禅院

在南丰县七都源头。该院旧名觉祖院，唐代会昌二年（842）建。绍圣二年（1095）七月曾布上奏将它改作崇觉报慈禅院，祀三代考妣于崇觉寺。崇宁四年（1105）八月又改为寿宁院。大观元年（1107）正月因为皇帝仍书旧名，于是仍改回为旧名。元代重修，南丰籍学者刘壎在大德四年（1300）六月写下《崇觉报慈禅院修造记》，记录了当时修造的原因及经过。

17. 祠堂

在建昌府和南丰县等地还有一些纪念祠堂祭祀着曾氏族人。如：

（1）乡贤祠。在南丰县城，祭祀曾巩等南丰籍乡贤共二十九人。

（2）忠义孝悌祠。在南丰县城，祭祀曾忢等十人。

（3）十贤祠。在南城县麻姑山仙都观亭。宋绍兴间，蔡延世建。祭祀乡贤陈彭年、李觏、曾巩、曾布、曾肇、朱京、朱彦、邓润甫、王无咎、吕南公等十人。元代毁于兵灾。明代天顺年间知府江浩改建在府学左侧。

（4）凤冈祠。在南城县北门，祭祀宋代李觏、曾巩，明代何乔新、罗玘、夏良胜等五人。

（5）曾文昭祠。在南丰县城西，祭祀曾肇。

（6）忠节祠。在南丰县六都军港口，元代南丰州尹史文彬建，祭祀宋代曾悟、曾忢。

（7）广昌永宣公祠。永宣公为曾巩十八世孙，由南丰县的查溪迁居广昌县的舍溪。

（8）都军曾氏祠。在南城县都军村，祠堂建于明万历年间，祀奉曾巩及都军开基祖向公。

（9）洪立公祠。在金溪县钱塘。祭奉曾洪立，镇南安抚使王大信撰有《钱塘司空洪立先生祠记》。

（10）后湖田文定公祠。在临川，由曾氏人建，祭奉曾巩。

（11）临川藉赋祠堂。在临川官庄，为曾氏后人建，追祀始迁祖有仁、曾巩及本支各公并考妣。据清道光《续修曾文定公族谱》载："藉赋曾氏为文定先生苗裔，世居后湖田，自文实公迁百四都官庄。"

（12）抚州府学乡贤祠。在抚州，祀曾巩。

（13）临川县学乡贤祠。在临川，祀曾巩。

（14）崇儒书院。在抚州城东隅，祀曾巩。

（15）金山荐慈宝塔。在江苏镇江府丹徒县大江中，曾布奏请修建，祀先世祖考。

（16）南丰祠。在今济南大明湖公园内，原名曾公祠，北临汇波楼，祀曾巩。

该祠始建年代无考，清道光九年（1829）历城知县汤世培重建。

（17）学宫左旁斋舍祠堂。南宋曾渊子筹建，专祀曾巩，曾巩兄弟均陪祀。

（18）南丰曾氏祠。元至元十一年（1274），九世孙冲建祠于金溪之南源，祀沂国公仁旺，绘像中堂，危素记。

（19）曾文定祠。在临川顺化门外，祀宋曾巩，元虞集记。

18. 曾家墓葬

曾氏家族在南丰县境内墓葬相对集中，但今天这些墓葬均已被毁，相关信息仅存于史志及家谱。根据这些记载，主要有：

曾洪立墓。在南丰县三十三都龙池乡清风里二圣山。夫人黄氏墓在南丰县十三都从周乡洪坪直源。

曾延铎墓。在南丰县十三都从周乡洪坪，夫人罗氏墓在南丰县太平乡奉义里。

曾仁旺墓。在南丰县从周乡源头大塘，夫人周氏墓在源头马鞍山。

曾致尧墓。在从周乡源头，夫人黄氏与其合葬。

曾易占墓。在南丰县从周乡源头大塘，夫人周氏墓在源头，吴氏墓在源头通草坑，朱氏墓在源头石马窠。

曾巩家族墓群

曾巩墓。在南丰县从周乡源头崇觉寺右，夫人晁氏、李氏与其合葬。曾肇撰其行状，林希撰其墓志铭。曾巩撰晁氏墓志铭。曾巩墓在1970年前后被掘。墓葬中发掘出的一些文物保存于省、县博物馆。

曾庠墓。在南丰县龙池乡。

曾宰墓。在南丰县龙池乡。

曾肇墓。在南丰县十都皈信寺左。

曾布墓。在镇江。据宋《嘉定镇江志》:“丞相文肃曾布墓在长山之相公湾。”又据《曾坊曾氏支谱》记载，曾布墓迁回南丰县。

曾纡墓，安葬在信州的上饶县上饶乡七里，后又迁葬南丰七都洗马桥头。

19. 曾巩读书岩

在南丰县城南门，盱水河畔的半山腰。曾巩少年时读书的地方。据《南丰县志》记载 :“明景泰年间训导汪伦建曾岩祠亭，清光绪年间祠圮。邑令吴鸣麒复即岩为亭。”读书岩亭在“文化大革命”中被拆毁，1983年重建，现亭匾额为书法家舒同所题。旁有墨池，为曾巩读书洗笔砚的水池。

20. 曾公岩

在桂林，相传此岩为曾布所开拓，洞内乳石多而奇，故名“曾公岩”。元丰元年（1078），曾布任桂州知府兼广南西路经略安抚使。刘谊作《曾公

南丰曾巩读书岩

岩记》。

21. 曾巩纪念馆

曾巩纪念馆位于南丰县城郊，盱江河边。1987 年建。是江西省十大历史名人纪念馆之一。曾巩纪念馆景区内有读书岩、曾巩博物馆、南丰傩文化展览馆、仰风厅等景观。

22. 查溪曾氏总祠

曾氏总祠坐落于查溪，2011 年 10 月动工，2013 年 11 月竣工。

23. 曾巩文化园

曾巩文化园坐落于南丰县琴城镇水南村，是南丰县为纪念曾巩在古迹曾巩读书岩、墨池、石榻等传统景观的基础上，建设的地标性文化设施，占地面积 746 亩。集古林园、自然景观和人文景观为一体。有仿古建筑曾巩纪念馆、江楼、子固书院、南轩、多景楼、水系景观桥等景点。是纪念曾巩、全面展示曾巩文化的场所。2012 年开工建设。

除以上所列的遗存外，其他地区还有用途不一，规模不等的遗存遗迹，恕不一一列举。

南丰曾巩文化园牌坊

主要参考文献

一、论著

1. 曾巩 :《曾巩集》，陈杏珍、晁继周点校，中华书局 1984 年版。

2. 曾肇 :《曲阜集》，钦定四库全书本。

3. 欧阳修 :《欧阳修全集》，中国书店 1986 年版。

4. 李觏 :《李觏集》，中华书局 1982 年版。

5. 王安石 :《王临川集》，钦定四库全书本。

6. 王安国 :《王校理集》，钦定四库全书本。

7. 苏辙 :《苏辙集》，中华书局 1990 年版。

8. 陈师道 :《后山集》，钦定四库全书本。

9. 曾协 :《云庄集》，钦定四库全书本。

10. 曾季狸 :《艇斋诗话》，钦定四库全书本。

11. 魏泰 :《东轩笔录》，中华书局 1983 年版。

12. 王明清 :《挥麈录》，中华书局 1985 年版。

13. 楼钥 :《攻媿集》，钦定四库全书本，

14. 脱脱 :《宋史》，钦定四库全书本。

15. 李焘 :《续资治通鉴长编》，中华书局 1980 年版。

16. 杨仲良 :《资治通鉴长编纪事本末》，钦定四库全书本。

17.《江西通志》，钦定四库全书本。

18.《南丰县志》，不同时期版本。

19.《建昌府志》，不同时期版本。

20.《曾氏家谱》，南丰曾氏藏本。

21.《续修曾文定公族谱》，南丰曾氏藏本。

22.《曾坊曾氏支谱》，南城曾氏藏本。

23. 历鹗 :《宋诗纪事》，钦定四库全书本。

24. 潘永因 :《宋稗类钞》，书目文献出版社 1985 年版

25. 王梓材、冯云濠等 :《宋元学案补遗》，中华书局 2012 年版。

26. 丁传靖 :《宋人轶事汇编》，中华书局 1981 年版。

27. 唐圭璋编 :《全宋词》，中华书局 1965 年版。

28. 唐圭璋编 :《全宋词》，中华书局 1999 年版。

29. 傅宗璇等主编 :《全宋诗》，北京大学出版社 1996 年版。

30. 钱锺书 :《宋诗选注》，人民文学出版社 1958 年版。

31. 曾枣庄、刘琳主编 :《全宋文》，上海辞书出版社、安徽教育出版社 2006 年版。

32. 李俊标 :《曾巩研究》，中国社会科学出版社 2011 年版。

33. 李震编 :《曾巩资料汇编》，中华书局 2009 年版。

34. 李震 :《曾巩年谱》，苏州大学出版社 1997 年版。

45. 宋友贤 :《曾巩》，百花洲文艺出版社 2004 年版。

36. 王琦珍 :《曾巩评传》，江西高校出版社 1990 年版。

37. 傅林辉校注 :《曾布日记校注》，中国社会出版社 2007 年版。

38. 江西省文学艺术研究所编 :《曾巩研究论文集》，江西人民出版社 1986 年版。

二、论文

1. 冯志弘 :《北宋"江西文风"与古文运动关系研究——兼论南丰曾氏、临川王氏之士族学风》，《江西师范大学学报（哲学社会科学版）》2008 年第 5 期。

2. 廖应生、周世泉 :《北宋南丰曾氏考》，《抚州师专学报》2002 年第 3 期。

3. 汪超、吴礼庆 :《北宋女词人魏玩词初探》，《上饶师范学院学报》

2008 年第 1 期。

4. 王宇 :《江湖诗人曾极生平事迹考论》,《文学前沿》2007 年第 4 期。

5. 郝明 :《略论王安国》,《乐山师范学院学报》2010 年第 8 期。

6. 高荣 :《略论曾布》,《张掖师专学报》1989 年第 2 期。

7. 马玉臣 :《略论曾巩的经济思想》,《中北大学学报 (社会科学版) 》2006 年第 2 期。

8. 姚兆余 :《论北宋世家大族的择偶标准》,《甘肃社会科学》2002 年第 6 期。

9. 喻进芳 :《论曾巩的史学思想》,《学术月坛》2008 年第 8 期。

10. 陈圣 :《论曾巩的哲学思想》,《抚州师专学报》1985 年第 1 期。

11. 夏老长 :《曾巩治学浅谈》,《抚州师专学报》1983 年第 2 期。

12. 夏老长 :《论曾巩的人才思想》,《抚州师专学报》1988 年第 4 期。

13. 邱模楷 :《曾巩与王安石》,《抚州师专学报》1989 年第 1 期。

14. 陈圣 :《曾巩传》,《抚州师专学报》1988 年第 4 期。

15. 高国藩:《论曾巩诗及其民本思想》,《抚州师专学报》1995 年第 3 期。

16. 王可喜 :《南宋词人曾惇 . 曾协生平考略》,《2006 词学国际学术研讨会论文集》。

17. 夏汉宁 :《宋代江西文学家的地理分布》,《江西社会科学》2012 年第 1 期。

18. 马斗成 :《宋代眉山苏氏婚姻与党争》,《烟台大学学报 (哲学社会科学版)》2001 年第 2 期。

19. 吕肖奂 :《宋代南丰曾氏家族第四代诗词创作考论》,《广州大学学报 (社会科学版) 》2009 年第 6 期。

20. 吕肖奂:《宋代南丰曾氏家族第三代诗词创作析论(哲学社会科学版)》2010 年第 1 期。

21. 吕肖奂 :《宋代南丰曾氏家族第五代诗词创作叙论——以曾惇与曾协为代表》,《广州大学学报 (社会科学版)》2010 年第 2 期。

22. 包忠荣 :《宋代南丰曾氏与文学》,南昌大学硕士学位论文,2006 年。

23. 王育济：《宋代王安石家族及其姻亲》，《东岳论丛》2001 年第 3 期。

24. 祁琛云：《苏轼与曾巩兄弟交往关系考述——立足于进士同年关系的考察》，《井冈山学院学报（哲学社会科学版）》2009 年第 5 期。

25. 张明华：《王安石家族女性文化初探》，《郑州航空工业管理学院学报(社会科学版)》2004 年第 1 期。

26. 杨璐：《王安石与曾巩交游由亲到疏原因考》，《广西大学学报（哲学社会科学版）》第 29 卷增刊（2007）。

27. 张明华：《魏夫人的文学作品与宋代贵妇的感情归宿》，《河南科技大学学报(社会科学版)》2004 年第 3 期。

28. 涂木水：《魏夫人散论》，《抚州师专学报》1990 年第 3 期。

29. 周圣弘．周达斌：《魏玩：词笔超迈女中才》，《湖北广播电视大学学报》2007 年第 9 期。

30. 潘月：《魏玩生平及作品考》，《广西师范学院学报（哲学社会科学版）》2010 年第 3 期。

31. 熊鸣琴、张其凡：《曾布"奸臣论"辨析——立足于北宋中后期党争的考察》，《暨南学报（哲学社会科学版）》2009 年第 6 期。

32. 李俊标：《曾布〈水调歌头〉大曲述略》，《中国韵文学刊》2008 年第 3 期。

33. 熊鸣琴：《曾布根究市易务违法案再议》，《东华理工大学学报(社会科学版)》2011 年第 1 期。

34. 熊鸣琴：《曾布与北宋后期党争》，暨南大学硕士学位论文，2004 年。

35. 罗家祥：《曾布与北宋哲宗．徽宗统治时期的政局演变》，《华中科技大学学报（社会科学版）》2003 年第 2 期。

36. 沈履伟：《曾布与熙宁变法》，《历史教学》2008 年第 4 期。

37. 闫树立：《曾巩"道统"思想的价值内涵》，《绍兴文理学院学报》2005 年第 6 期。

38. 喻进芳：《曾巩：面对不遇人生的价值思考》，《赣南师范学院学报》2011 年第 5 期。

39. 蒽琼、李天保：《曾巩的创作观考论》，《广西大学学报（哲学社会科学版)》2009年第6期。

40. 蒽琼、李天保：《曾巩的经世观考论》，《甘肃联合大学学报（社会科学版）》2009年第4期。

41. 朱东根：《曾巩的佛教观浅论》，《江南大学学报(人文社会科学版)》2009年第5期。

42. 姜国柱：《曾巩的军事思想》，《抚州师专学报》2003年第4期。

43. 李金良：《曾巩的宗法观》，《宜宾学院学报》2009年第2期。

44. 龚重谟：《曾巩籍贯考辨》，《抚州师专学报》2003年第1期。

45. 文师华、包忠荣：《曾巩家族的〈二源曾氏族谱〉》，《文学遗产》2007年第5期。

46. 李才栋：《曾巩师承关系考》，《抚州师专学报》2003年第1期。

47. 范立舟、徐志刚：《曾巩思想的理学特质》，《江西社会科学》2002年第8期。

48. 顾全芳：《曾巩与王安石变法》，《江西社会科学》1988年第5期。

49. 佘德余：《曾巩与越州》，《绍兴文理学院学报》2008年第3期。

50. 汤江浩：《曾巩之祖父曾致尧考略——曾巩及其主要亲属行实考略之一》，《华中师范大学学报(人文社会科学版)》2003年第1期。

51. 荣宪宾：《曾巩治齐与王安石变法》，《东岳论丛》1987年第4期。

52. 李卫东：《曾肇简评》，《黑河学刊》2011年第6期。

53. 汤江浩：《曾致尧母、妻、子考略——曾巩及其主要亲属行实考略》，《福建师范大学学报（哲学社会科学版）》2002年第3期。

54. 詹亚园：《赵抃与曾巩交游事实略考》，《浙江社会科学》2006年第3期。

55. 胡建次：《曾季貍〈艇斋诗话〉与江西诗学》，《涪陵师范学院学报》2005年第6期。

56. 喻进芳：《温厚平和含蓄深沉——论曾巩散文的情感特征》，《大连海事大学学报（社会科学版）》2012年第4期。

附录一　曾氏家族年谱简编

本年谱跨度自致尧出生的南唐保大五年（947）起至南宋末（1279）止。以曾巩、布、肇三兄弟为主线铺展。

南唐保大五年（947）

致尧生

南唐保大十一年（953）

致尧妻黄氏生

宋太祖建隆元年（960）

赵匡胤建立宋朝，定都汴京（今河南开封市）

宋太宗太平兴国四年（979）

宋太宗赵光义灭北汉，结束五代十国分裂局面

改建武军为建昌军，治所仍驻南城县，辖南城、南丰等县

太平兴国八年（983）

致尧中进士

宋太宗端拱二年（989）

易占生

宋太宗淳化三年（992）

易占妻吴氏生

宋真宗大中祥符二年（1009）

曾晔生（周氏生）

大中祥符四年（1011）

易占妻朱氏生

大中祥符五年（1012）

致尧逝世，享年66岁

宋真宗天禧二年（1018）

庠生

天禧三年（1019） 巩1岁

八月，巩生

巩母吴氏28岁，嫁易占已5年

天禧五年（1021） 巩3岁

王安石生

牟生

真宗乾兴元年（1022） 巩4岁

宰生

宋仁宗天圣二年（1024） 巩6岁

易占中进士，其侄曾罕同榜

天圣三年（1025） 巩7岁

巩始读书

易占任镇东节度推官

天圣四年（1026） 巩8岁

巩之长妹生

巩母吴氏去世，享年 35 岁
易占任越州节度推官

天圣五年（1027） 巩 9 岁
易占娶高邮朱齐卿的三女儿
巩二妹生（朱氏生）

天圣六年（1028） 巩 10 岁
王安国（字平甫）生
易占任太子中允太常博士

宋仁宗明道元年（1032） 巩 14 岁
易占知泰州如皋县，巩随父往

宋仁宗景祐元年（1034） 巩 16 岁
晔 25 岁，子觉生

景祐二年（1035） 巩 17 岁
易占知信州玉山县
布生

景祐三年（1036） 巩 18 岁
五月，与叔易丰，堂兄罕、绎，弟牟、宰同游信州玉山小岩
易占于玉山任上坐诬失官
巩入京进士试，不第

景祐四年（1037） 巩 19 岁
巩自京师归南丰
巩妻晁文柔生

景祐五年（宝元元年，1038） 巩 20 岁
巩居南丰

易占赴京上书

宋仁宗庆历元年（1041）　巩 23 岁

巩入京城游太学，谒欧阳修，得欧公赏识

巩数月后不第而归

曾易持中进士

巩与王安石相识于京城

布妻魏玩生

庆历二年（1042）　巩 24 岁

巩妹德耀生

巩落第回家，欧阳修赠之以序

庆历四年（1044）　巩 26 岁

四月，巩祖母黄氏逝于临川

妹德操生

诏天下立学，更定科举法

庆历五年（1045）　巩 27 岁

葬祖母、亡母于南丰，王安石撰墓志铭

巩病

庆历六年（1046）　巩 28 岁

曾叔卿中进士

巩三妹嫁王安国

庆历七年（1047）　巩 29 岁

巩陪同父亲入京师

八月，巩往滁州拜见欧阳修

九月，易占在南京去世，巩扶灵柩南归

曾肇生

宋仁宗皇祐元年（1049） 巩 31 岁

葬易占于南丰祖茔

巩买田于南丰

皇祐二年（1050） 巩 32 岁

巩居南丰，服除，娶妻晁文柔

叶涛生

皇祐五年（1053） 巩 35 岁

晔于江州去世，十二月葬南丰

曾巩兄弟等赴京应试，未中

宋仁宗嘉祐二年（1057） 巩 39 岁

巩与弟牟、布，从弟阜、妹夫王无咎、王彦深同中进士

巩长妹探视兄弟于淮南，染病于真州，七月卒于巩舟中

嘉祐三年（1058） 巩 40 岁

巩任太平州司法参军

布任宣州司户参军

嘉祐四年（1059） 巩 41 岁

巩二妹去世

巩女庆老生，

庠及进士第

嘉祐五年（1060） 巩 42 岁

欧阳修为枢密副使，荐巩充馆职

巩七妹嫁王无咎

嘉祐六年（1061）　巩 43 岁

巩奉召充馆职

宰中进士

巩妻晁氏病

九月，巩八妹去世

十二月，巩女庆老殇

嘉祐七年（1062）　巩 44 岁

巩居馆职

二月，巩妻晁氏去世，年 26

妹婿关景晖中进士

嘉祐八年（1063）　巩 45 岁

巩居史馆

巩继娶李氏

宋英宗治平元年（1064）　巩 46 岁

巩居史馆

巩女兴老生

治平二年（1065）　巩 47 岁

巩居史馆

曾牟去世

王深甫去世

巩侄曾觉中进士

治平三年（1066）　巩 48 岁

巩居史馆

巩女兴老殇

治平四年（1067） 巩 49 岁

巩居史馆

曾肇中进士，出任台州黄岩县主簿

宋神宗熙宁元年（1068） 巩 50 岁

巩居京师

四月，曾宰去世

陈师道从学于曾巩

熙宁二年（1069） 巩 51 岁

九月，曾布调任著作佐郎

巩任职越州

王无咎去世

王安石任参知政事，议新法

熙宁三年（1070） 巩 52 岁

巩越州任上，多赋诗

四月，布任编敕删定官，后几月不断提升，累官差看详编修中书条例

觉去世

王安石为同中书门下平章事

熙宁四年（1071） 巩 53 岁

欧阳修归颖州养老，数致书曾巩

巩前妻晁氏被追封宜兴县君

布差直舍人院、检正中书五房公事、差详定编敕、试知制诰

熙宁五年（1072） 巩 54 岁

欧阳修去世

巩知齐州

布详定天下账籍，十二月罢知制诰，为翰林学士

熙宁六年（1073） 巩 55 岁

王安国为著作郎、秘阁校理

布知贡举

巩徙知襄州军事

纡生

叶涛中进士

熙宁七年（1074） 巩 56 岁

巩在襄州任上

布为河北西路察访使

巩九妹去世

王安国去世

布权三司使、知饶州

王安石去职

熙宁八年（1075） 巩 57 岁

九月，巩乞就宣、洪二州

巩赋诗尤多

布知潭州

王安石复为中书门下平章事

熙宁九年（1076） 巩 58 岁

巩知洪州军州事

巩、布、肇会于洪都

王安石辞相，再居江宁

熙宁十年（1077） 巩 59 岁

三月，巩归葬晁氏、宰、德耀、二女于南丰源头并铭

布复集贤院学士，知广州

八月，巩至福州任

王安国去世

宋神宗元丰元年（1078） 巩 60 岁

巩召判太常寺

肇任集贤校理，转殿中丞

布知桂州

元丰二年（1079） 巩 61 岁

巩知明州军州事

五月，巩受命徙知亳州

元丰三年（1080） 巩 62 岁

诏巩移知沧州

布进直学士，徙知秦州

肇知礼院

元丰四年（1081） 巩 63 岁

巩判三班院

布移知陈州

曾巩编《五朝国史》

元丰五年（1082） 巩 64 岁

巩为史馆撰修

巩擢升中书舍人

九月，继母朱氏去世

元丰六年（1083） 巩 65 岁

巩卧病江宁，王安石常探望

四月，巩逝于江宁

元丰八年（1085）

哲宗继位，曾布过京，复翰林学士，迁户部尚书。司马光令曾布增损免役法，布辞之

宋哲宗元祐元年（1086）

布以龙图阁学士知太原府

王安石去世

元祐四年（1089）

布调任真定府

宋哲宗绍圣元年（1094）

哲宗亲政，曾肇自江宁府知瀛州，布自瀛州调江宁府。布路过京城，留为翰林学士，迁承旨兼侍读

四月，章惇拜相

六月，曾布任枢密院事

王絪中进士，任杭州仁和县丞

绍圣二年（1095）

布与章惇同上哲宗对西夏开边大计

绍圣三年（1096）

绎举博学鸿词科，任道州通判

绍圣四年（1097）

布知枢密院事。上《废马监奏》

王缊中进士，任润州州学教授

经中进士

绍圣五年（1098）

统、憬（父子）同科中进士

宋哲宗元符二年（1099）

布妻魏玩去世

元符三年（1100）

哲宗去世，曾布参与策立大事，徽宗立，向太后垂帘听政

十月，曾布拜尚书右仆射兼中书侍郎

肇任中书舍人

苏轼去世

宋徽宗建中靖国元年（1101）

布被封曲阜县开国侯，食邑一千户，赐紫金鱼袋

朱京去世

宋徽宗崇宁元年（1102）

闰六月，布罢相。九月，贬布为武泰军节度副使，衡州安置。十月降授中大夫守司农卿，分司南京，太平洲居住。十二月，论弃徨州罪，贬布为贺州别驾

曾肇贬和州，又调岳州，再贬濮州团练副使，汀州安置

崇宁二年（1103）

五月，布贬为廉州司户参军

崇宁五年（1106）

布徙舒州，复太中大夫提举崇福宫。居润州里

肇居润州里

宋徽宗大观元年（1107）

八月，布逝于润州，享年 73 岁；次日，肇逝世，享年 61 岁

大观二年（1108）

巩七妹润州去世，享年 69 岁

大观四年（1110）

叶涛去世

宋徽宗政和八年（1118）

协生

曾秀之中进士

宋徽宗宣和三年（1121）

悟中进士

宣和五年（1123）

纁去世，享年 41 岁

宣和六年（1124）

绚、纬中进士

宣和七年（1125）

十月，赠谥曾布曰“文肃”

宋高宗建炎三年（1129）

恴在越州遇难

南宋高宗绍兴二年（1132）

赐谥曾肇曰“文昭”

统赐进士出身，任殿中侍史

绍兴五年（1135）

纡去世，享年 63 岁

绍兴十年（1140）

怡中进士

宋孝宗隆兴元年（1163）

炎中进士

宋孝宗乾道五年（1169）

�中进士

乾道九年（1173）

协去世

宋宁宗庆元二年（1196）

逢辰中进士

宋宁宗嘉泰三年（1208）

晚任刑部尚书兼修国史

宋宁宗嘉定十三年（1220）

钰中进士

嘉定十四年（1221）

吴则礼去世

宋理宗淳祐十年（1250）

鸿子、渊子中进士

宋理宗宝祐年间（1253—1258）

赐谥曾巩曰“文定”。为邑人陈宗礼所请。

卫王赵昺祥兴二年（1279）

宋亡

附录二 《宋史》曾氏人物传

曾致尧传

曾致尧，字正臣，抚州南丰人。太平兴国八年进士，解褐符离主簿、梁州录事参军，三迁著作佐郎、直史馆，改祕书丞，出为两浙转运使。尝上言："去岁所部秋租，惟湖州一郡督纳及期，而苏、常、润三州悉有逋负，请各按赏罚。"太宗以江、淮频年水灾，苏、常特甚，所言刻薄不可，行诏戒致尧毋扰。俄徙知寿州，转太常博士。

致尧性刚率，好言事，前后屡上章奏，辞多激讦。真宗即位，迁主客员外郎、判盐铁勾院。张齐贤荐其材，任词职，命翰林试制诰，既而以舆议未允而罢。

李继迁扰西鄙，灵武危急，命张齐贤为泾、原、邠、宁、环、庆等州经略使，选致尧为判官，仍迁户部员外郎。既受命，因抗疏自陈，愿不受章绂之赐，词旨狂躁。诏御史府鞫其罪，黜为黄州副使，夺金紫。未几，复旧官改吏部员外郎，历知泰、泉、苏、扬、鄂五州。大中祥符初，迁礼部郎中，坐知扬州，日冒请一月奉，降掌升州榷酤，转户部郎中。五年，卒。年六十六。

致尧颇好纂录，所著有《仙凫习翼》三十卷、《广中台志》八十卷、《清边前要》三十卷、《西陲要纪》十卷、《为臣要纪》一十五篇。子易从、易占皆登进士第。

（《宋史·列传》卷二百）

曾巩传（附曾肇）

曾巩，字子固，建昌南丰人。生而警敏，读书数百言，脱口辄诵。年十二试作《六论》，援笔而成，辞甚伟。甫冠，名闻四方。欧阳修见其文，奇之。

中嘉祐二年进士第。调太平州司法参军，召编校史馆书籍，迁馆阁校勘、集贤校理，为实录检讨官。出通判越州，州旧取酒场钱给募牙前，钱不足，赋诸乡户，期七年止；期尽，募者志于多入，犹责赋如初。巩访得其状，立罢之。岁饥，度常平不足赡，而田野之民，不能皆至城邑。谕告属县，讽富人自实粟，总十五万石，视常平价稍增以予民。民得从便受粟，不出田里，而食有余。又贷之种粮，使随秋赋以偿，农事不乏。

知齐州，其治以疾奸急盗为本。曲堤周氏拥资雄里中，子高横纵，贼良民，污妇女，服器上僭，力能动权豪，州县吏莫敢诘，巩取置于法。章邱民聚党村落间，号“霸王社”，椎剽夺囚，无不如志。巩配三十一人，又属民为保伍，使讥察其出入，有盗则鸣鼓相援，每发辄得盗。有葛友者，名在捕中。一日，自出首。巩饮食冠裳之，假以骑从，辇所购金帛随之，夸狗四境。盗闻，多出自首。巩外视章显，实欲携贰其徒，使之不能复合也。自是外户不闭。

河北发民濬河，调及它路，齐当给夫二万。县初按籍三丁出夫一，巩括其隐漏，至于九而取一，省费数倍。又弛无名渡钱，为桥以济往来。徙传舍，自长清抵博州，以达于魏，凡省六驿，人皆以为利。

徙襄州、洪州。会江西岁大疫，巩命县镇亭传，悉储药待求。军民不能自养者，来食息官舍，资其食饮衣衾之具，分医视诊，书其全失、多寡为殿最。师征安南，所过州为万人备。他吏暴诛亟敛，民不堪。巩先期区处猝集，师去，市里不知。加直龙图阁、知福州。

南剑将乐盗廖恩既赦罪出降，余众溃复合，阴相结附，旁连数州，尤桀者呼之不至，居人慑恐。巩以计罗致之，继自归者二百辈。福多佛寺，僧利其富饶，争欲为主守，赇请公行。巩俾其徒相推择，识诸籍，以次补之。授帖于府庭，却其私谢，以绝左右徼求之弊。福州无职田，岁鬻园蔬收其直，自入常三四十万。巩曰:“太守与民争利，可乎？”罢之。后至者亦不复取也。

徙明、亳、沧三州。巩负才名，久外徙，世颇谓偃蹇不偶。一时后生辈锋出，巩视之泊如也。过阙，神宗召见，劳问甚宠，遂留判三班院。上疏议经费，帝曰:“巩以节用为理财之要，世之言理财者，未有及此。”帝以《三朝》《两朝国史》各自为书，将合而为一，加巩史馆修撰，专典之，不以大臣监总，既而不克成。会官制行，拜中书舍人。时自三省百职事，选授一新，除书日至十数，人人举其职，于训辞典约而尽。寻掌延安郡王牒奏。故事命翰林学士，至是特属之。甫数月，丁母艰去。又数月而卒，年六十五。

巩性孝友，父亡，奉继母益至，抚四弟、九妹于委废单弱之中，宦学婚嫁，一出其力。为文章，上下驰骋，愈出而愈工，本原《六经》，斟酌于司马迁、韩愈，一时工作文词者，鲜能过也。少与王安石游，安石声誉未振，巩导之于欧阳修，及安石得志，遂与之异。神宗尝问："安石何如人？”对曰："安石文学行义，不减扬雄，以吝故不及。”帝曰:“安石轻富贵，何吝也？”曰:“臣所谓吝者，谓其勇于有为，吝于改过耳。”帝然之。吕公著尝告神宗，以巩为人行义不如政事，政事不如文章，以是不大用云。弟布，自有传。幼弟肇。

附：曾肇

肇，字子开，举进士，调黄岩簿，用荐为郑州教授，擢崇文校书、馆阁校勘兼国子监直讲、同知太常礼院。太常自秦以来，礼文残缺，先儒各以臆说，无所稽据。肇在职，多所厘正。亲祠皇地祇于北郊，盖自肇发之，异论莫能夺其议。

兄布以论市易事被责，亦夺肇主判。滞于馆下，又多希旨窥伺者，众皆危之，肇恬然无愠。

曾公亮薨，肇状其行，神宗览而嘉之。迁国史编修官，进吏部郎中，迁右司。为《神宗实录》检讨。元祐初，擢起居舍人。未几，为中书舍人。

论叶康直知秦州不当，执政讶不先白，御史因攻之。肇求去，范纯仁语于朝曰："若善人不见容，吾辈不可居此矣。”力为之言，乃得释。

门下侍郎韩维奏范百禄事，太皇太后以为谗毁，出守邓。肇言："维为朝廷辨邪正是非，不可以疑似逐。”不草制。谏议大夫王觌，以论胡宗愈，出守润，肇言：“陛下寄腹心于大臣，寄耳目于台谏，二者相须，阙一不可。今觌论执政即去之，是爱腹心而涂耳目也。”帝悟，加觌直龙图阁。

太皇受册，诏遵章献故事，御文德殿。肇言：“天圣初，两制定议受册崇政，仁宗特改焉，此盖一时之制。今帝述仁宗故事，以极崇奉孝敬之诚，可谓至矣。臣窃谓太皇当于此时特下诏扬帝孝敬之诚，而固执谦德，屈从天圣两制之议，止于崇政，则帝孝愈显，太皇之德愈尊矣。”坤成节上寿，议令百官班崇政。肇又言：“天圣三年，近臣班殿廷，百官止请内东门拜表。至九年，始御会庆。今太皇盛德不肯自同章献，宜如三年之制。”并从之。

四年，春旱。有司犹讲春宴。肇同彭汝砺上疏曰：“天菑方作，正君臣侧身畏惧之时。乃相与饮食燕乐，恐无以消复天变。”翌日，有旨罢宴。蔡确贬新州，肇先与汝砺相约极论。会除给事中，汝砺独封还制书，言者谓肇卖友，略不自辨。以宝文阁待制知颍州，徙邓、齐、陈州、应天府。

七年，入为吏部侍郎。肇在礼院时，启亲祠北郊之议。是岁当郊，肇坚抗前说，既而合祭天地，乃自劾，改刑部。请不已，出知徐州，徙江宁府。帝亲政，更用旧臣，数称肇议礼，趣入对。肇言：“人主虽有自然之圣质，必赖左右前后得人，以为立政之本。宜于此时选忠信端良之士，置诸近班，以参谋议，备顾问。与夫深处法宫，亲近执御，其损益相去万万矣。”贵近恶其语，出知瀛州，与兄布易地。时方治实录讥讪罪，降为滁州。稍复集贤殿修撰。历泰州、海州。徽宗即位，复召为中书舍人。

日食四月朔，当降诏求言。肇具述帝旨，诏下，投匦者如织。章惇恶之，欲因事去肇，帝不听。元祐臣僚被谴者，咸以赦思甄叙。肇请并录死者，作训词，哀厚恻怛，读者为之感怆。迁翰林学士兼侍读。谏官陈瓘、给事中龚原以言得罪，无敢救，肇极力论解。时论者谓元祐、绍圣，均为有失，兄布传帝命，使肇作诏谕天下。肇见帝言：“陛下思建皇极，以消弭朋党，须先分别君子小人，赏善罚恶，不可偏废。”开说备至，已而诏从中出。布之拜相，肇适当制，国朝学士弟草兄制，唯韩维与肇，为衣冠荣。

建中靖国元年，太史奏日又当食四月。肇请对言：“比岁日食正阳，咎异章著。陛下简俭清净之化，或衰于前；声色服玩之好，或萌于心；忠邪贤不肖，或有未辨；赏庆刑威，或有未当。左右阿谀。壅蔽矫举，民宽失职，郁不得伸。此宜反覆循省，痛自克责，以塞天变。”言发涕下，帝悚然顺纳。

兄布在相位，引故事避禁职，拜龙图阁学士、提举中太一宫。未几，出知陈州，历太原、应天府、扬定二州。崇宁初，落职，谪知和州，徙岳州，继贬濮州团练副使，安置汀州。四年，归润而卒，年六十一。

自熙宁以来四十年，大臣更用事，邪正相轧，党论屡起，肇身更其，间数不合。兄布与韩忠彦并相，日夕倾危之。肇既居外，移书告之曰：“兄方得君，当引用善人，诩正道，以杜惇、卞复起之萌。而数月以来，所谓端人吉士，继迹去朝，所进以为辅佐、侍从、台谏，往往皆前日事惇、卞者。一旦势异今日，必首引之以为固位计，思之可为恸哭。比来主意已移，小人道长。进则必论元祐人于帝前，退则尽排元祐者于要路。异时惇、卞纵未至，一蔡京足以兼二人，可不深虑。”布不能从。未几，京得政，布与肇俱不免。

肇天资仁厚，而容貌端严。自少力学，博览经传，为文温润有法。更十一州，类多善政。绍兴初，谥曰文昭。子统，至左谏议大夫。

论曰：刘敞博学雄文，邻于邃古，其为考功，仁宗赐夏竦谥，上疏争之，以为人主不可侵臣下之官；及奉诏定乐，中贵预列，又谏曰：“臣惧为袁盎所笑。”此岂事君为容悦者哉。攽虽疏隽，文埒于敞。奉世克肖，世称“三刘”。曾巩立言于欧阳修、王安石间，纡徐而不烦，简奥而不晦，卓然自成一家，可谓难矣。肇以儒者而有能吏之才。宋之中叶，文学法理，咸精其能。若刘氏、曾氏之家学盖有两汉之风焉。

（《宋史·列传》卷七十八）

曾布传

曾布，字子宣，南丰人。年十三而孤，学于兄巩，同登第，调宣州司户参军、怀仁令。

熙宁二年，徙开封，以韩维、王安石荐，上书言为政之本有二，曰：厉风俗，择人才。其要有八，曰：劝农桑，理财赋，兴学校，审选举，责吏课，叙宗室，修武备，制远人。大率皆安石指也。

神宗召见，论建合意，授太子中允、崇政殿说书，加集贤校理，判司农，寺检正中书五房。凡三日，五受敕告。与吕惠卿共创青苗、助役、保甲、农田之法，一时故臣及朝士多争之。布疏言："陛下以不世出之资，登延硕学远识之臣，思大有为于天下，而大臣玩令，倡之于上，小臣横议，和之于下。人人窥伺间隙，巧言丑诋，以哗众罔上。是劝沮之术未明，而威福之用未果也。陛下诚推赤心以待遇君子而厉其气，奋威断以屏斥小人而消其萌，使四方晓然皆知主不可抗，法不可侮，则何为而不可，何欲而不成哉？"布欲坚神宗意，使专任安石以威胁众，使毋敢言。故骤见拔用，遂修起居注、知制诰，为翰林学士兼三司使。韩琦上疏极论新法之害，神宗颇悟，布遂为安石条析而驳之，持之愈固。

七年，大旱，诏求直言，布论判官吕嘉问市易掊克之虐，大概以为："天下之财匮乏，良由货不流通；货不流通，由商贾不行；商贾不行，由兼并之家巧为摧抑。故设市易于京师以售四方之货，常低印其价，使高于兼并之家而低于倍蓰之直，官不失二分之息，则商贾自然无滞矣。今嘉问乃差官于四方买物货，禁客旅无得先交易，以息多寡为诛赏殿最，故官吏、牙驵惟恐裒之不尽而息之不多，则是官自为兼并，殊非市易本意也。"事下两制议，惠卿以为沮新法，安石怒，布遂去位。

惠卿参大政，置狱举劾，黜布知饶州，徙潭州。复集贤院学士、知广州。元丰初，以龙图阁待制知桂州，进直学士、知秦州，改历陈、蔡、庆州。元丰末，复翰林学士，迁户部尚书。司马光为政，谕令增损役法，布辞曰："免役一事法令纤悉皆出已手，若令遽自改易，义不可为。"元祐初，以龙图阁学士知太原府，历真定、河阳及青、瀛二州。绍圣初，徙江宁，过京，留为翰林学士，迁承旨兼侍读，拜同知枢密院，进知院事。

初，章惇为相，布草制极其称美，冀惇引为同省执政，惇忌之，止荐居枢府，故稍不相能。布赞惇"绍述"甚力，请甄赏元祐臣庶论更役法不便者，以劝敢言。惇遂兴大狱，陷正人，流贬镌废，略无虚日，布多阴挤之。掖庭诏狱成，付执政蔽罪，法官谓厌魅事未成，不当处极典。布曰：“驴媚蛇雾，是未成否？”众皆瞿然，于是死者三人。

惇以士心不附，诡情饰过，荐引名士彭汝砺、陈瓘、张庭坚等，乞正所夺司马光、吕公著赠谥，勿毁墓仆碑，布以为无益之事。又奏：“人主操柄，不可倒持，今自丞弼以至言者，知畏宰相，不知畏陛下。臣如不言，孰敢言者？”其意盖欲倾惇而未能。会哲宗崩，皇太后召宰执问谁可立，惇有异议，布叱惇使从皇太后命。

徽宗立，惇得罪罢，遣中使召蔡京鏁院，拜韩忠彦左仆射。京欲探徽宗意，徐请曰:“麻词未审合作专任一相，或作分命两相之意。”徽宗曰:“专任一相。”京出，宣言曰:“子宣不复相矣。”已而复召曾肇草制，拜布右仆射，其制曰：“东西分台，左右建辅。”忠彦虽居上，然柔懦，事多决于布，布犹不能容。时议以元祐、绍圣均为有失，欲以大公至正消释朋党，明年，乃改元建中靖国，邪正杂用，忠彦遂罢去。布独当国，渐进“绍述”之说。

明年，又改元崇宁，召蔡京为左丞，京与布异。会布拟陈佑甫为户部侍郎，京奏曰:“爵禄者，陛下之爵禄，奈何使宰相私其亲？”布婿陈迪，佑甫子也。布忿然争辨，久之，声色稍厉。温益叱布曰：“曾布，上前安得失礼？”徽宗不悦而罢。御史遂攻之，罢为观文殿大学士、知润州。

京积憾未已，加布以赃贿，令开封吕嘉问逮捕其诸子，锻炼讯鞫，诱左证使自诬而贷其罪。布落职，提举太清宫，太平州居住。又降司农卿，分司南京。又以尝荐学官赵谂而谂叛，责散官，衡州安置。又以弃湟州，责贺州别驾，又责廉州司户。凡四年，乃徙舒州，复大中大夫、提举崇福宫。大观元年，卒于润州，年七十二。后赠观文殿大学士，谥曰文肃。

（《宋史·列传》卷二百三十）

王安国传

王安国，字平甫，安礼之弟也。幼敏悟，未尝从学，而文词天成。年十二，出所作诗、铭、论、赋数十篇示人，语皆警拔，遂以文章闻于世，士大夫交口誉之。于书无所不通，数举进士；又举茂材异等，有司考其所献序言为第一，以母丧不试，庐于墓三年。

熙宁初，韩绛荐其材行，召试，赐及第，除西京国子教授。官满，至京师，上以安石故，赐对。帝曰："卿学问通古今，以汉文帝为何如主？"对曰："三代以后未有也。"帝曰："但恨其才不能立法更制尔。"对曰："文帝自代来，入未央宫，定变故俄顷呼吸间，恐无才者不能。至用贾谊言，待群臣有节，专务以德化民，海内兴于礼义，几致刑措，则文帝加有才一等矣。"帝曰："王猛佐符坚，以蕞尔国而令必行，今朕以天下之大，不能使人，何也？"曰："猛教坚以峻刑法杀人，致秦祚不传世，今刻薄小人，必有以是误陛下者。愿颛以尧、舜、三代为法，则下岂有不从者乎。"又问："卿兄秉政，外论谓何？"曰："恨知人不明，聚敛太急尔。"帝默然不悦，由是别无恩命，止授崇文院校书，后改秘阁校理。屡以新法力谏安石，又质责曾布误其兄，深恶吕惠卿之奸。

先是，安国教授西京，颇溺于声色，安石在相位，以书戒之曰："宜放郑声。"安国复书曰："亦愿兄远佞人。"惠卿衔之，及安石罢相，惠卿遂因郑侠事陷安国，坐夺官，放归田里。诏以谕安石，安石对使者泣下。既而复其官，命下而安国卒，年四十七。

（《宋史·列传》卷八十六）

曾忞传（附悟）

曾忞，字仲常，中书舍人巩之孙。补太学内舍生，以父任郊社斋郎，累官司农丞、通判温州，须次于越。

建炎三年，金人陷越，以巴拜为帅，约诘旦城中文武官并诣府，有不至及藏匿、不觉察者，皆死。悫独不往，为邻人纠察逮捕，见巴拜，辞气不屈。且言："国家何负汝，乃叛盟欺天，恣为不道。我宋世臣也，恨无尺寸柄以死国，安能贪生事尔狗奴邪？"时金人帐中执兵者皆愕眙相视，巴拜曰："且令出。"左右尽驱其家属四十口同日杀之越南门外，越人作窖瘗其尸。金人去，悫弟朝散郎意时知杭州馀杭县事，制大棺敛其骨，葬之天柱山。事闻，予三资恩泽，官其弟忞、子密兄子讦，皆将仕郎。

方遇难时，密甫四岁，与乳母张皆死。夜值小雨，张得苏，顾见密亦苏，尚吮其乳，郡卒陈海匿密以归，后仕至知南安军。

附：悫从弟悟

悟，字蒙伯，翰林学士肇之孙也。宣和二年进士，靖康间为亳州士曹。金人破亳州，悟被执，抗辞慢骂，众刃劘之，尸体无存者，妻孥同日被害。年三十三。

（《宋史·列传》卷二百七）

王无咎

王无咎字补之，建昌南城人。第进士，为江都仪真主簿、天台令。弃而从王安石学，久之，无以衣食其妻子，复调南康主簿，已又弃去。好书力学，寒暑行役不暂释，所在学者归之，去来常数百人。王安石为政，无咎至京师，士大夫多从之游，有卜邻以考经质疑者。然与人寡合，常闭门治书，惟安石言论莫逆也。安石上章荐其文行该备，守道安贫，而久弃不用，诏以为国子直讲，命未下而卒，年四十六。

（《宋史·列传》卷四百四十四）

朱 京

朱京，字世昌，南丰人。父轼，有隐德。京博学淹贯，登进士甲科。教授亳州、应天府，入为太学录。

神宗数召见论事，擢监察御史。时中丞及同僚多罢去，京抗疏曰："御史假之则重，略之则轻。今耳目之官，屡进屡却，则言者不若静默为贤，直者不若柔从为智。偷安取容，虽得此百数，亦何益国邪？"他日入见，帝劳之曰："昨览奏疏，所补多矣。"京风神峻整，见者惮之，目为真御史。

初，台臣奏事，必先移阁门，得班乃入。京尝以名闻，翌旦既入，会有先之者，不及对而退。帝问京安在，左右以告，诏趣之入，辰漏且尽，为留班以须。未几，论大臣除拟有爱憎之私。中书言其失实，谪监兴国军盐税。历太常博士、湖北京西江东转运判官，提点淮西刑狱、司封员外郎。元符初，迁国子司业。京在元祐时，尝为《幸太学颂》，或擿其语有及先朝者，京亦固辞不拜。徽宗初立，复命之，踰月而卒。

论曰：何郯、吴中复，皆良御史也。郯出夏竦，阻王守忠，奸人庶几少戢矣。中复耻识面台官，其所守可见矣。荐之论李定、思恭之右欧阳修，绘请惜老成，庠不附新法，数子所见，何其同也。猎为令而兴孔子庙，孟阳以教授而参决大计，此其卓然者乎。恢临政简约，无可议者。京持论端确，竟以去位，君子惜之。

（《宋史·列传》卷三百二十二）

叶 涛

叶涛，字致远，处州龙泉人。进士乙科，为国子直讲。虞蕃讼起，涛坐受诸生茶纸免官。涛，王氏婿也，即往从安石于金陵，学为文词。哲宗立，上章自理，得太学正，迁博士。绍圣初，为祕书省正字，编修神宗史，进校书郎。曾布荐为起居舍人，擢中书舍人。司马光、吕公著、王岩叟追贬，吕大防、刘挚、苏辙、梁焘、范纯仁责官，皆涛为制词，文极丑诋。安焘降学士，涛封还命书，云："焘在元祐时，尝诋文彦博弃熙河，全先帝万世之功，不宜加罪。"蔡京刻为党，罢知光州。又以诉理有过，为范镗所论，连三黜。曾布引为给事中，居数月而病，以龙图阁待制提举崇禧观，卒。

（《宋史·列传》卷三百五十五）

后　记

曾巩是我国著名的文学家，名列唐宋八大家之中。而以曾巩为代表的南丰曾氏是江西的望族，又是江南的文化世家。我对于他的关注始于对著名思想家李觏的研究，他是李觏的高足，研究李觏自然要涉及他。先是关注于曾巩本人，进而对他的家族产生兴趣，他的家族人才辈出，是一个典型的才子群落。2004 年，我与邓高平先生就在《临川文化系列丛书·千年教育》一书，列专节《南丰曾氏家族》，进行了简要介绍。从事过教育工作十七八年的我，对于其家族为什么人才济济，更想求其解，于是试着去研究它。

2010 年 10 月始至 2012 年底，本人到南丰县实地进行寻访近十次，深入乡村、纪念馆、图书馆等考察，查找相关资料。在此过程中得到了段云来先生的关心与大力支持，也得到饶小麟先生的诸多帮助。其间多次是与好友郑晓江先生一起寻访。郑老师擅长做思想考古，写过许多思想考古的长篇宏论，2012 年 10 月，我们合作的《南丰曾先生故里行》一文发表于著名的《寻根》杂志。2011 年底，我开始着手写曾巩家族，断断续续地写，至 2013 年上半年完成初稿。伤心的是郑老师此时已辞世，我已无法再向他请教了。初稿完成，取名《曾巩及其文化世家》，后又将书名更为《曾巩家族》。2013 年下半年，在段云来先生的推荐下，将拙著交给了南丰县地方文化研究中心审阅，得到了中心夏老长和陈飞龙等领导和同仁的重视与赐教。邱模楷先生对拙著逐字逐句地认真审读，提出了许多宝贵的修改意见。

拙著叙述的时间跨度从曾氏迁居南丰到南宋末年止，覆盖整个宋代。拙著试图以人物为主线，从文化的视角作较深挖掘与较广展示，重点阐述了曾巩及其家族成员的主要事迹及贡献，同时对于其文化世家成因进行探讨。全书共分六章，即“南丰世家”“文学名家曾巩”“曾布与魏玩”“曾巩的兄弟姐妹”“曾巩子侄与孙裔”“曾氏的家传”。同时附录“曾氏家族年谱简编”和“《宋史》曾氏人物传”等内容。如果通过阅读拙著，能对于曾氏家族成员有所了解，对于他们的家学和家风有所了解，则令我欣慰。

曾氏家族成员多以文章名于天下。但由于时代久远，他们的著作散佚严重，有的没有专门的文集传世，诗文仅见于一些相关宋人的诗文汇编中。拙著中关于曾巩的诗文所采用的是陈杏珍、晁继周点校的《曾巩集》，而曾肇、曾协等人诗文则采用了钦定四库全书本，对于曾布等其他没有专门文集或文集散失的人物，其作品主要引自钦定四库全书本的《宋诗纪事》《江西通志》及其他相关汇编文集。有的作品引自不同时期的县志、府志（建昌府）和南丰曾氏所藏的《曾氏家谱》和《续修曾文定公族谱》等。这当中可能因不同版本在个别字句上有出入，如影响了阅读，敬请鉴谅。

在撰写过程中参阅了诸多专家学者对于曾巩及其家族成员研究的专著论文，得到诸多教益，恕不一一具名，在此深表谢忱。江西师范大学教授、曾巩研究专家王琦珍先生拨冗撰序，为拙著增色添彩，在此表示感谢。对于段云来、陈世象、夏老长、陈飞龙、邱模楷、饶小麟等领导、专家支持与赐教，在此表示感谢。对于南丰县地方文化研究中心的同仁和为拙著付出了辛勤劳动的朋友们，在此表示感谢。

由于本人才学有限，研究不深，拙著中还存在很多不尽如人意之处，甚至不乏错讹纰漏，还请读者和方家批评指正。

罗伽禄

甲午马年春于古城建昌

补 记

拙著《曾巩家族》的修订工作总算完成。这次修订主要是充实内容与更正错谬。对于曾肇的内容由一节改为两节，即“曾肇的生平”“曾肇的诗文”；增补了“曾氏的族训家规”一节。同时，根据新发现与新的研究成果对原作进行了补充完善。因此，全书在篇幅上有一定的增加，内容上比上一版更为丰富，质量上也比原著有所提高。当然，心愿如此，但是否如愿，还待读者指正。

在修订过程中，得到诸多师友的赐教与帮助，如王琦珍老师、夏老长主任、曾水旺主任、王一木主任、王永明馆长、曾水平会长等，令我受益匪浅。修订中，参考了许多专家、学者的研究新成果，恕不一一具名，在此深表谢意。在此还要感谢为修订和出版工作默默作出努力的朋友，谢谢你们！

由于水平与能力所限，书中还是肯定还有不足和错谬之处，还望读者们多多批评指正。

罗伽禄

己亥猪年春于古城建昌